Lernziele Kurse Analysen

zu schwarz auf weiß
Sekundarstufe 5

Herausgegeben von
Johann Bauer

in Zusammenarbeit mit
Klaus Berg Hans Esch
Oskar Keller Hans Kügler
Walter Lauterwasser
Ernst Meyer Fritz Nothardt †
Karlheinz Schaaf
Carsten Schlingmann Bernhard Wolk

Schroedel Schulbuchverlag

Lernziele, Kurse, Analysen zu schwarz auf weiß

Sekundarstufe

5. Jahrgangsstufe

Verzeichnis der Autoren:

Dr. Johann Bauer
Professor für Deutsche Sprache und Literatur an der Pädagogischen Hochschule Freiburg i. Br.

Dr. Klaus Berg
Professor für Deutsche Sprache und Literatur an der Pädagogischen Hochschule Weingarten

Hans Esch
Reallehrer an der Realschule in Friedrichshafen

Oskar Keller
Oberstudiendirektor am Gymnasium Schopfheim

Dr. Hans Kügler
Professor für Deutsche Sprache und Literatur an der Pädagogischen Hochschule Ludwigsburg

Dr. Walter Lauterwasser
Professor für Deutsche Sprache und Literatur an der Pädagogischen Hochschule Karlsruhe

Ernst Meyer
Professor für Schulpädagogik an der Pädagogischen Hochschule Heidelberg

Dr. Fritz Nothardt †
Ministerialdirigent a. D.

Dr. Karlheinz Schaaf
Professor für Deutsche Sprache und Literatur an der Pädagogischen Hochschule Weingarten

Dr. Carsten Schlingmann
Professor für Deutsche Sprache und Literatur an der Pädagogischen Hochschule Freiburg i. Br.

Bernhard Wolk
Rektor der Lessing-Realschule Freiburg i. Br.

ISBN 3-507-42845-8

Druck: Konkordia GmbH für Druck und Verlag, Bühl/Baden 8212

INHALTSÜBERSICHT

I. Einführung in die Konzeption von schwarz auf weiß Sekundarstufe

1. Vorbemerkung

1.1. *schwarz auf weiß Sekundarstufe* ist eine konsequente Weiterentwicklung des bisherigen Lesebuchs *schwarz auf weiß* unter Berücksichtigung der neuesten Entwicklungen in

a) der Literatursoziologie

b) der Textlinguistik

c) der Lernpsychologie

d) der Curriculum-Diskussion

e) der Schul- und Bildungsreform (Stufenkonzeption).

Die unterscheidenden Merkmale dieser Neukonzeption sollen in 6 Thesen vorgetragen werden. Dabei gilt es zu berücksichtigen, daß es sich z. T. um konzeptionelle, z. T. um mediendidaktische Neuansätze handelt. Bereits der Untertitel „Texte, Kurse, Arbeitsmittel" weist darauf hin, daß es sich bei diesem Werk nicht einfach um ein Lesebuch handelt, sondern um ein Lehrsystem für den Literaturunterricht in der Sekundarstufe, dessen Grundelemente die Textbände, die Arbeitsmaterialien für die Kurse (Arbeitsblätter) und die ergänzenden Arbeitsmittel (Medienverbundangebote, Testmaterialien, weiterführende Lektüre) sowie die Lehrerhandbücher sind.

Folgende unterscheidende Merkmale sollen behandelt werden:

1. der Textbestand ist an einem extensiven Literaturbegriff orientiert;

2. dieses Unterrichtsmittel für den Literaturunterricht ist lernzielorientiert aufgebaut;

3. es enthält ein variables System von lernzielorientierten Kursen zu allen wesentlichen Textsorten und literarischen Formtypen, durch die die Kommunikationsfähigkeit gezielt entwickelt werden kann;

4. für den Unterricht, in der Regel für die Kurse, werden didaktisch vorgestaltete Materialien in der Form von Arbeitsblättern zur Verfügung gestellt;

5. Textbestand und Kurse sind für die Sekundarstufe konzipiert und enthalten die für ein schulstufenorganisiertes Unterrichtsmittel erforderlichen Differenzierungsmöglichkeiten;

6. *schwarz auf weiß Sekundarstufe* ist ein offenes Lehrsystem, dessen Elemente (Textbände, Arbeitsblätter, Lehrerhandbücher, Angebote von Medienkombinationen) auf Grund unterschiedlicher didaktischer Strukturierung vielfältige Verwendungsmöglichkeiten im Unterricht zulassen.

1.2. Die von *schwarz auf weiß* bisher vertretene Lernzielintention für den Literaturunterricht wurde durch die Entwicklung bestätigt und hat sich daher grundsätzlich nicht geändert. Allgemeinstes Lernziel ist die Kommunikationsfähigkeit des künftigen Erwachsenen, der zu einem sachgerechten und kritischen Gebrauch aller Texte und Formen der Literatur, wie sie in der gesamtgesellschaftlichen Kommunikation gegeben sind, befähigt werden soll. Dies setzt die Fähigkeit zur Informationsentnahme bzw. zum Verstehen von literarischen Werken und die Fähigkeit zur Identifikation bzw. Distanzierung und das heißt zur kritischen Auseinandersetzung mit den Textinhalten und der mit ihnen gegebenen Standpunkte bzw. verknüpften Intentionen voraus. Die kommunikative Kompetenz im Textbereich ist eine der entscheidenden Voraussetzungen für die

Teilnahme des einzelnen am politischen, sozialen und geistig-kulturellen Leben der Gesellschaft. Die Innovationen, die *schwarz auf weiß Sekundarstufe* konzeptionell zu berücksichtigen hatte, sind im wesentlichen bedingt durch eine Neubestimmung des Umfangs des Gegenstandsbereichs und eine Präzisierung der Lernziele, wie sie mit der Curriculum-Revision für den Deutschunterricht insgesamt erstrebt wird. Lernzielorientierung und Kurssystem sind bereits in der Neubearbeitung *Primarstufe* (2. Schuljahr 1970) Elemente der Konzeption gewesen.

2. Unterscheidende Merkmale der Konzeption *schwarz auf weiß Sekundarstufe*

2.1. *Der Textbestand von schwarz auf weiß Sekundarstufe ist an einem extensiven Literaturbegriff orientiert.*

Es bestreitet heute niemand, daß das Lernziel der Kommunikationsfähigkeit im Textbereich zu den wichtigsten Lernzielen der Schule überhaupt gehört. Der Streit geht darum, was zur Literatur zu rechnen ist und welche Bereiche der Literatur im Hinblick auf das spätere Leben Gegenstand des Lernens in der Schule sein sollen. Von der Literatursoziologie wurde vor allem darauf hingewiesen, daß Texte sehr unterschiedliche kommunikative Funktionen haben können, daß es Schichtungen innerhalb der Gesamterscheinung Literatur gibt, daß die Texte zielgruppenorientiert sind, die Sprachverwendung in einem Text milieuspezifische Eigenheiten eines Autors bzw. der gesellschaftlichen Gruppe, der er angehört, besitzt.

Dem literarpädagogischen Lesebuch hat man den Vorwurf gemacht, es erhebe durch die Betonung der literarischen Qualität und durch den Ausschluß der Trivialliteratur in einseitiger Weise die mittelständisch-bürgerlichen Leitvorstellungen zur Norm und überfremde damit die „Unterschichtenkinder". Richtig an diesem Vorwurf ist, daß ein solches Lesebuch an einem normativen Literaturbegriff orientiert ist. Es dominieren darin die poetischen Formen, vor allem die Lyrik, Epik und Dramatik; die Zweckformen sind in sehr unterschiedlicher Weise in dieses Lesebuch eingegangen; literarische Qualität galt als ein entscheidendes Auswahlkriterium. Ein zweiter Vorwurf war, daß die Texte des Lesebuchs im wesentlichen solche Formtypen und Textsorten repräsentierten, die der Erwachsene selten je wieder zu Gesicht bekomme; damit käme die unmittelbare Vorbereitung auf die Literaturrezeption in der Erwachsenenwelt zu kurz.

Diese Überlegungen und Einwendungen galt es zu prüfen und unter Umständen daraus vernünftige Konsequenzen für die Textauswahl zu ziehen. In *schwarz auf weiß Sekundarstufe* wurde die Bandbreite des Textangebots so gefaßt, daß keine in der gegenwärtigen Kommunikation vorhandene wichtige Textsorte unberücksichtigt bleibt. Die Zielsetzung, dem künftigen Literaturrezipienten den Anschluß an das literarische Leben der Gegenwart zu garantieren, ergibt auch im poetischen Textbereich ein Überwiegen moderner Autoren und der in der zeitgenössischen literarischen Produktion dominierenden Formtypen.

Damit es bei diesem extensiven Literaturbegriff nicht zu einer vorschnellen und unkritischen Anpassung an die Rezeptionsgewohnheiten und Leseneigungen der Literaturkonsumenten kommt, müssen auch im Literaturunterricht Norm- und Wertvorstellungen entwickelt werden. Der Schüler soll daher durch den Unterricht die Chance erhalten, die Literatur in der Vielfältigkeit ihrer Formen und Qualitäten kennenzulernen, verstehen und beurteilen zu können. Die kritische Rezeption vor allem der zeitgenössischen Literatur kann nicht unwesentlich erleichtert werden, wenn ein Rezipient zur Relativierung und Beurteilung der Texte Werke vergangener Epochen heranziehen kann. Das Wissen um die geschichtliche Bedingtheit der Texte und die Kenntnis wesentlicher historischer Entwicklungen verschaffen jene Distanz gegenüber dem, was in der Kommunikation dominiert bzw. insgesamt als Textangebot vorliegt, ohne die die Textrezeption angepaßt erfolgt. Selbstbestimmung (Emanzipation) und Urteilsfähigkeit sind nicht zu gewinnen, wenn der Leser für seine Textauswahl und die Rezeption nicht über Instrumentarien verfügt, die Kritik, Wertungen und Entscheidungen ermöglichen. Bedenkt man zudem, daß Lesen die Übernahme von Fremderfahrung und damit Daseinsantizipationen zuläßt, die zur kritischen Überprüfung und Veränderung der eigenen Einstellungen, Wertungen und Anschauungen beitragen können, so wird die Notwendigkeit eines umfassenden und repräsentativen Textangebots für den Literaturunterricht noch unterstrichen.

schwarz auf weiß Sekundarstufe hat aus diesen Überlegungen heraus folgende Textrevision im Vergleich zum Textangebot des literarpädagogischen Lesebuchs vorgenommen:

a) Erheblich erweitert wurde das Textangebot im Bereich der informativen und meinungsbildenden Textsorten, das bislang vor allem von den Lehrern als nicht ausreichend bezeichnet wurde.

b) Neu aufgenommen wurden Werbetexte; diese werden ebenso wie die unter a) genannten Textgruppen als Curriculum Element systematisch in Kursen erschlossen.

c) Ebenfalls neu aufgenommen wurden Texte der Trivialliteratur: Comics, Western, Kriminalgeschichten, Heimat- und Liebesromane; unterhaltende und triviale Texte wie Schlager, Moritaten, Küchenlieder u.s.w. im Bereich der Lyrik.

d) Da die drei Textbereiche (informative Texte, Werbetexte, Comics) im 6. Schuljahr bereits ¼ des Textbestandes ausmachen, ergibt sich zwangsläufig eine Reduktion im poetischen Bereich der Lyrik und Epik; da die Dramatik im 5. und 6. Schuljahr jeweils mit 4 Texten repräsentiert wird, außerdem im 5. Schuljahr ein Fernsehmagazin aufgenommen wurde, ist der herkömmliche Textbereich zusätzlich innendifferenziert und damit wirklichkeits- und kommunikationsgerechter ausgelegt.

e) Im 5. Schuljahr sind Texte vorgesehen, die mit der Buchbenutzung und Bibliothekseinrichtungen bekannt machen; im 6. Schuljahr wird in einfacher Form durch Texte die Möglichkeit geboten, auf Buchbesprechungen und Klappentexte einzugehen und damit in diesem Bereich auf Werbung und Buchvertrieb zu reflektieren.

f) Ausgehend von der Tatsache, daß dem erwachsenen Leser bei der Textrezeption Zusatzinformationen (biographische Notizen, Hinweise auf die Umstände der Textentstehung, Rezensionen, bibliothekarische und wissenschaftliche Einrichtungen u.s.w.) zur Verfügung stehen, ist ein bestimmter Textanteil mit biographischen und zeithistorischen Kontexten versehen werden; damit wird auf dieser Altersstufe der Kritik an der werkimmanenten Interpretationsmethode Rechnung getragen. Es versteht sich von selbst, daß diese Kontextmaterialien in den Bänden des 7. bis 10. Schuljahrs noch größere Bedeutung gewinnen werden.

g) Zu erwähnen ist außerdem, daß in der Regel alle Fremdwörter oder Wörter, die aus dem Kontext schwer zu erschließen sind, durch Fußnoten erklärt werden.

h) Die Texte sind in der Regel mit einer Zeilenzählung versehen, so daß dem Schüler das Auffinden von Textstellen und die Durchführung von Arbeitsanweisungen nicht unwesentlich erleichtert wird.

schwarz auf weiß Sekundarstufe repräsentiert also mit seinem Textbestand einen erweiterten Literaturbegriff: es bietet alle wichtigen Textsorten und literarischen Formtypen an, so daß die für die spätere Kommunikation erforderlichen Grundkenntnisse der Texte — ihrer textlichen, sprachlichen und poetischen Struktur sowie ihrer literarischen und kommunikativen Funktionen — vermittelt werden können. Auf dieser Basis können die rezeptiven und zugleich wertenden Fähigkeiten (Informationsentnahme, Erkennen der Redeabsichten, Auseinandersetzung mit den Inhalten) optimal entwickelt werden.

Die extensive Auslegung des Literaturbegriffes impliziert, daß jede schriftlich fixierte Äußerung oder Wortbild-Kombination als Text definiert wird. Sie impliziert aber auch den kommunikativen Aspekt des Textes. *schwarz auf weiß Sekundarstufe* geht davon aus, daß Texte vom Autor für einen Leser gemacht sind, d. h., daß sie primär kommunikative Funktion haben. Das Lesen, die Textrezeption, ist demnach als Teil des Kommunikationsprozesses zu verstehen, durch den in einem schöpferischen Prozeß Sinn überhaupt erst konstituiert wird. Texte als Sinnträger, als „Träger kommunikativer Informationsprozesse, Träger spezifischer Bedeutungen, die es darzustellen, zu interpretieren und zu verstehen gilt“ [1], erfordern den kompetenten Rezipienten (Leser bzw. Hörer und Zuschauer), sollen sie ihre Funktion erfüllen. Nach Auffassung der Sprachphilosophie Wittgensteins sind sie als „kommunikative Handlungsspiele“ [2] zu interpretieren, die „ohne die konkrete Redesituation, ohne die nichtsprachliche Einbettungsgeschichte und Situationsfaktoren“ [3] auskommen müssen. Im Gegensatz zum konkreten kommunikativen Handlungsspiel der „gesprochenen Rede“ sind hier die für die späteren Rezeptionsakte entscheidenden Faktoren der Kommunikation festgelegt: die Inhalte (das, worin und worüber man mit dem Autor kommunizieren kann) und die sprachlichen Bedingungen (der Code), unter denen diese vermittelt werden.

2.2. *schwarz auf weiß Sekundarstufe ist lernzielorientiert aufgebaut.*

Spricht man im Zusammenhang mit Lesebüchern von Aufbau, so denkt man unwillkürlich an die Textanordnung oder Textgliederung. Diese erfolgte im literarpädagogischen Lesebuch nach Gattungsmerkmalen; andere Lesebücher haben die Texte nach sachthematischen Prinzipien angeordnet.

Ein Zusammenhang zwischen einem Textangebot und der Lernzielplanung ist dann gegeben, wenn die Texte im Sinne einer Lernsequenz angeordnet sind. Texte kann man in dieser Weise aber nur gliedern, wenn man für jede Sequenz und die Summe aller Lerneinheiten übergeordnete Lernkriterien und d. h. Lernziele entwickelt hat.

In den Lerntheorien werden im wesentlichen zwei Lernbereiche unterschieden:

a) der kognitive Bereich, in dem es in der Hauptsache um die Förderung der Denkfähigkeit, die Vermittlung von Wissen und methodischen Fähigkeiten geht.

[1] *Siegfried Schmidt*, Bemerkungen zur Wissenschaftstheorie einer rationalen Literaturwissenschaft, in: Zur Grundlegung der Literaturwissenschaft, hrsg. von *Siegfried Schmidt*, Bayerischer Schulbuchverlag, München 1972 (Grundfragen der Literaturwissenschaft 5), S. 46.

[2] Ebenda S. 47. Vgl. außerdem *Hans Kügler*, Literatur und Kommunikation. Ein Beitrag zur didaktischen Theorie und methodischen Praxis, Klett Verlag, Stuttgart 1971, S. 68 f. [3] Ebenda S. 48.

b) der affektive Bereich, in dem es um die Veränderungen von Interessen, Einstellungen und Werten und die Entwicklung von Wertschätzungen und geeignetem Anpassungsvermögen geht.

Da der affektive Bereich wissenschaftlich nur teilweise erforscht ist, außerdem die kognitiven Fähigkeiten für jede Textrezeption von größter Wichtigkeit sind, ist für *schwarz auf weiß Sekundarstufe* der Schwerpunkt auf die kognitive Ausstattung des künftigen Lesers bzw. Hörers und Zuschauers gelegt worden. Für den kognitiven Bereich werden von Bloom [1] 6 Lernzielstufen unterschieden:

1. Wissen	4. Analyse
2. Verstehen	5. Synthese
3. Anwenden	6. Bewertung

Ein sachgerechtes und kritisches Leseverhalten kann nur aufgebaut werden, wenn diese 6 Fähigkeiten in ausreichendem Maße ausgebildet werden. Das kann natürlich nicht von heute auf morgen geschehen. Es muß deshalb geprüft werden, in welcher Reihenfolge, an welchen Gegenständen (Texten) und wie diese Fähigkeiten optimal entwickelt werden können. Eine der wichtigsten Fähigkeiten ist die der Analyse: wer Texte analysieren kann, kann die Elemente bestimmen, aus denen sie aufgebaut sind, er kann die Beziehungen der Elemente untereinander ermitteln und die Prinzipien (z. B. die Absichten eines Autors, sein Wertsystem, sein Weltbild) erkennen, die dem Text zugrunde liegen. Es muß bedacht werden (vgl. 2.1., S. 6), daß es sich bei der Textrezeption immer um eine *einseitige Kommunikation* [2] handelt, d. h. daß die Meinung eines Autors bereits fixiert vorliegt und diese nur noch erfaßt, zur Kenntnis genommen, akzeptiert oder aber verworfen bzw. in modifizierter Form in das geistige Leben des Lesers übernommen werden kann. Der Empfänger (Leser) hat auf die Nachricht (Inhalt) des Senders (Autors) keinen Einfluß; die Kommunikationsbedingungen sind einseitig durch den Autor festgelegt [3]. Die Bedeutung, die dem „bewertenden Prozeß“ (Bewertung) bei Textrezeptionen zukommt, ist leicht zu ermessen, wenn man bedenkt, wie voreingestellt oder vorschnell Wertungen überhaupt vorgenommen werden. Gleichgültig, ob die Wertung sich auf die künstlerische Gestaltung eines Textes bezieht oder ob die Gesamtidee, der Standpunkt eines Autors oder die mit einem Text verfolgte Absicht beurteilt werden sollen, der Entscheidung muß das sorgfältige Untersuchen der verschiedenen Aspekte des Textes vorausgehen. Der Schüler muß, wenn er die Schule verläßt, gelernt haben, daß es zur Selbstbestimmung des Individuums gehört, sich Texten gegenüber grundsätzlich unangepaßt zu verhalten, daß es aber auch erforderlich ist, die Grundlagen, auf denen ein Individuum seine Wertungen und Urteile vollzieht bzw. fällt, immer wieder erweitert und revidiert werden müssen.

Die Bewertung (evaluation) als letzte Lernzielstufe im kognitiven Bereich ist „ein Hauptverbindungsglied zum affektiven Verhalten, in dem Werte vorlie-

[1] *Benjamin S. Bloom (Hrsg.) u. a.:* Taxonomie von Lernzielen im kognitiven Bereich. Weinheim und Basel 1972 (Beltz Studienbuch 35).

[2] Vgl. *Johann Bauer* (Hrsg.) u. a.: Lyrik interpretiert. Lernzielplanung und Unterrichtsmodelle für das 7.—10. Schuljahr. Textgrundlage: Lesewerk *schwarz auf weiß Gedichte*. Hannover—Bühl 1972, S. 19 f. Vgl. dazu *Peter Braun*, Das weiterführende Lesen (4. Kritisches Lesen), Pädagogischer Verlag Schwann, Düsseldorf 1971, bes. S. 51—89.

[3] Vgl. *Walter R. Fuchs:* Knaurs Buch der Denkmaschinen. Informationstheorie und Kybernetik. München 1968 (Modelldarstellung S. 142—143).

gen, Sympathie und Freude (und deren Abwesenheit oder Gegenteil) die zentral beteiligten Prozesse sind"[4]. Daß beim Umgang mit Texten der affektive Bereich eine nicht zu unterschätzende Rolle spielt und demzufolge bei der Lernzielplanung berücksichtigt werden muß, wird durch eine Betrachtung der von Krathwohl und Bloom aufgestellten 5 Lernzielstufen[5]:

1 Aufmerksamwerden (receiving)
2 Reagieren (responding)
3 Bewerten (valuting)
4 Einordnen (organization)
5 Bestimmtsein durch Werte (characterization by a value or value complex)

und ihrer Unterklassifikationen deutlich. Das ist besonders der Fall, wenn man bedenkt, daß es sich bei Texten u. a. um ästhetische Phänomene, um Träger kommunikativer Informationsprozesse, um Träger appellativer oder persuasiver Intentionen oder aber um Modelle von Daseinsinterpretationen auf der Grundlage extremer Subjekterfahrung handeln kann. Die unten aufgeführten Lernzielkataloge für die Sekundarstufe 1 weisen zwar in bestimmten Gebieten Überlappungen auf, sie verdeutlichen aber auch den hohen Anteil des Affektiven beim Umgang mit Texten. Bewußtheit für ästhetische Erscheinungen zu entwickeln, kontrollierte oder ausgewählte Aufmerksamkeit gerade bei der Rezeption künstlerischer Texte zu verstärken oder aber Freude an Texten und Lektüre zu fördern (satisfaction in response), sind solche affektive Lernziele, die mehr oder weniger bewußt im Literaturunterricht eine Rolle spielen werden. Ein Blick auf die Stufenlernziele, die Rahmenlernziele der Kurse und auf die Feinlernziele zu den einzelnen Texten wird bestätigen, daß bei aller Betonung des kognitiven Elements *schwarz auf weiß Sekundarstufe* den affektiven Bereich gezielt zu fördern sucht.

Für *schwarz auf weiß Sekundarstufe* beschreiben die beiden nachfolgenden Lernzielkataloge jenes Endverhalten, das die Schüler beim Verlassen des 10. Schuljahrs in beiden Lernbereichen erreicht haben sollten:

Lernzielkatalog für den kognitiven Bereich:

Der Schüler muß:

a) alle wichtigen Textsorten unterscheiden und auf Grund von sprachlichen und nichtsprachlichen Merkmalen identifizieren können;

b) die spezifischen Codierungen in literarischen Formen und Textsorten verstehen können;

c) Verfasserintentionen und Adressateneinstellungen an Texten beschreiben und bei der Rezeption berücksichtigen können;

d) Inhalte und Standpunkte unter Berücksichtigung der biographischen, der historischen und weltanschaulichen Kontexte relativieren können;

e) Kriterien zur kritischen Auseinandersetzung mit Inhalten und Standpunkten aus seinem Vorwissen und den mit Texten gegebenen Implikationen ableiten können;

f) sich der institutionellen Einrichtungen (Bibliotheken, Informationszentren, Bücher- und Filmdienste usw.) und Hilfsmittel (Nachschlagewerke, Interpretationen, Kommentare) bedienen können;

[4] *Benjamin S. Bloom* (Hrsg.) u. a.: Taxonomie von Lernzielen im kognitiven Bereich, a. a. O., S. 200.
[5] Vgl. dazu *Herwig Blankertz*, Theorien und Modelle der Didaktik, Juventa Verlag, München [3]1970, S. 148—149.

g) bei der Text- und Medienauswahl Kriterien anwenden können, die den beruflichen Erfordernissen, der Weiterbildung, der Teilnahme am sozialen und politisch-kulturellen Leben in Staat und Gesellschaft sowie dem Bedürfnis nach Entspannung, Erholung, Unterhaltung und der Freude am Ästhetischen Rechnung trägt.

Lernzielkatalog für den affektiven Bereich

Der Schüler muß gelernt haben:

a) die Bereitschaft zu mobilisieren, die vorhandenen Informationen und Bücherdienste seiner beruflichen Stellung, seinem Freizeitbedürfnis und seiner Teilnahme am öffentlichen Leben entsprechend zu nutzen;

b) Medien und Kommunikationsangebote gezielt und reflektiert und das heißt: unter Zuhilfenahme der zur kritischen Verwendung angebotenen zusätzlichen Informationen zu gebrauchen;

c) auch Texte zu lesen, die der geistigen Anstrengung bedürfen und den Wissens- und Erfahrungsbereich nicht unerheblich erweitern können;

d) beim Gebrauch des unterhaltenden Medien- und Literaturangebots sich der „Konsum"-Ebene bewußt zu bleiben und die Text- und Medienwahl selbstkritisch zu reflektieren und gegebenenfalls auch zu korrigieren;

e) eigene Anschauungen und Standpunkte zu revidieren, wenn diese aufgrund von überzeugenden Argumenten durch Literaturgebrauch sich als veränderungsbedürftig erwiesen haben;

f) nicht vorschnell, d. h. ungeprüft Meinungen anderer aufgrund von Lektüre und Mediengebrauch zu übernehmen oder modischen Trends sich anzupassen;

g) appellativen Texten oder Werbetexten gegenüber das „Vorwissen" zu aktivieren, daß es sich bei diesen Textsorten im besonderen um gezielte Strategien der Leser- bzw. Konsumentenbeeinflussung handelt und gefühlshafte Reaktionen aus diesem Wissen heraus gesteuert werden müssen.

Mit solchen Stufenlernzielkatalogen ist die Lernzielplanung noch lange nicht abgeschlossen. Sie muß konkretisiert werden in Lernzielkatalogen für die einzelnen Schuljahre bzw. Lernstufen.

schwarz auf weiß Sekundarstufe unterscheidet zwei Lernstufen für die Organisation des Lernzusammenhangs und die Konkretisierung der Lernziele in Lerneinheiten:

Zur Lernstufe 1

a) in der Zeit vom 5. bis 8. Schuljahr werden alle wesentlichen Textsorten und literarischen Gattungen so erschlossen, daß die Schüler sich das elementare Wissen über die Elemente und Konstituenten der einzelnen Textsorten und Formtypen aneignen können;

b) sie lernen Methoden der Textbeschreibung;

c) sie eignen sich die Methoden zum Erfassen der Textinhalte und zu ihrer Beurteilung an;

d) sie lernen Methoden der textvergleichenden Analyse;

e) sie werden in einfacher Form in die literarische Tradition einer Gattung und in die historischen Bedingtheiten der Textentstehung eingeführt;

f) sie lernen Adressateneinstellungen und Autorenintentionen zu unterscheiden, zu beschreiben und darzustellen;

Zur Lernstufe 2

a) im 9. und 10. Schuljahr sollen die Schüler ihr erworbenes Wissen und ihre methodischen Fähigkeiten auf schwierigere Texte übertragen und dabei erneut differenzieren;

b) sie lernen außerdem Texte an Kombinationen, die unterschiedliche Textsorten enthalten, nach gattungsübergeordneten Gesichtspunkten zu analysieren;

c) sie werden mit literaturthematischen Fragestellungen bekannt oder noch mehr bekannt gemacht, die für eine kritische und distanzierende Leser- bzw. Hörer- oder Zuschauereinstellung konstitutiv sind:

— Textfunktionen (Unterhaltung, Wissensvermittlung, Gesellschaftskritik, Werbung, Propaganda, Manipulation, Aufklärung, Meinungsbildung, Appellation, Agitation u.s.w.)

— Bedingtheiten eines Textes (biographischer, historischer oder sozialer Kontext); vgl. Lernstufe 1 e)

— Textproduktion und Textentstehung (Quelle, Fassungen, Gründe und Anlässe)

— Autorenintentionen und Zielgruppenorientierung (Publikum, Leserkreis, literarischer Zirkel, Zuhörer); vgl. Lernstufe 1 d)

— Motivtradition und literarische Traditionen

— Problem der literarischen Wertung und Schichtung

— Wirkung von Texten und Textrezeption (Zeitgenossen, Einwirkung auf andere Autoren)

— literarische Fehde, Textkritik, Textrezension (Buchsprechungen, Filmkritiken)

— Textauslegung (Doppelinterpretation), Textübersetzung und wissenschaftliche Hilfsmittel für den Umgang mit Texten

— Text und Buch als „Ware“: Autor, Manuskript (Film, Fernsehen), Produktion, Käufer, Leser, Bibliotheken

d) sie werden mit Formtypen und Textsorten bekannt gemacht, die aufgrund der Leseranforderungen noch nicht behandelt werden konnten: Roman, Novelle, Betrachtung, Kommentar, Rede, wissenschaftliche Abhandlung, Film.

Entsprechend den für die beiden Lernstufen vorgesehenen Organisationsformen für die Konstruktion von Lerneinheiten sind die Texte lernzielorientiert angeordnet. Da in der Lernstufe 1 (5. bis 8. Schuljahr) die Lerneinheiten im Rahmen der einzelnen Textsorten und der literarischen Gattungen organisiert sind, hat hier die *Textsorten- und Gattungsgliederung die Funktion der Grobplanung*. Sie garantiert die Zuordnung von ähnlich strukturiertem Textmaterial zu einer Textgruppe, aus der lernzielorganisierte Textsequenzen ermittelt werden können. Im Unterschied zur vertikal verlaufenden Gattungsgliederung handelt es sich hier um eine *horizontal verfahrende Textverknüpfung, wobei die Reihenfolge der Texte an Hand des für die Textkombination erstellten Rahmenlernzielkatalogs festgestellt wird.*

Für die Lernstufe 2 (9. und 10. Schuljahr) ist eine modifizierte, im wesentlichen aber nach literaturthematischen Aspekten verfahrende Textanordnung vorgesehen.

2.3. *schwarz auf weiß Sekundarstufe bietet ein variables System von lernzielorientierten Kursen zu allen wesentlichen Textsorten und literarischen Formtypen für das 5. bis 8. Schuljahr an; für das 9. und 10. Schuljahr werden gat-*

tungs- und formtypenübergreifende und literaturthematische Kurse zur Verfügung gestellt.

schwarz auf weiß Sekundarstufe geht davon aus, daß nur durch eine gezielte Strategie und das heißt durch das Kurssystem die bisher punktuelle Textarbeit überwunden und ein größerer Lernerfolg erreicht werden kann. Da der Lehrer in der Regel als einzelner nicht in der Lage ist, den gesamten Textbereich eines Schuljahrs und einer Lernstufe strukturanalytisch aufzuarbeiten und in eine eigene Lernzielplanung einzubringen, wird ihm dadurch ein hohes Maß an Vorbereitung abgenommen.

Für die Erstellung der Kurse wurden folgende Verfahren und Prinzipien angewandt:

1. Alle im Textband unter einer Textsorte bzw. einer Gattung aufgenommenen Texte sind nach Kurstexten und Zusatztexten analysiert worden. Als Kurstexte wurden solche vorgesehen, die innerhalb einer Textsorte bzw. Gattung (z. B. Werbetexte, Comics, informative Texte, Märchen) sich in besonderer Weise für die Erschließung von Textstrukturen oder zur Einübung bestimmter methodischer Verfahren eignen. Die Zusatztexte stehen Lehrer und Schülern zur freien Verfügung, sind aber im Handbuch ebenso mit Lernzielkatalog und in der Regel den üblichen Einzelanalysen versehen.

2. Die Kurstexte sind durch Rahmenlernzielkatalog und Feinlernzielkataloge so aufeinander abgestimmt, daß im Sinne der modernen Lerntheorie ein optimales Lernen an den Texten garantiert ist. Da Lernen [1] zu definieren ist als Differenzierung eines Ausgangsverhaltens und Integration von bisher unverbundenen Verhaltenselementen zu einem höheren Ganzen, ist die Textabfolge und die für sie festgestellte Lernzielabfolge ein entscheidender Faktor. Für die kognitiven Strukturen der Kommunikationsfähigkeit ist die Verfügbarkeit über die Textstrukturen elementar. Da es aber in der Literatur das schlechthin Einfache, das Element als solches nicht gibt, müssen im Lernprozeß alle erforderlichen Textstrukturen über einen Abstraktionsvorgang im Rahmen der Textanalysen isoliert und dem Schüler verfügbar gemacht werden. Im Text selbst haben die Elemente immer eine bestimmte Funktion inne, insofern sie eine bestimmte Textstruktur konstituieren. Der Schüler muß demnach beim Lernprozeß zwei Tätigkeiten vollziehen: a) ein solches Element (z. B. Wortzusammensetzung, Anapher, Komik, Alliteration) in seiner funktionalen Verwendung (satirischer Zweck, Verfremdung, Verstärkung, Spott, Betonung eines Gedankens) erfassen und durchschauen, b) es als (isoliertes) Element sehen, damit es ihm für nachfolgende Textbegegnungen als Anschauungs- und Erkenntniskategorie zur Verfügung steht.

3. Das Lernen in der „Serie“ [2], und das heißt hier in einer Textkombination ähnlich strukturierter Texte, erleichtert die Abstraktion, die zum Erfassen eines bestimmten Elements und zum Durchschauen der jeweiligen Funktion notwendig ist. Der unterschiedliche, doch vergleichbare Verwendungszusammenhang verbreitert zudem die Basis der Anschauung und Erfahrung, so daß das Erkennen deutlicher und bewußter vollzogen wird. Schließlich ist darauf hinzuweisen, daß durch das Kursverfahren in zunehmendem Maße der selbständige

[1] *Hans Aebli:* Die geistige Entwicklung als Funktion von Anlage, Reifung, Umwelt- und Erziehungsbedingungen. In: Begabung und Lernen. Hrsg. von *Heinrich Roth.* Stuttgart 2 1969, S. 160 f.

[2] Vgl. dazu *Johann Bauer:* Prinzipien der Unterrichtsplanung und -vorbereitung in der Literaturdidaktik. In: Literaturunterricht in der Sekundarstufe. Hrsg. von *Ursula Walz. (Didaktische Studien).* Stuttgart 1970, S. 98 f.

Umgang des Schülers mit den Texten gefördert wird, da das Wiederanwenden des Bekannten und bereits Gelernten in einer ähnlich strukturierten Lage geradezu ein Prinzip des Aufbaus solcher Lerneinheiten bildet. Dadurch wird der Transfer auch in methodischer Hinsicht erhöht.

4. Um die genannten lernpsychologischen Kriterien fruchtbar zu machen, wurden bei der Planung der Kurse folgende Textkombinationsregeln beachtet:

a) die Textkombinationen sind nach den an einer Textgruppe (z. B. Märchen, experimentelle Gedichte, Werbetexte) dominierenden und damit strukturbildenden Merkmalen zusammengestellt worden, wobei Texte der gleichen Gattung, Texte verwandter literarischer Formen (z. B. Kalendergeschichte, Lügengeschichte, realistische Erzählung) oder aber Texte unterschiedlicher Gattungen kombiniert werden können; die Reihenfolge innerhalb der Textkombination richtet sich nach dem Differenzierungsgrad (z. B. naives Bänkellied — ironischparodistischer Verwendungszweck).

b) Die zwischen zwei oder mehr Texten vorhandene Differenz muß jeweils so groß sein, daß die Arbeit am Text ein Lernen und das heißt, ein differenzierteres Sehen der Elemente und ein differenzierteres Anwenden im Verstehensprozeß überhaupt zuläßt.

c) Die zu einer Lerneinheit zusammengefaßten Texte müssen so viel Gemeinsames (Bekanntes) aufweisen, daß ein Fortschreiten beim Erfassen der Strukturen und der inhaltlichen Bezüge noch garantiert ist. In der Differenz zum bereits Bekannten besteht der Lernanreiz, in der Übereinstimmung, im Gemeinsamen, Bekannten, die Basis für die erstrebte Differenzierung.

d) Eine Textsequenz abc müßte demnach so aufgebaut sein, daß die Texte b und c so viele gemeinsame (identische) Elemente mit dem Text a besitzen, daß das Erkennen und Verstehen an ihnen überhaupt in Gang kommt. In einer gewissen Steigerung müssen sie jedoch so viel Neues bringen, daß ein höheres Endverhalten garantiert wird.

Erreicht wurde eine solche sequentiale Textverknüpfung dadurch, daß die in die Kurse einbezogenen Texte über Rahmen- und Feinlernzielkataloge aufeinander bezogen und hinsichtlich der Lernzielabfolgen aufeinander abgestimmt wurden. Die Feinabstufung bei den Lernzielen ermöglicht zugleich eine Feinabstufung auch der methodischen Verfahren und der vom Schüler zu erlernenden bzw. durchzuführenden Textoperationen im Hinblick auf die Erstellung von didaktisch vorgestalteten Arbeitsmaterialien (vgl. S. 17 f.).

5. Die Kurse sind in der Regel nach A-, B- und C-Elementen gegliedert, so daß sie ein variables System mit relativ selbständigen Bauteilen darstellen. In der Regel sind jedem Element zwischen 2 und 4 Texten zugeordnet; C-Elemente werden vereinzelt auch mit einem Text geführt.

Die A-Texte haben im Kurs die Funktion des „Fundamentum“. Soll die Durchführung des Kurses Erfolg haben, darf auf die Behandlung dieser Texte nicht verzichtet werden. Die angegebene Reihenfolge der Textsequenz ist verbindlich. Die B-Texte sind Texte mit ähnlicher Struktur wie die A-Texte; Ähnlichkeiten in mehreren oder auch nur einem Punkt oder augenfällige Gegensätzlichkeiten bieten im B-Teil die Möglichkeit, das an den A-Texten Gelernte zu vertiefen, zu wiederholen und zu festigen auf einer verbreiterten Anschauungsbasis. C-Texte haben im Kurs den höchsten Schwierigkeitsgrad und führen in der Regel über das Fundamentum hinaus bzw. erfordern vom Schüler einen höheren Grad an selbständiger Texterschließung (Transfer).

6. Angeboten werden Grundkurse und Zusatzkurse. Die Grundkurse haben für das Lehrsystem *schwarz auf weiß Sekundarstufe* einen hohen Verbindlichkeits-

grad, da sie die Grundlage für das Gesamt-Curriculum sind und der Erschließung der wichtigsten Textsorten und Gattungen bzw. literarischen Formen dienen.

Die Zusatzkurse sind als Lerneinheiten mit größerem Schwierigkeitsgrad für leistungsstärkere Klassen bzw. Schüler / Gruppen gedacht. Verknüpfungsmöglichkeiten mit Grundkursen werden in den didaktischen Begründungen zu den Kursen aufgezeigt.

7. Die in die Kurse eingebrachten Texte sind je nach Erfordernis begleitet von didaktisch vorgestalteten Unterrichtsmaterialien, die das Erreichen der Kurslernziele nicht unwesentlich erleichtern. Als Schülerarbeitsheft stellen sie gewissermaßen den zweiten Fuß in diesem Lehrsystem für den Literaturunterricht dar. Wie diese Lernmaterialien im Detail strukturiert sind, wird in These 4 (2.4.) behandelt. *Lernzielorientierter Textband, Kurssystem und Arbeitsblätter für den Schüler sind drei Grundelemente des Lehrsystems schwarz auf weiß Sekundarstufe.*

8. Diese Entscheidung für ein solches variables Kurssystem geht davon aus, daß die *Festschreibung eines Viertels der für jedes Schuljahr zur Verfügung stehenden Lernzeit genügt, um aus dem punktuellen Arbeiten und zufälligen Wählen von Texten herauszukommen.* Die festgeschriebene Lernzeit erfolgt jeweils für eine bestimmte Textsorte, so daß im Laufe der Schuljahre alle wesentlichen Textsorten und literarischen Gattungen über das Kurssystem erschlossen werden können.

Einige Beispiele sollen dies verdeutlichen:

a) Die Textbände werden auch künftighin Fabeln enthalten, als Kurs wird diese literarische Form für das 5. Schuljahr festgeschrieben.

b) Für das Märchen sind zwei Kurse vorgesehen: ein Grundkurs für das 5. Schuljahr, ein Zusatzkurs im 6. Schuljahr, wobei dieser die Funktion hat, die Verwendung von Märchenelementen in satirisch-kritischer Absicht zu verdeutlichen. Er kann damit den für das 7. Schuljahr vorgesehenen Kurs Satire vorbereiten.

c) Das Curriculum Trivialliteratur sieht für das 5. Schuljahr die Behandlung des Comic, für das 7. Schuljahr den Western vor; im lyrischen Bereich steht ein Kurs Bänkelsang/Schlager zur Wahl. Eine weitere Ausdifferenzierung wird im 8. Schuljahr durch die Kriminalgeschichte bzw. den Kriminalfilm, Textausschnitte zum Heimat- und Liebesroman ermöglicht.

d) Im Bereich der informativen und der publizistischen Texte wird beispielsweise ein Kurs „Meinungsbildung" im 8. Schuljahr angeboten, vorbereitet durch zur Wahl gestellte Grundkurse informative Texte 1 und 2 in den vorangehenden Schuljahren. Außerdem kann hier der Lehrer im 7. Schuljahr einen Kurs wählen, in dem „Wissensvermittlung durch Sachbücher, Lexika und dergleichen" behandelt wird.

9. Als selbständige, aber in sich wiederum variable Bausteine werden pro Schuljahr so viele Kurse zur Wahl angeboten, daß der Lehrer auf der einen Seite die Lernvorteile des Kurses für die Klasse in Anspruch nehmen kann, auf der andern Seite aber der Individuallage seiner Klasse entsprechend sein Kurssystem im Rahmen der Gesamtjahresplanung zusammenstellen kann. Ein Überblick über die Kursmöglichkeiten für das 5. bis 8. Schuljahr zeigt, wieviel Spielraum der Lehrer hat, um sich das von ihm verantwortete Curriculum zusammenzustellen. Ein Einblick in die zu den einzelnen Kursen und den Kurstexten aufgestellten Rahmen- und Feinlernzielkataloge könnten im übrigen zeigen,

Übersicht über die Kurse (Grund- und Zusatzkurse) im 5.—8. Schuljahr

Informative Texte 1 Informative Texte 2*	Werbetexte	Comics	Erzählungen	Fabeln	Märchen	Dramatische Texte	Liedhafte Gedichte	Lyrische Sprachspiele*
Informative Texte 1 Informative Texte 2	Werbetexte*	Comics*	Jugendbuch	Sagen Legenden*	Märchen*	Dramatische Texte	Traditionelle und moderne Naturlyrik	Balladen und Erzählgedichte
							Volkslied – Kunstlied – Schlager*	
							Lyrische Sprachspiele	
Kommentierende Texte u. Glossen Meinung u. Gegenmeinung	Sachbuchausschnitte	Western	Erzählungen	Anekdoten	Satiren		Balladen	Erzählgedichte
							Moritat und Bänkelsang	
Meinungsbildung – Meinungsäußerung Interviews	Verschleierung und Aufklärung* Gesetze und Anordnungen	Kriminalgeschichten	Kurzgeschichten	Parabeln	Parodien und Grotesken	Hörspiele	Schlager – Chanson – Song*	

* = Zusatzkurs

wie hochdifferenziert die Lernzielplanung durchgeführt und die Textabfolge abgestimmt ist.

Zur Beurteilung dieser Übersicht ist zu bemerken, daß die Kursbezeichnungen verständlicherweise nur den Textsorten- bzw. Formtypenaspekt hervorheben, während die inhaltlichen und strukturfunktionalen Aspekte nur über die Rahmen- und Feinlernziele detailliert in Erscheinung treten. Die Rahmen- und Feinlernzielkataloge zeigen, daß die Kurse untereinander innerhalb eines Schuljahres struktural und operational verknüpft sind, die Textsorten als Curriculum-Elemente vertikale Verknüpfungen über eine ganze Lernstufe (hier die Lernstufe 1) enthalten, so daß ein einsichtiges Lernen, d. h. ein Lernen aus Zusammenhängen, ein Lernen als Problemlösen und Erfassen des für ähnliche Fälle Typischen in vielfacher Weise garantiert ist. Bedacht werden sollte außerdem, daß über das Kurssystem und die damit gegebene Feinabstufung die inhaltliche Auseinandersetzung, die geistige Verarbeitung der Informationen bzw. Daseinsinterpretationen, und damit die Erfahrung, daß Texte kommunikative Funktion auch im Hinblick auf die eigene Lebensbewältigung haben können, gezielt gefördert wird. Die Textkombinationen sind oft auch nach inhaltlichen Elementen verknüpft, wobei durch kontrastierende Verknüpfungen die vergleichende Analyse zusätzlich stimuliert wird.

2.4. *Für den Unterricht stehen didaktisch vorgestaltete Materialien in Form von Arbeitsblättern zur Verfügung.*

Lernzielorientierung, variables Kurssystem und schülerzentrierte Arbeitsmaterialien müssen heute als eine Einheit betrachtet werden und lassen sich in Kombination mit dem Lesebuch als Textband und andern (teilweise) multimedialen Informationsträgern (Filme, Fernsehaufzeichnungen, Tonbändern und Schallplatten) als Elemente eines Lehr- und Lernmittelpakets beschreiben.

Mit den Arbeitsmaterialien werden drei Ziele verfolgt:

a) Sie sollen teilweise dem Lehrer die komplizierte Planung und Ausgliederung von bestimmten Arbeitsphasen abnehmen, die vor allem für das gezielte Erschließen der Textstrukturen und ihrer Bauelemente erforderlich sind.

b) Sie sollen in unterschiedlicher Weise einsetzbar sein und sowohl für Einzelarbeit, Partner- wie Gruppenarbeit verwendet werden können.

c) Der Lehrer kann auf sie verzichten, aber dennoch die in ihnen vorgesehenen Lernschritte als Leitgesichtspunkte für das erschließende Unterrichtsgespräch verwenden.

Die Feinstrukturen dieser Arbeitsblätter sind abhängig von der Textsorte, den damit verfolgten Lernzielen, dem Einsatz zu bestimmten Arbeitsphasen und dem unterschiedlichen Bearbeitungsgrad. Natürlich tragen sie auch die individuelle Handschrift des einzelnen Bearbeiters, was aber gerade für den Schüler wünschenswert ist.

Diese Differenzen sind jedoch nicht so groß, als daß nicht allgemeine Merkmale genannt werden könnten.

Die Schülerarbeitsblätter sind durch folgende didaktische Strukturen gekennzeichnet:

a) Die vom Schüler am Text vorzunehmenden Denkoperationen werden schriftlich vorgegeben. Dadurch ist es möglich, daß er die von ihm benötigte individuelle Lernzeit für die Lösung der Aufgaben in Anspruch nehmen kann.

b) Die einzelnen Operationen sind in deutlich abgegrenzte Lernschritte gegliedert, so daß sie für den Schüler überschaubar sind. In der Regel sind die

Lernziele als nichtoperationalisierte Sachgesichtspunkte in Kursivschrift den Lernschritten vorangestellt, so daß der Schüler das Lernfeld überblicken kann, ohne durch die Vorgabe detaillierter Lernziele allzu festgelegt zu werden.

c) Gegeben werden außerdem zusätzliche Lernhilfen:

— Informationen zur Biographie eines Autors
— Gegentexte mit abweichenden Standpunkten / Darstellungsabsichten oder gegensätzlichen Textstrukturen
— Elemente zur Ergebnisspeicherung
— Hilfen zur Begriffsbildung durch Vorgabe von Definitionen oder Beschreibung der betreffenden Kategorie oder sprachlichen Sachverhalte
— Hilfen für Denk- und Arbeitsstrategien
— Diagramme zur Elementarisierung erkannter poetischer Strukturen oder bestimmter Denkinhalte

Solche Hilfen sollen zur Anhebung der Fähigkeit, das Arbeiten an Texten möglichst selbständig zu organisieren, gezielt Arbeits- und Denkmuster bereitstellen.

d) Die Arbeitsblätter sind so konstruiert, daß sie sich zur Einzel-, Partner-/ Gruppenarbeit eignen und in unterschiedlichen Unterrichtsphasen Verwendung finden können.

e) Indem sie den Lehrer von der Führung des erschließenden Unterrichtsgesprächs für bestimmte Arbeitsphasen entbinden, wird er frei für die individuelle Einzelberatung und Partnerschaft dem Schüler gegenüber.

f) Durch fakultative Aufgaben ist der erforderlichen Innendifferenzierung (vor allem vom 7. Schuljahr an) Rechnung getragen worden, während bereits durch das 3stufige A-, B-, C-Element, bezogen auf die Rahmenlernziele der Kurse, eine Außendifferenzierung ermöglicht wird.

g) Die eigentliche Schwierigkeit bei der Entwicklung dieser Lernmaterialien liegt in den unterschiedlichen Lernvoraussetzungen der einzelnen Schüler und Klassen. Durch Modellerprobungen sind die zu erwartenden Schwierigkeiten bei der Aufnahme der Informationen und ihrer Verarbeitung durch den Schüler im wesentlichen festgestellt und im Rahmen von weiteren Modellerprobungen korrigiert worden.

h) Diese Arbeitsmaterialien sind im wesentlichen zur Verwendung im Rahmen der lernzielorientierten Kurse entwickelt worden; man sollte beachten, daß in bestimmten Kursen nur ganz gezielt (d. h. bezogen auf eine beschränkte Textanzahl) davon Gebrauch gemacht wird, andere Kurse werden vollständig durch Arbeitsblätter abgesichert. Teilweise werden auch für die Zusatztexte Arbeitsblätter angeboten. In der Regel weisen sie einen geringeren Programmierungsgrad auf als die Kursarbeitsblätter. Oft begnügen sie sich mit Leitfragen, Quellen oder Gegentexten.

i) Um dem Schüler die Arbeit am Text zu erleichtern, ist der Textband mit einer Zeilenzählung versehen worden; die Arbeitsblätter nehmen darauf Bezug.

k) Die Arbeitsblätter wollen und dürfen das erschließende Unterrichtsgespräch und die Diskussion über die Textinhalte nicht ersetzen oder verdrängen. Der Lehrer sollte den jeweils individuell bemessenen Einsatz, wie er im Handbuch beschrieben wird, beachten, da schriftlich vorzunehmende Lernschritte und solche, die durch das Klassengespräch bewältigt werden sollen, aus Gründen der Textschwierigkeit und um Einseitigkeiten in der Arbeitsform zu vermeiden, oft kombiniert vorgesehen sind. So werden Unterrichtsphasen der gemeinsamen Aussprache über den Text mit Phasen der Einzel-, Partner- oder Gruppenarbeit und solchen wechseln, in denen die Ergebnisse der Arbeitsblätter überprüft und im auswertenden und vergleichenden Gespräch für alle Schüler verfügbar gemacht werden.

2.5. *Textbestand und Kurse sind für die Sekundarstufe 1 konzipiert und enthalten die für ein schulstufenorientiertes Unterrichtsmittel erforderlichen Differenzierungsmöglichkeiten.*

Es wäre verkehrt, die Schulstufenkonzeption vorschnell als eine pragmatische Anpassung an geplante oder in Gang befindliche schulorganisatorische Maßnahmen anzusehen. Sie ist zunächst einmal durch curriculum-theoretische Überlegungen gegeben: Es kann nicht bezweifelt werden, daß es eine Reihe von Qualifikationen gibt, die unverzichtbar für alle Schulabgänger sind und mit geringen graduellen Unterschieden für alle Schüler der Sekundarstufe 1 garantiert werden müssen. Dazu gehört die unter These 1 umrissene Kommunikationsfähigkeit im Text- und Literaturbereich.

Für die Sekundarstufe 2 sind es vor allem methoden- und wissenschaftspropädeutische Kriterien [1], durch die die neue Lernstufe zu beschreiben und curriculumtheoretisch gegenüber der Sekundarstufe 1 abzugrenzen wäre. Für die Sekundarstufe 1 wird in *schwarz auf weiß* davon ausgegangen, daß mit dem Verlassen des 10. Schuljahres die Einführung in Text- und Literaturkommunikation grundsätzlich abgeschlossen sein muß, weil nur dann garantiert ist, daß jeder Schulentlassene auf das Leben in diesem Kommunikationsbereich vorbereitet ist. Daß graduelle Unterschiede unvermeidbar sind, muß in eine Stufenkonzeption einkalkuliert werden. Dies darf aber nicht so weit gehen, daß beispielsweise die lernschwächste Schülergruppe auf bestimmte Textbereiche fixiert wird. Auch diese Gruppe hat einen Anspruch darauf, die Vielfalt von Lebensanschauungen und Daseinsinterpretationen, wie sie z. B. in der poetischen Literatur vorgegeben sind, kennen und beurteilen zu lernen. Damit ist bereits angedeutet, daß die Differenzierung in diesem Sekundarstufenwerk sowohl eine Frage der Textauswahl, der Textzuweisung zu einem Curriculum, der Lernzielplanung zu den Kursen und Einzeltexten als auch eine Frage der Lernwege ist.

In 2.3. und 2.4. wurde verschiedentlich darauf hingewiesen, daß die Differenzierungsmöglichkeit als systemimmantes Element von *schwarz auf weiß Sekundarstufe* betrachtet werden muß. Drei Formen der Differenzierung lassen sich aufweisen:

1. Der Textbestand ist bereits qualitativ differenziert in A-, B- und C-Texte ausgelegt. Diese Abfolge ist zwar eine Differenzierung vom Lernweg her, aber die C-Texte werden von dort her als die schwierigsten ausgewiesen. Eine Differenzierung ersten Grades ergibt sich wie von selbst, wenn auf den sogenannten C-Kurs verzichtet wird.

Außerdem besteht die Möglichkeit, der quantitativen Differenzierung: Indem die Textanzahl eines Kurses reduziert wird, kann für die Bewältigung der übrigen Texte mehr Lernzeit zur Verfügung gestellt werden.

2. Eine weitere Differenzierung ist möglich durch die Wahl der Kurse selbst. Dies trifft zunächst einmal zu auf die Unterscheidung von Grund- und Zu-

[1] Vgl. Vereinbarung zur Neugestaltung der gymnasialen Oberstufe in der Sekundarstufe II. Kultus und Unterricht. Amtsblatt des Kultusministeriums Baden-Württemberg, S. 1327 ff./1972; Handreichungen für Lernziele, Kurse und Projekte im Sekundarbereich II für das sprachliche und literarisch-künstlerische Aufgabenfeld (A) herausgegeben vom Niedersächsischen Kultusminister.

satzkursen, aber auch auf die zur Wahl gestellten Grundkurse. Mit dem Kurs wählt der Lehrer die Textsorte und damit in gewisser Weise auch die Motivation. Textsorten wie Werbetexte, Comics, informative und meinungsbildende Texte, Filme und Fernsehtexte enthalten zwar unterschiedliche Lernanforderungen, sie dürften aber stärker motivieren als lyrische Gedichte. Die thematische Wahl des Kurses aus Differenzierungsgründen (Zugewinn durch die mitgewählte Motivation) darf allerdings nicht soweit gehen, daß die übrigen Textsorten vernachlässigt werden und die Schüler nur „interessen"-verknüpfte Texte kennenlernen.

3. Schließlich enthalten die Arbeitsblätter des Kurssystems in der Aufgabenstellung Möglichkeiten der Differenzierung. Werden Lernschritte gemeinsam bewältigt oder werden sie dem Schüler in Einzelarbeit auferlegt, so sind vom beschrittenen Lernweg her Differenzierungen vorgenommen worden. Ein Teil der Arbeitsblätter enthält zudem fakultative Aufgaben. Erscheinen bestimmte Lernschritte aus der Sicht der Klasse für Einzelarbeit als zu schwierig und zu steil, so kann durch den Wechsel zu einer anderen Sozialform (Gruppen-/Partnerarbeit) oder das Einfügen zusätzlicher Lernschritte eine Differenzierung vorgenommen werden.

2.6. *schwarz auf weiß Sekundarstufe ist ein offenes Lehrsystem, dessen Elemente auf Grund unterschiedlicher didaktischer Strukturierung vielfältige Verwendungsmöglichkeiten im Unterricht zulassen.*

Schon mehrfach wurde darauf hingewiesen, daß *schwarz auf weiß Sekundarstufe* ein Lehrsystem ist, das nach dem Baukastenprinzip und das heißt unter Wahrung der größtmöglichen Selbständigkeit seiner Grundelemente aufgebaut ist. Dadurch soll die Verwendungsmöglichkeit im Unterricht erhöht werden. Zu den Grundelementen sind zu rechnen: die Textbände, die als Jahrgangsbände ausgelegt sind, die Schülerarbeitshefte, die die didaktisch vorgestalteten Materialien, die Arbeitsblätter, enthalten, und die Lehrerhandbücher. Als weitere Elemente des Lehrsystems sind Medienangebote geplant, die vor allem im Bereich der Dramatik, des Fernsehens und filmischer Produktion strukturkonforme Textpräsentationen und damit mediengerechte Analysen im Unterricht ermöglichen sollen. Tonträger für Sprechtexte bzw. musikalische Formtypen sollen das Medienangebot komplettieren. Als Ergänzung zu den Arbeitsblättern sind Testmaterialien geplant, die dem Schüler in einfacher Weise eine Selbstkontrolle ermöglichen und dem Lehrer den Vergleich der Lernergebnisse insgesamt gestatten.

Wie die von *schwarz auf weiß Sekundarstufe* angebotenen Elemente auf der einen Seite konzeptionell eine Einheit bilden, auf der andern Seite als additive Bauelemente mit relativ hohem Selbständigkeitsgrad Verwendung finden können, läßt sich leicht an den Textbänden verdeutlichen. Wie in 2.1. ausgeführt wurde, sind die Texte nach Kurs- und Zusatztexten unterschieden und die Texte innerhalb der Kurse als Sequenzen angeordnet. Durch das Inhaltsverzeichnis wird auf das den Arbeitsblättern und den Handbüchern zugrundgelegte Kurssystem verwiesen, so daß diese drei Grundelemente als durchlässige und aufeinander abgestimmte Elemente im Unterricht leicht handhabbar sind. Unbenommen bleibt es Lehrer und Schülern, ohne die eingebrachten didaktischen Strukturen die Textbände zu verwenden und nach eigener Wahl und selbstgefundenen Kriterien ein Curriculum zu erstellen. Insbesonders die Zusatztexte eignen sich für Lernkombinationen, die der konkreten Ausgangslage einer Klasse, ihren Interessen und Zielvorstellungen in besonderer Weise Rechnung tragen.

Ein offenes Lehrsystem ist *schwarz auf weiß Sekundarstufe* aber noch aus einem anderen Grund: Die Lernmaterialien insgesamt sind in unterschiedlicher Weise vorstrukturiert, so daß auf der einen Seite die Lernvorteile des Lehrsystems wahrgenommen werden können, auf der anderen Seite für kreative Eigengestaltung genug Spielraum vorhanden ist. Sowohl die Arbeitsblätter als auch die Handbücher für den Lehrer enthalten Materialien mit hohem und niedrigem Bearbeitungsgrad; bezogen auf Worterklärungen und Kontexte gilt dieses Strukturierungsprinzip auch für die Textbände.

Zu bedenken ist außerdem: *schwarz auf weiß Sekundarstufe* will nicht den gesamten Lernbereich des Literaturunterrichts abdecken; konzipiert als Lehrsystem, das Grundwissen, elementare Fähigkeiten und Arbeitstechniken vermitteln will, verweist es von seiner funktionalen Bestimmung her auf ein Arbeiten, das auf Ganzschriften und Textbeschäftigungen ausgerichtet ist, die sich aus konkreten Situationen (z. B. Fernsehsendungen, Filme, Comic-Serien, Tagesprobleme in Zeitungen, aktuelle Berichte in Jugendzeitschriften) ergeben. Interdisziplinäre Zusammenarbeit mit andern Fachbereichen vor allem bei bestimmten Textsorten (Element der visuellen Kommunikation bei Werbetexten, Comics) oder das Fach Deutsch übersteigenden Fragestellungen (z. B. Problem der Wertung, formgeschichtlich vergleichbare Parallelen der Entwicklung in der Musik und der Darstellenden Kunst) und methodenintegrierende Arbeitsweisen sollen u. a. auch die Voraussetzungen schaffen für wissenschafts- und methodenpropädeutische Kurse in der Kollegstufe.

Bauer

II. Lernziele, Kurse, Analysen

GRUNDKURS INFORMATIVE TEXTE 1
(Informierend-berichtende Texte)

1. Textfolge

A

1. Wernher von Braun: Wenn ich zurückdenke ...
2. Martin Luther King: Ich bin oft nach meinem Weg ...

B

1. tom: Startabbruch
2. Hans Hass: Der rettende Schrei

C

1. Orville Wright: Der erste Motorflug
2. Hans Krammer: Im Hubschrauber über die Wasserwüste

2. Lernziele

Die Schüler lernen:

a) aus Texten gezielt Informationen zu entnehmen, sie zueinander in Beziehung zu setzen und sie zu bewerten;

b) Kontexte und Fußnoten als zusätzliches Informationsmaterial zu benutzen;

c) folgende Redeabsichten zu unterscheiden und zu erschließen:
unterhaltend-belehrende Absicht (A 1, B 1, B 2),
anklagend-belehrende Absicht (A 2),
beschreibend-belehrende Absicht (C 1, C 2);

d) die Ereignisse, von denen berichtet wird, von diesen Redeabsichten her zu erfassen
— als unterhaltsame Episoden (A 1)
— als Beispiele für politische Diskriminierung (A 2)
— als wissenschaftlich-technisch erklärbare Erscheinungen (B 1, B 2)
— als Beweismittel zur Dokumentation (C 1)
— als anschauliche Beispiele einer Katastrophe (C 2);

e) Erzählelemente in berichtenden Texten (A 1, A 2, B 2), lineare Handlungsführung (B 1, B 2, C 1) und Perspektive des Berichterstatters (B 1, C 2) als Darstellungsmittel zu isolieren und als Mittel zur Texterschließung zu erfassen;

f) folgende durch Sachverhalt und Lesergruppe (Adressatengruppe) bedingte sprachliche Mittel zu erschließen:
— feststehende Begriffe und fachsprachliche Ausdrücke (A 2, B 1, C 1)
— anschaulich schildernde sprachliche Elemente (C 2)
— umgangssprachliche Wendungen (A 1, B 1, B 2);

g) einzelne in diesen Texten berichtete Ereignisse durch zusätzliche Informationen zu überprüfen (A 1, B 2).

3.0. Didaktische Begründung

Die didaktischen Überlegungen zu diesem Kurs und der Art der Lernzielbeschreibung im Bereich der informativen Texte sind auch für die folgenden Kurse in den Bänden 5 und 6 von Bedeutung und daher verhältnismäßig ausführlich.

3.1.1. Die Bezeichnung ‚informative Texte' erhebt nicht den Anspruch, ein Begriff mit genauen Abgrenzungen etwa gegenüber anderen Textsorten oder gar literarischen Gattungen zu sein. Sie beschreibt vielmehr die didaktische Absicht, in der die beiden Textgruppen (Informative Texte 1 und 2) hier ausgewählt und zusammengeordnet worden sind. An diesen beiden Textgruppen soll folgendes gezeigt werden:

a) Die im Text erkennbare Redeabsicht des Verfassers, über Ereignisse und Sachverhalte der Umwelt Mitteilungen zu machen. Dabei können — wie im Text „Birne im Müll" — durchaus Elemente fiktionalen Erzählens verwendet werden, wie Birne als Figur oder die sprechende Ratte. Entscheidend ist, daß im Text diese Erzählelemente vor allem Mittel sind, den Sachverhalt Müllbeseitigung — Müllvernichtung besser beschreiben zu können.

b) Die Bedingungen, die sich für Inhalt und Funktion des Textes aus dem Ereignis (also etwa der Flutkatastrophe in Hamburg 1962) oder dem Sachverhalt selbst (z. B. der Schwerelosigkeit des menschlichen Körpers außerhalb der Atmosphäre) ergeben. Bei einem Ereignis muß ein einmaliges historisches Faktum und seine Bedeutung für die Folgezeit dargestellt werden. Ein Sachverhalt hingegen unterliegt immer der gleichen Gesetzmäßigkeit, die es im Text nachzuweisen gilt. Genauer läßt sich der Unterschied zunächst nicht festlegen, da z. B. die Kategorien Bericht und Beschreibung als Möglichkeiten der Unterscheidung nicht hinreichen.

c) Die Bedingungen, die vom Leser her gegeben sind, und zwar durch

— sein Interesse, das durch bestimmte sprachliche und darstellerische Mittel geweckt oder erhalten werden muß;
— seine Vorkenntnisse, welche die Auswahl der Teilinformationen und die Art der Sprachverwendung beeinflussen, vor allem im Blick auf die Verwendung der Fachsprache (inhaltliche und semantische Selektion);
— endlich seine Aufnahmefähigkeit, die den Grad der im Text gegebenen Anschaulichkeit oder Abstraktheit bei der Wahl der sprachlichen (Metaphern, Vergleiche) und nichtsprachlichen Mittel (Bilder, Zeichnungen, Textgliederung) beeinflußt.

3.1.2. Der unter 3.1.1. b) angedeutete Unterschied zwischen Ereignis und Sachverhalt als textbedingenden „Umweltreferenten" [1] ist für die Einteilung in zwei Gruppen entscheidend gewesen. Auch bei dieser Zuordnung war die Fragestellung vor allem eine didaktische: Inwieweit ist dieser Unterschied im Text selbst erkennbar, inwieweit wirkt er zurück auf die im Text erkennbare Redeabsicht des Verfassers? Eine an literarischen Normvorstellungen — etwa der oben erwähnten Unterscheidung zwischen Bericht und Beschreibung und ihren gattungsspezifischen Merkmalen — orientierte Einteilung war weder möglich noch erstrebt, da in den meisten Texten die verschiedensten strukturellen und sprachlichen Mittel verwendet werden, um Ereignis bzw. Sachverhalt dem Leser nahezubringen und zu verdeutlichen.

[1] Der Begriff Umweltreferent wird hier in einem weiteren Sinne gebraucht.

Dennoch läßt sich im Blick auf die erste Textgruppe die Redeabsicht genauer als informierend-berichtend kennzeichnen, und zwar aufgrund folgender Kriterien:

a) Kennzeichnung des jeweiligen Ereignisses als einmal geschehene Tatsache (Faktizität des Ereignisses);

b) Herstellung einer räumlich-zeitlichen Beziehung zum Leser vor allem durch Orts- und Zeitangaben (Raum-zeitlichkeit);

c) Aufzeigen von Auswirkungen des Ereignisses auf soziale Verhältnisse und einzelne Personen (Geschichtlichkeit) und

d) Weckung des Leserinteresses für dieses Ereignis durch wertende und kommentierende Darstellung (Aktualisierung).

Die sprachlichen und strukturellen Mittel, deren sich die einzelnen Verfasser bedienen, sind sehr vielfältig und können hier nicht im einzelnen aufgezählt werden. Wesentlich ist, daß sie auf diese Kriterien hin erschlossen werden können und von dort her interpretierbar sind.
Auch kann selbstverständlich das Vorkommen der angesprochenen Mittel im Text nicht darauf schließen lassen, daß es sich jeweils wirklich um einen Tatsachenbericht handelt. Sprachliche Wendungen wie „Es war einmal", „Es war kein Roman, sondern Wirklichkeit" bewirken im Leser, daß er eben keinen Tatsachenbericht, sondern einen fiktionalen Text erwartet; auf der anderen Seite können Elemente des Tatsachenberichtes zur Täuschung des Lesers verwendet werden.

3.2.1. Die Auswahl der Texte zu Grundkurs 1 wurde im wesentlichen durch folgende Überlegungen bestimmt:

a) Sie sollten die Zielgruppe ansprechen, daher schienen Texte mit stark erzählendem Charakter am ehesten angemessen zu sein. Dabei zeigte sich, daß auch in der Anzeigenwerbung narrative Vertextung als Mittel eingesetzt wird, wenn diese Altersgruppe angesprochen werden soll. Es ergab sich darüber hinaus, daß bei den Texten dieser Gruppe jeweils ein erzählendes oder berichtendes Ich das Ereignis darstellt, so daß auch die Perspektive des Erzählers oder Berichterstatters als strukturelles Mittel bewußtgemacht werden kann.

b) Um dem Interesse des Schülers am Abenteuer entgegenzukommen, sollten die geschilderten Ereignisse selbst möglichst handlungsintensiv sein und dramatische Höhepunkte haben. Das entspricht zudem einer Tendenz vieler Verfasser, die gerade durch solche dramatische Schilderungen das Interesse des Lesers zu fesseln suchen und dabei die Tatsachen selbst gelegentlich verzerrt wiedergeben (hier in gewisser Weise v. Braun und Hass).

c) Das sollte nicht dazu führen, in diesen Texten nur eine Art realistische Varianten zu Abenteuergeschichten anbieten zu wollen. Vielmehr ging es auch darum, den Schüler auf diesem Wege an Problemstellungen heranzuführen (Martin Luther King) und ihm sprachliche und strukturelle Mittel solcher Texte jeweils von den Redeabsichten des Verfassers her bewußt zu machen. Auch diese Redeabsichten lassen sich nicht als jeweils ausschließliche beschreiben (also belehrende, unterhaltende etc.), sondern nur als dominante Mitteilungsabsicht, die unter Umständen sogar innerhalb des Textes wechseln kann.

d) Dabei zeigte sich, daß gerade im Blick auf die immer an Zielgruppen orientierten Redeabsichten neben den strukturellen auch die sprachlichen Mittel in diesen Texten eine entscheidende Rolle spielen, hier vor allem die umgangssprachlichen Mittel bei v. Braun, tom, Hass. Auch in dieser Hinsicht bieten sich Querverbindungen zu Werbetexten an, die bis hinein in die politische Werbung ihre sprachlichen Mittel gelegentlich sehr bewußt auf die jeweilige Zielgruppe abstimmen. Es scheint daher nicht verfrüht, schon auf dieser Stufe elementare Einsichten in derartige Mitteilungsstrategien zu vermitteln.

3.2.2. Die Anordnung der Texte läßt sich kurz wie folgt darstellen:

a) Die Texte A 1, A 2 ähneln einander von der Struktur her sehr stark, differieren aber in der Redeabsicht. Die Arbeit an Text A 1 kann daher hinführen zur Erschließung von A 2, auf der hier das Schwergewicht liegt.

b) Die Textgruppe B 1, B 2 stellt in diesem Kurs nicht eine leichtere Variante zu A 1, A 2 dar, sondern sie bietet zwei neue Formen, nämlich ein dramatisch verlaufendes technisches Ereignis und ein Naturereignis, jeweils aus der Perspektive eines Beteiligten geschildert. Im Blick auf die Wahl umgangssprachlicher Mittel ist vor allem B 1 mit A 1 vergleichbar. Der Text von Hass ist zwar inhaltlich leichter als der Text „Startabbruch", wird aber im Blick auf die Aufgabenstellung (selbständige Erarbeitung der Lernziele und Vorstufe auf Überprüfung von Textaussagen) besser als Text B 2 behandelt. Da versuchsweise im Schülerarbeitsheft für B 2 die Lernziele vorgegeben sind, kann der Lehrer diese Arbeit dem Schüler überlassen und im Unterricht statt dessen den Vergleich B 1, C 1 durchführen (Startabbruch einer Düsenmaschine und Startversuche mit dem ersten Motorflugzeug).

c) Die beiden differenziertesten Texte bildet die Gruppe C 1, C 2. Durch die Absicht, ein geschichtliches Dokument zu schaffen, ist die Komplexität des Textes von Kelly/Wright bedingt; die Komplexität des Krammerschen Textes ergibt sich von den Ereignissen selbst her und durch seinen Charakter als Reportage mit wechselnden Perspektiven. Zudem wird die Auswirkung des Ereignisses auf verschiedene Personen und Personengruppen in beiden Texten dargestellt.

3.3.1. Die Wahl der Lernziele ist insofern gegenstandsbedingt, als die Übung genauer Informationsentnahme im Blick auf Tatsachenberichte angemessener ist, als sie es etwa beim lautmalenden Gedicht oder Märchen wäre. Angesichts der Überfülle an täglichen Informationen und der mythischen Aufladung dieser Vokabel selbst muß die Nüchternheit und Genauigkeit der Informationsentnahme von der zielstrebigen Auswahl begleitet sein. Auch in dieser Hinsicht bieten sich diese Texte als Arbeitsmaterial an, da sie nicht im Sinne eines sprachlichen Kunstwerkes in ihrer Totalität erschlossen werden sollen. Es handelt sich also auch in didaktischer Hinsicht um Gebrauchstexte, an denen Fähigkeiten trainiert werden können, die für den Leser notwendig sind.

Der Informationsentnahme folgt in der Regel das Erschließen von Strukturelementen und die Herstellung einer Beziehung zur Mitteilungsabsicht des Verfassers auf der einen, zur Zielgruppe auf der anderen Seite. Im Blick auf den Erkenntnisprozeß des Schülers werden also die Lernziele immer differenzierter.

3.3.2. Die Absichten der vorgenommenen Lernzielbeschreibungen lassen sich wie folgt darlegen:

a) In diesem Gegenstandsbereich herrschen die kognitiven Lernziele vor. Wenn nicht in anderen Bereichen des Unterrichtes dem affektiven Lernbereich Geltung verschafft wird, führt das zu einer Objektverekelung, die das Erreichen eben dieser kognitiven Lernziele unmöglich machen, blockieren muß. Es muß also im Unterricht so etwas wie „planvollen Unsinn" geben; Phasen, die von den kognitiven Zielen her offenbleiben und den Schüler bis hin zur Wahl des Gegenstandes selbst freisetzen.

b) Die Formulierungen „durch ... lernt der Schüler" oder „lernt ... zu erschließen, indem er ..." sollen nicht den Eindruck erwecken, als handele es sich um eine Art psychophysischen Parallelismus zwischen äußerem, beobachtbarem Ablauf und innerem Erkenntnisprozeß, als gebe es zwischen beiden eine Koppelung oder gar Steuerung des inneren Vorgangs durch das Ingangsetzen eines äußeren unterrichtlichen Ablaufs. Die beschriebenen Tätigkeiten des Schülers sollen vielmehr im Blick auf die Tätigkeit des Schülers reizvoll oder zumindest möglich, im Blick auf den Gegenstand sinnvoll und methodisch angemessen sein. Diese beiden Voraussetzungen ermöglichen dann, von der Hypothese (!) auszugehen, daß diese Operationen Erkenntnisprozesse anstoßen oder zumindest den Weg zu solchen Prozessen frei machen.

c) Endlich ist nicht von der Annahme auszugehen, als handele es sich um ein 1 : 1-Verhältnis zwischen Arbeitsschritt des Schülers und dadurch angeregtem Erkenntnisvorgang. Es muß durchaus im Bewußtsein bleiben, daß zu einer Erkenntnis mehrere Arbeitsschritte nötig sein können, daß umgekehrt durch einen Arbeitsschritt mehrere Ziele erreicht werden können, daß endlich Erkenntnis auch neben dem Unterricht und trotz des Unterrichts zustande kommen kann. Die Art der Lernzielbeschreibung stellt also eine Orientierungshilfe dar, die solche Sachverhalte stark vereinfacht.

4. Einzelanalysen

4.1. Wernher von Braun: Wenn ich zurückdenke ...

4.1.1. *Lernziele*

Die Schüler lernen:

a) die unterhaltend-belehrende Absicht dieses autobiografischen Textes zu erkennen und Teile seiner Aussagen zu überprüfen (Rahmenlernziel);

b) durch Suchen und Auswählen einer passenden Überschrift den inhaltlichen Schwerpunkt des Textes zu erfassen;

c) die Anregungen des Verlags an die Verfasser des Buches „Als wir noch Lausbuben waren“ auf diesen Text zu beziehen;

d) den biografischen Kontext in einer Zeitleiste darzustellen und die Darstellungsabsicht beider Texte zu erschließen;

e) einige sprachliche Mittel zu nennen, mit denen der Verfasser jugendliche Leser anzusprechen versucht (Zielgruppe des Textes);

f) durch Beschaffen weiterer Informationen über Valicr und Opel festzustellen, inwieweit von Braun die Ereignisse erzählerisch-frei umgestaltet;

g) das Urteil des Erwachsenen Wernher von Braun über sein jugendliches Handeln aus dem Text zu erschließen (Erfassen der belehrenden Absicht).

4.1.2. *Sachanalyse*

a) Diese unterhaltsam erzählten Jugenderinnerungen des Raketenforschers Wernher von Braun stammen aus dem Buch „Als wir noch Lausbuben waren“, das zugunsten körperbehinderter Kinder herausgegeben worden ist. Der Verleger Franz Schneider schreibt dazu im Vorwort: „. . . Ich entschloß mich, ein Buch herauszubringen, in dem bekannte Persönlichkeiten aus ihrer Jugendzeit erzählen — von ihren Vorbildern, von ihren ‚Traumberufen‘ und von ihren schönsten oder lustigsten Erlebnissen.“ Aus den einzelnen Texten des Buches läßt sich erschließen, daß die Verfasser im Sinne dieser drei Punkte nach ihren Jugenderlebnissen befragt worden sind.

b) Was zunächst wie eine spontan und sprunghaft erzählte Erinnerungsskizze anmutet, erweist sich von dieser Fragestellung aus als zwar locker gefügter, aber geschickt gebauter Text: Anfang und Ende handeln von Raketenversuchen des 13jährigen (lustiges Erlebnis); die mittleren Abschnitte berichten von den sprunghaft wechselnden Interessen (‚Traumberuf' Komponist) und den Vorbildern (Kopernikus, Valier, Opel) des jungen Wernher von Braun, wobei der Verfasser geschickt von den Raketenwagenversuchen der beiden Erfinder wieder überlenkt zu seinem eigenen Raketenwagen. Dabei sind die äußeren Umstände — die Wirkung auf die Straßenpassanten und die Nachwirkungen für den Erbauer selbst — wichtiger als die technischen Probleme.

c) Die Darstellungsabsicht ist also vor allem die, zu erzählen und zu unterhalten. Die angesprochenen Zielgruppen sind jugendliche Leser. Beidem entspricht der saloppe Erzählstil (umgangssprachliche Wendungen wie ‚lausig', ‚mit Pauken und Trompeten klebenblieb'). Auch die warnend belehrende und damit distanzierende Darstellungsweise vor allem im ersten Abschnitt („so sträuben sich mir noch heute die Haare", „eine äußerst gefährliche Angelegenheit") ist frei von allzu aufdringlichem moralischem Ernst und wird von der Absicht, zu erzählen und zu unterhalten, überlagert.

d) Es kommt dem Verfasser also nicht auf Belehrung oder autobiografische Analyse der eigenen Jugendzeit an. Folgt man der Biografie[1], so war Kepler und nicht so sehr Kopernikus Vorbild der Jugendzeit; schlossen sich Valier und Opel erst 1929 und nicht schon vor dem Raketenversuch des 13jährigen in der Tiergartenallee (1924) zusammen. In dieser Jugenderinnerung kommt es also auf die Atmosphäre der Pionierzeit der Autotechnik, den zündenden Einfluß des Erfindergeistes und nicht so sehr auf strenge historische Abfolge an. Sie zieht die Ereignisse zu einem einzigen Bild zusammen, so daß sich eine geschlossene Vorstellung von einer Jugendzeit ergibt, die sich in Wirklichkeit über Jahre erstreckte.

4.1.3. *Didaktische Überlegungen*

a) Der Text ist vom Inhaltlichen her so anregend, daß er sich als Eingangstext für eine Unterrichtseinheit „informierend-berichtende Texte" anbietet. Das Historische, das ja in einer Lerneinheit über Tatsachenberichte eine Rolle spielt, bezieht sich hier auf den Bereich der Technik, für deren Entwicklung Schüler dieses Alters ein starkes Interesse haben.

b) Die Gefahr, Wernher von Brauns Erinnerungen im Sinne überkommener Vorbildpädagogik als Großtaten eines jugendlichen Helden zu mißdeuten, besteht nicht. Sowohl die Wechselhaftigkeit der Interessen wie auch das Urteil des Erwachsenen über diese Jugenderinnerungen relativieren sie, so daß für den Leser von vornherein eine Distanz gegeben ist. Es schadet daher nicht, wenn sich dem Schüler einzelne Angaben bei näherer Überprüfung als unstimmig erweisen sollten (siehe 4.1.2. d).

c) Die Analyse sprachlicher Mittel mag auf dieser Stufe schwierig erscheinen und soll nicht dazu führen, etwa im Sinne der überkommenen Aufsatzlehre den angemessenen Stil für einen Bericht oder eine Beschreibung vom Erzählstil abzuheben oder gar ihn zu ‚reinigen'. Gerade durch den Versuch, den Schülerjargon der eigenen Jugendzeit wieder zu beleben, ist der Text reizvoll. Das ermöglicht es, das Problem der Wertung und damit Meinungsbeeinflussung durch die Wahl bestimmter sprachlicher Mittel bereits auf dieser Stufe deutlich zu

[1] Bernd Ruland: Wernher von Braun. Mein Leben für die Raumfahrt, Burda Verlag, Offenburg 1969.

machen. Im Blick auf die Analyse von Redeabsichten ist das Problem des wertenden Sprachgebrauchs so zentral, daß der Schüler bereits auf dieser Stufe darauf vorbereitet werden sollte.

4.1.4. *Methodische Hinweise*

a) Das methodische Vorgehen bei der Erschließung dieses Textes hat auch vorbereitende Funktion im Blick auf die Arbeit am Text von Martin Luther King. Das gilt vor allem für die Erschließung des Kontextes und die Herstellung der Beziehung zwischen den Anregungen des Verlags an die Verfasser (siehe 4.1.2. a)) und dem Text. Trotzdem sollte der Lehrer sich neben dem unter b) bis h) vorgestellten und im Unterricht erprobten Weg auch die Möglichkeit überlegen, im freien Klassengespräch oder in Gruppenarbeit zum Ziel zu kommen. Dabei sollten folgende Anregungen gegeben werden:
Am Text des großen Raketenforschers Wernher von Braun stimmt etwas nicht.
Einige informieren sich über Valiers und Opels Raketenversuche (Kontext hier mit heranziehen!).
Soll der Leser etwas erzählt bekommen, oder soll er auch ermahnt werden?
Die Schüler überprüfen, ob der Verfasser die Bitten des Verlags erfüllt hat.
Ob dieser oder der nun im folgenden beschriebene Weg beschritten wird, hängt von der Selbständigkeit der Klasse ab.

b) Die Schüler lesen den Text und erhalten den Hinweis, daß im Band „Als wir noch Lausbuben waren" die einzelnen Beiträge ohne Überschrift abgedruckt sind. Sie sollen eine Überschrift für den Text suchen. Das dient hier der genauen Aufschlüsselung und dem Abwägen der Schwerpunkte des Inhaltes und ist von daher motiviert.

c) Die Überschriften werden geordnet und möglichst in zwei Rubriken eingeteilt: rein inhaltliche Überschriften („Das rasende Raketenauto") und biografisch orientierte Überschriften („Wernher von Brauns erster Raketenversuch").

d) Der Lehrer erzählt vom Zustandekommen des Buches und liest aus dem Vorwort des Herausgebers die entsprechende Stelle vor (siehe 4.1.2. a)). Die Schüler versuchen zu formulieren, welche Fragen an die Verfasser gestellt worden sind. An der Tafel wird nun stichwortartig in drei Rubriken festgehalten, inwiefern der Text auf diese Fragen antwortet. (Arbeit in drei Gruppen möglich.)

e) Nun lesen die Schüler den biografischen Kontext und halten ihn in Form einer Zeitleiste an der Tafel fest.

1912	1932	1939	1945	→
geboren in Wirsitz	erste Flüssigkeits-rakete	Direktor in Peenemünde	in die USA	Jupiter- und Saturn-rakete

f) Die Schüler versuchen, die Jugenderinnerungen einzuordnen, und zwar zunächst den Gesamttext, dann Abschnitt für Abschnitt. Sie stellen fest, daß letzteres nicht möglich ist. Bei der Suche nach Begründungen stoßen sie wieder auf die Fragen des Verlegers und möglicherweise schon jetzt auf die Absicht, zu unterhalten und nicht, wie ein Lexikon, zu informieren.

g) Einzelne Schüler werden beauftragt, in einem Lexikon die Artikel über Valier und Opel herauszusuchen und vorzulesen. Die Schüler stellen die zeitliche Unstimmigkeit fest und versuchen diese zu erklären.

h) Ausgehend von Abschnitt 1 stellen die Schüler nun heraus, wie Wernher von Braun heute über seine Jugenderlebnisse denkt:

über das Raketenauto	(Leichtsinn, unverfälschte Dummheit)
über die Schule	(Noten waren lausig)
über seinen Traumberuf	(etwas dünne Kompositionen)
über seine Vorbilder	(- - - - [keine negativen Äußerungen])

So stoßen sie darauf, daß der Erwachsene über diese Dinge anders denkt als der 13jährige Wernher von Braun.

4.2. Martin Luther King: Ich bin oft nach meinem Weg ... (A 2)

4.2.1. *Lernziele*

Die Schüler lernen:

a) die Behandlung des Vaters King im Schuhgeschäft und durch den Polizisten als Beispiele für politische Unterdrückung zu erfassen und zu dem einleitenden Abschnitt in Beziehung zu setzen;

b) die Reaktionen des Vaters King und das spätere Leben Martin Luther Kings als Antwort auf erfahrene politische Ungerechtigkeit und Unterdrückung zu erkennen;

c) und dadurch den Text in seiner belehrenden, politisch anklagenden Absicht von anderen autobiographischen Texten oder Ich-erzählungen zu unterscheiden.

4.2.2. *Sachanalyse*

a) Trotz der äußerlichen Ähnlichkeit zwischen den Jugenderinnerungen des Wernher von Braun und diesem Text des Martin Luther King besteht zwischen beiden ein fundamentaler Unterschied. Zwar verweisen beide Verfasser am Anfang und am Schluß ihrer Beiträge auf ihre spätere Tätigkeit, beide erzählen auch von Vorbildern der Jugendzeit, doch Kings Beitrag ist von ganz anderer Absicht geprägt als die salopp erzählten Jugenderlebnisse des Wernher von Braun. Diese Absicht spiegelt sich schon im Aufbau: Erinnerungen an organisierte Grausamkeiten von Weißen gegen Schwarze in den Vereinigten Staaten; Mißachtung des Vaters als Mensch zweiter Klasse und dessen Reaktion; eigene Erfahrung als Plantagenarbeiter; Entscheidung für den gewaltlosen Widerstand, angeregt durch Thoreaus Essay. Kings Jugenderinnerungen haben also nichts von Anekdotischem oder Zufälligem, sondern es sind entscheidende Episoden auf seinem politischen Weg.

b) Die Erlebnisse mit dem Vater haben durchaus exemplarischen Charakter und sind so erzählt, daß sie auch der erwartete Leser des Buches ‚Als wir noch Lausbuben waren‘ durchaus verstehen kann:
Sie werden auf dem Hintergrund von Grausamkeiten erzählt, die Weiße gegen Schwarze verübt haben;
Das Zurückschicken von den vorderen auf die hinteren Plätze ist als symbolische Handlung verständlich, vor allem da der weiße Angestellte offensichtlich nicht aus eigenem Antrieb handelt;
Wenn ein Polizist einen Straßenpassanten wie einen kleinen Jungen behandeln will, ist auch das als Ausdruck der Mißachtung des Schwarzen in der Öffentlichkeit leicht durchschaubar;
Schließlich machen die Reaktionen des Vaters deutlich, daß es sich hier nicht um zufällige, sondern um vom System verschuldete ungerechte Mißachtung handelt.

c) Daß sich im Aufbau dieses Textes Grade politischer Bewußtseinsbildung spiegeln, zeigen die weiteren Episoden: die eigenen Erfahrungen auf der Plantage dienen dazu, das Problem auf dem Hintergrund des Problems Reiche gegen

Arme zu sehen und den eigenen politischen Standpunkt zu differenzieren. Die anfangs angedeutete Alternative: „Haß gegen alle Weißen", erscheint nun nicht mehr als mögliche politische Antwort.
Die letzte Episode: Auseinandersetzung mit der Theorie vom gewaltlosen Widerstand ist zugleich der erste Schritt von der Erkenntnis zum Handeln, das im biografischen Kontext zu diesem Text kurz dargestellt ist.
Es handelt sich also hier um Jugenderinnerungen, die eigene Erfahrungen auf dem gesellschaftlichen Hintergrund reflektieren und dem Leser in politisch-belehrender Absicht vorstellen.

4.2.3. *Didaktische Überlegungen*

a) Im Blick auf diesen Text wird bewußt darauf verzichtet, die einzelnen Operationen des Schülers aufweisen zu wollen.
Diese Abweichung vom Schema wird gleichsam vom Text her gefordert, dessen politisch anklagende Absicht zentrales Unterrichtsthema sein sollte.

b) Die Verbindung der beiden Erfahrungen des Vaters King mit den vorher berichteten Grausamkeiten der Weißen gegen Schwarze muß vom Schüler hergestellt werden. Sie ist unerläßlich im Blick auf die politisch-kritische Absicht.

c) Im Gegensatz zur Masse täglicher Nachrichten, Berichte, Reportagen haben Martin Luther Kings Jugenderfahrungen nichts an Aktualität verloren, und zwar weder im Blick auf die Beispielhaftigkeit der dargestellten Ereignisse noch in bezug auf die Mitteilungsabsicht des Textes, also die Anklage gegen Rassenhaß und soziale Unterdrückung. Im Blick auf die Zielgruppe des Textes aber erscheint es berechtigt, diese Aktualität zu vergegenwärtigen. Dies geschieht durch den Kontext, der verdeutlichen soll, daß diese Erfahrungen Stufen einer politischen Entwicklung sind, deren Konsequenz zum einen die Praxis des gewaltlosen Widerstandes, zum anderen die Ermordung Martin Luther Kings gewesen ist.
Die Reflexion auf die Ereignisse selbst und die Mitteilungsabsicht des Textes erscheint schon auf dieser Stufe möglich, auch weil der Text des Wernher von Braun (unterhaltsam-anekdotisch) gerade in dieser Hinsicht zu den Kindheitserinnerungen des Martin Luther King einen Kontrast darstellt.

4.2.4. *Methodische Hinweise*

a) Auch im Unterrichtsgespräch ohne Arbeitsblätter kann im wesentlichen im Sinne der Vorschläge des Schülerarbeitsheftes verfahren werden. Es lassen sich etwa drei Unterrichtsschritte unterscheiden:

— Klärung des Begriffs ‚Segregation' und Beschreibung der im Text geschilderten Folgen für die Schwarzen;
— Diskussion der Verhaltensweisen des Angestellten und des Polizisten und Gespräch über etwa vergleichbare Begebenheiten in der Bundesrepublik;
— die Antwort des Vaters King und die Antwort Martin Luther Kings auf Rassendiskriminierung und soziales Unrecht (Hinzuziehen des Kontextes).

b) Der Vergleich mit dem Text des Wernher von Braun sollte hier wie auch bei Einsatz der Arbeitsblätter nur Hilfsmittel sein, die politisch-anklagende Absicht Kings stärker bewußt werden zu lassen, nicht aber — wie bei anderen Texten durchaus sinnvoll — Ziel der eigentlichen Arbeit.

4.3. tom: Startabbruch (B 1)

4.3.1. *Lernziele*

Die Schüler lernen

a) in diesem Bericht über ein unvorhergesehenes Ereignis die belehrende Absicht (Vorgang eines Startabbruchs) und die unterhaltende Absicht (Reaktion der Insassen der Maschine) zu erschließen (Rahmenlernziel);

b) durch Herausschreiben aller Zeit- und Ortsangaben die lineare Abfolge des Textes und den Höhepunkt zu erfassen;

c) sich über die technischen Vorgänge und Fachausdrücke mit Hilfe der Worterklärungen zusätzliche Informationen zu verschaffen;

d) die einzelnen Personen und Personengruppen zum zentralen Ereignis in Beziehung zu setzen, indem sie
  — ihren Platz im Flugzeug in einer Skizze darstellen;
  — ihre Tätigkeiten während und nach dem Startabbruch jeweils in zwei bis drei Sätzen zusammenfassen;

e) die Sonderrolle des Reporters als eines betroffenen Fluggastes und zugleich beobachtenden Fachmanns aus dieser Skizze und den Sätzen erschließen und mündlich beschreiben;

f) durch einen Vergleich mit dem Text des Wernher von Braun die sprachlichen Mittel herauszufinden, durch die vor allem jugendliche Leser angesprochen werden sollen.

4.3.2. *Sachanalyse*

a) Der Text ist ganz auf das spannende Ereignis hin organisiert: Gelingen oder Mißlingen des Startabbruchs einer Düsenmaschine.

— Die Überschriften und der kurze Vorspann machen den Leser auf dieses Ereignis aufmerksam.

— Die zeitliche Abfolge ist linear, d. h. über den Ausgang des Unternehmens werden keine Informationen vorweggenommen.

— Die Angaben über Geschwindigkeit und Länge der Startbahn vermitteln eine Vorstellung von der Gefährlichkeit des Unternehmens.

— Die technischen Vorgänge (Schubumkehr, mutmaßliche Betätigung der Radbremsen) werden anschaulich beschrieben.

b) Auch das Verhalten der Personen wird vor allem im Blick auf den Startabbruch dargestellt:

— Die Handlungsweise des Kapitäns bei Start, Abbruch, Erklärung des Defekts wird beschrieben und kritisch beurteilt.

— Am zunächst unsicheren und dann pflichtbewußten Verhalten der Stewardeß wird deutlich, daß die Situation wirklich kritisch gewesen ist.

— Die überstandene Angst und die Erregung der Fluggäste wird kurz angedeutet (entspannte Gesichter, Witze, Andrang zu den Toiletten).
Solche Schlaglichter auf die beteiligten Personen sind ein beliebtes Mittel vieler Reportagen, da sie dem Leser einen Eindruck des Geschehens vermitteln.

c) Perspektive und eigenes Urteil des Reporters sollen dem Leser eine komplexe Vorstellung von einem solchen Startabbruch vermitteln:

— Der Reporter ist technisch versiert und sieht die Vorgänge vor seinem inneren Auge („sinniere ich vor mich hin“) und tatsächlich durch das Fenster.

— Er beobachtet das Verhalten von Personal und Fluggästen.

— Er hört und beurteilt die Erklärung des Kapitäns.

d) Die sprachlichen Mittel haben doppelte Absicht:
— Der Leser soll über technische Vorgänge informiert werden. Diesem Zweck dienen die Fachausdrücke (Luftbremsen, Schubumkehr, Druckbelüftung etc.).
— Der jugendliche Leser soll durch saloppe, umgangssprachliche Wendungen angesprochen werden (Triebwerk ‚sauer', ‚fummelt im Cockpit herum' etc.). Gleichzeitig soll damit vermieden werden, daß tragischer Ernst aufkommt und die Situation überdramatisiert wird.

4.3.3. *Didaktische Überlegungen*

a) Es handelt sich bei diesem Text um eine Reportage in einfacher Form. Er ist vom Ereignis selbst und der Darstellungstechnik her unschwer zu erschließen. Lediglich das Verständnis technischer Einzelheiten im Zusammenhang mit der Erklärung des Startabbruchs könnten für manche Schüler gewisse Schwierigkeiten bereiten, die teilweise mit Hilfe der Anmerkungen und eines Nachschlagewerkes beseitigt werden sollen. Das Verständnis der Gesamtsituation und das Interesse der Schüler am Text wird dadurch nicht beeinträchtigt.

b) Im Blick auf die sprachlichen Mittel und die unterhaltend-belehrende Absicht ist der Text vergleichbar mit den Erinnerungen des Wernher von Braun. Da er stärker als A 1 auf den technischen Vorgang selbst erklärend eingeht, handelt es sich trotz des linearen Ablaufs hier um den schwierigeren Text.

c) Vom Thema her bietet sich ein Vergleich an mit Kelly/Wright (C 1). Der Text ‚tom, Startabbruch' kann als Vergleichstext dazu dienen, dem Schüler eine historische Perspektive zu ermöglichen, die ja auf technischem Gebiet auf dieser Altersstufe eher möglich ist als in anderen geschichtlichen Bereichen.

4.3.4. *Methodische Hinweise*

Der Text kann in folgenden Lernschritten erschlossen werden: Informationsentnahme — Informationserweiterung — Erfassen der Strukturen von Darstellungsmitteln — Erfassen der Funktionen von Darstellungsmitteln.

a) Herausarbeiten der Zeitangaben. Die Schüler erhalten den Auftrag, alle Angaben über Zeit, Geschwindigkeit, Startbahn etc. in der Reihenfolge des Textes zu notieren. Dabei entsteht folgende Reihe: 14 Uhr 40 Start. 2550 m Länge der Piste, fast 200 ‚Sachen', mit harmloser Geschwindigkeit (Reiseflughöhe), eine Viertelstunde nach dem Fehlstart, 30 min. Flugzeit Stuttgart—Frankfurt. Dabei wird den Schülern deutlich, daß sich das ganze Ereignis vom Start bis zum erneuten Start innerhalb einer Viertelstunde abgespielt hat.

b) Nun versuchen die Schüler, aus den Angaben über Pistenlänge und Geschwindigkeit zu erschließen, wieviel Zeit für den Startabbruch zur Verfügung steht.

|——————————➤ 2550 m ——————————➤|

In einer einzigen Minute hätte das Flugzeug 3,3 km zurückgelegt. Die Schüler versuchen aus dem Text selbst zu ergründen, wieviel Meter der Piste für das Bremsmanöver noch bleiben. („... während draußen der Pistenrand immer schneller ...") Die Hälfte? Vielleicht ⅔? Sie erschließen daraus, daß vom Startabbruch bis zum Zurückrollen nicht mehr Zeit als etwa eine halbe Minute vergangen sein kann.

c) Nun fassen die Schüler zusammen, was sich technisch vom Start bis zum Zurückrollen abgespielt hat.

Aufheulen der Triebwerke — Festhalten mit den Bremsen — Vorwärtsschießen — Beschleunigung auf 200 km — statt Abheben der Maschine Herausfahren der Luftbremsen — Losbrüllen der Schubumkehr — Arbeiten der Triebwerke

auf die Schubumkehrklappen — Betätigen der Radbremsen — Abschlaffen der Schubumkehr — Zurückrollen zum Vorfeld.
Sie versuchen dabei herauszufinden, welche Wörter ein Techniker bei der Beschreibung dieses Vorgangs nicht verwenden würde. Die Worterklärungen werden zur Erläuterung des Vorgangs mit herangezogen. Einzelne ‚Fachleute' unter den Schülern versuchen, den Start einer Düsenmaschine und den hier geschilderten Startabbruch ihren Mitschülern zu erklären.

d) Anschließend erhalten die Schüler die Aufgabe, die Plätze der verschiedenen Personen und deren Tätigkeiten zu beschreiben. Sie dürfen dabei eine Zeichnung machen und jeweils zur Beschreibung bis zu drei Sätzen hinzufügen. Diese Aufgabe kann in Kleingruppenarbeit gelöst werden. Abschließend entsteht etwa folgendes Tafelbild:

x ↗
Mann in weißem Kittel:
besteigt das Flugzeug
„fummelt im Cockpit herum"

Kapitän: startet pünktlich
x betätigt Schubumkehr und Radbremsen
erklärt den Fluggästen den Vorfall

Stewardeß: wird weiß um die Nase
x versteht die Ansage nicht
fährt die Treppe aus

Reporter: beobachtet den Start und den Startabbruch
x schaut auf Stewardeß und Fluggäste
kritisiert den K.

Fluggäste: Gesichter entspannen sich
x x x Sie erzählen Witze
x x Sie drängen zum Klo

Die Schüler stellen fest, daß die Tätigkeiten des Kapitäns und die des Reporters kaum in drei Sätzen ausgedrückt werden können. Im Unterrichtsgespräch wird nun geklärt, inwiefern die Tätigkeiten des Reporters vielseitiger sind als die des Kapitäns (Überblick des Reporters).

e) Schon bei der Beschreibung des technischen Vorgangs haben die Schüler festgestellt, daß einzelne Ausdrücke nicht in eine technische Beschreibung passen, d. h. etwa, nicht vom Kapitän als Erklärung gegenüber den Fluggästen verwendet werden könnten. Z. B. könnte er nicht sagen: „Hier fummelt ein Mann in weißem Kittel herum." Die Schüler schreiben weitere Ausdrücke heraus, die nicht in einen nüchternen Tatsachenbericht über einen Startabbruch passen würden. Sie halten die Aufzeichnungen daneben, die sie über ähnliche Wendungen im Text des Wernher von Braun gemacht haben. Sie stellen weiterhin durch Nachschlagen fest, aus welchen Quellen beide Texte genommen worden sind.
In diesem Zusammenhang ist wichtig, daß vom Lehrer keine Abwertung dieser sprachlichen Wendungen vorgenommen oder nahegelegt wird, etwa im Sinne der Skala Hochsprache — Umgangssprache (hier) — Gassensprache. Vielmehr kommt es darauf an, die *Funktion* solcher Wendungen in beiden Texten zu erklären.

4.4. Hans Hass: Der rettende Schrei (B 2)

4.4.1. *Lernziele*

Die Schüler lernen:

a) aus diesem populärwissenschaftlichen Bericht gezielt Informationen zu entnehmen und teilweise auf ihren Geltungsanspruch hin zu überprüfen (Rahmenlernziel);

b) alle Aussagen über Ort, Absicht und Ausrüstung dieses Unterwasserabenteuers aus dem Text und einer Landkarte herauszusuchen und sich dadurch über die Ausgangssituation zu informieren;

c) in kurzen Notizen zusammenzufassen, wie der Verfasser das Aussehen, das Verhalten beim Angriff und die Reaktion der Haie auf den Schrei beschreibt und erklärt;

d) zu unterscheiden, wie der Verfasser über das Messer als Verteidigungswaffe vor und nach diesen Erfahrungen urteilt;

e) durch Vergleich mit einem Text von Cousteau (Schülerarbeitsheft) festzustellen, inwieweit die Aussage des Verfassers über das Verhalten von Haien umstritten ist.

4.4.2. *Sachanalyse*

a) Für den Text von Hans Hass ist charakteristisch, daß es sich um einen einzigen für den Leser leicht erfaßbaren Vorgang handelt: Angriff und Abwehr der Haie durch einen zunächst zufälligen und dann bewußt ausgestoßenen Schrei. Dieses Ereignis wird als wissenschaftliche Erkenntnis mit dem Anspruch auf Allgemeingültigkeit vorgestellt. (Schluß des Textes.) Die Rückkehr eines der Haie und seine Reaktion auf einen zweiten Schrei scheint zu beweisen, daß die vorhergehende Flucht der drei Angreifer kein Zufall war. Der Schluß des Textes hebt noch einmal die Unwirksamkeit des Messers als Abwehrwaffe und die Wirksamkeit des Schreis zur Abwehr hervor.

b) Da es sich um eine populärwissenschaftliche Darstellung handelt, bedient sich der Verfasser eines anschaulichen Wortschatzes und vermeidet wissenschaftliche Terminologie. Anzumerken ist, daß die von ihm formulierte wissenschaftliche Erkenntnis über die Reaktion der Haie auf einen Schrei nicht unumstritten geblieben ist (siehe Cousteau, Schülerarbeitsheft).

4.4.3. *Didaktische Überlegungen*

a) Da es sich um einen verhältnismäßig leicht verständlichen Text handelt, ist es ohne weiteres möglich, ihn vom Hintergrund Forschungsabenteuer her zu lesen und genaue Informationsentnahme an diesem Text zu üben. Auch die Problematik des wissenschaftlichen Ergebnisses kann unschwer deutlich gemacht werden. Die Mitteilung von wissenschaftlich ‚sicheren' Ergebnissen begegnet dem Schüler in populärwissenschaftlichen Texten dieser Art und vor allem in Werbetests immer wieder. Durch solchen wissenschaftlichen Anspruch sollen entweder die Texte selber (Berichte von Forschungsabenteuern) oder aber die im Text vorgestellte Ware (im Werbetext) aufgewertet werden. Durch den Vergleich mit dem Cousteautext lernt der Schüler, daß derartige Ergebnisse nicht falsch sein müssen, aber stets zu überprüfen sind.

4.4.4. *Methodische Hinweise*

Zielsetzungen der Arbeit an diesem Text sind, Informationen zu ordnen, zu vervollständigen und kritisch zu überprüfen. Da Aufbau (linearer Handlungsverlauf), Inhalt (Erfahrung mit Haien) und sprachliche Mittel (volkstümlich

erzählender Text) wenig Verstehensschwierigkeiten bieten, kann das Experiment gewagt werden, dem Schüler die Lernziele vorzugeben (siehe Vorschlag im Schülerarbeitsheft).
Der Arbeit der Schüler an den einzelnen Lernzielen (allein, als Hausaufgabe oder in Gruppenarbeit, wozu sich wegen der Möglichkeit der Arbeitsteilung vor allem Lernziel c) eignet) sollte jeweils ein Unterrichtsgespräch über die Ergebnisse folgen. Dies ist vor allen Dingen wichtig im Blick auf das letzte und schwierigste Lernziel, da hier eine „Lösung" (Fehldeutung des Verhaltens der Haie durch Hass?, verschiedene Arten von Haien können verschiedene Reaktionen zeigen?) nicht gegeben werden kann.

4.5. Orville Wright: Der erste Motorflug (C 1)

4.5.1. *Lernziele*

Die Schüler lernen:

a) aus Zeitangaben und technischen Daten des Berichtes und durch Vergleich mit tom „Startabbruch" das Dokumentarische des Textes zu erfassen (Rahmenlernziel);

b) die Zeit-, Höhen- und Entfernungsangaben der vier erfolgreichen Flüge zu notieren und sich die Längenmaße durch Übertragungen in m/cm deutlich zu machen;

c) die Herstellung des Quergleichgewichtes bei Start, Flug und Landung zu beschreiben;

d) die Angaben über die Einflüsse des Wetters auf die Flüge und die Arbeit der Helfer zu beschreiben;

e) die von Wright genannten fünf Bedingungen für die Gültigkeit des ersten Fluges aufzuzählen und durch eine Skizze darzustellen.

f) die Textteile zu nennen, die im Telegramm zusammengefaßt werden;

g) sich die Pionierleistung der Brüder Wright durch Vergleich folgender Daten mit den entsprechenden in tom „Startabbruch" deutlich zu machen:
— Startbahn (Länge und Beschaffenheit);
— Geschwindigkeit;
— technische Ausstattung.

4.5.2. *Sachanalyse*

Es handelt sich um Orville Wrights eigene Aufzeichnungen über einen mißglückten Startversuch, die ersten vier geglückten Flüge mit einem Motorflugzeug und endlich die Beschädigung der Maschine durch eine Windböe.

a) Die dokumentarische Absicht überwiegt in diesem Text, der recht nüchtern über Verlauf und Bedingungen dieser ersten vier Flüge berichtet.
Die Angaben über den jeweiligen Piloten, Flugzeit, Dauer, Höhe, Geschwindigkeit des Flugzeuges, Windgeschwindigkeit, sind so genau wie möglich.
Dieser Absicht der Dokumentation dient auch die Beschreibung des Photos, das nur als Beweismittel für die Flughöhe und als Hinweis auf die Geschwindigkeit interessiert.
Die Bedingungen dafür, daß es sich beim Flug am 17. Dezember wirklich um den ersten geglückten Flug eines Motorflugzeuges gehandelt hat, werden sorgfältig aufgeführt und als erfüllt bezeichnet:

— bemannte Maschine
— aus eigener (Motor)Kraft
— in vollem Flug in die Luft erhoben

— sich ohne Geschwindigkeitsabnahme vorwärts bewegend
— Landepunkt auf gleicher Höhe wie der Startplatz.

b) Da es eine ausgeprägte Fachsprache des Flugwesens noch nicht gibt, wirkt die Beschreibung des technischen Vorgangs selbst weniger präzis („Kurs des Fluges aufregend“, „regellos“, „Ungleichmäßigkeit der Luft“, „das Flugzeug rollte über und über“); sie ist ohne Kenntnis der Geschichte des Flugwesens zudem nur ungenau erschließbar (Herstellung des „Quergleichgewichts“, „Rahmen des Frontruders“, „Kettenführungen“).

c) Vergleicht man etwa die Bedingungen beim Start einer Maschine heute (siehe dazu tom: „Startabbruch“), so wirkt diese Darstellung — noch nicht siebzig Jahre alt — wie ein Bericht aus der Vorzeit:

— von Hand ausgelegte Startschienen,
— Mitlaufen des Bruders beim Start und Halten des Quergleichgewichts mit der Hand,
— bei jeder Landung Berühren des Bodens mit dem Flügel,
— Festhalten der rollenden Maschine von vorn,
— notdürftiges Zusammenflicken der Maschine innerhalb von zwei Tagen.

d) Dennoch herrscht eindeutig das technische Interesse vor. Die menschlichen Bedingungen zeigen zwar das Improvisierte der Versuche (Kälte beim Auslegen der Schienen, notdürftiger Ofen zum Aufwärmen), sie werden aber nur am Rande erwähnt und scheinen nur ausgewählt zu sein, die Startbedingungen deutlich zu machen. Gefühlsreaktionen auf das Mißlingen und Gelingen der Versuche werden nicht geschildert.

e) Auch das abgedruckte Telegramm hat die gleiche Tendenz: von zentralem Interesse ist die schnelle Erfolgsmeldung („informiere Presse“) über die ersten gelungenen Motorflüge. Der Text reduziert die unter a) beschriebenen Angaben auf die wichtigsten Daten: Zeitpunkt, Gültigkeit der Versuche, Geschwindigkeit, Dauer.

4.5.3. *Didaktische Hinweise*

a) Diese Aufzeichnungen Wrights sind in sehr viel strengerem Sinne Bericht über ein einmaliges historisches Ereignis als irgend ein anderer Text dieser Unterrichtseinheit. Zwar handeln auch die übrigen Texte von Begebenheiten und Fakten, dies geschieht aber in unterhaltsam-belehrender (v. Braun, Hass, tom) oder politisch-anklagender Absicht (King), nicht aber, um dieses Ereignis für Zeitgenossen und Nachwelt dokumentarisch festzuhalten. Da der erste Motorflug im Interessen- und Vorstellungsbereich des Schülers liegt, kann an diesem Text das Dokumentarische erarbeitet werden.

b) Hinzu kommt, daß der Text — nicht älter als die Großeltern der Schüler selbst — die Schnelligkeit der technischen Entwicklung an leicht überprüfbaren Zahlen und Daten augenfällig macht. Dazu bietet sich tom ‚Startabbruch‘ als Kontrasttext an. Dabei sollte der heutige technische Aufwand allerdings nicht zu einer Abwertung der Pionierleistung der Anfangszeit führen.

c) Da es nicht Ziel der Arbeit ist, in die Geschichte des Flugwesens einzuführen, muß nicht jede einzelne technische Einzelheit erklärt werden. Im übrigen wird sich der Lehrer ja inzwischen daran gewöhnt haben, daß auf einem Gebiet wie diesem manche Schüler mehr zu Hause sind als er selber.

4.5.4. *Methodische Hinweise*

a) Bei der Arbeit an diesem Text sollte sich der Lehrer vom technischen Interesse und vom Vorwissen der Schüler lenken lassen und nicht unbedingt die vorgeschlagene Reihenfolge der Lernziele einhalten wollen.

b) Es empfiehlt sich, die Angaben zu den vier erfolgreichen Flugversuchen in einer Tabelle festhalten zu lassen, da sie auch für den Vergleich mit tom „Startabbruch" noch benötigt werden.

	1. Flug	2. Flug	3. Flug	4. Flug
Pilot	Orville Wright 17. 12. 1903,	Wilbur Wright	Orville Wright	Wilbur Wright
Zeit	10.00	11.20	11.40	12.00
Wind	10—12 m/sec. Gegenwind	„schwächer"	„ruhiger"	— — — — — —
Flughöhe	ungefähr 60 cm	?	ungefähr 4,50 m	?
Dauer	12 sec.	13 sec.	15 sec.	59 sec.
Geschwindigkeit	Schrittempo	„etwas schneller"	?	?
Entfernung	?	22,50 m mehr als beim ersten Mal	ungefähr 60 m	ungefähr 245 m

Dabei ergibt sich, daß die Ergebnisse im Vergleich etwa zu Messungen sportlicher Leistungen heute nur ungenau angegeben werden können. Die Schüler versuchen, diese Ungenauigkeit vom Text her zu erklären (Meßinstrumente, Unerfahrenheit der Beteiligten).

c) Sie stellen dabei fest, daß die Arbeitsbedingungen der Brüder Wright — verglichen mit denen bei heutigen Testverfahren — außerordentlich primitiv waren, die Abhängigkeit von der Witterung sehr groß, das persönliche Risiko infolgedessen sehr hoch war. Dies wird besonders deutlich, wenn die Schüler (als Arbeit für zwei Gruppen oder im Unterrichtsgespräch denkbar) die Arbeit der übrigen Helfer beschreiben und die Textstellen heraussuchen und mündlich wiedergeben, in denen von der Herstellung des „Quergleichgewichts" bei Start und Landung die Rede ist.

d) Durch einen Vergleich zwischen Wilburs Flugversuch vom Vortage und dem dritten gelungenen Versuch werden die Bedingungen besonders deutlich, die sich die Brüder Wright für die Gültigkeit des ersten Motorfluges gesetzt hatten. Dieser Vergleich ließe sich etwa in folgender Skizze darstellen:

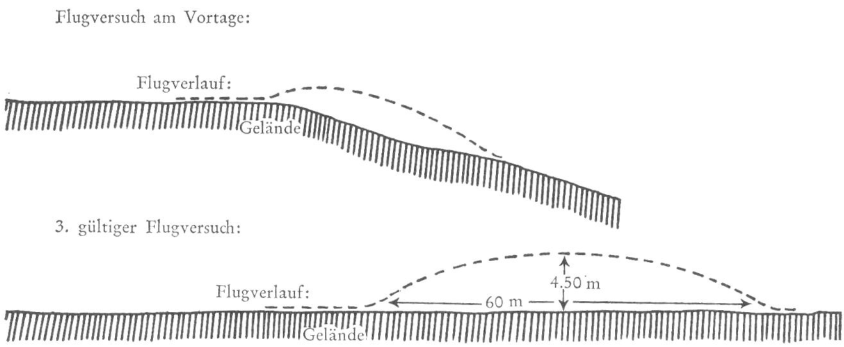

4.6. Hanns Krammer: Im Hubschrauber über die Wasserwüste (C 2)

4.6.1. *Lernziele*

Die Schüler lernen:

a) daß eine Reportage komplexe Informationen anschaulich vermittelt (Rahmenlernziel);

b) sich mit Hilfe eines Plans des Stadtteils Hamburg/Wilhelmsburg (Schülerarbeitsheft oder Tafelskizze/Episkop) und des Kontextes Flugroute des Hubschraubers und Entstehen der Flutkatastrophe zu vergegenwärtigen;

c) das Stichwort „Milliardenwerte weggeschwemmt“ mit Hilfe einiger der geschilderten Bilder in vorstellbar-anschauliche Größen umzusetzen;

d) die Hilfsgruppen zu nennen, zu ordnen und ihre Tätigkeit jeweils in einem Satz zu beschreiben:

e) die vom Unglück betroffenen Gruppen und Einzelpersonen herauszuschreiben und ihre Notlage jeweils durch ein Stichwort anzugeben;

f) die zu d) und e) gefundenen Ergebnisse der Zahlenangabe 75 000 Einwohner gegenüberzustellen und Gründe für die Angabe von Einzelheiten zu nennen;

g) zu unterscheiden und in einer Tafelskizze zu beschreiben, was die Hubschrauberbesatzung aus der Höhe sieht und was sie beim Landen tut (Erfassen der Perspektive);

h) einige Textstellen zu nennen, in denen das Wasser in den Straßen beschrieben wird.

4.6.2. *Sachanalyse*

a) Absicht der Reportage ist, die Auswirkungen der Hamburger Flutkatastrophe vom Februar 1962 für die vor allem betroffene Bevölkerung des Stadtteils Wilhelmsburg und die Arbeit der Rettungsmannschaften zu schildern. Die Perspektive aus der Pilotenkanzel eines der Rettungshubschrauber erlaubt es, die Zustände (unten) und die Hilfsmaßnahmen (von oben) in einer Reihe von Bildern zu verdeutlichen. Dabei kommt es weniger auf eine durchgestaltete Komposition als auf eine Fülle von Details an, die sich zu einem Gesamtbild verdichten sollen.

— Die Zustände im betroffenen Stadtteil werden veranschaulicht durch Beschreibung des Flutwassers, der zerstörten Gärten, der umgestülpten Autos etc.
— Die Not der Bevölkerung wird deutlich an der Darstellung einzelner Notleidender und an der Beschreibung von Personengruppen.
— Die Hilfsaktionen von Gruppen und die Leistungen einzelner werden aneinandergereiht.
— Als Kontrast dazu wird die Gleichgültigkeit der Umgebung dargestellt.

b) Vergegenwärtigt man sich die Fülle an Informationen, so erweist sich die Reportage als eine Art Vermittlungstechnik, die:
— in sehr gedrängter Form sehr viele Informationen zusammenfaßt, ohne daß ermüdendes Aufzählen oder Unübersichtlichkeit die Folge wäre;
— Informationen so anschaulich darstellt, daß sie von der Vorstellungskraft des Lesers erfaßt werden können.

Die abstrakt wirkende Nachricht: „Stadtteil Hamburg-Wilhelmsburg von Wasserfluten überschwemmt“, wird anschaulich durch die Schilderung des Wassers als „schmutzig und träge“, „endlose schmutzige Brühe“, . . ., „die Straßen sind zu Kanälen geworden . . .“ usw.
Die Zahl 75 000 (Einwohner von Wilhelmsburg) wird aufgelöst in Gruppen und Einzelpersonen und so wieder vorstellbar gemacht. Die Weckung des Mit-

gefühls, Nebenabsicht solcher Reportagen über Katastrophen, kann sich nur am Schicksal einzelner mit menschlichen Zügen entzünden, nicht an einer nackten Zahl.
Ähnliches gilt auch für die Angabe „Milliardenwerte", die einen Augenblick lang schockiert und dann gleichgültig läßt, wenn sie nicht gleichsam in vorstellbare Bereiche zurückgeholt wird.

4.6.3. *Didaktische Überlegungen*

a) Es kann bei der Erschließung dieses Textes nicht darum gehen, die zu Bildern zusammengefügten und damit vorstellbar gemachten Informationen in einen Gesamtkatalog der Schäden und Hilfsmaßnahmen zu verwandeln. Die Absicht der entsprechenden Operationen ist vielmehr, auch im Blick auf komplexer gebaute Texte genaue Informationsentnahme zu üben und die Darstellungsmittel einer solchen Reportage zu erfassen.

b) Der erste Arbeitsschritt soll vor allem die Raumvorstellung des Schülers stützen und ihn dazu anregen, Informationen durch sprachliche Zeichen in Mitteilungen durch graphische Zeichen zu verwandeln (Eintragen der Fahrtroute) und dabei sprachliche und nichtsprachliche Zeichen miteinander in Beziehung zu setzen. Gleichzeitig kann durch dieses im Deutschunterricht sonst nicht übliche Medium das Ereignis der Flutkatastrophe selbst vorstellbar gemacht werden.

c) Die Erarbeitung von Darstellungsmitteln der Reportage kann auf dieser Stufe nur so verstanden werden, daß diese Mittel von ihren Funktionen her erfaßt, also gleichsam methodisch eingeholt und operationalisierend verwendet werden. So wird zum Beispiel die Perspektive als Blick aus der Hubschrauberkanzel beschrieben und gleichsam nachvollzogen, die Episodenreihung wird aufgrund der Stationen des Hubschrauberfluges erfaßt usw.

4.6.4. *Methodische Hinweise*

a) Auch wenn das Schülerarbeitsheft nicht benutzt wird, sollte der Stadtplan von Hamburg-Wilhelmsburg eingesetzt werden, weil er ermöglicht, den Verlauf des Hubschrauberfluges teilweise zu verfolgen und das Entstehen der Flutkatastrophe zu veranschaulichen. Zudem ist dieser Plan so vielseitig (Hafenanlagen, Elbarme, Sackbahnhof, Industriegelände, Schrebergärten etc.), daß auf seinen Einsatz nicht verzichtet werden sollte.

b) Bei der Arbeit an den Lernzielen c) und f) geht es um vergleichbare Operationen: durch Gegenüberstellung ‚nackter' Zahlen und anschaulicher Beispiele wird dem Schüler deutlich, daß die Reportage unvorstellbar gewordene Größen in die Anschauung zurückholt. Zumindest im ersten Falle sollte dies durch eine Gegenüberstellung an der Tafel klargemacht werden: Zunächst versuchen die Schüler, den Ausdruck ‚Milliardenwerte' rein mathematisch zu beschreiben, ohne irgendeine Vergleichsgröße heranzuziehen. Dieser Darstellung in Dezimaleinheiten werden einige Bilder der Zerstörung gegenübergestellt. Bei der Arbeit an Lernziel e) kann mündlich ähnlich verfahren werden, so daß die Funktion dieser Darstellung von Einzelheiten deutlich wird.

c) Bei der Arbeit an Lernziel d) und e) kommt es nicht so sehr auf die Vollständigkeit an. Der Schüler sollte vielmehr lernen, aus einem komplexen Text gezielt Teilinformationen zu entnehmen. Daher ist Arbeit in zwei Teilgruppen oder in je zwei mal zwei miteinander konkurrierende Gruppen hier angemessen. Auch bei der Arbeit an Lernziel e) sollte mehr auf die Vielfalt der sprachlichen Mittel hingearbeitet werden als auf die Vollständigkeit beim Nennen von Textstellen.

d) Die Perspektive (Lernziel g) kann in einer Tafelskizze deutlich gemacht werden, die von den Schülern gemeinsam erarbeitet wird:

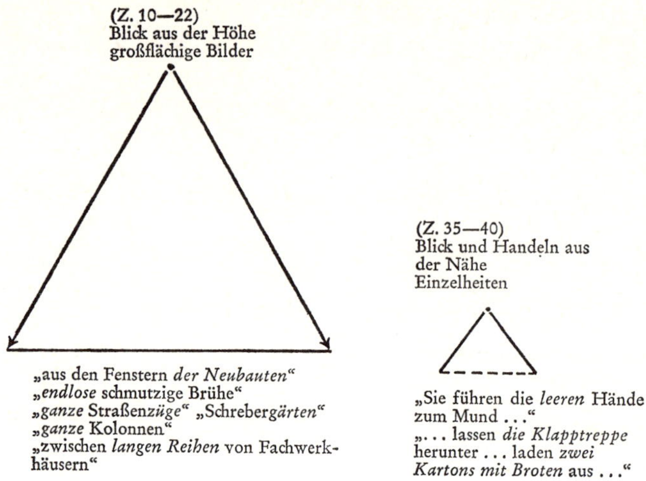

Im Unterrichtsgespräch wird erörtert, welche Vorteile die Perspektive aus großer Höhe und die aus nächster Nähe hat und mit welchen sprachlichen Mitteln beide dargestellt werden.

Berg

ZUSATZKURS INFORMATIVE TEXTE 2
(Informierend-beschreibende Texte)

1. Textfolge

A	B
1. Jürgen Press: Schloßgespenst 2. Ungenannter Verfasser: Auch Tiere machen Toilette 3. Günter Herburger: Birne im Müll	1. Martin Michalski: Zauberbilder 2. Karl von Frisch: Bienen und Blumen 3. Ungenannter Verfasser: Tausend Wege führen zum Leser

C

1. Günter Martell: Menschen auf dem Prüfstand	2. Pieter Coll: Schon Nero benutzte einen Fahrstuhl

2. Lernziele

Die Schüler lernen:

a) Teilinformationen in Texten einander zuzuordnen, auszuwählen, zu ergänzen und im Blick auf Vollständigkeit und Verständlichkeit zu bewerten;

b) folgende in diesen Texten dominanten Redeabsichten zu erschließen
— informierend-beschreibende Absicht
— informierend-erklärende Absicht;

c) Textkonstituenten (sprachliche und nicht-sprachliche) und Textgliederung zu beschreiben und ihre Funktion zu erfassen;

d) die sprachlichen, bildlichen und gestalterischen Mittel zur Veranschaulichung von Sachverhalten zu beschreiben:
— Metapher, Vergleich (A 2, B 2, C 1, C 2);
— Zeichnung (A 1, B 1, C 1);
— handelnde und erklärende Figur, Perspektive (A 3, B 3);

e) die erklärenden Textteile zu erfassen und sie auf die beschreibenden Textteile zu beziehen (A 1, A 2, B 1);

f) Begriffe und Sachverhalte zu erklären, indem sie
— die Begriffe von ihrem Verwendungsbereich her umschreiben (A 2, B 2, B 3, C 1, C 2);
— Begriffe mit Hilfe der Zeichnungen anschaulich erfassen (A 1, B 1, C 1);
— sich Begriffe und Sachverhalte durch Tafelskizze und Modellbau vorstellbar machen (A 3, B 2, B 3, C 2);

g) die Textteile zu erfassen, die als Leseanreiz für bestimmte Zielgruppen dienen:
— Zeichnungen (A 1, A 2)
— Überschriften (A 1, A 2, B 3)
— Erzählelemente (A 3, B 3)

h) einige der Texte mit Hilfe der Quellenangabe als Sachbuchtexte zu erschließen (A 1, A 3, B 1, C 1, C 2);

i) technische Vorgänge auf ihren Nutzen und ihre Auswirkungen für den Menschen hin zu befragen und (im Ansatz) auf ihren gesellschaftlichen Hintergrund zu beziehen (A 3, B 3, C 2).

3. Didaktische Begründung

Die Hinweise zu Grundkurs 1 unter 3.1.1. und 3.1.2. gelten analog auch hier: Es handelt sich um Texte mit dominant informativer Redeabsicht.
Auch im Blick auf diesen Kurs werden Erkenntnisse und Methoden der Kommunikationswissenschaft und Textlinguistik verwendet, ohne daß damit bereits der Anspruch gestellt wäre, neue Theoriebildung zu betreiben. Diese Zurückhaltung hat zwei Gründe: Zum einen geht es hier um Theorieverwendung unter didaktischen Gesichtspunkten und nicht um Theoriebildung, zum anderen dürften derartige vorsichtige Ansätze besser sein als eine allzu vorschnelle Systematik, die das tatsächliche Textvorkommen nur verzerrt erfassen würde.

3.1. Auch die in diesem Grundkurs zusammengefaßten Texte lassen sich als bedingt durch Thema, Leser und Verfasser beschreiben.

3.1.1. Referenzielle Bedingungen. Wie in Grundkurs 1 geht es thematisch um Sachverhalte, die nicht fiktional sind. Die Eigengesetzlichkeit dieser unabhängig vom Verfasser gegebenen Sachverhalte muß ihren Niederschlag im Text finden, d. h. durch sie ist der Text teilweise inhaltlich, strukturell und in der Art der Sprachverwendung (z. B. der Begrifflichkeit) bedingt.
Analog zu Grundkurs 1 lassen sich folgende Kategorien vorläufig unterscheiden, die primär durch diesen Bezug zum Sachverhalt selbst und erst sekundär durch Verfasser und Leser bedingt sind:

a) Faktizität. Ähnlich wie beim historischen Ereignis wird im Text deutlich, daß der Sachverhalt real und nicht fiktional ist oder sein soll (Verweise, Daten etc.). Didaktisch ist diese Kategorie wesentlich, weil gerade diese Elemente in schein-informativen Texten (z. B. der politischen Werbung oder der Warenwerbung) verwendet werden.

b) Kausalität, Funktionalität. Die Funktion der Einzelelemente im Gesamtzusammenhang (z. B. bei Beschreibung eines Gerätes) und die Gesetzmäßigkeit der Abfolge (bei einem Naturvorgang oder technischen Vorgang) muß durch den Text für den Leser erkennbar sein. Beides spiegelt sich vor allem in der Begrifflichkeit, der Textgliederung und der Textabfolge.

c) Überprüfbarkeit. Die Kausalität in diesen Bereichen ist vor allem dadurch gekennzeichnet, daß es sich um eine wiederholbare und damit überprüfbare Gesetzmäßigkeit handelt. Diese Überprüfbarkeit stellt sich im Text als Nachweis von Analogien und Hinweis auf Möglichkeiten experimentellen Nachprüfens (Anleitungen zum Experimentieren etc.) dar.

d) Aktualisierung. Diese Kategorie ist stärker am Leser orientiert als die vorhergehenden, aber nicht ablösbar vom Gegenstandsbereich. Sie läßt sich zunächst am einfachsten durch die Frage umschreiben: Von welchem Interesse ist ... für den Menschen, für die Gesellschaft, für die heutige Situation? Sie läßt sich weniger als die vorhergehenden an bestimmten strukturellen Merkmalen des jeweiligen Textes aufweisen, weil sie sich je anders stellt: als Frage nach Ähnlichkeit und Unterschied zwischen Tier- und Menschenwelt (z. B. bei v. Frisch: Bienen und Blumen), nach dem Nutzen technischer Geräte (Coll: Schon Nero benutzte einen Fahrstuhl), der gesellschaftlichen Funktion und Problematik technischer Vorgänge (Herburger: Birne im Müll) etc.

3.1.2. Der Leser als Zielgruppe. Das Problem der Aktualisierung besteht unabhängig von der jeweiligen Zielgruppe, weil es nicht abhängig ist von Informationsstand und Verstehensfähigkeit eines bestimmten Lesers. Das stellt sich anders dar, wenn man die vom Verfasser erwartete Zielgruppe eines Textes und ihre Rückwirkungen auf den Text beschreibt. Primär durch die Zielgruppe und nur sekundär durch etwa den Informationsstand des Verfassers sind bedingt

a) die inhaltliche Selektion, das heißt die Auswahl von Teilinformationen zu einem Thema, die sich hier stärker an Verstehensfähigkeit und Vorinformation des Lesers orientiert als etwa im Bereich des Grundkurses 1, wo sie mehr von der meinungsbildenden Absicht des Verfassers abhängig ist.

b) die semantische Selektion, d. h. die Art der Sprachverwendung. So wird im Text von Press: Schloßgespenst das sogenannte ‚negative Nachbild' zwar erklärend umschrieben, aber ohne Verwendung dieses Begriffs. Gerade in diesem Bereich der semantischen Selektion entspricht der Verstehensfähigkeit des Lesers der Grad der im Text gegebenen Veranschaulichung: durch metaphorische Sprachverwendung und Vergleiche werden abstrakte Begriffe und komplexe Vorgänge anschaulich und vorstellbar gemacht.
Über die Art der Sprachverwendung hinaus sind durch die Verstehensfähigkeit des Lesers bedingt

a) die Wahl der Konstituenten, in diesem Textbereich in zunehmendem Maße die Wahl von Bildkonstituenten, die umständliche sprachliche Beschreibungen ersetzt und fachsprachliche Ausdrücke zugänglich macht;

b) die Verwendung von Erzählelementen (erzählenden und zugleich erklärenden, handelnden Figuren, Wechsel der Perspektive),

c) Mittel der Textgliederung, die das Lesen erleichtern und einen Rückgriff auf frühere Texteile ermöglichen.

3.1.3. Als im Text erkennbare Redeabsichten des Verfassers lassen sich im wesentlichen vier unterscheiden:

a) Weckung des Leserinteresses (persuasive Redeabsicht) durch Mittel, die in ähnlicher Weise auch der Veranschaulichung dienen können. So wird im Text von Press: ‚Schloßgespenst' nicht irgendeine geometrische Figur zur Feststellung des negativen Nachbildes gewählt, sondern ein kleines Gespenst in einem Torbogen. So dient in Herburger: ‚Birne im Müll' die handelnde Figur sowohl der Veranschaulichung wie als Leseanreiz;

b) informativ-beschreibende Absicht, wo es darum geht, Kenntnisse über das Aussehen oder den Ablauf von Sachverhalten zu vermitteln;

c) informativ-erklärende Absicht, wenn es darum geht, Zusammenhänge und Gesetzmäßigkeiten zu erklären;

d) appellative Absicht, wenn es darum geht, den Leser zum Handeln (Spielen, Experimentieren) anzuregen und ihm Anweisungen dazu zu geben.

3.2. Auch bei der Auswahl der Texte spielten diese hier nur angedeuteten Redeabsichten der Verfasser selbst eine gewisse Rolle, da es darum ging:

— durch Bildkonstituenten und Erzählelemente anschauliche Texte zu finden;
— Texte anzubieten, die auch zu Experiment und Spiel anregen;
— im Blick auf die Inhalte darauf zu achten, daß der Schüler von eigenen Vorinformationen ausgehen kann;
— darauf zu achten, daß dieser Kurs darüber hinaus auch Anregung bieten sollte zu einer Beschäftigung des Schülers mit dem Sachbuch.

3.2.1. Bei den Texten A 1 B 1 handelt es sich um thematisch ähnliche Texte, wobei A 1 schon durch die Textgliederung die Redeabsichten erkennbar werden läßt und wenig Vorinformation voraussetzt. B 1 ist ähnlich, aber weniger durchsichtig gebaut und setzt auf dem Gebiet des Zauberns Interesse und Vorinformation des Lesers stärker voraus.

3.2.2. Bei den Texten A 2 B 2 bestehen ebenfalls vom Thema her Beziehungen (Verhalten von Tieren), wobei der erste Text stärker reihend und erzählend vorgeht ohne Rückgriffe auf die Fachsprache, während B 2 die nötigsten Fachbegriffe erklärt und ein Thema geschlossen darstellt.

3.2.3. Bei den Texten A 3 B 3 handelt es sich jeweils um die Darstellung technischer Vorgänge und Arbeitsabläufe, wobei jeweils Erzählelemente als Darstellungsmittel verwendet werden.

3.2.4. Die Texte C 1 C 2 beschreiben jeweils Funktionsweise und Aufgabe technischer Geräte, wobei der eine sich der Bildkonstituente als Mittel zur Veranschaulichung bedient.

4. Einzelanalysen

4.1. Jürgen Press: Schloßgespenst (A 1)

4.1.1. *Lernziele*

Die Schüler lernen:

a) die Konstituenten des Textes (Wort und Bild) zu erfassen (Rahmenlernziel);

b) bei der Durchführung des beschriebenen Experimentes das Bild als Bestandteils des Versuchs (und nicht bloß als Abbildung von etwas) zu erfassen;

c) durch Herausschreiben der Fachausdrücke den erklärenden Textteil zu identifizieren und in seiner Funktion zu bestimmen;

d) die Reaktionen der Sehzellen des Auges in zeitlicher Folge zu notieren und so die Ursachen für die Entstehung des Scheinbildes zu erkennen;

e) die Überschrift „Schloßgespenst" auf Worttext und Bild zu beziehen und ihre Signalfunktion zur Steuerung des ganzen Experiments zu erfassen;

f) durch Isolieren des Worttextes (Vorlesen ohne Bild) die Funktion der einzelnen Textteile als Leseanreiz, Spielanweisung und Erklärung zu erfassen;

g) dic in den Lernzielen d), e), f) gewonnenen Einsichten und Kenntnisse anzuwenden, indem sie
   — die Abbildung im Schülerarbeitsheft mit der Abbildung im Lesebuch vergleichen und jeweils die Funktion beschreiben,
   — mündlich oder schriftlich eine Arbeitsanweisung für das Experimentieren mit dieser geometrischen Figur formulieren,
   — den zweiten Abschnitt des Worttextes durch Austausch einzelner sprachlicher Wendungen so verändern, daß er auch auf diese geometrische Figur bezogen werden kann.

4.1.2. *Sachanalyse*

a) Der Wort-Bild-Text „Schloßgespenst" ist vor allem durch zwei Merkmale gegenüber anderen Versuchsanleitungen und Spielanweisungen ausgezeichnet:
— die Tatsache, daß das Bild unmittelbar Gegenstand des Experiments selbst ist, der Text also ohne die Bildkonstituente gar nicht auskommen könnte;
— die klare Gliederung in Versuchsanleitung und Erklärung.

b) Diese Funktion des Bildes wird in der Wahl der sprachlichen Mittel deutlich: „In *dieser* Ruine ... *das* Bild ... *rechts* ... auf *ihren* Mund ... *das* Tor.“ Es handelt sich um hinweisende Sprachzeichen, sogenannte deiktische Elemente, die sich hier unmittelbar auf das Bild beziehen.

c) Die Funktion des ersten Abschnitts als Leseanreiz und Versuchsanweisung und des zweiten Abschnitts als Erklärung ist ebenfalls an der Wahl der sprachlichen Mittel erkennbar. Im Anschluß an die einleitenden Sätze (Leseanreiz, siehe dazu 4.1.2. d)) ist der Charakter des Textes als Experimentieranweisung an den Imperativen („halte“, „blicke“) und an den genauen Angaben über Entfernung und Zeit ablesbar.

Der zweite Abschnitt verwendet fachsprachliche Ausdrücke, veranschaulicht sie aber zugleich für den Laien, um ihm eine Naturerscheinung möglichst genau zu erklären.

Diese Orientierung des Textes an Sachverhalt und Zielgruppe wird besonders deutlich, wenn man Satz 3 und folgende mit dem letzten Satz im Abschnitt 1 vergleicht:

Schaust du gleich danach in das Tor der Schloßruine	Blickst du nun in das Schloßtor,
	nehmen die ermüdeten Sehzellen das Weiß des Papiers nicht in voller Helligkeit wahr, sondern als graue Fläche. Die andern dagegen empfinden den weißen Ton des Papiers umso strahlender. Dadurch entsteht die Vertauschung der Schwarzweißflächen,
erscheint dort (nach etwa 10 Sekunden) das Scheinbild eines weißen Gespenstes.	und du siehst ein weißes Gespenst im dunklen Torbogen.

Die Erklärung ist unmittelbar auf den im ersten Abschnitt beschriebenen Vorgang bezogen und kommt mit einem Mindestmaß an fachbezogenen Ausdrücken aus (Sehzellen, Vertauschung der Schwarzweißflächen).

Die sprachliche Wendung ‚erscheint‘ ... ‚das Scheinbild‘ (Abschn, 1) ist bezogen auf das gedruckte Bild und stellt den Unterschied zwischen den realen Bildelementen und einem sogenannten negativen Nachbild (eben dieser Reaktionsweise der Sinneszellen des Auges, nicht zu verwechseln mit der optischen Täuschung!) fest; der zweite Text erklärt die Vorgänge *im* Auge: Blendung und Ermüdung der Sehzellen (Teil 1 des Versuchs) und Reaktion der übrigen Sehzellen (Teil 2) mit der Folge des negativen Nachbildes, das häufiger an Figuren wie derjenigen im Schülerarbeitsheft demonstriert wird.

4.1.2. d) Die Überschrift „Schloßgespenst“ dient ebenso als Leseanreiz wie der erste Satz („Ruine“ ... „geistert“ ... „Nachtgespenst“). Die Zielgruppe soll durch diese emotiv anregenden Ausdrücke und die Wahl des Bildmotivs überhaupt angesprochen werden, das Experiment selbst soll auch Spiel bleiben. Das wird schon im Titel des ganzen Buches angedeutet: Spiel (spielerisches Experiment, Abschnitt 1) — das Wissen (Erklärung Abschnitt 2) schafft.

4.1.3. *Didaktische Überlegungen*

Dieser Text eignet sich aus den bereits unter 4.1.2. a) genannten Gründen besonders gut als Eingangstext zu einer Unterrichtssequenz mit informativen Texten dominant beschreibend-erklärender (explikativer) Redeabsicht.

Der Vorgang der Entstehung eines negativen Nachbildes ist für Schüler dieses Alters experimentell vollziehbar, die sehr anschauliche Erklärung erlaubt ihm ein Vorverständnis dieser Erscheinung.
Zugleich kann der Text zum Sachbuch hinführen.

4.1.4. *Methodische Hinweise*

Die Erschließung dieses Textes sollte in gewisser Weise die Anregung des Buches selbst widerspiegeln: Spiel — das Wissen schafft, d. h. sie sollte aus einer relativ ungesteuerten Eingangsphase und einer genauen Erarbeitung der Konstituenten bestehen, und zwar in drei Schritten: Übergang vom spielerischen Ausprobieren zum Experimentieren durch genaues Einhalten der Arbeitsanweisungen, Erarbeiten der Fachausdrücke und Erkennen der Vorgänge im Auge, Unterscheidung der verschiedenen Textteile und ihrer Funktion.

Unterrichtsphasen:

a) Spielerisches Ausprobieren. In dieser Phase wird einigen Schülern das Experiment nicht gelingen, weil sie die Anweisungen des Worttextes nicht genügend beachten (Leseentfernung, starres Hinschauen, Zeitangabe) und beide Bilder zugleich anschauen.

b) Erarbeiten des Experiments. Die erfolgreichen Schüler erklären nun ihren Mitschülern mit Hilfe des ersten Abschnittes (und notfalls über den Text hinausgehend), wie man es machen muß. Die wichtigsten Stichwörter werden an die Tafel geschrieben. Ein Schüler kann mit der Stoppuhr in der Hand die Anweisung geben.

c) Als wichtigste Fachausdrücke werden „Netzhaut“ und „Sehzelle“ herausgeschrieben und durch Tafelbild verdeutlicht. Die Reaktion der Sehzellen wird nun in gemeinsamer Arbeit in einer Tafelskizze dargestellt:

	Sehzellen (a) (schwarze Figur)	Sehzellen (b) (weißes Papier)
1. Teil	unbelichtet	geblendet, ermüden rasch
2. Teil	Weiß strahlend hell	Weiß als graue Fläche

Ergebnis: VERTAUSCHUNG DER SCHWARZWEISSFLÄCHEN

d) Die Schüler erhalten die Aufgabe, den Titel des ganzen Buches „Spiel — das Wissen schafft“ aus dem Quellenverzeichnis herauszusuchen und auf den Text zu beziehen. Sie können dabei das Schülerarbeitsheft zum Vergleich heranziehen und danach fragen, was der Verfasser mit seiner Abbildung beabsichtigt hat (evtl. kann der Lehrer die Abbildung vorzeigen). Dabei erarbeiten sie auch die Funktion der Überschrift und der ersten beiden Sätze.
Durch Abdecken des Bildes und Unterstreichen auf der Folie finden sie heraus, welche Wörter im ersten Abschnitt vom Bild handeln und ohne Bild nicht zu verstehen sind. Wenn das Schülerarbeitsheft nicht zur Verfügung steht, versuchen sie abschließend, den Text in drei Abschnitte zu gliedern und dazu Überschriften zu finden.

e) Die Abbildung des Schülerarbeitsheftes soll zu zwei weiteren Arbeitsschritten anregen, die eine Art Kontrolle für das richtige Erfassen des Lesebuchtextes selbst darstellen:

— Durchführung des Experiments mit dieser geometrischen Figur und selbständige Niederschrift einer Arbeitsanweisung in Gruppenarbeit.

— Arbeit mit dem Heft: Ersetzen aller im 2. Abschnitt auf die Lesebuchabbildung bezogenen Wörter durch solche, die sich auf diese geometrische Figur beziehen. Die Schüler stellen fest, daß nur an zwei Stellen (Schloßtor ... ein weißes Gespenst ...) eine Änderung nötig ist. Sie erfassen dabei die Gesetzmäßigkeit des Vorgangs.

4.2. Ungenannter Verfasser: Auch Tiere machen Toilette (A 2)

4.2.1. *Lernziele*

Die Schüler lernen:

a) durch Herausschreiben und Ordnen der wichtigsten im Text genannten Mittel zur Reinigung und der Tierarten die Gliederung des Textes zu erfassen;

b) die Tätigkeiten der Katze bei der Reinigung genau in der angegebenen Reihenfolge wiederzugeben und zu erkennen, daß es sich dabei um ein geregeltes und zweckmäßiges Verhalten handelt;

c) die Tätigkeiten der Schweine und Vögel zu beschreiben und die im Text angegebenen Gründe für dieses Verhalten zu nennen;

d) durch Ersetzen des Wortes „Toilette" in der Überschrift die Funktion dieses Wortes als Leseanreiz und durchgängiges Prinzip der Darstellung zu erkennen;

e) durch Herstellen der Analogie „Reinigungsmittel des Tieres" — „Toilettegegenstand des Menschen" die sprachlichen Mittel zur Veranschaulichung zu erfassen;

f) Ausdrücke wie ‚Katzenwäsche' und ‚sich wie ein Schwein im Dreck wühlen' von den gewonnenen Kenntnissen her zu bewerten.

4.2.2. *Sachanalyse*

a) Die Gliederung des Textes ist unschwer zu erfassen: Abschnitt 1 handelt vom Reinigungsbedürfnis der Tiere und ihren „naturgegebenen Reinigungsgeräten" (Krallen, Zähne, Zunge); Abschnitt 2 von eigens für die Reinigung ausgebildeten Gliedern der Tiere („Kamm", „Pinsel"); Abschnitt 3—5 vom Bad der Tiere (Schlammbad, Wasser- und Sandbad der Vögel, Sonnenbad). Die Gliederung des Textes wird also nicht von den Tierarten, sondern von ihrem Verhalten bei der ‚Toilette' her bestimmt.

b) Dieses Gliederungsprinzip entspricht der Überschrift. Die sprachliche Wendung „machen Toilette" dient als Leseanreiz und zur Veranschaulichung des Themas, führt aber im ganzen nicht zu einer vermenschlichenden Darstellung tierischen Verhaltens. Der Text macht vielmehr im allgemeinen durch Anführungsstriche („Toilettegegenstände") und sprachliche Umschreibungen („die Stelle eines Striegels", „eine Art Kamm") deutlich, daß der Vergleich zwischen tierischer Reinigung und menschlicher Toilette nur der Veranschaulichung dient.

c) Falsche, an menschlichen Vorstellungen orientierte Vorurteile sollen abgebaut werden: das Schlammbad ist für das Schwein kein „Wühlen im Dreck", sondern es dient der Reinigung. Der Absicht, tierisches Verhalten verständlich zu machen, dient auch die ausführliche Beschreibung des Waschens einer Katze, die zeigen soll, daß es sich nicht um ungeordnete und zufällige Bewegungen, sondern um eine durchaus geregelte und zweckmäßige Verhaltensweise handelt.

4.2.3. *Didaktische Überlegungen*

a) Von der Darstellungsabsicht (anschauliche Beschreibung und Erklärung von Naturvorgängen) und den Darstellungsmitteln her (bildhafte Sprachverwendung, so weit als möglich der Zielgruppe angemessener Wortschatz vor allem im Verbbereich) ist der Text durchaus mit Press: Das Schloßgespenst vergleichbar.

b) Das wichtigste Mittel zur Veranschaulichung (die Analogie: menschliches und tierisches Verhalten) ist als sprachliches Bild vom gezeichneten Bild als Mittel zur Illustration abzugrenzen und bewußtzumachen (vgl. auch B 2 Karl v. Frisch).

4.2.4. *Methodische Hinweise*

Die Erschließung dieses Textes sollte in vier Lernschritten erfolgen: Erfassen und Ordnen der Mitteilungen (Vielfältigkeit der Informationen und Aufbau des Textes); genaues Erarbeiten einiger Einzelbeobachtungen (Beschreibung und Erklärung als Darstellungsabsicht des Textes); Herstellung der Beziehung zum Thema und Erarbeiten einiger sprachlicher Mittel (Überschrift als Leseanreiz, einige sprachliche Bilder); Erarbeiten des Unterschiedes zwischen menschlicher Toilette und tierischer Reinigung (Abbau falscher Vorstellungen).

Lernschritte:

a) Um die Vielfalt der Informationen dieses Textes möglichst genau zu erfassen, kann ein Schema vorgegeben werden:

Reinigungs„gerät"	Reinigungsart	Tierarten
Kralle . . .	kämmen	— — —

Die Schüler füllen dieses Schema in Stillarbeit aus und erarbeiten anschließend die Textgliederung für den Tafelanschrieb. Dabei kann vorgeklärt werden, warum Reinigungs„gerät" (im Schema) und "Toilettegegenstände" (im Text) in Anführungsstrichen stehen.

b) Die Schüler suchen heraus, über welche Tierarten man im Text am meisten erfährt. (Katze, Schwein, Vögel). Sie stellen fest, daß das Schema allein dazu nicht genügt. Einzelne Schüler versuchen, ohne nochmaliges Lesen das Verhalten der Vögel oder der Katze zu beschreiben. Anhand des Textes werden diese Versuche korrigiert und festgestellt, inwieweit Reihenfolge der Betätigungen und Angabe der Gründe eine Rolle spielen.

c) In der Überschrift ersetzen die Schüler „Toilette machen" durch „sich säubern", „sich waschen", „sich reinigen". Sie stellen fest, daß die Überschrift dann nicht mehr so wirksam ist. An einigen Beispielen vergleichen sie menschliche Toilette mit tierischer „Toilette".

	menschliche Toilette	tierische „Toilette"
Mittel	Morgenwäsche Waschlappen, Seife, Handtuch, Creme, Spray, Farben, Kamm, Pinzette . . .	Waschen der Katze Pfoten, Zunge
Gründe	sich reinigen, duften, sich schön machen, Hautfehler verbergen . . .	sich reinigen
	Sonnenbad sich ausstrecken, mit Sonnenöl einreiben . . . sich wohl fühlen, braun werden . . .	Sonnenbad sich ausstrecken, sich wohl fühlen, warm werden
Geräte	Kamm	eine Art Kamm

d) Sie diskutieren die Absichten von Menschen und Tieren bei der ‚Toilette' und stellen fest, daß der Mensch vielseitiger, das Tier aber zweckmäßiger vorgeht.

Als Überleitung zum letzten Unterrichtsschritt kann die Überschrift weiter umgeformt werden: Auch Katzen machen Toilette ... Auch Schweine machen Toilette. Im abschließenden Unterrichtsgespräch werden Wendungen wie „Katzenwäsche" „sich wie ein Schwein im Dreck wühlen" im Blick auf die damit verbundenen falschen Vorstellungen diskutiert.

4.3. Günter Herburger: Birne im Müll (A 3)

4.3.1. *Lernziele*

Die Schüler lernen:

a) die informativ-appellative Redeabsicht zu erfassen und einige darstellende Mittel (Erzählelemente, emotiv-abstoßende Wendungen) zu beschreiben (Rahmenlernziel);

b) alle Angaben über Müll, Weg des Mülls, Geräte und Maschinen zusammenzustellen;

c) in einer Tafelskizze den technischen Vorgang der Müllvernichtung darzustellen;

d) die verschiedenen Müllgegenstände und Abfälle zu sortieren und die Art ihrer Vernichtung zu beschreiben;

e) durch Einfügen des Artikels ‚die' Birne die Funktion dieser Bezeichnung als Eigenname zu erkennen;

f) die menschlichen Eigenschaften und Fähigkeiten ‚Birnes' zusammenzustellen und festzustellen, in welchen Abschnitten sie eine Rolle spielen:

g) aus dem Gespräch der Leute das gestellte Problem zu erschließen;

h) die Fähigkeiten der Ratte zu beschreiben und aus ihren Erfahrungen das Bedrohliche der Situation zu erschließen;

i) die technisch-magischen Fähigkeiten (Zauberkräfte) ‚Birnes' zusammenzustellen und ihre Funktion in den einzelnen Abschnitten zu beschreiben;

k) durch den Vergleich mit einem menschlichen Beobachter die Vorteile ihrer Perspektive zu erfassen;

l) Situationen aus dem Text herauszusuchen, die auf Menschen besonders abstoßend wirken;

m) Wörter und Ausdrücke im Text zu benennen, durch die das Ekelhafte der Situation besonders deutlich gemacht wird;

n) einen Text über ‚Birne' zu entwerfen, der auf das Buch „Birne kann alles" hinweist.

4.3.2. *Sachanalyse*

a) Es handelt sich um einen Text aus dem Buch von Günter Herburger ‚Birne kann alles'. Die Titelfigur dieses Buches, „Birne", ist ein belebter Gegenstand, ausgestattet mit technisch-magischen (sie kann sich winzig klein machen, hart werden, mit Düsenantrieb fliegen ...) und menschlichen (sie kann sprechen, denken, handeln wie ein Mensch) Eigenschaften und Fähigkeiten. Es geht aber nicht primär um das Erzählen von Abenteuern in moderner Umwelt, sondern um das Beobachten, anschauliche Beschreiben und Beurteilen von modernen Phänomenen und ihrer Problematik.

b) So ist die primäre Absicht dieser hier erzählten Episode die Beschreibung der Müllbeseitigung und -verwertung vom Kübel bis zur Verbrennungsanlage. ‚Birne' als Titelfigur ermöglicht es, aus der Innenperspektive, also aus dem verarbeiteten Müll selbst heraus diese Vorgänge anschaulich darzustellen. In dieser Hinsicht benutzt der Text ein gestalterisches Mittel vieler Sachbücher, die durch Belebung von Gegenständen oder Einfügen erzählender Figuren technische Vorgänge näherzubringen (Leseanreiz durch Erzählelemente) und zu erklären versuchen (explikative Redeabsicht).

c) Darüber hinaus hat ‚Birne' eine kritische Funktion: Sie soll das Handeln vor allem der Erwachsenen in Frage stellen und Probleme dieser technischen Umwelt bewußtmachen. Hier geschieht das durch das Anhören des Gesprächs zweier Leute (Problem der Müllbeseitigung) und das Gespräch mit der Ratte (Problem des Überlebenkönnens im Müll: selbst das anpassungsfähigste (kochendes Wasser) und klügste (keine Verfettung, Scharfhalten der Zähne) Tier müßte hier ohne ‚Birne' zugrunde gehen).

d) Trotz der im Text vorgestellten technischen Bewältigung des Problems durch Müllsortierung, -zerkleinerung und -verbrennung wird also kein technisch-optimistisches Weltbild vertreten. Das verhindert neben der Gefährlichkeit der selbst Ratte und ‚Birne' mit Vernichtung drohenden Situation die Art der Sprachverwendung. Die Erfahrungen im Mülleimer, auf dem Verteilerplatz und im Kessel werden durch stark abstoßende, das Ekelhafte der Situation heraushebende Verben beschrieben. („Quark klatscht herunter" ... „es gluckert und schmatzt, soßt und knirscht" usw.)

4.3.3. *Didaktische Überlegungen*

a) Die gestalterischen Mittel (Birne, Ratte) rücken den Text sehr stark in die Nähe der Erzählung. Als solche hätte er in einer Unterrichtseinheit „informativ-beschreibende Texte" keinen Platz. Dieses Bedenken sollte aber im Blick darauf zurückgestellt werden, daß solche gestalterischen Mittel die Funktion der Veranschaulichung von Vorgängen und Gegenständen haben können und in dieser Hinsicht vergleichbar sind mit der Bildkonstituente (A 1) und dem sprachlichen Bild (A 2). Die Einführung einer individuellen Perspektive und der Dialogpassagen rückt zudem den Text in die Nähe der Reportage, deren Absicht ja auch Vermittlung von Information durch Veranschaulichung und Beteiligung des Lesers ist.

b) Außerdem handelt es sich um den Versuch, ein zentrales Problem der Zivilisation altersgemäß und zugleich kritisch darzustellen. Der Text ist in dieser Hinsicht dem Paralleltext vorzuziehen (B 3 Tausend Wege führen zum Leser), der nur beschreibend vorgeht.

Das Problem der Müllbeseitigung sollte allerdings an dieser Stelle nicht weiter ‚hinterfragt' werden, sondern in seiner Anschaulichkeit und Bedrohlichkeit stehen gelassen werden. In seiner Komplexität ist das Problem Umweltbedrohung — Umweltschutz in diesem Zusammenhang und auf dieser Stufe nicht faßbar. Die quantitativ stark zunehmende und nicht immer gezielte, oft moralisierende Berichterstattung hat statt Bewußtseinsveränderung eher eine gefährliche Abstumpfung und Gleichgültigkeit zur Folge. Eine differenzierte, auch die Art der Berichterstattung kritisch erfassende Unterrichtseinheit kann aber erst in einer höheren Klasse erarbeitet werden.

4.3.4. *Methodische Hinweise*

Dieser umfang- und materialreiche Text läßt sich am ehesten in Gruppenarbeit und mit Hilfe von Arbeitsblättern erschließen. Es lassen sich drei Unterrichts-

schritte unterscheiden: a) Entnahme von Informationen über Müll, Weg des Mülls bis zur Vernichtung, Geräte und Maschinen (informativ-beschreibende Redeabsicht); b) Erfassen der Fähigkeiten ‚Birnes' und ihrer Funktion als wichtigstes gestalterisches Mittel und Erschließen ihrer Erfahrungen, des Gesprächs der Leute, der Begegnung mit der Ratte (Erfassen der Erzählelemente und ihrer kritischen Absicht); Beschreiben einiger sprachlicher Mittel und ihrer Wirkung auf den Leser.
Das darüber hinausgehende Erstellen eines Kontextes dient der Lernkontrolle und soll zugleich auf das Buch selbst verweisen.

Lernschritte:

a) Nach der ersten gemeinsamen Lektüre erhalten zweimal zwei einander jeweils ergänzende und kontrollierende Arbeitsgruppen folgende Arbeitsaufträge: a) welche Arten von Müll werden im Text genannt? (Beispiel Quark ...); b) Welche Geräte und Maschinen werden bei der Müllbeseitigung gebraucht? Anschließend erarbeiten die Schüler in Zusammenarbeit mit dem Lehrer ein Tafelbild.

Der im Text genannte Müll wird nun gleichsam ‚sortiert': Die Schüler stellen fest, daß nach Eisen — Nicht-eisen, weichem und hartem nicht eisenhaltigem Müll sortiert wird. Sie erfassen dabei die Funktion der hier beschriebenen Müllvernichtungsanlagen.

b) Der zweite Schritt läßt sich am Arbeitsblatt mit anschließendem Unterrichtsgespräch oder aber im Klassengespräch erarbeiten. Der Lehrer macht auf den weggelassenen Artikel vor ‚Birne' aufmerksam, indem er etwa den Anfang des Textes unter einsetzen von „die (Birne)" vorliest. Die Schüler stellen anschließend die menschlichen Fähigkeiten ‚Birnes' zusammen und erschließen ihre Funktion vor allem für die beiden Teilstücke Anfang und Gespräch mit der Ratte. Sie stellen fest, daß diese Teilstücke für die in der Tafelskizze festgehaltenen Vorgänge nicht unmittelbar wichtig sind und eine andere Funktion haben müssen. Diese Funktion kann aus dem Text selbst („Müll ... wirklich ein Problem", Todesgefahr für die Ratte trotz ihrer Fähigkeiten) erschlossen werden.
Die Schüler geben den Grund dafür an, weshalb ‚Birne' in die Mülltonne einsteigt. Sie zählen die technisch-magischen Fähigkeiten ‚Birnes' auf und beschreiben, was sie jeweils damit *in* der Tonne, *auf* dem Schrottberg, *im* Kesselhaus erreicht. (Vergleich: ein menschlicher Beobachter, Herausstellen der Vorteile ‚Birnes'.)

c) Die sprachlichen Mittel können entweder mit Hilfe des Arbeitsblattes oder aber in den zentralen Situationen untersucht werden. Die Schüler suchen Stellen heraus, wo ein Mensch „würgen und sich erbrechen" müßte. Sie können dabei nach ‚Gestank', ‚Geräusch', ‚Anblick' unterscheiden.

d) Die Schüler versuchen in diesem zusätzlichen Arbeitsschritt, für einen Prospekt oder Klappentext zusammenzustellen, was sie über ‚Birne' und das Buch selbst nun wissen. Dabei ist eine Abstraktion vom Einzelfall ‚Müll' auf die moderne Umwelt zu leisten. Der Lehrer kann auch für das Klassengespräch das Material des Schülerarbeitsheftes verfügbar machen.

4.4. Ilse Keiler, Martin Michalski: Zauberbilder (B 1)

4.4.1. *Lernziele*

Die Schüler lernen:

a) den Text als beschreibend-erklärenden Text mit Wort- und Bildkonstituenten zu erschließen und zu bewerten (Rahmenlernziel);

b) alle Gegenstände aus dem Text herauszuschreiben und zu erschließen, die zur Durchführung des Zaubertricks notwendig sind;
c) die Abbildung der Zauberscheibe mit dem beschreibenden Textteil zu vergleichen und zu beurteilen, inwieweit der Worttext durch das Bild erklärt und veranschaulicht wird;
d) eine der beschriebenen Zauberscheiben herzustellen und in Stichwörtern festzuhalten, welche Textteile dazu notwendig sind;
e) bei der Durchführung des Zaubertricks zu prüfen, ob dieser Text den Ansprüchen genügt, die an eine Spielanweisung zu stellen sind:
  — Genauigkeit
  — Übersichtlichkeit
  — Abfolge
  — Motivation zum Spielen;
f) durch Vergleich mit dem Text von Press: Das Schloßgespenst (A 1) die Funktion der einzelnen Teile des Worttextes zu beschreiben.

4.4.2. *Sachanalyse*

Wie viele derartige Gebrauchstexte (Spielanleitungen, Betriebsanleitungen, Gebrauchsanweisungen) ist auch dieser stark auf das illustrierende Bild angewiesen, wenn auch nicht ausdrücklich darauf bezogen. Die Form der Scheibe (für das Gelingen nicht von Bedeutung) und die Stellung der Löcher zueinander sind nur von der Abbildung her erschließbar, die Anbringung des Fadens ist vom Worttext her nicht gut verständlich. Eingeschoben sind Vorschläge für Bilder auf der Vorder- und Rückseite der Scheiben. Klarer sind Spielanleitung („Wir fassen die Fäden . . .") und Erklärung („Das kommt daher . . .").

Der Text ist — im Zusammenhang des Buches verständlich — nicht auf Leser abgestimmt, die zum Herstellen von Zauberbildern erst motiviert werden müßten: er verzichtet auf jeden Leseanreiz und setzt das Interesse am Zaubern bereits voraus (siehe ersten Satz des Textes). Auch die knappe Erklärung der Erscheinung ist von sekundärer Bedeutung, da das Ziel nicht die Einsicht in Naturvorgänge ist.

4.4.3. *Didaktische Überlegungen*

a) Die in der Sachanalyse gegebene Darstellung ist nicht im Sinne einer literarischen Wertung zu verstehen, sondern sie versucht an diesem Beispiel deutlich zu machen, wie sehr derartige Spiel- und Gebrauchsanweisungen auf die bildlichen Elemente und das Vorverständnis des Lesers angewiesen sind. Es ist also durchaus angemessen, einen solchen Text mit Schülern zu erschließen, zumal vom Gegenstand her sein Interesse gegeben ist.

b) Der Text ist darüber hinaus im Blick auf die Bild- und Wortkonstituenten und die klare Einteilung des Worttextes in Arbeitsanweisung und erklärenden Textteil mit dem Text von Jürgen Press: ‚Schloßgespenst' vergleichbar, zumal es auch hier um ein Scheinbild geht, das durch die Reaktionsweise des Auges zustande kommt.

4.4.4. *Methodische Hinweise*

a) Bei der Vorbereitung und Durchführung des Versuchs sollten zunächst die eingeschobenen Vorschläge für Zauberbilder unbeachtet bleiben. Das Interesse konzentriert sich auf Größe und Form der Scheiben, Stellung der Löcher zueinander, Anbringen der Schnüre.

Der Lehrer zeichnet mehrere Scheiben an die Tafel, auf die die Textbeschreibung bezogen werden kann. Die Schüler erfassen, daß die Form der Scheibe weniger wichtig ist als die Stellung der Löcher zueinander.

b) Die Stellung der Teilbilder zueinander kann vor der Klasse mit Hilfe eines größeren Blattes erklärt werden. Wie aber schafft man es, daß der Vogel im Käfig sitzt und nicht neben, unter, halb über dem Käfig? Die Schüler machen Vorschläge für eine Ergänzung des Textes („Blatt gegen das Licht halten", „Stellung der Füße mit Stecknadel markieren").

c) Die unter Lernziel e) genannten Punkte gibt der Lehrer an. Zum Punkt ‚Übersichtlichkeit' machen die Schüler Vorschläge, wie man sich durch zusätzliche Bilder helfen könnte (Einbeziehen der Vorschläge für andere Zauberbilder), was zugleich im Blick auf den Punkt ‚Abfolge' wichtig ist.
Bei der Diskussion des Punktes ‚Anreiz zum Spielen' verweist der Lehrer auf das Buch (Quelle nachschlagen lassen!). Die in diesem Buch angesprochenen Leser sind keine ‚Laien', sie sind im Herstellen von Zaubergeräten und im Zaubern geübt.

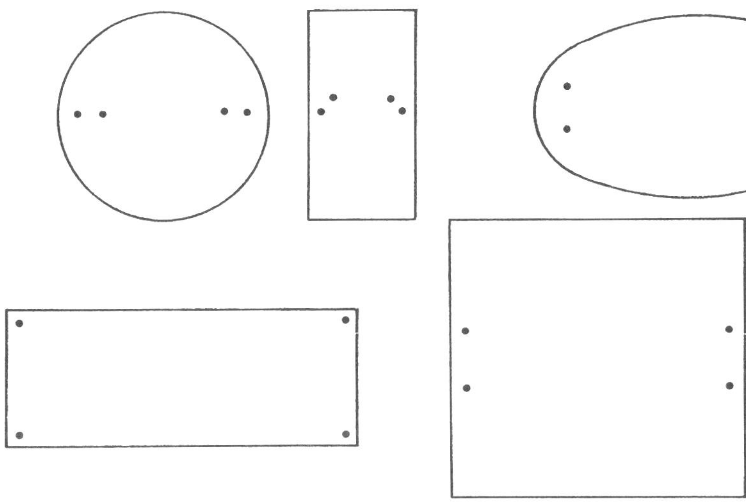

4.5. Karl von Frisch: Bienen und Blumen (B 2)

4.5.1. *Lernziele*

Die Schüler lernen:

a) In diesem wissenschaftlich begründenden und beschreibenden Text die Wechselbeziehungen zwischen Bienen und Blumen zu erfassen und die Darstellungsmittel des Textes (Aufbau, Begriffserklärungen, sprachliche Vergleiche und Bilder) zu erschließen (Rahmenlernziel);

b) durch Zusammenfassen der einzelnen Abschnitte in Stichwörter die Grobgliederung des Textes zu erkennen;

c) die Worterklärungen in den Fußnoten auf den Text zu beziehen und dadurch das Verständnis des Textes zu sichern;

d) die Textteile aufzusuchen und zu nennen, in denen die folgenden Begriffe veranschaulicht und erklärt werden: Wechselbeziehung, Windblütler, Insektenblütler, Blütenstetigkeit, Geruchswerkzeuge;

e) durch Entwerfen einer Tafelskizze den Vergleich zwischen Wirtshaus und Blüte als Mittel der Texterschließung zu erfassen;

f) mindestens je ein Merkmal zu nennen, das die verschiedenen Funktionen von Farbe und Duft deutlich macht;

g) mindestens drei Funktionen des Blütenduftes in zeitlich-sachlicher Folge zu nennen;

h) die „Bienensprache" (Schwänzeltanz) durch Sätze aus der Wortsprache zu erschließen und dadurch als differenziertes Zeichensystem zu erkennen;

i) mindestens eine Textstelle aufzusuchen und mündlich wiederzugeben, in der die Aussagen des Textes als wissenschaftlich begründet dargestellt werden.

4.5.2. *Sachanalyse*

a) Der Text „Bienen und Blumen" stellt zwar auch in populärwissenschaftlicher Weise (Einleitung und Schluß: Hinweise auf die Beziehung des Menschen zu den Blumen) Ergebnisse biologischer Forschung dar, unterscheidet sich aber vom Text „Auch Tiere machen Toilette" durch zwei entscheidende Merkmale:

— er verzichtet nicht auf wissenschaftliche Begrifflichkeit, sondern versucht, Begriffe zu veranschaulichen und zu klären;

— er behandelt einen vom Verfasser selbst erforschten Bereich in recht differenzierter Weise (Funktion des Duftes, des Schwänzeltanzes).

b) Vergleiche mit menschlichen Gegebenheiten dienen auch hier zur Veranschaulichung, nicht zur Vermenschlichung von Sachverhalten aus dem Bereich der Natur. Das gilt vor allem für den Vergleich Blumenblatt — Wirtshausfahne (heute meist: Schild) (Lockmittel auf große Entfernung / weite Sicht) und Blütenduft — Bratenduft (Lockmittel in der Nähe). Auf diesen Vergleich wird einige Male angespielt (Überzeugungskraft, „Angebot und Nachfrage"), da die Funktionen von Farbe und Blütenduft Hauptgegenstand des Textes sind.
Auch beim Vergleich des Schwänzeltanzes der Bienen mit der menschlichen Sprache macht der Verfasser durch Anführungsstriche ausdrücklich deutlich, daß es sich hier nicht um eine Identifikation handelt. Das Zeichensystem der Bienen ist anders organisiert (im Blick auf die Konventionalität der Zeichen, die vielfältigen Möglichkeiten des sprachlichen Ausdrucks für den gleichen Inhalt, aber auch die Möglichkeit des Menschen, Informationen falsch oder ungenau wiederzugeben etc.) als die menschliche Sprache.

c) Der Text ist sehr klar aufgebaut und führt von allgemeineren Feststellungen (Wechselbeziehung) und Unterscheidungen („Windblütler", insektenblütige Pflanzen) zu differenzierten Ausführungen in sachlich-zeitlicher Folge. (Funktion der Farbe als *erstes* Lockmittel und im Blick auf die Blütenstetigkeit der Bienen; Funktion des Duftes als *zweites* Lockmittel und Wegweiser, dann als entscheidendes Element der „Bienensprache", das sich in den Schwänzeltanz der Bienen überträgt.)

d) Ausgezeichnet ist der Text durch eine sehr bewußte Sprachverwendung. Im uneigentlichen Sinne zur Veranschaulichung gebrauchte Begriffe (siehe 4.5.2. b)) werden sorgfältig als solche gekennzeichnet und so von naturwissenschaftlichen Begriffen im eigentlichen Sinne unterschieden. Diese wiederum werden stets funktional verwendet, ihr Verständnis vom Text her gesichert oder vorbereitet (siehe zum Beispiel der scheinbar so selbstverständliche Begriff ‚Blume' im

Unterschied zu ‚Blüte'). Gerade diese Beispiele machen deutlich, daß der Text sich an interessierte Laien und nicht an Fachleute wendet.

e) Diese Darstellungsabsicht: Beschreibung und Erklärung von Naturvorgängen für interessierte Laien — spiegelt sich auch in den wissenschaftlichen Hinweisen („die Biologen sehen ...“ „im Experiment läßt sich zeigen ...“), am deutlichsten in der Beschreibung eines Experiments zum Farbsinn der Bienen. Der Leser wird auf diese Weise darüber informiert, daß ihm hier gesicherte Ergebnisse wissenschaftlicher Forschung vermittelt werden.

4.5.3. *Didaktische Überlegungen*

a) Das Interesse des Schülers am Thema selbst darf vorausgesetzt werden, da es sich hier um die differenzierte, gleichsam „technische“ Beschreibung von Vorgängen handelt, die ihm teilweise bekannt sind.

b) Die vom Verfasser im Text gegebenen Verstehenshilfen machen es auch von den sprachlichen Mitteln her möglich, einen zwar populärwissenschaftlichen, aber relativ anspruchsvollen Text auf dieser Stufe zu lesen.

c) Der Lektüre sollte aber unbedingt die Erschließung des A-Komplexes dieser Unterichtssequenz informierend-beschreibender Texte vorausgehen, vor allem A 1 als einfaches Modell eines beschreibend-erklärenden Textes und A 2 als einfache beschreibend-erklärende Darstellung tierischen Verhaltens.

d) Wenn im Bereich der Sprachdidaktik ein nichtsprachliches Zeichensystem (Verkehrszeichen, Zeichen der Bundesbahn etc.) erschlossen worden ist, bieten sich von dort her Verstehenshilfen für das Zeichensystem der Bienen an.

4.5.4. *Methodische Hinweise*

Da der Text selbst kausal schlüssig aufgebaut (Spiegelung der Wechselbeziehung Blumen-Bienen im Textaufbau) und didaktisch durchdacht ist (Sicherung des Begriffsverständnisses, Veranschaulichung durch Vergleich), sollte der Unterricht diesem Ansatz folgen und zunächst die Grobgliederung als Verstehenshilfe erschließen (a), dann das Verständnis der Begriffe mit Hilfe des Textes und der Fußnoten sichern (b), die Aussagen des Textes erschließen, dabei den Vergleich als Verständnisbrücke erfassen (c) und endlich die wissenschaftlichen Hinweise als Sicherung dieser Aussagen erkennen (d).

Lernschritte:

a) Dieser Schritt sollte mit dem zweiten verknüpft sein. Die Schüler suchen nicht Überschriften zu den einzelnen Abschnitten, sondern je drei bis vier Stichwörter heraus, die ihnen wichtig erscheinen. Die Begründung ihrer Auswahl bahnt schon ein Vorverständnis des Textes an. Im Unterrichtsgespräch wird *etwa* folgender Aufbau erarbeitet (siehe Abb. S. 56 oben).

b) Der Schüler soll nicht starr auf dieses Schema festgelegt werden, da sonst seine eigene Auswahl an Stichwörtern möglicherweise nicht ausgewertet wird.

Bei der Erarbeitung der Begriffe aber muß im Sinne des Textes exakt verfahren werden, wenn auch nicht unbedingt umfassend. Bei der Durchführung der in den Lernzielen c) und d) angedeuteten Operationen sollte in der Reihenfolge des Textes verfahren werden; der vom Verfasser selbst geklärte Unterschied zwischen ‚Blüte' (Oberbegriff) und ‚Blume' (Teil bestimmter Blütenarten) sollte unbedingt erarbeitet werden, vor allem da er für den 3. Unterrichtsschritt wesentlich ist.

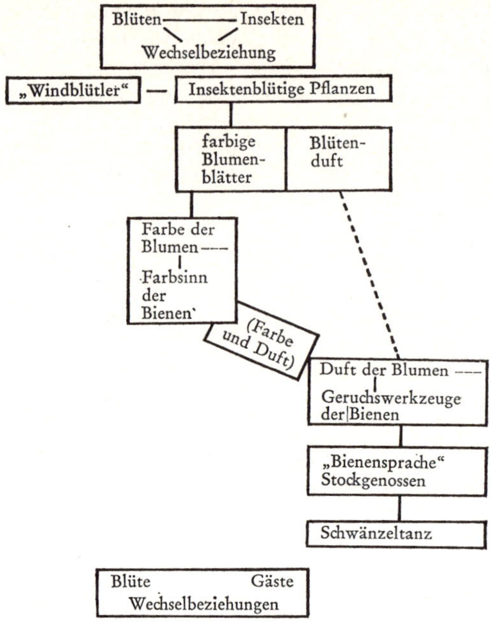

c) Der Vergleich zwischen Wirtshaus und Blüte wird zum Ausgangspunkt der folgenden Arbeit, die im Sinne des Verfassers nun „den Wechselbeziehungen bis in die Einzelheiten“ nachgeht.

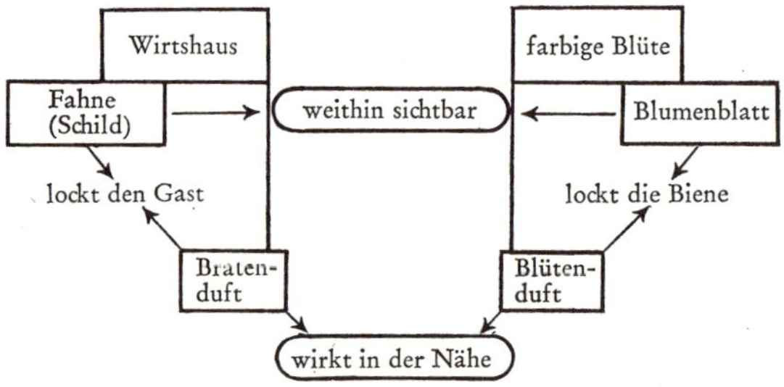

Dieser Vergleich wird nun differenziert, indem die Schüler mündlich auf Einzelheiten eingehen und Reihenfolge sowie Wirkweise von Farbe und Duft im Sinne der Lernziele f) und g) beschreiben.

Bei der Erarbeitung von Lernziel h) weist der Lehrer zunächst auf die Funktion der Anführungsstriche hin. Wenn dies im sprachdidaktischen Bereich vorbereitet ist (siehe etwa ‚Sprache und Sprechen‘, hgg. von D. C. Kochan, D. Ader, J. Bauer, W. Henze, 5. Schj. S. 68—72, Verlag H. Schroedel, Hannover 1972), kann es nützlich sein, die „Bienensprache“ als Zeichensystem zu beschreiben und mit anderen Zeichensystemen (Verkehrszeichen einschließlich der gestischen Zeichen des Polizisten) zu vergleichen. Die „Übersetzung“ in die menschliche Sprache dient dem Textverständnis (Richtung, Entfernung, Lage zum Stock günstig oder weniger günstig, Blütensorte, Holen von Hilfskräften, Reichtum des Fundes, Nachlassen dieses Reichtums und Signal zum Aufhören) und sollte den Reichtum an vermittelten Informationen wiedergeben.

d) Daß es sich hier nicht um Beobachtungen eines Journalisten oder Naturliebhabers (vgl. etwa Hass; Der rettende Schrei), sondern um Mitteilungen eines Forschers handelt, sollte an einigen Textbeispielen von den Schülern gezeigt werden, vor allem am beschriebenen Experiment zum Farbsinn der Bienen.

4.6. Ungenannter Verfasser: Tausend Wege führen zum Leser (B 3)

4.6.1. *Lernziele*

Die Schüler lernen:

a) die Darstellungsabsicht des Textes (anschauliche Beschreibung eines arbeitsteiligen Vorgangs) und einige Darstellungsmittel (Reportageelemente, Schlagzeile) zu erschließen (Rahmenlernziel);

b) im Text drei Etappen des Zeitungsversands (von der Druckerei zur Verladerampe, von der Rampe zum Hauptbahnhof, vom Lastwagen zum Postwagen des D-Zugs) zu kennzeichnen und so die Grobgliederung des Textes zu erfassen;

c) zu unterscheiden, welche der im Text beschriebenen Ereignisse nur einmal, welche immer wieder vorkommen (Erkennen der Reportageelemente des Textes);

d) in Gruppenarbeit oder in einer Spielszene die Fahrt des Lastwagens zum Bahnhof umzugestalten und sie so als Beispiel für den „Wettlauf mit der Zeit" zu veranschaulichen;

e) herauszuschreiben und zeitlich zu ordnen, wer alles an diesem „Wettlauf mit der Zeit" beteiligt ist;

f) den verschiedenen Berufen die im Text genannten Arbeitsplätze und technischen Geräte zuzuordnen und so die Fachausdrücke von ihrer Funktion her zu erfassen;

g) aufzuzählen, was ein Packer bei seiner Arbeit zu beachten hat, und so die Differenziertheit eines Arbeitsvorgangs zu erfassen;

h) in einer Tafelskizze diesen Vorgang darzustellen und daran das Prinzip der Arbeitsteilung zu veranschaulichen;

i) zu kennzeichnen, welche von den genannten Personen nach dem Satz „je später, desto besser" handeln, welche nach dem Grundsatz „je früher, desto besser" handeln müssen;

k) die Schlagzeile „Wettlauf mit der Zeit" zu den einzelnen Abschnitten in Beziehung zu setzen und einige sprachliche Mittel zu nennen, welche diesen Zeitdruck deutlich machen.

4.6.2. *Sachanalyse*

Ausgehend vom Einzelbeispiel (Lastwagenfahrer) will der Text einen Teilbereich des Versands einer überregionalen Zeitung für den Leser dieser Zeitung beschreiben (siehe Vorspann). Auch die Äußerung dieses Vorspanns: „. . . tausendfältig sind die verschlungenen Wege . . ." wird am Einzelbeispiel des D 475 und seiner Anschlußzüge deutlich gemacht.

Im Mittelteil wird zurückgeblendet, um den Weg von der Rotationsmaschine zur Verladerampe zu zeigen. Am Beispiel der Arbeit im Packsaal wird deutlich, daß diese Arbeit ebenso eilig wie präzis und durchdacht sein muß. (Gewicht, Zahl, Versandorte, Art der Verteilung am Zielort).

Der letzte Abschnitt zeigt den Weg vom Lastzug zum D-Zug-Postwagen und macht deutlich, daß auch dies wie die Lastwagenfahrt ein Hindernisrennen ist. Der ‚Wettlauf mit der Zeit' besteht also aus den Etappen mit unvorhersehbaren Hindernissen und geplanten, stets gleich schnell und präzis ablaufenden Arbeitsphasen (Mittelteil).

Bedingt ist dieser „Wettlauf mit der Zeit" durch das Prinzip von Redaktion und Versandexperten: „Je später, desto aktueller". Dieses (im Text leider nur am Rande genannte, das Verlangen des Lesers widerspiegelnde) Prinzip zwingt jede Zeitung, die Zeit zwischen Redaktionsschluß und Postversand so knapp wie möglich zu bemessen.

4.6.3. *Didaktische Überlegungen*

Der Text benutzt wie „Birne im Müll" ein erzählendes Element zur Veranschaulichung (Rolle des Lastwagenfahrers), wenn auch weniger ausgeprägt, und stellt einen arbeitsteiligen technischen Vorgang dar.

Eine kritische Distanz zum Geschehen ist im Text selbst nicht gegeben. Sie ist nur angedeutet in der Spannung zwischen dem ‚möglichst spät' der Redaktion und dem ‚trotzdem pünktlich' des abfahrenden Zuges. Die Abhängigkeit der Planung und des Arbeitstempos von diesem zeitlichen Zwang und die Folgen für die menschliche Arbeit können anhand dieses Textes und auf dieser Stufe nur immanent aufgewiesen werden.

4.6.4. *Methodische Hinweise*

Entsprechend der Lernzielabfolge soll der Text in drei Lernschritten erschlossen werden:

Erschließen der Grobgliederung des Textes und der Funktion des Lastwagenfahrers (Lernziel b, c, d);

— Erarbeiten des genannten Arbeitsvorgangs: Ablauf, beteiligte Personen, Geräte und Maschinen (Lernziele e, f, g);

— Erkennen des Zeitdrucks als Zwang für Planung und Arbeitstempo und als Thema der einzelnen Textteile (Lernziele h, i, k).

Lernschritte:

a) Es ist sinnvoll, vor der ersten Lektüre des Textes die Lernziele b) und c) von den Schülern im Anschluß an den Textvortrag erarbeiten zu lassen. Die Schüler erfassen, daß der Mittelteil als eine Art Rückblende eingeschoben ist. Die Diskussion der Ergebnisse zu Aufgabe c) führt dann dazu, andere mögliche Hindernisse für die Fahrt des Lastwagens zu erfinden und die Szene umzugestalten (etwa: Zurufe, Frage an einen Polizisten am Unfallort, Flüche auf der Fahrt, Kurzbericht für einen Eidechsenfahrer am Bahnhof in Satzfetzen, die die Eile beider Arbeiter ausdrücken).

b) Der zweite Lernschritt setzt nochmaliges Lesen voraus. Da hier sehr viele Notizen notwendig sind, ist die Vorbereitung eines Schemas für die Still- oder Gruppenarbeit notwendig:

Personen

Maschine oder Gerät

Arbeitsplatz

Die Schüler stellen dann in einer Tafelskizze den ganzen Vorgang des Versands in zeitlicher Folge dar und erarbeiten die ihnen unbekannten Fachausdrücke mit Hilfe der Fußnoten. Die Arbeit im Packsaal läßt der Lehrer genau beschreiben, auch um die Schüler anzuregen, die eigene Genauigkeit beim Lesen zu überprüfen.

c) Im Unterrichtsgespräch wird die Bedeutung der Wendung „je später, desto aktueller“ zunächst geklärt und dann auf die am Entstehen der Zeitung Beteiligten bezogen. Die Schüler prüfen dann, für wen die Forderung „je früher, desto besser“ gilt. Sie können bei diesen Überlegungen auch über den Text hinausgehen und auf Bahn- und Postbeamte sowie den *Leser* eingehen. Auf diese Weise erfassen sie, daß die Zeitspanne für den Versand wie durch eine Art Puffer zusammengeschoben wird:

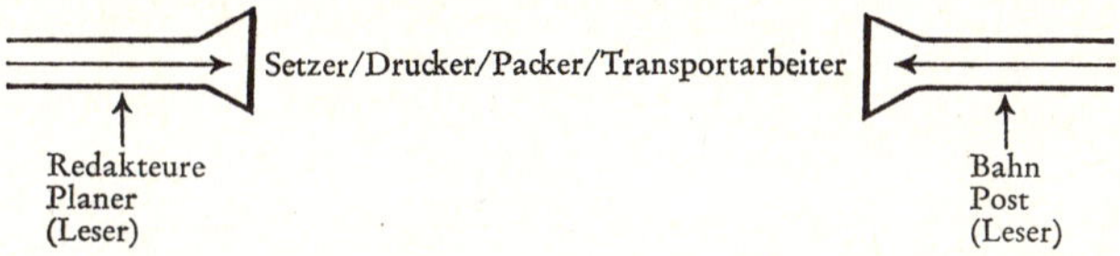

Nun wird das Thema „Wettlauf mit der Zeit“ auf die einzelnen Textabschnitte bezogen; in Gruppenarbeit werden sprachliche Wendungen herausgesucht, die diesen ‚Wettlauf‘ ausdrücken:

„Gehetzte“, „Hast und Eile“, „holterdipolter“, „in Sekunden“ usw.

Die Schüler können abschließend diskutieren, wie sich diese ständige Hetze auf die Nichtbeteiligten auswirkt: Bewohner der Straße, Reisende, Kinder zu Hause.

Berg

4.7. Günter Martell: Menschen auf dem Prüfstand (C 1)

4.7.1. *Lernziele*

Die Schüler lernen:

a) Sprachliche und nichtsprachliche Konstituenten des Textes zu erfassen und ihre Funktion zu beschreiben (Rahmenlernziel);

b) den Text mit Hilfe der Zuordnung zu den Zeichnungen zu gliedern und die genannten Trainingsgeräte auf die einzelnen Flugphasen zu beziehen;

c) die Arbeitsweise der ‚Zentrifuge‘ von der Zeichnung her und ihre Trainingsaufgabe vom Text her zu erklären;

d) den Begriff „Schwerelosigkeit“ mit Hilfe eigener, im Fernsehen gewonnener Vorstellungen zu umschreiben;

e) die Tätigkeiten des Testpiloten in der „Schaukel“ und ihren Zweck zu erklären und dabei selbständig Bild und Worttext zu benutzen;

f) die im letzten Abschnitt genannten und nicht bildlich dargestellten Geräte den einzelnen Flugphasen zuzuordnen und ihre Funktion zu beschreiben;

g) die im Text gegebenen Bewertungen „furchtbare Marterinstrumente“ und „grausames Trainingsarsenal“ herauszusuchen und zu diskutieren.

4.7.2. *Sachanalyse*

a) Der Text stellt (abgesehen vom letzten Abschnitt) die einzelnen bildlich dargestellten und im Blick auf ihre Aufgabe erklärten Trainingsgeräte in der Reihenfolge der Phasen eines Raumfluges vor: Andruck beim Start, Gewichtslosigkeit außerhalb der Atmosphäre, Schwankungen des Raumschiffes in der Umlaufbahn.
Im Schlußabschnitt wird auf weitere Geräte verwiesen, bei denen es nicht auf ein Bewegungstraining des Piloten ankommt: (Höhe und Kälte beim Verlassen der Atmosphäre, Hitze bei der Rückkehr in die Atmosphäre).

b) Bewertungen wie „furchtbare Marterinstrumente“ und „grausames Trainingsarsenal“ sollen nicht nur die Vorstellungskraft des Lesers anregen, sondern sie deuten auch an, daß in diesen Geräten die Astronauten nicht nur trainieren, sondern auch getestet werden, und zwar im Blick auf Belastbarkeit und Reaktionsvermögen überhaupt wie auch im Blick auf die individuelle Eignung.
Das spiegelt sich auch im Begriff ‚Testpilot‘, der hier nicht in der gebräuchlichen Bedeutung (Pilot, der eine neue Maschine testet) gebraucht wird (hier: Pilot, der getestet *wird*). Die Ausdrücke ‚Marter‘ und ‚grausam‘ deuten an, daß dabei bis an die Grenze des Erträglichen gegangen wird.

4.7.3. *Didaktische Überlegungen*

a) Es handelt sich auch hier um einen beschreibend-erklärenden Wort-Bild-Text, der aber Sachkenntnis und Sachinteresse des Lesers stärker voraussetzt als A 1 (Press) und B 1 (Michalski) und zudem im Aufbau komplexer ist als diese beiden Texte.

b) Der Text hat im Gegensatz zu Darstellungen der Science-fiction-Literatur den Vorzug, realitätsbezogen und funktional-erklärend zu sein. Er kann daher das Interesse des Schülers am technischen Sachbuch fördern oder sogar wecken.

4.7.4. *Methodische Hinweise*

a) Stärker als bei anderen Texten ist ein gewisses Vorinteresse des Schülers Voraussetzung für die Texterschließung. Ist diese gegeben, sollte die Arbeit zugleich Anleitung zum selbständigen Umgang mit Sachtexten dieser Art sein.

b) Nach Erfassen des Textaufbaus kann dies an der unterschiedlichen Behandlung der Textteile „Zentrifuge" und „Schaukel" geübt werden:
Der Textteil „Zentrifuge" kann etwa in vier Arbeitsschritten erschlossen werden:

— Beschreibung der Zeichnung
— Funktionieren des Gerätes
— Trainingsaufgabe für den Astronauten
— Klärung des zentralen Begriffs ‚Anschubkraft' (Hilfsvorstellung: Reaktion des Insassen bei schnellem Anfahren eines Autos oder eines Karussells).

c) Der Textteil ‚Schaukel' wird dann selbständig erschlossen, wobei vor allem auch die beschreibenden Elemente des Worttextes vom Schüler herangezogen werden müssen.

d) Es genügt, wenn die Schüler den Begriff „Schwerkraft" nur im Blick auf die Reaktionen des Menschen umschreiben (Gegenvorstellung: Hochsprung eines Leichtathleten).

e) Die abschließende Diskussion kann eingeleitet werden durch Erklärung des Wortes ‚Testpilot'. Die Schüler versuchen Vorstellungen zu entwickeln, wie der getestete Pilot in Höhenkammern (Atemnot), Hitze- und Kältekammern reagiert und wie man diese Reaktionen mißt.

4.8. Pieter Coll: Schon Nero benutzte einen Fahrstuhl (C 2)

4.8.1. *Lernziele*

Die Schüler lernen:

a) aus einem größeren berichtend-beschreibenden Text die Informationen über technische Geräte auszuwählen und auszuwerten (Rahmenlernziel);
b) aus dem Text die Informationen über Arbeitsweise und Zweck vormaschineller technischer Geräte zu isolieren;
c) den Fahrstuhl Neros zu beschreiben und seine Funktionsweise durch den Bau eines Modells zu veranschaulichen;
d) sich den Begriff „Luftkissen" mittels der im Text gegebenen Beschreibung zu verdeutlichen;
e) die Rolle der Sklaven als Antriebskräfte zu erfassen und ihre Arbeitsbelastung abzuschätzen;
f) die Aufgaben solcher Fahrstühle (Bequemlichkeit des Herrschers und der Reichen, etc.) zu nennen, aus dem Text zu erschließen und sie vom Zweck anderer Seilwinden zu unterscheiden.

4.8.2. *Sachanalysen*

a) Der Text ist ein Kapitel aus dem Sachbuch „Das gab es schon im Altertum" und hat die Absicht, allzu fortschrittsgläubige Bewunderung moderner technischer Errungenschaften zu relativieren (siehe Abschnitt 1).

b) Nach kurzen Hinweisen auf den Einsatz von Rollen und Seilwinden beim Heben von Lasten wird im Hauptteil der Fahrstuhl Neros beschrieben. Über den Zweck sowie die Bedienung und Sicherung dieses Fahrstuhls informiert der Text besser als über seine technische Funktionsweise. Eine genaue Beschrei-

bung der Seilwinde wird nicht gegeben (siehe Abbildung einer heutigen Seilwinde im Schülerarbeitsheft); das Festhalten des sicher sehr schweren Fahrstuhls (Hartholz, sicher mindestens zwei Meter hoch und versehen mit bequemem Herrschersitz, meterdickes Lederkissen als ‚Pfropfen', Bedienung durch drei Sklaven) wird ebenfalls nicht im einzelnen erklärt. Die erwähnten Gleitschienen sollten sicher verhindern, daß sich der Fahrstuhl bei ruckartigem Anheben oder ungleicher Belastung im Mauerwerk des Schachts verkantete.
Zu den übrigen erwähnten Fahrstühlen gibt der Text nur Hinweise über Lage und Zweck, was ja im Sinne der unter a) erwähnten Darstellungsabsicht und des daran interessierten Lesers ausreicht.

4.8.3. *Didaktische Überlegungen*

a) Als eine Art Gegentext zu C 1 (Menschen auf dem Prüfstand) ist dieser Text geeignet, weil er ebenfalls Aussehen, Bedienungsweise und Zweck eines technischen Gerätes beschreibt, dieses aber nicht durch eine Zeichnung, sondern mit sprachlichen Mitteln anschaulich darzustellen versucht.

b) Die geschichtliche Dimension des Textes ist weder im Blick auf die historischen Einzelfakten noch im Blick auf die Relativierung moderner Fortschrittsgläubigkeit aufzuschließen. Der Schüler hat zwar gewisse Vorstellungen vergangener Epochen (Comics, Fernsehserien), aber wohl kaum ein Verhältnis zum Problem der geschichtlichen Entwicklung.

c) Für das Verständnis des zentralen Textteils — Aufgabe und Arbeitsweise eines mechanisch angetriebenen Fahrstuhls und die Rolle von Herrscher und Sklaven — ist ein solches auch gar nicht erforderlich. Bei dieser Arbeit wählt der Schüler aus den Mitteilungen des Textes aus, erschließt also nur dessen zentralen Teil. Er übt damit die jedem Zeitungsleser geläufige Praxis des Heraussuchens und Auswertens von Teilinformationen, auf die sich das Interesse richtet.

4.8.4. *Methodische Hinweise*

a) Die Anregung, in Gruppenarbeit zu Hause oder im Werkunterricht einen solchen Fahrstuhl bauen zu können, führt zu einer Auswahl von Informationen: alle im Text genannten Teile des Fahrstuhls werden herausgeschrieben (Schacht, Gleitschienen, Fahrstuhl mit Lederpfropfen) und ihre Merkmale (Schacht 40 m hoch, sich unterhalb der Ausgänge nach unten verjüngend) und mutmaßlichen Proportionen (Verhältnis Fahrstuhl - Schacht) zusammengestellt (siehe dazu Schülerarbeitsheft).

b) Mündlich machen die Schüler Vorschläge, wie man zunächst ein vereinfachtes (Fahrstuhl in Form eines Holzklotzes), später ein möglichts originalgetreues (mit Seilmarkierungen etc.) Modell bauen könnte. (Siehe dazu Schülerarbeitsheft, Abbildung einer heutigen Seilwinde.) Sie machen Vorschläge, wie man etwa das Problem des Bremsens und Festmachens in der Höhe lösen könnte.

c) Das Luftkissen wird mit Hilfe des Textes erklärt (Hilfsvorstellung: pneumatische Federung, Luftreifen).

d) Abschließend werden heutige und antike Fahrstühle im Blick auf Funktionsweise (Sklaven an Stelle des Motors heute, Abschätzen der Arbeitsbelastung) und Nutzen (Seilwinden zur Arbeitserleichterung, Fahrstühle nur für Herrscher; Reiche; Gladiatoren, die für den Kampf frisch bleiben sollten) miteinander verglichen.

Berg

Ungenannter Verfasser: Eine Autobücherei für die Stadtrandgebiete
Stadtbüchereien München

1. *Lernziele*

Die Schüler lernen:

a) beide Texte als Informationen über den Weg des Buches zum Leser zu beschreiben und die einzelnen Stationen und Hilfsmittel der Büchereien zu benennen;

b) am Text 2 die für die Benutzung von Büchereien wichtigen Informationen über Benutzungsordnung und Buchaufstellung zu verstehen und die genannten Verfahrensgrundsätze und Regeln in ihrer Bedeutung für das Funktionieren einer Bücherei zu erfassen;

c) sich zusätzlich zu den Texten Informationen über öffentliche Bibliotheken im eigenen Umkreis (Lage, Öffnungszeiten, Bestände) zu beschaffen;

d) Titel, Thema, Aufbau und Zielgruppe dreier im Lesebuch in Abschnitten verwendeter Sachbücher zu erarbeiten (Gruppenarbeit) und die Bücher der Klasse vorzustellen;

e) Möglichkeiten zu suchen und zu nennen, sich weitere Informationen über Literatur für Jugendliche zu beschaffen.

2. *Sachhinweise*

2.1. Von den Redeabsichten und den Strukturen her schließt sich diese Gruppe von Texten an die informativen Texte und die Werbetexte an. „Eine Autobücherei für die Stadtrandgebiete" ist ein informativ-berichtender Text; „Stadtbüchereien München" ein informativ-beschreibender Text mit einer Anleitung zur Büchereibenutzung; Bilder und „Schlagzeile" sollen das Interesse am Buch wecken.

2.2. Inhaltlich geht es in diesen Texten über die Stadtbücherei München um die Frage: Wie kommt das Buch zum Leser, damit der Leser zum Buch kommt? Ein Weg des Buches zum Leser — nämlich der über die Ausleihe einer öffentlichen Bibliothek — wird hier teilweise beschrieben. Das Problem des Buchvertriebs, der Entstehung, Weckung, Steuerung und Befriedigung von Interessen ist damit nur angeschnitten und kann erst auf einer anderen Stufe der Arbeit im Unterricht behandelt werden.

2.3. Zielgruppe der Texte ist im Blick auf den Inhalt der Schüler selbst, im Blick auf die sprachlichen Mittel ist er es nur im Text über die Büchereibenutzung. Der Text soll durch klare Gliederung und einfache Sprachverwendung die Scheu vor der Institution „Stadtbücherei" nehmen und zu ihrer Benutzung anleiten, er will also zugleich werben und informieren.

3. *Didaktische Überlegungen*

3.1. Bei den Sachhinweisen wurde bewußt darauf verzichtet, eine Textanalyse zu geben, da die textanalytische Beschäftigung hier nicht das entscheidende Lernziel sein soll. Zwar sollen die Schüler, wie in Lernziel a) und b) vorgesehen, die unterschiedlichen Textintentionen der beiden Texte und die Sachinformationen erfassen und in ihrer funktionalen Bedeutung für das Büchereiwesen verstehen lernen, dazu müssen die Texte besprochen und analysiert werden; das entscheidende Anliegen der Textbeschäftigung — durchaus der Intention ihrer Verfasser entsprechend — aber ist es, zur Beschäftigung mit dem Buch anzuregen und eine Verknüpfung zwischen dem Lesen im Schulbuch und der eigenen Lektüre des Schülers zu bewirken.

3.2. Anders als bei Texten, deren Erschließung selbst Unterrichtsziel ist, soll er durch die Beschäftigung mit diesen Texten auf Informationsbeschaffung reflektieren und sich der vorhandenen Einrichtungen bedienen lernen. Insofern es sich bei einem solchen Lernziel auch um die Entwicklung und Ausbildung von Einstellungen und Neigungen geht, ist hier zusätzlich der affektive Bereich angesprochen. Der Schüler soll sich über Elternhaus und Schule hinaus Bücher besorgen können. Die Schule kann ihn dabei nicht in bestimmter Richtung steuern wollen, sie muß ihm aber die Kenntnisse vermittelt haben, daß es eine Fülle von Orientierungsmöglichkeiten gibt und ein Netz von Einrichtungen zur Informationsbeschaffung besteht.

3.3. Im Lesebuch selbst werden nur Sachbuch und Comic — was diese außerschulische eigene Lektüre des Schülers betrifft — erfaßt und erschließbar gemacht. Im Zusammenhang mit dieser Unterrichtseinheit über das Büchereiwesen sollen die Schüler möglichst selbständig versuchen, Informationen über einzelne Sachbücher zu erarbeiten und zu vermitteln.

4. *Methodische Hinweise*

4.1. Die Arbeit an den Texten selbst ist Vorarbeit und Vorausetzung für das weitere Vorgehen im Unterricht mit und ohne Schülerarbeitsheft. Die Schüler beschreiben die Mittel (Werbetexte, Bilder) und Wege (organisierte Wanderbücherei, Zusammenarbeit mit den Schulen), die eine große Bibliothek benutzt, um zunächst zum Leser zu kommen. Sie stellen über Organisationsplan, Anschaffungskosten, Auswahl der in vielen Exemplaren zu beschaffenden Bücher Vermutungen an.

4.2. Nach einem solchen vorbereitenden Unterrichtsgespräch können die Schüler im Arbeitsheft selbständig weiterarbeiten. Sie können aber auch Gruppen bilden mit folgenden Teilaufgaben:

a) Eine Gruppe übernimmt die Aufgabe, die nächstliegenden Büchereien zu besuchen (Stadt-, Pfarr-, öffentliche Leihbüchereien) und sich über Weg, Leihzeiten, Leihgebühren, Bestände, Kataloge genau zu informieren. Sie können dabei selbst Formulare entwickeln und von den Bibliothekaren sämtliche Angaben eintragen lassen; die Umkehr der sonst üblichen Rollen kann die Hemmung gegenüber der Institution abbauen helfen. Die Schüler können auch Bibliothekar oder Bibliothekarin zu einem „Werbegespräch" mit der Klasse einladen und einige „Knüller" aus der Bücherei vorführen lassen.

b) Eine weitere Gruppe übernimmt die Aufgabe, eines oder zwei der folgenden Sachbücher zu besorgen und mit Hilfe des Episkops der Klasse vorzustellen:
Press: Spiel, das Wissen schafft
Michalski: Zauberbuch
Kirsch-Korn: Bahnhof
Die Schüler suchen die genauen Angaben im Quellenverzeichnis des Textbandes, berichten über Aufbau und „Zielgruppe" des Buches und zeigen mit Hilfe des Episkops, wie das Buch aufgemacht ist; dabei können (bei Press und Kirsch-Korn) auch die Abbildungen des Lesebuches benutzt und gleichsam in das Ganze eingebettet werden.

c) Eine dritte Gruppe kann Prospektmaterial zu Sachbüchern oder Abenteuerbüchern in den Buchhandlungen besorgen oder eigene Bücher mitbringen und sie der Klasse vorstellen. Dabei können auch Comics ‚in Konkurrenz' zu den anderen Büchern treten; über das Für und Wider von Spiel- und Bastelanleitungen in Sachbüchern und in Comics kann die Klasse — wenn beides nicht nur besprochen, sondern vorgeführt wird — durchaus diskutieren.

Berg

GRUNDKURS WERBETEXTE

1. Textfolge

A

1. Durst macht Spaß mit Fanta
2. Rickis Bericht Nr. 9
   Kreuzer Malfix - Stifte

B

1. Reisser — der Schnellste der Welt
2. Der Grüne von Geha
   — einfach super

2. Lernziele

Die Schüler lernen:

a) daß die funktionale Verbindung von sprachlichen und nichtsprachlichen Konstituenten zu einem Textganzen das Grundmuster der Anzeigenwerbung ist;

b) durch die Analyse dieser Konstituenten die persuasiv-appellative (überredend-auffordernde) Mitteilungsabsicht des Textes zu erschließen;

c) die Hauptmerkmale der zielgruppenorientierten Mitteilungsstrategie zu bestimmen
- — Auswahl der Nachrichten
- — Vertextung der Nachrichten in der Wort-Bild-Kombination: Sprachverwendung, erzählende, beschreibende, informierende Textteile;
- — Techniken der bildhaften Darstellung — Foto, Comic strip usw.;

d) daß die Ware durch superlativische Signale in Wort und Bild präsentiert wird;

e) daß Werbung Bedürfnisse schafft und Verhalten steuert.

3. Didaktische Begründung

3.1. Texte der Anzeigenwerbung gehören zu den alltäglichen Lesestoffen der Schüler. Das Wort „Lesestoffe" bezeichnet hier die Gesamtheit der Anzeige, die durch die Verbindung von sprachlichen und nichtsprachlichen Konstituenten zustande kommt. Der Leser/Schüler erfaßt die Kombination von Wort- und Bildtext in einem komplexen Wahrnehmungsprozeß, ohne auf die Machart des Ganzen wie der Details zu achten. Er nimmt die Haltung eines naiven Textkonsumenten ein.

3.2. Aus dieser Tatsache läßt sich die erste Begründung für die Aufnahme von Werbetexten in den Deutschunterricht ableiten. Sie hat ihren Stellenwert in der literaturdidaktischen Konzeption von „schwarz auf weiß", nach der die kommunikative Funktion von Texten — soweit dies möglich ist — berücksichtigt werden soll. Im Blick auf die Texte der Anzeigenwerbung heißt dies: die Schüler lernen, die Machart der Wort-Bild-Kombination zu durchschauen und ihre Haltung als naive Textkonsumenten zu überwinden.
Entscheidend ist in diesem Zusammenhang, daß die Schüler in unserer Gesellschaft als vollberechtigte Konsumpartner gelten. Sie werden in zahlreichen Werbetexten als Zielgruppe angesprochen. Das heißt, die Strategien der Wer-

bung zielen mit den Mitteln der medialen Beeinflussung (Wort-Bildtext-Kombination) darauf ab, die Jugendlichen zum Kauf von bestimmten Produkten zu überreden. Ihre Mitteilungsabsicht ist überwiegend persuasiv. Die Schüler sind also Kommunikationspartner und Konsumpartner.
Durch die Analyse von Werbeanzeigen sollen sie diese beiden Rollenmuster erfassen und vom naiven zum kritischen Kommunikationsverhalten beim Umgang mit solchen Texten angeleitet werden.

3.3. Die zweite Begründung für den Grundkurs „Werbetexte" ergibt sich aus dem eben genannten Hinweis auf die dominante Redeintention. In den Kursen „Informative Texte 1 und 2" lernen die Schüler, durch die Analyse von Aufbau und Abfolge der Mitteilungen die steuernde Funktion der informativen Redeabsicht zu erfassen. In der vorliegenden Lernsequenz wenden sie die Analysetechniken an, um die Strategie der Verhaltenslenkung aufgrund der persuasiven Mitteilungsabsicht zu erkennen. Sie können ihre Einsichten in die funktionalen Beziehungen zwischen Wort- und Bildtext, die sie bei der Untersuchung von informativen Texten gewonnen haben, in einem neuen Anwendungszusammenhang nutzen.

3.4. Die Werbefachleute verwenden bei der Vermittlung der Nachrichten über das Produkt, die Benutzer (Konsumvorbilder) und die Gebrauchssituationen (Konsumdemonstration) die bekannten Arten der Vertextung in sprachlichen und nichtsprachlichen Konstituenten: Erzählung, Dialog (Anruf — Appell), informative Beschreibung. Diese Tatsache verweist auf die dritte Begründung für die Aufnahme von Werbetexten in den Deutschunterricht. Die Schüler lernen, Erzählung, Dialog und Beschreibung als zielgruppenorientierte Vertextung von Werbenachrichten zu bestimmen. Dadurch wird die Verbindung zu den anderen Aufgabenfeldern der Literaturdidaktik hergestellt.

3.5. Die Auswahl und Abfolge der Texte ist folgendermaßen begründet:

A 1 — Durst macht Spaß mit Fanta — ist einfach strukturiert. Die Bildkonstituente überwiegt und steuert den Wahrnehmungsprozeß. Die funktionalen Wechselbeziehungen zwischen Bild- und Worttext können von den Schülern ohne große Schwierigkeiten erfaßt werden. Die erzählende (narrative) Vertextung der Konsumdemonstration und die Darstellung des Produkts in den Einzelbildern sind so angelegt, daß der Text als Einführung in die Analyse der Anzeigenwerbung besonders geeignet erscheint.

A 2 — Rickis Bericht Nr. 9 — bietet Möglichkeiten der Anwendung des bei der Analyse von A 1 Gelernten. Die narrative Vertextung der Konsum- oder Gebrauchssituation ist durch die Verbindung eines Comic strips mit redundanten (ausführlichen) Begleittexten komplexer als in der Fanta-Werbung. Die Schüler lernen zugleich, die Zielgruppe zu bestimmen.

B 1 — Reisser — der Schnellste der Welt — enthält vor allem informative Nachrichten über das Produkt. Bei der Analyse des Textes können die Schüler die Strategie des Werbefachmanns erkennen, der durch beschreibende Mitteilungen zum Kauf des Spielzeugautos überreden will. Die Konsumdemonstration ist den informativen Textteilen untergeordnet. Die Reisser-Werbung fungiert deshalb als Ergänzungstext zu A 1 und A 2.

B 2 — Der Grüne von Geha — einfach super — weist als Hauptmerkmal die dialogische Vertextung auf. Die Schüler lernen, appellative und informative Redeteile zu isolieren und ihre Wirkung zu bestimmen. Sie wenden die in A 2 und B 1 gelernten Analysetechniken zur Identifizierung der Zielgruppe an.

4. Einzelanalysen

4.1. Durst macht Spaß mit Fanta (A 1)

4.1.1. *Lernziele*

a) Die Schüler verbalisieren die in der Bildsequenz wiedergegebene Erzählung und erfassen dadurch die Thematik der nichtsprachlichen Konstituente;

b) sie erkennen den Aufbau des Wort - Bild - Textes und die mit der Bildanordnung verbundene Mitteilungsabsicht;

c) sie stellen die funktionalen Beziehungen zwischen Bildern und Begleittext fest;

d) sie isolieren und gruppieren alle sprachlichen und nichtsprachlichen Textteile, die unmittelbar auf das Produkt hinweisen:

e) sie bestimmen, welche Elemente des Bild - Wort - Textes auf den Slogan bezogen sind;

f) sie erkennen, daß dadurch die persuasive Mitteilungsabsicht am deutlichsten zum Ausdruck kommt;

g) sie untersuchen die Machart des Slogans.

4.1.2. *Sachanalyse*

4.1.2.1. Das Grundmuster der Anzeigenwerbung, die Verbindung von sprachlichen und nichtsprachlichen Konstituenten, bestimmt die Struktur des vorliegenden Textes. Sein Hauptmerkmal ergibt sich aus der Dominanz der zu einem rechteckigen Block aneinandergereihten Bilder. Diesem Bildtext sind alle Teile des Worttextes zugeordnet beziehungsweise untergeordnet.

4.1.2.2. Die formale und inhaltliche Analyse der nichtsprachlichen Konstituente führt zu folgenden Ergebnissen:

a) Sie besteht aus neun Einzelbildern. Sieben von ihnen (Nr. 1, 2, 3, 4, 5 und 9) geben eine Erzählung wieder (narrative Vertextung). Sie sind in einer linearen Abfolge von links nach rechts in drei Zeilen aneinandergereiht, so daß ein geschlossener Text entsteht. Die Bilder Nr. 6 und 9 unterbrechen die Linearität der zweiten und dritten Zeile, indem sie das Produkt im Großformat präsentieren. Sie beeinträchtigen jedoch nicht die Kontextverbindung der erzählenden Einzelbilder.

b) Die Erzählung von einem sommerlichen Gartenfest, bei dem Kinder mit Pfeil und Bogen um die Wette schießen, ist in eine Sequenz von Einzelbildern zerlegt. Nach der Art von Momentaufnahmen vergegenwärtigen sie die situativ wichtigsten Vorgänge beim Wettspiel der Kinder:

Erfolg beim Wettschießen	Nr. 1	Kind in der Gruppe von Mitspielern und Erwachsenen
Fortsetzung des spielerischen Wettbewerbs	Nr. 2	zielender Junge und jugendliche Zuschauer
Mißerfolg	Nr. 3	der Pfeil hat nicht die Zielscheibe, sondern eine Flasche im Vorrat von Fanta getroffen
Fortsetzung des Wettschießens — nächster Versuch	Nr. 4	der Pfeil hat eben die Sehne verlassen. Gespanntes Beobachten der Teilnehmer am Spiel

Unterbrechung des Wettschießens	Nr. 5	Erholung vom Spiel
	6	die Teilnehmer am Gartenfest
	7	trinken Fanta. — Darstellung einzelner oder einer Gruppe von Konsumenten.

4.1.2.3. Der Begleittext unter den Bildern verdeutlicht und ergänzt die dargestellten situativen Einheiten der Erzählung. Er gibt kurze Ausrufe einzelner Figuren, das heißt auf ein Minimum reduzierte dialogische Redeteile wieder. Durch die Technik der Verkürzung von Ausrufen und Aufforderungen auf die für das Verständnis unabdingbaren Wörter und Wendungen entsteht der Eindruck der Unmittelbarkeit des Sprachgebrauchs bei mündlicher Verständigung. Die funktionalen Beziehungen zwischen Begleittexten und dargestellten Situationen regen den Leser an, die verkürzten Aussagen zu ergänzen.

Z. B.: Wer trifft . . . *wie ich* . . . ins Schwarze? (Nr. 1 und 2)
das ist wieder
der Schuß ist
. . . vorbeigegangen (Nr. 3)
Aber jetzt! . . . *treffe ich ins Schwarze* (Nr. 4)
. . . . . .

4.1.2.4. Der Slogan „Durst macht Spaß mit Fanta" entspricht den allgemein üblichen Anforderungen der Werbefachleute an eine solche Formulierung. Die knappe, einprägsame Behauptung enthält jedoch eine logische Unstimmigkeit, die der Leser als Textkonsument allerdings kaum wahrnimmt. Durst als Vitalbedürfnis macht eben nicht Spaß. Erst das Durststillen, daß heißt die Befriedigung des Vitalbedürfnisses, kann eine entsprechende Wirkung auslösen.

4.1.2.5. Ziel der Funktionsanalyse ist es, jene Textteile und -elemente zu isolieren und zu beschreiben, die am deutlichsten Ausdruck der persuasiven Mitteilungsabsicht sind. Wir legen dieser Analyse das mediale Beeinflussungsmodell[1] zugrunde, das von Werbepsychologen entwickelt wurde. In ihm werden die formalen und inhaltlichen Fakten der Wort-Bildtext-Kombination von Werbeanzeigen zu einem Grundinventar von sechs Faktoren zusammengefaßt. Die Faktoren sind jeweils mit zwei Merkmalen näher gekennzeichnet.

Suggestion: Ansprechformel, Konsumdemonstration
Identifikation: Konsument, Alter des Konsumvorbildes
Motivation: Anspruchsniveau, Geschlecht des Konsumvorbildes
Information: Textlicher Orientierungsgehalt, Modernität
Konkretion: Produktdarstellungsweise, Produktbetonung
Präsentation: Größe, Farbigkeit

Bei der Funktionsanalyse des Fanta-Textes kommen wir mit zwei Faktoren und je einem Merkmal aus. Die übrigen Faktoren und Merkmale des Modells sind in diesem Fall weniger bedeutsam.

a) Suggestion: Konsumdemonstration
Von den Bildern Nr. 5, 7, 8 geht eine stark suggestive Wirkung aus. In ihnen wird die Befriedigung eines Vitalbedürfnisses „Durstlöschen" dargestellt. In der Folge der erzählenden Bildreihe setzt die Suggestion an der Stelle ein, wo dem Leser die Nachricht von der Unterbrechung des Wettspiels vermittelt wird. Alle Mitteilungen über die Fanta trinkenden Teilnehmer am Kinderfest ergeben zusammengefaßt eine Konsumdemonstration. Die Begleittexte unter Bild Nr. 5

[1] Hans Joachim Hoffmann: Werbepsychologie. Berlin, New York 1972.

und 6 verstärken die zur Nachahmung überredende Darstellung. (Vgl. „Erst mal eine FANTA“ — „Für jeden eine“.)
Da die Konsumdemonstration völlig in den Ablauf der Bilderzählung integriert ist, werden Erfolg und Mißerfolg beim Spiel auf das Produkt bezogen. Der Wort - Bildtext suggeriert dem Leser: Sieger und Verlierer im Wettspiel trinken Fanta. Fanta ist Lohn für gute Leistung. Fanta ist Trost für Versagen.
Die suggestive Wirkung dieser Textelemente wird im Slogan als einprägsame Formel zusammengefaßt.

b) Konkretion: Produktdarstellungsweise
Der Text stellt in den Bildern Nr. 3, 5, 6 und 7 bis 9 sowie in der Bildkonstituente unter dem Slogan das Produkt mit dem durch das Layout hervorgehobenen Produktnamen heraus. In diesem Zusammenhang müssen vor allem die Bilder 6 und 9 beachtet werden. Im Vergleich mit den übrigen Darstellungen des Produktes fällt die Größe der Flasche mit dem Getränk auf. Das Großformat und die realistische Abbildung ergeben zusammen ein superlativisches Bildsignal. Es erzeugt ein anschauliches Erinnerungsbild, dessen persuasive Wirkung andauert, wenn der Leser den Text beiseite gelegt hat.

4.1.3. *Methodische Hinweise*

Wir empfehlen, die Analyse des Fanta-Textes in vier Lernschritte zu gliedern:
4.1.3.1. *Lernschritt 1:* Die Schüler „lesen“ den Text und äußern ihre ersten Eindrücke. Es ist zu erwarten, daß sie dabei ohne begriffliche Fixierung bereits das Grundmuster der Anzeigenwerbung beschreiben. Im Verlauf des kurzen Unterrichtsgesprächs führt der Lehrer die Begriffe „Worttext“ und „Bildtext“ ein. Die Schüler ordnen die Bestandteile der Fanta-Anzeige mit Hilfe der beiden Begriffe.

Vorschlag für den Tafelanschrieb:

Worttext	Bildtext
Wer trifft . . .	9 Einzelbilder
ins Schwarze?	Flasche Fanta
. . . vorbeigegangen	Zielscheibe und Pfeile
. . .	
Durst macht Spaß mit Fanta	

4.1.3.2. *Lernschritt 2:* In dem kurzen Unterrichtsgespräch zu Beginn dieser Phase sollen die Schüler zunächst feststellen, daß der Bildtext eine Erzählung wiedergibt. Sie bestimmen die Zahl der Bilder, die unmittelbar den Zusammenhang der Geschichte herstellen. Im Anschluß daran können sie die Aufgaben 1.1. und 1.2. des Arbeitsblattes lösen.
Die Ergebnisse der Aufgabe 1.1. werden an einigen Beispielen überprüft und gegebenenfalls korrigiert.
Bei der Lösung der Aufgabe 2.1. können die Schüler von den entsprechenden Eintragungen in der Rubrik „Worttext“ ausgehen.
Die Zitate zeigen bereits an, daß es sich hier um Redeteile aus bestimmten Sprechakten handelt (wörtliche Rede/Dialog).
Zu den Ergebnissen der Aufgaben 1.1. und 2.1. suchen die Schüler unter der Anleitung des Lehrers Formulierungen, mit denen sich die Hauptthematik der dargestellten Erzählmomente bezeichnen läßt (vgl. Sachanalyse 4.1.2.2., b).

4.1.3.3. *Lernschritt 3:* Die Schüler beschäftigen sich mit dem Faktor der Konkretion: Produktdarstellungsweise.
In Aufgabe 3.1. des Arbeitsblattes werden sie außer der quantitativen Verwendung des Produktnamens die konkrete Abbildung des Produkts erfassen. Sie können so die persuasive Wirkung der Konkretion erkennen.

Das superlativische Bildsignal und seine Wirkung müssen im Klassengespräch analysiert werden. Die Anweisung zu diesem Arbeitsschritt der dritten Phase kann etwa lauten: Vergleicht die Flasche Fanta in Bild 6 und 9 mit den Flaschen in den Bildern 3, 5, 7 und 8. Die Schüler können dann die augenfällig großformatige Produktdarstellung im Blick auf ihre persuasive Wirkung beschreiben. Diese Arbeit lenkt eine Variation der Frage 3.1. des Arbeitsblattes: Was will der Texter durch die auffallend große Abbildung der Flasche Fanta erreichen?
(Mögliche Antworten: Er lenkt die Aufmerksamkeit des Lesers besonders stark auf die Ware. — Das große Bild der Flasche Fanta prägt sich ein.)

4.1.3.4. *Lernschritt 4:* Die Schüler untersuchen die suggestive Wirkung der Bilderzählung. Der Lehrer erklärt zunächst den Fachausdruck ‚Slogan' (Werbespruch, einprägsame Formel). Im Anschluß daran lösen die Schüler die Aufgabe 4.1. Sie isolieren dabei, ohne begriffliche Fixierung, die Nachrichten, die zusammengenommen eine Konsumdemonstration ergeben. Die Begründung für die Auswahl der Bilder und Begleittexte, die sich unmittelbar auf den Slogan beziehen, geben die Schüler im Unterrichtsgespräch, bei dem ihre Lösungen der Aufgabe 4.1. überprüft werden.
Am Ende der vierten Phase befassen sich die Schüler mit den Aufgaben 4.2. und 4.3. des Arbeitsblattes.
Mögliche Lösungen zu 4.3.: Durststillen macht Spaß mit Fanta,
Durstlöschen mit Fanta macht Spaß.

4.2. Rickis Bericht Nr. 9 – Kreuzer Malfix-Stifte (A 2)

4.2.1. *Lernziele*

a) Die Schüler bestimmen die Zusammensetzung der sprachlichen und nichtsprachlichen Textkonstituenten, indem sie deren Bestandteile isolieren, stichwortartig benennen und das Ergebnis der Arbeit in eine Tabelle eintragen;
b) sie erkennen, daß der Textaufbau durch die Machart des Comic strips charakterisiert ist;
c) sie ermitteln die Zielgruppe, die in dem Text angesprochen wird und weisen dies mit Hilfe der Eintragungen in der Tabelle nach;
d) sie untersuchen den Comic strip und stellen fest, daß
   — die Erzählung mit sprachlichen Mitteln vollständig wiedergegeben wird,
   — die Bildsequenz deshalb fast ausschließlich illustrative Funktionen erfüllt,
   — nur an einer Stelle die Sprechblase verwendet wird;
e) sie unterscheiden die erzählenden und die informativen Teile in der sprachlichen Konstituente des Comic strips;
f) sie erkennen, daß die informativen Teile in Wort und Bild die Ware aufwerten, für die geworben wird;
g) sie untersuchen den Produktnamen „Malfix", indem sie das Kompositum paraphrasieren;
h) sie entdecken die unmittelbaren Beziehungen zwischen dem Produktnamen, dem Mittelteil des Comic strips sowie dem Ratschlag Rickis in der appellativen Passage;
i) sie weisen die Werbeintention des appellativen Textteils nach, indem sie Wortwahl und Syntax untersuchen;
k) sie identifizieren die sloganähnliche Wendung am Schluß des Textes als zusammenfassende, werbewirksame Information.

4.2.2. *Sachanalyse*

4.2.2.1. Ein Vergleich des quantitativen Anteils der sprachlichen und nichtsprachlichen Konstituenten an diesem Text zeigt, daß beide in relativ gleichem Umfang miteinander kombiniert werden. Trozdem fällt die Verwendung der Darstellungstechnik von Comic strips besonders auf. Sie ist das einprägsame, formale Hauptmerkmal des Textes.
Die ausführlichen verbalen Mitteilungen in der Sequenz von sechs Einzelbildern bedeuten jedoch eine Abweichung von dem typischen Vorbild der Comic-Erzählung (vgl. dazu den Grundkurs „Comic strips“, S. 79 f.). Da diese sprachliche Konstituente für sich genommen einen vollständigen Text darstellt, haben die Comicbilder überwiegend illustrative, verdeutlichende Funktionen.
Eine weitere Abweichung ergibt sich aus der Reihung der Bilder. Die Zeilentechnik ist zwar noch erkennbar und bestimmt die Abfolge der Kontextteile. Da sich jedoch die Einzelbilder überlappen, fehlen die für Comics bezeichnenden Fugen. Die auffallendste Abweichung vom Vorbild ist die Tatsache, daß nur einmal die Sprechblase verwendet wird.
Der Leser kann den Zusammenhang der erzählenden und informierenden Abschnitte des Comic-Textes vor allem durch die Kontituität der sprachlichen Mitteilungen erfassen. Eine weitere Orientierungshilfe für die inhaltliche Verbindung der Kontextteile bietet die rechteckige bzw. kreisrunde Fassung der Bilder. Sie zeigt die strukturelle Gliederung des Comics an.
Die Schlüssigkeit der erzählenden und informierenden Mitteilungen läßt sich in zwei Rubriken darstellen. Dabei werden auch Titel und Vorspann des Comics berücksichtigt (vgl. „Wie Petra ... zum Ballettunterricht kam“ — „Petra wünscht sich ...“ und Abbildung von Petras Freundin bei einer Ballettübung).

Titel Vorwegnahme des glücklichen Ausgangs	
Ausgangsposition Wunsch Petras	Darstellung des Wunschtraums — Petras Freundin bei einer Ballettübung
Widerstände gegen die Wunscherfüllung	Erster Kontextteil — Bild 1 — rechteckige Fassung
Hilfe für die Erfüllung des Wunsches	Zweiter Kontextteil — Bild 2 — rechteckige Fassung
Erfolg in der Schule Begründung des Erfolgs	Dritter Kontextteil — Bild 3, 4, 5 kreisrunde Fassung
Erfüllung des Wunsches	Vierter Kontextteil — Bild 6 — rechteckige Fassung Abbildung der Ballettschuhe

Die inhaltlich strukturierte Verbindung der Kontextteile kommt aufgrund der syntaktischen Beziehungen zwischen den Sätzen zu den Bildern Nr. 1 bis 5 zustande.

Petra wünscht sich ...	
Aber sie muß ...	= adversative (entgegenstellende) Beziehung durch die Konjunktion „aber“
Eines Tages ...	= Beziehung durch die Temporalbestimmung, die Neues ankündigt
Plötzlich geht vieles leichter ...	= Temporalbeziehung durch adverbiale Bestimmung

Das kommt ...	=	demonstrierend-begründende Bestimmung durch das Demonstrativpronomen
Und die Griffrillen ...	=	koordinierende Beziehung durch die Konjunktion „und"

Der letzte Satz der Erzählung in Bild Nr. 6 ist rein pragmatisch-inhaltlich in den Kontext integriert. Er stellt durch die Wiederholung des Signalworts „Ballettunterricht" die Beziehung zum Titel her.

4.2.2.2. Dem Hauptmerkmal der Werbeanzeige, dem Comic strip, sind alle übrigen sprachlichen und nichtsprachlichen Konstituenten zugeordnet:

Hinweis auf den Fortsetzungscharakter	„Rickis Bericht Nr. 9"
Appellativer Textteil	„Ricki rät seinen Freunden ..." Bild Rickis
Produktabbildung	Packung Malfix-Stifte und Spitze eines Stiftes
Sloganähnliche Schlußwendung	

4.2.2.3. Bei der Funktionsanalyse berücksichtigen wir folgende Faktoren und Merkmale des medialen Beeinflussungsmodells (vgl. dazu Sachanalyse A 1, 4.1.2.5., b, S. 68):

a) Suggestion: Ansprechformel.
Der Textteil „Ricki rät seinen Freunden ..." suggeriert dem Leser den Eindruck, unmittelbar angesprochen zu werden. Diese Wirkung kommt vor allem durch die appellativen Fügungen zustande:
„Achtet auf ... Kauft ... oder laßt sie Euch schenken." Die leicht karikierende Darstellung Rickis verstärkt die Suggestion (vgl. erhobener Zeigefinger der rechten Hand; gestischer Hinweis auf das Produkt). Die sloganähnliche Wendung „sauberer Arbeiten — ohne verkrampfte Finger!" ist integrativer Bestandteil der Ansprechformel. In diesen Zusammenhang gehört auch der Produktname „Malfix". Zerlegt man das Kompositum in seine Bestandteile, dann erkennt man die imperativische Wendung.
Die kreisrund gefaßten Wort-Bildtext-Einheiten des Comic strips geben eine Konsum- oder Gebrauchssituation wieder. Alle Nachrichten beziehen sich auf das werbepsychologisch bedeutsame Motiv des Geltungsbedürfnisses, das hier als Erwerb von Anerkennung durch „prima" Leistungen näher definiert werden kann (vgl. Sprechblase in Bild Nr. 3). Die suggestive Wirkung der Konsum- oder Gebrauchssituation ergibt sich in diesem Textteil durch die Umkehrung der zeitlichen Abfolge der Nachrichten: Leistung und Anerkennung („... ihre Zeichnungen ... sind ganz toll und sauber!") — Voraussetzungen für die Leistung („Das kommt von ... und die Griffrillen verhindern"). Eine abschließende Ergänzung der Konsumdemonstration enthält die rund eingefaßte, nicht-sprachliche Konstituente am unteren Rand der Anzeige.

b) Identifikation: Konsument, Alter des Konsumvorbildes.
Die Thematik der Konsumdemonstration (Hausaufgaben und Erfolg in der Schule), die Figur Rickis und die Verwendung einer Comic-Erzählung zeigen an, daß der Text auf eine Zielgruppe abgestimmt ist: Schüler im Alter von etwa 12 Jahren. Mit Hilfe des Faktors „Identifikation" und seiner Merkmale kann man die Zielgruppenorientierung präzise erfassen. Die Relation zwischen dem Alter der angesprochenen Konsumenten und dem des Konsumvorbildes „Petra" steuert den Identifikationsprozeß. Das vorgegebene Rollenmuster „Petra als erfolgreiche Schülerin" regt den Leser zur Nachahmung und damit

zum Kauf von Kreuzer Malfix-Stiften an. Aufgrund der vereinfachenden zeichnerischen Technik stellen die Comicbilder das Konsumvorbild nicht mit allen realistischen Details dar. Im Zusammenhang mit der sprachlichen Konstituente wird jedoch die unmittelbare Beziehung zur Alltagserfahrung der Konsumenten hergestellt.

c) Information: Textlicher Orientierungsgehalt, Modernität.
Der mittlere Abschnitt des Comics (Bild Nr. 3, 4 und 5) vermittelt dem Leser Informationen über den Gebrauchswert des Produkts. Die Orientierungsdaten sind in die Konsumdemonstration integriert. Sie geben Auskunft über die Vorteile der Malfix-Stifte: Anschlagkanten, Griffrillen — sauberes Arbeiten am Lineal — kein Krampf in den Fingern beim Zeichnen.
Rickis Rat bestätigt die textlichen Orientierungen durch Wort und Bild im Zusammenhang mit der sloganähnlichen Schlußwendung. Alle Informationen verweisen auf die Modernität des Produkts.

d) Konkretion: Produktdarstellungsweise, Produktbetonung.
Die konkrete Darstellung des Produkts in der Bildkonstituente unter dem Comic strip bindet die Aufmerksamkeit des Lesers. Sie schafft das einprägsame Erinnerungsbild durch das große Format. Der Werbefachmann erreicht die Produktbetonung durch die wiederholte Abbildung der Malfix-Packung und einzelner Stifte (Bild 2, 4 und 5, am Schulterhalfter Rickis und in dem Großformat).

4.2.3. *Methodische Hinweise*

4.2.3.1. *Lernschritt 1:* Da die Schüler in A 1 grundlegende Analysetechniken kennengelernt haben, können sie die Aufgaben 1.1. und 1.2. des Arbeitsbogens einzeln oder in Gruppen lösen. Der Lehrer sollte durch einen kurzen Hinweis andeuten, wie man die Zitate verkürzt notiert. Lösungen:

Worttext	Bildtext
1. Teil: Rickis Bericht	1. Teil: Petras Freundin
2. Teil: Überschrift „Wie Petra ...“	2. Teil: Bilderzählung Comic
3. Teil: Erzähltext des Comics	3. Teil: Ballettschuhe
4. Teil: Ricki rät seinen Freunden	4. Teil: Bild Rickis
5. Teil: Slogan	5. Teil: Packung Malfix-Stifte
	6. Teil: Spitze eines Malfix-Stiftes

4.2.3.2. *Lernschritt 2:* In einem kurzen Unterrichtsgespräch führt der Lehrer den Begriff „Zielgruppe“ ein. Er sollte dabei von der Werbung für Waschmittel, Bodenpflegemittel oder Kosmetika ausgehen (Beispiele finden sich in jeder Illustrierten). Nur so ist gewährleistet, daß die Schüler die Aufgabe 2.1. und 2.2. selbständig lösen.

Die Ergebnisse des Arbeitsschrittes werden besprochen und gegebenenfalls korrigiert. Im Anschluß daran bestimmen die Schüler im Klassengespräch die generelle Mitteilungsabsicht, die dem Text zugrunde liegt.
Vorschlag für den Tafelanschrieb.
Der Werbefachmann will durch Wort und Bild (Comic) die Zielgruppe, Schüler im Alter von etwa 11 bis 12 Jahren, zum Kauf von Malfix-Stiften überreden.

4.2.3.3. *Lernschritt 3:* Die Schüler lösen einzeln oder in Gruppen die Aufgaben 3.1. und 3.2. des Arbeitsbogens. Dies ist die Voraussetzung für die Beschäftigung mit den Aufgaben 4.1. und 4.2.

Es ist unter Umständen notwendig, daß der Lehrer zu 4.1. einen helfenden Hinweis gibt. Etwa: Achtet auf das persönliche Fürwort (Personalpronomen) in den Sätzen von Bild Nr. 3. Welches Fürwort (Pronomen) entdeckt ihr in den Sätzen von Bild 4 und 5? Dadurch finden die Schüler leichter die Antwort auf die Frage 4.2.

Im anschließenden Unterrichtsgespräch soll — soweit es im 5. Schuljahr möglich ist — der Zusammenhang zwischen Konsumdemonstration und Information verdeutlicht werden. Die Anregung des Lehrers kann etwa lauten: Wir fassen die Lösungen der Aufgabe 4.2. zusammen. Der Werbefachmann will, daß wir eine Art Gleichung aufstellen. Auf der einen Seite steht: Petra hat Erfolg im Unterricht, weil . . . Was steht auf der anderen Seite? (Mögliche Antwort — man hat = wir haben Erfolg, wenn . . .)

4.2.3.4. *Lernschritt 4:* Die Schüler können die Aufgaben 5.1. bis 5.3. selbständig lösen, weil sie die entsprechenden Techniken in A 1 kennengelernt und geübt haben. In dem abschließenden Unterrichtsgespräch vergleichen sie die Lösungen der Aufgaben 6.1. und 6.2. mit der Formulierung an der Tafel, in der die generelle Mitteilungsabsicht und die Zielgruppe beschrieben werden.

4.3. Reisser – der Schnellste der Welt (B 1)

4.3.1. *Lernziele*

a) Die Schüler wenden die Methode zur Bestimmung der Zielgruppe an, die sie bei der Analyse von Text A 2 erprobt haben;
b) sie erkennen die unterschiedliche Intensität der Werbewirksamkeit sprachlicher Konstituenten;
c) sie entdecken die Hierarchie in der flächigen Anordnung der Wort- und Bildtextteile;
d) sie bestimmen die Funktion von Farbe und Layout;
e) sie isolieren die Informationen über das Spielzeugauto;
f) sie identifizieren die Information als Behauptungen und verknappte Gebrauchsanweisung;
g) sie erkennen die aufwertende Funktion der superlativischen Aussagen;
h) sie entdecken die affirmativ-beschwichtigende Aussage im Text und stellen die ihr zugrunde liegende Redeabsicht fest.

4.3.2. *Sachanalyse*

4.3.2.1. Der vorliegende Text ist ein typisches Beispiel für die produktzentrierte Gestaltung von Werbeanzeigen. Die stärkste persuasive Wirkung geht von dem in leuchtend roter Farbe auffallend groß abgebildeten Produkt aus. Der Größe der Produktdarstellung entspricht die Größe des Produktnamens „Reisser“. Die funktionalen Wechselbeziehungen zwischen diesen nichtsprachlichen und sprachlichen Konstituenten wecken und binden die Aufmerksamkeit des Lesers. Sie steuern den Wahrnehmungsprozeß beim Umgang mit dem Text. Die intendierte persuasive Wirkung der beiden Elemente verstärkt der Texter durch das Layout der Worttextteile zu beiden Seiten der Produktabbildung. Er ordnet sie auf den Fluchtlinien an, die mit grauer Farbe die Fahr- oder Rennbahn des Spielzeugautos andeuten. Auf diese Weise entsteht der Eindruck einer perspektivischen Darstellung. Sie ergibt durch die entsprechende Verbindung der Konstituenten das einprägsame Erinnerungsbild.

Die Fluchtlinien der Fahrbahn treffen in dem Bild der beiden Buben, den Konsumvorbildern, im Alter von etwa 6 bis 7 Jahren, zusammen. Wenn wir die bisher beschriebenen Fakten auf das mediale Beeinflussungsmodell beziehen, dann ergibt sich die wechselseitige Ergänzung der werbewirksamen Faktoren und Merkmale:

Präsentation: Größe und Farbigkeit der Produktabbildung
Identifikation: Konsument, Alter der Konsumvorbilder (Zielgruppenorientierung)
Der Konsument soll demnach durch die enge Verbindung von nonverbalen (nichtsprachlichen), verbalen (sprachlichen) und paraverbalen (sprachbegleitenden) Mitteilungen beeinflußt werden. Damit haben wir zugleich die hierarchische Struktur des Gesamttextes im Blick auf die intendierte Werbewirksamkeit der Teile erfaßt. Sie weist aufgrund der produktzentrierten Gestaltung folgende Grobgliederung auf:
Produktabbildung — Produktname
Konsumvorbilder
übrige sprachliche und nichtsprachliche Konstituenten

4.3.2.2. Die Elemente der sprachlichen Konstituente (Sätze oder einfache Fügungen) lassen sich dem Faktor „Information“ mit dem Merkmal „textlicher Orientierungsgehalt“ zuordnen. Der größte Teil dieser informativen Aussagen ist in der Form von Behauptungen abgefaßt. Die Mitteilungen werden demnach nicht begründet.
Hauptmerkmal der entsprechenden Textteile ist die Verwendung superlativischer Sprachzeichen. Sie werten das Produkt semantisch auf (vgl. „Der Schnellste der Welt ... Zischt ab wie ein Torpedo ... Schlägt jeden anderen, draußen und drinnen ...).
Die Sätze und Fügungen stehen unverbunden nebeneinander. Dadurch wirken sie besonders einprägsam. Das fehlende Nomen in den Sätzen „Zischt ab ...“ und „Schlägt jeden ...“ muß der Leser durch die Beziehung auf die Produktabbildung und den Produktnamen ergänzen.
Mögliche Einwände der Konsumenten gegen die auffällig gehäuften superlativischen Behauptungen soll der Einwortsatz „Tatsache“ abfangen. Dadurch entsteht der Eindruck eines zweiseitigen Gesprächs. Der Einwortsatz signalisiert dem Leser, daß er Kommunikationspartner ist.
Die superlativischen Sprachzeichen fungieren als Signalwörter. Sie erklären und verdeutlichen die über Produktabbildung und Layout vermittelten Nachrichten von der Schnelligkeit des Spielzeugautos (vgl. dazu noch einmal die perspektivische Wirkung. Das Fahrzeug saust gewissermaßen auf den Leser zu).
Die sprachliche Konstituente in dem Kreis neben der Produktabbildung gibt dem Leser eine knappe Gebrauchsanweisung. Bezeichnend für die Verkürzungstechnik sind die Infinitivfügungen (Zahnband einführen — nach hinten reißen) und das Signalwort „Los!“ Sie deuten eine Konsumdemonstration an, die in der Bildkonstituente innerhalb des Kreises wiedergegeben wird.
Der Hinweis „Es gibt vier Typen ...“ ergänzt die Informationen über das Produkt. Sein textlicher Orientierungsgehalt ist jedoch minimal, da der Leser nichts über die Details der Typen und der Farben erfährt. Das Layout des Produktnamens sowie die Farbenmischung der Buchstaben und Zahlen korrespondieren mit den Teilen der sprachlichen Konstituente, die in unmittelbarem Zusammenhang mit der produktzentrierten Gestaltung des Textes beschrieben wurden.
Die Information über den Preis des Spielzeugautos, in nüchternen Zahlen, wird durch die rote Signalfarbe auf die Produktabbildung bezogen. Sie zeigt den Wert des Reisser-Autos an.

4.3.2.3. Im letzten Teil der sprachlichen Konstituente „Holt sie Euch ...“ verwendet der Texter den Faktor „Suggestion“ mit dem Merkmal „Ansprechformel“. Layout, Auswahl der Buchstabentypen und schräge Anordnung der Schrift betonen die intendierte, suggestive Wirkung. Dabei kommt der verallgemeinernden Aussage „Überall dort, wo es gutes Spielzeug gibt“ besondere Bedeutung zu.

4.3.3. *Methodische Hinweise*

Die Schüler können den vorliegenden Text anhand der Aufgaben in Arbeitsblättern weithin selbständig untersuchen.

4.3.3.1. *Lernschritt 1:* Die Schüler werden bei der Bestimmung der Zielgruppe vor allem die Darstellung der Konsumvorbilder auswerten. Das Unterrichtsgespräch über die Ergebnisse dieses Arbeitsschrittes soll nicht nur Kontrollfunktionen erfüllen, sondern durch die Frage weitergeführt werden: Können die Angehörigen der Zielgruppe, Buben im Alter von etwa 6 bis 7 Jahren, wirklich Käufer des Spielzeugautos sein? Der Lehrer kann die Antworten präzisierend zusammenfassen lassen. Vorschlag: Zur Zielgruppe gehören sicher die Buben dieses Alters. Als Käufer kommen sie nur in Betracht, wenn sie über genügend Taschengeld verfügen oder die Eltern zum Kauf der Ware überreden. Das Unterrichtsgespräch soll auf diese Weise zeigen, daß die einfache Bestimmung der Primärzielgruppe noch lange nicht die ganze Werbestrategie des Texters erkennen läßt.

4.3.3.2. *Lernschritt 2:* Wenn die Schüler die Aufgaben 2.1. bis 2.3. gelöst haben, werden die Ergebnisse im Klassengespräch verglichen und stichwortartig an der Tafel geordnet. So lassen sich die produktzentrierte Gestaltung sowie die Hierarchie der flächigen Anordnung von Wort- und Bildtextteilen verdeutlichen.

Vorschlag für den Tafelanschrieb

Einprägsame Teile des Wort - Bildtextes	Abbildung der Ware Name der Ware Bild der Besitzer
Weniger einprägsame Teile	Nachrichten — Informationen über die Ware
Noch weniger einprägsame Teile	Aufforderung zum Kauf

4.3.3.3. *Lernschritt 3:* Die Schüler befassen sich einzeln oder in Gruppen mit den Aufgaben 3.0. a) bis d). Das anschließende Unterrichtsgespräch hat zunächst Kontrollfunktion. Der von den Schülern gezeichnete Plan des Layouts (drei Fluchtlinien) wird auf die Textvorlage bezogen. Dadurch ergibt sich die Möglichkeit, die Fahr- oder Rennbahn des Spielzeugautos (graue Farbe) zu identifizieren und die intendierte Wirkung der perspektivischen Darstellung beschreiben zu lassen (der Leser hat den Eindruck, als sause das Auto auf ihn zu).

4.3.3.4. *Lernschritt 4:* Der Abschluß der Textanalyse geht von den Lösungen der Aufgaben 4.1. bis 4.3. aus. Bei der Auswertung der Ergebnisse von 4.3. leitet der Lehrer die Schüler an, den Eindruck des zweiseitigen Gesprächs zu beschreiben, der durch den Einwortsatz „Tatsache“ entsteht.

4.4. Der Grüne von Geha – einfach super (B 2)

4.4.1. *Lernziele*

a) Die Schüler untersuchen die Beziehungen zwischen der dominierenden Bildkonstituente und dem Worttext; sie erfassen dadurch das Hauptmerkmal der Werbeanzeige, die durchgängige Verwendung wörtlicher Rede (Ansprechformel — Dialogische Vertextung);

b) sie identifizieren die Redeteile als Ausruf der Gruppe und als Aussage des Einzelsprechers, die in dem Bild dargestellt sind;
c) sie unterscheiden appellative und informative Redeteile und beschreiben ihre Wirkung;
d) sie erkennen, daß Gruppe und Einzelsprecher als Identifikationsfiguren für den jugendlichen Leser fungieren;
e) sie untersuchen die Funktion des Layouts;
f) sie stellen fest, daß in dem Worttext überwiegend die Alltagssprache der Schüler verwendet wird, indem sie das entsprechende Vokabular und die Syntax untersuchen;
g) sie entdecken, wie das Produkt durch bestimmte Vokabeln und Wendungen semantisch aufgewertet wird;
h) sie vergleichen den Slogan der Geha-Werbung mit dem Slogan des Fanta-Textes (A 1) und beschreiben die Unterschiede.

4.4.2. *Sachanalyse*

4.4.2.1. Der Text ist durch die Betonung der horizontalen Aufteilung in folgende Elemente gegliedert:

Bild, Sprechblase, 1. Textblock Produktabbildung, 2. und 3. Textblock mit Slogan.

Trotz dieser Aufgliederung bilden sprachliche und nichtsprachliche Konstituenten eine in sich geschlossene Einheit. Die Geschlossenheit wird erreicht durch die konsequente Verwendung der Ansprechformel, das heißt der dialogischen Vertextung.

Das großformatige Bild stellt eine Gruppe von Schülern dar, die in gestischem Sprechen das Produkt präsentieren (vgl. die Mundstellung und die demonstrativ erhobenen Geha-Füller). Es vergegenwärtigt situativ einen klar erkennbaren Sprechakt. Der gesamte Worttext gibt die Äußerungen der dargestellten Figuren in direkter Rede wieder.

4.4.2.2. Aufgrund der Geschlossenheit der dialogischen Vertextung in Wort und Bild überlagern sich die werbepsychologischen Faktoren des medialen Beeinflussungsmodells: Suggestion: Ansprechformel; Identifikation: Konsumvorbilder (Zielgruppenorientierung); Information: Textlicher Orientierungsgehalt.

a) Die suggestive Wirkung der Ansprechformel haben wir bereits bei der Analyse der Texte A 2 und B 1 nachgewiesen. Im vorliegenden Fall wird sie in Beziehung auf die Bildnachricht strukturell aufgegliedert.

Das Bild signalisiert dem Leser, daß die Gruppe der Schüler im Chor spricht. Die verbale Konstituente in der Sprechblase (vgl. auch das Layout und die grüne Farbe der Buchstaben) bestätigt dies.

Die strukturelle Anordnung der Figuren in dem Bild verweist auf die Tatsache, daß außer dem Sprechchor auch die Äußerungen des Einzelnen im Vordergrund wiedergegeben werden.

Der Einzelsprecher verdeutlicht seine Position und die damit verbundene Aufgabe durch die nach oben gerichtete Hand und den ausgestreckten Zeigefinger. Er weist auf das im Strahlenkranz schwebende Produkt hin.

Die Redeteile unter der Sprechblase enthalten die Äußerungen des Einzelsprechers. Dies signalisiert zunächst die Anredeformel „Hallo Freunde!“ Die in den folgenden Worttext eingeschobenen Wendungen „Und noch was ... Na eben ... Also los: Worauf wartet ihr noch?“ sind weitere suggestiv wirkende Elemente, die den Eindruck bestätigen, daß sich der Leser unmittelbar angesprochen fühlen soll.

b) Die zielgruppenorientierte Gestaltung des Textes, das heißt der Faktor „Identifikation: Konsumvorbilder“ läßt sich ebenfalls an der funktionalen Verbindung von Wort- und Bildkonstituente nachweisen.
Der Prozeß der Identifikation wird primär durch den Wahrnehmungsprozeß gesteuert, der von dem Bild ausgeht. Das Rollenmuster, Schüler im Alter von etwa 12 Jahren, die sich als strahlende, selbstbewußte Besitzer von Geha-Füllern vorstellen, spricht beim Leser unmittelbar das Bedürfnis der Nachahmung an.
In diesem Zusammenhang kommt der Verwendung von umgangssprachlichen Vokabeln und syntaktischen Mustern in den Redeteilen des Einzelsprechers besondere Bedeutung zu, z. B. „... ganz große Klasse! ... liegt toll in der Hand ... Superelastisch.“ Diese Art der Sprachverwendung verstärkt den Identifikationsprozeß. Das Konsumvorbild spricht die gleiche Sprache wie die Konsumenten. Beide gehören einer Gruppe an.

c) Die Informationen über die Vorteile des Produkts sind in den Zusammenhang der wörtlichen Rede integriert. Da der Sprechakt möglichst realistisch wirken soll, werden sie in einer unverbundenen Reihung von syntaktischen Einheiten (verkürzte Sätze) übermittelt. In den verkürzten Sätzen fehlt das Nomen. Der Leser kann, ja muß es unwillkürlich mitdenken, weil sich die Aussagen unmittelbar auf die Produktbildung beziehen. Dadurch entsteht die schlüssige Abfolge:

Produktabbildung — Der Grüne von Geha
Mit Reservetank
Schreibt sofort
Gibt keine Tintenfinger
...

Die umgangssprachlichen Superlative werten das Produkt semantisch auf.
Der Slogan faßt die informativen Passagen der wörtlichen Rede in einer einprägsamen Formel zusammen.

4.4.3. *Methodische Hinweise*

Wie in B 2 können die Schüler den vorliegenden Werbetext anhand der Aufgaben in den Arbeitsblättern weithin selbständig analysieren; die Lernphasen sind dort bereits vorgegeben.

4.4.3.1. *Lernschritt 1:* Die Schüler lösen einzeln oder in Gruppen die Aufgaben 1.1. und 1.2. Sie erfassen dabei das Hauptmerkmal des Textes, die durchgängige Verwendung der wörtlichen Rede. Im Unterrichtsgespräch soll lediglich die suggestive Wirkung der Ansprechformel so präzis wie möglich beschrieben werden.

4.4.3.2. *Lernschritt 2:* Bei der Lösung der Aufgaben 2.1. bis 2.3. erfassen die Schüler Textgliederung und Informationsgehalt der Mitteilungen. Die Ergebnisse der Aufgabe 2.3. müssen unter Umständen im Unterrichtsgespräch formelhaft zusammengefaßt werden. Dadurch ist es möglich, die persuasive Wirkung der Anredeformel zu verdeutlichen.

4.4.3.3. *Lernschritt 3:* Bevor die Schüler die Aufgabe 3.0. lösen, gibt der Lehrer den Hinweis: Achtet nur auf die Hauptmerkmale des Layouts: Größe der Buchstaben, Farbe usw.

4.4.3.4. *Lernschritt 4:* Die Schüler lösen die Aufgaben 4.1. und 5.2. Die Anweisungen sind so abgefaßt, daß die Ergebnisse weithin übereinstimmen werden. Die Analyse der umgangssprachlichen Vokabeln und verkürzten Sätze sollte sich auf einige Beispiele beschränken.

Schaaf

GRUNDKURS COMIC STRIPS

1. Textfolge

A

1. Fix und Foxi — Ein Sack voll Scherben
2. Goofy — Dünnes Eis

2. Lernziele

Die Schüler lernen:

a) die Hauptmerkmale von Comic strips an Beipielen des Typs Animal strip[1] zu erkennen:
   - die Verwendung und Verbindung von sprachlichen und nichtsprachlichen Textkonstituenten,
   - die Wiedergabe einer Erzählung durch Zerlegen in eine Sequenz von Einzelbildern und das auf diese Weise entstehende Übergewicht der nichtsprachlichen Konstituenten,
   - die durch Serienproduktion bedingte Stereotypisierung der Figuren,
   - die Dominanz der Situationskomik,

b) die funktionalen Wechselbezüge der Textkonstituenten zu erfassen,

c) daß die spezifische Machart der Comic strips den Unterhaltungseffekt verstärkt, den Konsum erleichtert, zu weiterer Lektüre stimuliert.

3. Didaktische Begründung

3.1. Die Aufnahme von Comic strips in den Deutschunterricht des 5. Schuljahres entspricht der literaturdidaktischen Konzeption von *schwarz auf weiß*. Diese Konzeption wurde auf der Grundlage fachwissenschaftlicher Untersuchungen entwickelt, die bei der Analyse von Texten nicht nur die poetisch-stilistischen Qualitäten und Strukturen, sondern auch die kommunikative Funktion von Literatur aufzeigen und nachweisen. Von diesem Ansatz her ist es möglich, die problematische Gruppierung von Texten nach dem wertenden Zweiklassensystem „hohe Literatur" „Unterhaltungs- oder Subliteratur" zu überwinden.

3.2. Die Schüler sollen demnach im Deutschunterricht nicht nur den interpretierenden Umgang mit poetischen Texten lernen und üben. Sie müssen auch in die Lage versetzt werden, die *Machart der Konsumliteratur*[2] zu erkennen und

[1] Zu dem Begriff „Animal strip" vgl. Sachanalyse 4.2. a, S. 81.

[2] Vgl. dazu die Auflagenziffern der Comics-Serien, denen die beiden Texte entnommen sind:
Micky Maus — wöchentlich ca. 440 000 Exemplare
Fix und Foxi — wöchentlich ca. 392 000 Exemplare
Leseinteresse und Konsumverhalten der Schüler des 5. Schuljahres (Ergebnis einer Untersuchung in einer süddeutschen Kleinstadt, 1970):
Micky Maus — rund 80 % der Schüler }
Fix und Foxi — rund 50 % der Schüler } regelmäßige Leser

zu durchschauen, die ihnen aufgrund alltäglicher, außerschulischer Lesegewohnheiten hinreichend bekannt ist.

3.3. Die Ausdrücke *Machart* und *Konsumliteratur* enthalten keine Wertung. Sie werden als Arbeitsbegriffe verwendet. Im vorliegenden Fall heißt dies: Machart von Comic strips meint, die Wiedergabe einer Erzählung durch eine Sequenz von Einzelbildern und die Verbindung von nichtsprachlichen und sprachlichen Konstituenten; Comic strips als Konsumliteratur verstanden heißt, die Texte werden im Blick auf vorgegebene (z. T. durch Testverfahren festgestellte) Erwartungen bestimmter Leser- oder Zielgruppen produziert. Sie befriedigen die Bedürfnisse der Konsumenten nach Unterhaltung und schaffen gleichzeitig neue Bedürfnisse und Konsumanreize.

3.4. In bezug auf die Beschreibung der Lernziele (vgl. 2., S. 79) zeigt sich, daß die beiden Begriffe auch didaktisch relevant sind. Wenn die Schüler angeleitet werden, die Machart der Texte zu analysieren und die kommunikative Funktion der Comic strips als typisch für diese Sorte von Konsumliteratur zu beschreiben, müssen sie — wenigstens für die Dauer der Unterrichtseinheit — ihre Haltung als Konsumenten aufgeben. Sie gewinnen eine dem Gegenstand angemessene, *keinesfalls* vorschnell wertende distanzierte Einstellung zu den Texten.

3.5. Bei der Auswahl der Comic strips für die vorliegende Lerneinheit wurde folgendes berücksichtigt: Die Texte sollten a) dem literaturbezogenen Konsumverhalten und den außerschulischen Lesegewohnheiten der Schüler entsprechen (vgl. dazu die Anmerkung zu 3.2., S. 79), b) auf exemplarische Weise die Hauptmerkmale der Comics vom Typ Animal strip aufweisen, c) günstige Voraussetzungen zur Lösung der Aufgaben bieten, die den Schülern bei der Textanalyse zu stellen sind.

3.6. Beim Festlegen der Textabfolge für die Lerneinheit wurde der Unterschied in der Erzählstruktur der beiden Comic strips berücksichtigt. Der erste Text gibt die Erzählung in einer linearen Reihung der Vorgänge wieder. In dem zweiten Text wird die zeitliche Abfolge der Erzähl- oder Handlungsmomente durch eine Darstellungslücke unterbrochen und an zwei Stellen das Nacheinander der Vorgänge mit einer kurz angedeuteten Parallelhandlung verbunden.

3.7. Die Lerneinheit Comic strips hat die Funktion einer didaktisch begründeten Einführung in den Gegenstandsbereich *Konsumliteratur*. Sie soll die Grundlage für die Lerneinheiten „Abenteuer Comic strips“ im 6. Schuljahr und für die Lerneinheiten „Wildwestroman“ und „Kriminalgeschichten“ im 7. beziehungsweise 8. Schuljahr schaffen.

4. Sachanalysen

4.1. Im Unterschied zu der Verfahrensweise in den übrigen Lerneinheiten, in denen die Texte einzeln nach der Abfolge der Kurse analysiert werden, lassen sich hier zunächst die Hauptmerkmale der beiden Comic strips aufgrund der typischen Machart dieser Textsorte gemeinsam und zusammenfassend beschreiben:

1. die Wiedergabe einer Erzählung durch Zerlegen in eine Sequenz von Einzelbildern,

2. die Verbindung von sprachlichen und nichtsprachlichen Konstituenten zu einem Textganzen.

Die Besonderheit der Thematik, die Unterschiede der Erzählstrukturen und die Aufteilung der Lerneinheit in zwei Phasen erfordern dann allerdings Einzelanalysen der Texte.

4.2. Die nichtsprachlichen Konstituenten

a) Die dem Comic strip zugrunde liegende story wird nicht nur in die Sequenz von Einzelbildern zerlegt, sondern zugleich auf bewußt ausgewählte, kleine Erzähleinheiten reduziert. Jedes Bild gibt eine prägnante Situation des dargestellten Handlungsablaufes wieder. So entsteht die Reihe (strip) von Erzähl- oder Handlungsmomenten.
Sie muß so beschaffen sein, daß 1. die Erwartung der Comic-Konsumenten (hier die Erwartung einer lustigen, unterhaltsamen Geschichte) erfüllt wird, 2. das Verständnis für den Zusammenhang der Bildsequenz gesichert ist:
Die Reduktion der story auf prägnante Situationen bringt es mit sich, daß die erzählte Handlung in den Fugen zwischen den einzelnen Bildern weiterläuft. Da die entsprechenden Details der Vorgänge nicht dargestellt werden, muß sie der Konsument in seiner Vorstellung ergänzen.

Beispiele für die Reduktionstechnik:

Fix und Foxi

Fuge zwischen Bild 4 und 5 = Fix und Foxi ziehen den Sack vollends vom Wagen herunter und spannen ihn auf, damit Lupo hineinsteigen kann.

Fuge zwischen Bild 6 und 7 = Fix und Foxi ziehen den Sack über Lupo hoch und binden ihn zu.

Goofy

Fuge zwischen Bild 15 und 16 = Muck, Mack und Micky Maus erreichen den Weiher und legen die Leiter zur Rettung Goofys auf das Eis.

Fuge zwischen Bild 19 und 20 = Goofy kehrt zu seiner Staffelei zurück und beschriftet die Leinwand.

Durch die unterschiedliche Größe des Bildformats werden in der Art von Kameraeinstellungen beim Film breite Szenerien (Totale), Szenenausschnitte (Halbtotale) oder nur wichtige Details (Naheinstellung) erfaßt:
Totale — jeweils das erste Bild in den beiden Texten und das letzte Bild des Goofy - Comics
Halbtotale — der größte Teil der Bildsequenzen in beiden Comic strips
Naheinstellung — Bild 14, 17 und 18 des Goofy-Textes.
Die Verwendung von Bildern in verschieden großem Format ist ein wichtiges Merkmal der für die Comic strips typischen Erzähltechnik. In den vorliegenden Texten zeigt die breit angelegte Szenerie (Totale) den Eingang der Erzählung an. Sie gibt dem Konsumenten alle notwendigen Informationen über den Ort der Handlung und über die mit den Eigennamen im Titel angekündigten Hauptfiguren. Die Totale am Schluß des Goofy-Textes zieht — allerdings mit Hilfe der sprachlichen Konstituenten (Warnung auf der Leinwand und Sprechblasentext) — das Fazit aus den dargestellten Vorgängen. Die durchgängige Reihe von Szenenausschnitten (halbtotale Einstellung) gibt die rasche Abfolge der Teilvorgänge oder Handlungsmomente wieder. Die Technik der Naheinstellung wird nur in dem Goofy-Comic verwendet. Mit ihr wird der Höhepunkt der Erzählung herausgehoben (Goofy bis zum Hals im eisigen Wasser steckend, kurz vor und unmittelbar nach der Rettung).
Die beiden Texte gehören zum Typ Animal strip. Das heißt, die Figuren sind ausschließlich karikierend dargestellte Tiere. Die komische Wirkung der Tier-

karikaturen wird durch stereotype Merkmale erreicht (vgl. vor allem die Köpfe der Figuren, z. B. Lupos auffallend große Nase mit dem weißen Glanzfleck und die kleinen, meist hochgestellten Ohren; Oma Eusebias langgestreckte, spitz zulaufende Nase, die runde Brille und die zu einem Dutt gelegten Haare mit abstehenden kurzen Strähnen.). Die Stereotypisierung der Tierkarikaturen ist durch die langjährige Serienproduktion und die damit verbundene, gesteuerte Erwartung der Konsumenten bedingt.

Bezeichnend für die Animal strips ist die Tatsache, daß die Tierfiguren in einer unverzerrt, realistisch gezeichneten Umwelt auftreten (vgl. z. B. die idyllische Darstellung von Oma Eusebias Haus, in Fix und Foxi, erstes Bild).

b) Die *Bildzeichen* — z. B. kleine Wolken unter dem linken Fuß Lupos, in Fix und Foxi, drittes Bild — haben eine durch Konvention in langjähriger Serienherstellung festgelegte Bedeutung. Der Konsument kann sic aufgrund seiner Leseerfahrungen oder mit Hilfe des Bildkontextes ohne Mühe verstehen. Sie relativieren den durch die Bildererzählung unumgänglichen Eindruck der Statik festgehaltener Handlungsmomente. Die kleinen Wolken bezeichnen in dem genannten Bild die Geschwindigkeit, mit der Lupo auf der Flucht vor Oma Eusebia heranbraust. Bildzeichen können jedoch auch die jeweilige Verfassung einer Figur anzeigen. So etwa in Fix und Foxi, Bild 14 und 15: aufsteigende, größer werdende Kreislinien, Sternchen in der Kreisbahn und kleine Kugeln mit einem Strahlenkranz = Benommenheit Lupos. Ein aufschlußreiches Beispiel für diese Funktion der Bildzeichen enthält Bild 18 des Goofy-Textes: eine kleine, aufleuchtende Glühbirne über dem Kopf Goofys. Es handelt sich um die zeichnerisch-graphische Wiedergabe der bekannten Redewendung „ihm geht ein Licht auf".

4.3. *Die sprachlichen Konstituenten*

a) Die *Eigennamen in den Titeln* „Fix und Foxi" sowie „Goofy" werden durch das Layout hervorgehoben. Dadurch betont der Texter ihre Signalfunktion. Sie verweisen auf die handelnden Hauptfiguren und deuten gleichzeitig die Zugehörigkeit der folgenden Geschichte zu der gleichnamigen Serie an. Die Eigennamen richten die Erwartung des Konsumenten auf einen Animal strip aus.

b) Die *Sprechblasentexte* verdeutlichen in den Einzelbildern den Ablauf des erzählten Geschehens. Sie liefern häufig Zusatzinformationen, da die Bilder nicht alle Details mitteilen können, die zum vollen Verständnis des dargestellten Handlungsmomentes nötig sind:
Vgl. z. B. Fix und Foxi — 1. Bild — erst durch den Sprechblasentext „Uff! Das dürften genug Gläser sein für Omas Einkochwut!" erfährt der Konsument, was Fix und Foxi auf ihrem Wagen haben. Diese Mitteilung kann er aus dem Bild allein nicht entnehmen. Sie ist für das Verständnis der „Pointe" von grundlegender Bedeutung.
Vgl. auch Goofy — 5. Bild — der Sprechblasentext enthält die Information, warum auf der Leinwand Goofys nichts zu sehen ist, obwohl er sich beim Malen alle Mühe gibt „Das ist's ja! Ich mal', und mal', und man sieht nichts, weil alles weiß ist. Die Leinwand und die Farben!".

Die verschiedenartige *Umrandung* und das *Layout der Sprechblasen* kennzeichnen die Sprechweise der Figuren. Sie erfüllen die Funktion, die den Begleitsätzen bei der Verwendung wörtlicher Rede in Erzählungen mit sprachlichen Zeichen zukommt (z. B. er sagte, er schrie . . . = Inquitformel):

glatte Umrandung der Sprechblase } = normales, unauffälliges Sprechen

blitzähnlich gezacktes und spitz zulaufendes Ende der Sprechblase	= Heftigkeit des Ausrufes (vgl. z. B. Fix und Foxi — Bild 6 „Warte nur! Mir entkommst du nicht!“)
wolkenähnliche Umrandung der Sprechblase und zu ihr aufsteigende Bläschen über dem Kopf der Figur	= die Aussage wird nicht gesprochen, sondern nur gedacht (vgl. Fix und Foxi — 12. Bild „Na, wenigstens fällt Lupo nicht aus der Rolle!“ Goofy — 1. Bild „Hm, es wird und wird nichts!“)
Layout — fettgedruckte Buchstaben	= Lautstärke (vgl. Fix und Foxi, Bild 2: „Hiergeblieben, du verfressener Lümmel! Du bekommst 'ne saftige Abreibung!“ und Goofy, Bild 14: „Hilfe! Hilfe!“).

Umrandung und Layout der Sprechblasen zeigen dem Konsumenten zugleich an, ob es sich bei der wiedergegebenen Rede um kurze Dialoge, Ausrufe, Monologe oder nur gedachte Aussagen handelt.

c) Die *lautmalenden Sprachzeichen,* so z. B. in dem Goofy-Text, 4. Bild „Schlidder“ und 13. Bild „Kracks!“, verdeutlichen die Vorgänge und Bewegungsabläufe, die in den einzelnen Bildern dargestellt werden. Sie sollen den Eindruck des mit nichtsprachlichen Mitteln Erzählten intensivieren (vgl. in diesem Zusammenhang auch das Layout — Fettdruck). Häufig wird die Wirkung der lautmalenden Sprachzeichen durch graphische Mittel, z. B. Längsstriche (speed lines) bei dem Ausdruck „Schlidder“ und hinter der über das Eis gleitenden Figur verstärkt. Sie zeigen die Geschwindigkeit der Bewegung an.

d) *Die Interpunktionszeichen* über den Köpfen der Figuren haben ähnliche Funktionen wie die Sprechblasen zu erfüllen. (So z. B. Fix und Foxi, 2. Bild: das Fragezeichen signalisiert die Ratlosigkeit der beiden Figuren.)

5. Fix und Foxi — Ein Sack voll Scherben (A 1)

5.1. *Lernziele*

a) die Schüler stellen das Übergewicht der nichtsprachlichen Konstituente fest und gliedern die Bildsequenz in Erzählabschnitte;

b) sie bestimmen den komischen Höhepunkt der Geschichte und isolieren die entsprechenden Bilder;

c) sie entdecken die Technik der Reduktion, indem sie die Vorgänge beschreiben, die in den Fugen zwischen bestimmten Bildern ablaufen;

d) sie erfassen die funktionalen Wechselbeziehungen zwischen nichtsprachlichen und sprachlichen Konstituenten;

e) sie untersuchen, mit welchen Mitteln die komische Wirkung des Textes zustande kommt.

5.2. *Analyse von Thematik und Erzähltechnik*

Der Verfasser dieses Comic strips verwendet einen simplen Witz (Kalauer), der in zahlreichen, landschaftsbezogenen Varianten belegt ist:
Zwei Landstreicher wollen die Grenze zwischen Deutschland und der Schweiz überqueren. Nur einer der beiden hat einen gültigen Reisepaß. Als die Zollstation in Sicht kommt, steckt der Paßbesitzer seinen Kumpel in einen Sack und trägt ihn bis zur Grenzschranke. Dort muß er erklären, was in dem Sack ist. „Glaswaren“, sagt er zu dem Zollbeamten. Der schlägt mit einem Stock auf

den Sack, um die Aussage des Landstreichers zu überprüfen. Da schreit der in dem Sack steckende Mann: „Klirr! Klirr!“

In den Fix-und-Foxi-Comic wurde nur der Schlußteil des Witzes übernommen. Dabei tritt der Verfasser die Pointe förmlich breit. Oma Eusebia drischt auf den Sack ein (vgl. Bild 10, 11 und 12). Sie zerschlägt die vermeintlich in dem Sack steckenden Gläser. Auch die Sprechblasentexte in Bild 11 und 12 sind ein Zeichen für die Vergröberung der Pointe aus der Witzvorlage: „Tschirr! Klonks! ... Klirr! Tsching! Schepper!“. Die letzten Bilder (13, 14 und 15) stellen die dem Konsumenten bereits bekannte Wirkung der Schläge auf Lupo dar. Dadurch wird die Pointe der Kalauervorlage erklärend erweitert und letztlich um ihre Wirkung gebracht.

Da die Bildsequenz die umfangreichste Konstituente des Textes ist, dominiert in dem Comic strip die Situationskomik. Sie wird auf folgende Weise konstituiert:

1. durch stereotypisierten Tierkarikaturen (vgl. dazu 4.2., S. 82),

2. durch die Umkehrung realer Verhaltensweisen der Figuren — Lupo, der große Kerl hat Angst vor der im Vergleich zu ihm sicher schwächeren Oma Eusebia,

3. durch die — wenn auch breitgetretene — Pointe.

Die Sprechblasentexte des Comic strips enthalten zahlreiche umgangssprachliche Vokabeln und Wendungen. Sie verstärken die intendierte komische Wirkung der nichtsprachlichen Konstituente, vor allem, wenn sie Oma Eusebia gebraucht, z. B. „... du verfressener Lümmel! Du bekommst ’ne saftige Abreibung! ... Es geht um Kuchenklau Lupo! ... Wenn da nicht Lupo drin steckt, heiße ich Agathe!“. Weitere Belege für die komisch wirkende Verwendung der Umgangssprache in den Sprechblasentexten der anderen Figuren sind: „Lupos Hand ist wohl versehentlich mal wieder auf der Kuchenplatte ausgerutscht?! ... Trödelfritze ... Au weia — den hat’s ganz schön erwischt!“.

5.4. *Methodische Hinweise*

5.5. Bei der Textanalyse im Unterricht werden die bekannten Verfahren wechselnd angewendet: Klassengespräch, Gruppenarbeit und Lösung der gestellten Aufgaben.

5.6. Der 1. Arbeitsschritt verläuft in zwei Phasen:

a) Die Schüler „lesen“ den Comic strip still. Dies ist die aufgrund des Übergewichts der Bildsequenz selbstverständliche Art des Umgangs mit solchen Texten;

b) sie stellen im Klassengespräch fest, aus welchen Bestandteilen der Text besteht. Das Ergebnis dieser Bestandsaufnahme kann an der Tafel notiert werden —: der Comic strip besteht aus der erzählenden Bildreihe (strip), den Sprechblasen, lautmalenden Ausdrücken und Bildzeichen.

Der Abschluß der Bestandsaufnahme bildet ein quantitativer Vergleich der Textkonstituenten, um das Hauptmerkmal der Comic strips, das Überwiegen der Bildsequenz, zu bestimmen.

5.7. Im 2. Arbeitsschritt lösen die Schüler folgende Aufgaben: Welche Bilder des Textes kannst du zu Abschnitten der Erzählung zusammenfassen? Begründe deine Lösung. Die Geschichte hat einen komischen Höhepunkt. In wieviel Bildern wird er dargestellt?

Auf den Bildern werden nicht alle Einzelheiten der erzählten Handlung dargestellt. Manches spielt sich in den Fugen zwischen den Bildern ab. Beschreibe, was zwischen Bild 4 und 5 sowie zwischen Bild 6 und 7 geschieht.

5.8. Während des 3. Arbeitsschrittes untersuchen die Schüler im Klassengespräch:

a) die Sprechblasen: Gestaltung von Umrandung und Layout, Art der wiedergegebenen Rede, Gespräch (Dialog), Ausruf, Selbstgespräch (Monolog), Selbstgespräch in Gedanken;

b) die lautmalenden Sprachzeichen: Funktion, Layout und ergänzende, graphische Darstellungsmittel;

c) die Interpunktionszeichen; d) die Bildzeichen.

5.9. Zu Beginn des 4. Arbeitsschrittes erzählt der Lehrer den Witz, der als Vorlage für den Comic strip verwendet wurde. Die Schüler vergleichen die beiden Texte miteinander. Die Ergebnisse werden im Klassengespräch sortiert und an der Tafel knapp zusammen gefaßt.

5.10. Der letzte, 5. Arbeitsschritt, dürfte einige Schwierigkeiten für die Schüler dieser Altersstufe enthalten. Er steht unter der Leitfrage: „Wie kommt die komische Wirkung des Comic strips zustande?“ — Die Schüler beschreiben im Klassengespräch die karikierend dargestellten Figuren „Lupo“ und „Oma Eusebia“ (vgl. dazu Sachanalyse 4.2. S. 82). Dann werden sie angeleitet, die Umkehrung der realen Verhaltensweisen in der Beziehung von Lupo und Oma Eusebia zu erfassen (vgl. dazu Sachanalyse 4.2., S. 84). Die Sprechblasentexte in Bild 2 und 3 geben die für die Analyse hilfreichen Informationen. Im Rückgriff auf die Ergebnisse des 4. Arbeitsschrittes (Tafelanschrieb) wird die Situationskomik der breitangelegten Pointe des Comics beschrieben. Den Abschluß des Klassengesprächs im Zusammenhang des letzten Arbeitsschrittes bildet die Untersuchung der komischen Wirkung, die durch die Verwendung der Umgangssprache zustande kommt.

6. Goffy — Dünnes Eis (A 2)

6.1. *Lernziele*

a) die Schüler wenden ihre Kenntnisse von Machart und Konstituentenzusammenhang eines Comic strips in neuem thematischem Zusammenhang an;
b) sie untersuchen die Handlungsführung und stellen sie in einem Diagramm dar;
c) sie erkennen die episch-informativen Einschübe und ihre Funktion im Erzählzusammenhang;
d) sie vergleichen einige Figuren des Goofy- und des Fix-und-Foxi-Textes miteinander und beschreiben die stereotypen Züge der Karikaturen;
e) sie erfassen die Merkmale der Serienproduktion;
f) sie entdecken die lehrhafte Tendenz des Goofy-Textes.

6.2. *Analyse von Thematik und Erzähltechnik*

Der Verfasser verwendet in seinem Text 1. das Hauptmotiv des bekannten, trivialen Kindergedichts „Vom Büblein auf dem Eis“ (Friedrich Güll), 2. die den Schülern wahrscheinlich aus eigenen Malversuchen geläufige Erfahrung, daß man Schnee und Eis mit weißen Farben auf einem weißen Untergrund nicht wiedergeben kann. Er stellt das Hauptmotiv des Kindergedichts in einer Sequenz von 6 Bildern sehr breit dar (vgl. Bild 13 bis 17). Er verändert außerdem den Schluß des Motivs. Die Strafe für den wider besseres Wissen handelnden Goofy bleibt aus (vgl. dazu die entsprechende Stelle der Vorlage „Das Büblein hat getropfet, der Vater hat's geklopfet — zu Haus“).

Im Unterschied zu der linearen, nur durch die Reduktionstechnik verknappten Abfolge der Handlungsmomente in dem Fix-und-Foxi-Comic weist der vorliegende Text folgende Besonderheiten auf:

1. die Bildsequenz wird durch eine Darstellungslücke unterbrochen (vgl. Bild 5 und 6),

2. in das zeitliche Nacheinander der Handlungsmomente werden an zwei Stellen gleichzeitig ablaufende Vorgänge eingeschoben (vgl. Bild 4 und 5 — Bild 9 und 10).

Mit Hilfe der Darstellungslücke rafft der Verfasser die Erzählung. Er zeigt sie durch den *episch-informativen Einschub* „Später ...“ an. Der Einschub nimmt die durch Konvention der Comic-Herstellung festgelegte Stelle, links oben am Bildrand, ein. Er ist durch die streng rechteckige Umrahmung und die besondere Färbung des Untergrundes für die Schrift deutlich von den übrigen sprachlichen Textkonstituenten abgehoben.

Die Parallelvorgänge werden in den Bildern 4 und 5 ohne eigenen Hinweis in zwei nebeneinander dargestellten Handlungsmomenten wiedergegeben. In Bild 10 verweist dagegen der episch-informative Einschub „Gleichzeitig ...“ auf die Parallelität der Vorgänge (vgl. auch hier die Umrandung und die Farbe des Untergrundes).

Da es sich bei dem vorliegenden Text um einen Animal strip handelt, geht die komische Wirkung zunächst von den stereotypisierten Tierkarikaturen aus (vgl. dazu 4.2. a), S. 82). Im Vergleich mit dem Fix-und-Foxi-Comic ist die Situationskomik weniger vordergründig. Der Konsument erfaßt sie im ersten Teil, weil er aus dem Sprechblasentext des 5. Bildes entnehmen kann, daß Goofy zwar den Grund für seine vergeblichen Malversuche nennt, aber keine Konsequenzen daraus zieht (vgl. „Das ist's ja! Ich mal' und mal', und man sieht nichts, weil alles weiß ist. Die Leinwand und die Farben!“). Die situationskomische Wirkung in Bild 14 kommt durch das überdeutlich gezeichnete Gesicht des im Eiswasser steckenden Goofy (Naheinstellung) zustande. Der Konsument weiß, daß Goofy wider besseres Wissen handelte und reagiert auf den „Reinfall“ mit Schadenfreude.

Ein besonderes Merkmal des Textes ist seine lehrhafte Tendenz: Mack und Muck verlassen als folgsame Kinder die gefährliche Eisbahn. — Der unbelehrbare Goofy schliddert übers Eis und bricht ein.

Auch die präzis dargestellte Rettungsaktion mit der flach auf das Eis gelegten Leiter entspricht der lehrhaften Tendenz des Comic strips.

6.4. *Methodische Hinweise*

6.5. Auch in der 2. Phase der Lerneinheit wechseln Klassengespräch, Einzel- und Gruppenarbeit.

6.6. Nachdem die Schüler den Text still „gelesen“ haben, sortieren und benennen sie während des 1. Arbeitsschrittes im Klassengespräch die Konstituenten. Sie wenden ihre Kenntnisse von Machart und Konstituentenzusammenhang der Comic strips an.

6.7. Der 2. Arbeitsschritt gliedert sich wie folgt:

a) die Schüler entwickeln im Klassengespräch ein Diagramm der linearen Handlungsführung am Beispiel des Fix-und-Foxi-Textes. Es wird an der Tafel festgehalten.

Anhand der Ergebnisse des 2. Arbeitsschrittes bei der Analyse des Fix-und-Foxi-Textes (Abschnitte der Erzählung) dürfte das Diagramm rasch zustandekommen.

Vorschlag:

Fix und Foxi bringen die Einmachgläser	Lupo flieht vor Oma Eusebia	Lupo wird in den Sack gesteckt	Oma Eusebia ... ...

b) die Schüler entwickeln nun ein Diagramm zum vorliegenden Text. Sie vergleichen einige Vorschläge. Das endgültig akzeptierte Diagramm wird an der Tafel festgehalten.

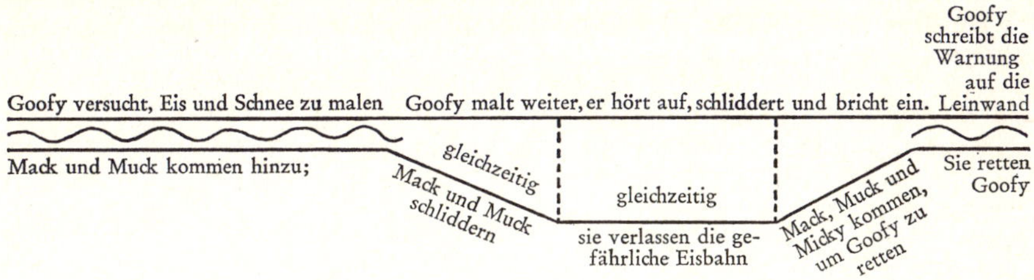

6.8. Es ist anzunehmen, daß die Schüler bei der Beschäftigung mit dem Diagramm die Darstellungslücke in dem Goofy-Text entdeckt haben. Sollte dies nicht der Fall sein, dann gibt der Lehrer den Hinweis, daß der Verfasser des strips bewußt einige Bilder weggelassen hat. Eigenbeobachtung der Schüler oder Hinweis des Lehrers sind die Voraussetzung für den 3. Arbeitsschritt. Die Schüler markieren die Darstellungslücke, fassen kurz zusammen, was sich zwischen dem 5. und 6. Bild abspielt und beschreiben Aussehen sowie Funktion des episch-informativen Einschubs. Das Ziel des 3. Arbeitsschrittes kann in einem kurzen Klassengespräch verhältnismäßig schnell erreicht werden.

6.9. Im Verlauf des 4. Arbeitsschrittes stellen die Schüler fest, wie der Verfasser dem Leser anzeigt, daß die Vorgänge gleichzeitig ablaufen.

6.10. Für den 5. Arbeitsschritt empfiehlt sich das Verfahren der Gruppendiskussion. Die Schüler vergleichen folgende Figuren aus den beiden Texten der Lerneinheit:

Muck und Mack — Fix und Foxi
Goofy — Lupo

Die Aufgabe für die Gruppen kann lauten: Vergleicht die Figurenpaare Muck - Mack — Fix - Foxi und die großen Tiere Goofy - Lupo. Stellt fest, was euch ähnlich zu sein scheint. Beschreibt die Ähnlichkeiten (achtet dabei besonders auf die Köpfe der Figuren)!

6.11. Das folgende Klassengespräch (6. Arbeitsschritt) dient dazu, die Ergebnisse der Gruppenarbeit zu vergleichen. Es führt zu der Frage nach dem Grund für die Ähnlichkeit (Stereotypisierung) der Tierkarikaturen. Der Lehrer kann dabei von den Leseerfahrungen der Schüler ausgehen (Wer kennt andere Fix-und-Foxi- oder Goofy-Comic strips? Sehen die Tierkarikaturen dort ähnlich aus?), oder den Hinweis auf die Beliebtheit der beiden Serien geben (vgl. dazu Anmerkung 1, S. 79). Im Gespräch wird dann geklärt, was Serienproduktion ist und daß durch die fortgesetzte Produktion immer neuer Fix-und-Foxi- oder Goofy-Geschichten die Erwartung der Konsumenten erfüllt sowie der Anreiz zu weiterem Konsum geschaffen wird.

6.12. Im letzten Arbeitsschritt erfassen die Schüler, daß der Comic strip eine Lehre und eine Auskunft enthält. Sie notieren Lehre und Auskunft in Stichwörtern.

Schaaf

GRUNDKURS ERZÄHLUNGEN

1. Textfolge

A	1. Hans Bender: Ein Bär wächst bis zum Dach 2. Rudolf E. Raspe: Münchhausen 3. Johann P. Hebel: Der kluge Richter	B	1. Selma Lagerlöf: Die Wölfe von Sonfjället 2. Unbekannter Verfasser: Wer nicht mag, muß nicht zuhören 3. Jeremias Gotthelf: Das Testament
C[1]	1. Michail Sostschenko: Grischka, der Schelm		2. Jerome K. Jerome: Onkel Podger klopft einen Nagel in die Wand
C[2]	1. Unbekannter Verfasser: Die Schildbürger		2. Unbekannter Verfasser: Chelmergeschichten

2. Lernziele

Die Schüler lernen:

a) die folgenden Formtypen der Erzählung
   — realistische Erzählung
   — Lügengeschichte
   — Kalendergeschichte
   — schwankhafte und satirische Erzählung
   nach Merkmalen zu beschreiben und zu unterscheiden;

b) die für die einzelnen Typen charakteristischen Merkmale zu erfassen und deren Bauelemente zu isolieren;

c) inhaltliche Bezüge zwischen den Erzählungen zu erfassen und zu verbalisieren;

d) über die Inhalte (Meinungen, Standpunkte, Weltsichten) zu diskutieren und diese unter Berücksichtigung der biographischen und historischen Kontexte zu eigenen Ansichten und Standpunkten in Beziehung zu setzen;

e) die „Fabel“ als Geschehensfolge zu erfassen, die vom Autor entsprechend seiner Darstellungsabsicht gesetzt wird;

f) verschiedene Möglichkeiten des Erzähleingangs und -schlusses zu unterscheiden sowie Spannungstechniken und Wendepunkte in Erzählungen zu erfassen;

g) die Fiktionalität der dargestellten Realität zu durchschauen und in ersten Ansätzen unterschiedliche Darstellungsabsichten zu unterscheiden;

h) die durch den Adressatenkreis (Leser, Publikum, Gesellschaftsschicht) bedingten inhaltlichen und formalen Besonderheiten der Texte (Stoffe und Adressateneinstellung) zu beschreiben und zu analysieren;
i) Arbeitstechniken für die Inhaltswiedergabe.

3. Didaktische Begründung

Der Begriff Erzählung wird hier als ein Arbeits- und Sammelbegriff verwendet, mit dem episch-erzählende Texte kürzerer Reichweite erfaßt und im Hinblick auf die didaktischen Intentionen des Kurses zusammengefaßt werden. Insgesamt werden in diesem Kurs 5 unterscheidbare Formtypen erzählender Epik vorgestellt und nach hervorstechenden Merkmalen beschrieben und unterschieden. Im Rahmen dieses Curriculum-Elements werden vom 7. bis 10. Schuljahr Anekdote, Kurzgeschichte, Novelle und Roman ausgegliedert und nach Merkmalen und historisch-biografischen Entwicklungen beschrieben. Dem Aufbau nach unterscheidet sich dieser Kurs von andern durch folgende Elemente:

a) Die vorgegebene Textkombination faßt Texte unterschiedlicher Erzähltypen so zusammen, daß jeweils A-Text und B-Text bzw. C^1-Text und C^2-Text miteinander korrespondieren. Durch diese Bündelung unterschiedlicher Erzähltypen wird das Unterscheidungs- und Beschreibungsvermögen der Schüler von Textfolge zu Textfolge differenziert, zugleich aber wird der Schüler über den Parallelfall zu exemplarischem Erkennen befähigt.

b) Der Kurs weist zwei C-Elemente auf, so daß der Lehrer im Rahmen der schwankhaften und satirischen Erzähltypen je nach Individuallage der Klasse zusätzlich akzentuieren bzw. auswählen kann.

c) Der Kurs zielt auf das Erschließen der für jeden Formtyp kennzeichnenden Merkmale, will aber zugleich diese übersteigende, allgemeine Analyse-Elemente wie Darstellungsabsicht, Adressateneinstellung, Motive im Rahmen einer literarischen Tradition, Aufbautechniken u. a. mehr verfügbar machen.

In Übereinstimmung mit den didaktischen Intentionen der übrigen Kurse werden Arbeits- und Analysetechniken eingeübt, die für alle Textsorten mit einem Transfer verbunden sind.

Die Abfolge und die Verknüpfung der A-Texte und der B-Texte garantiert jeweils Differenzierungen innerhalb des gleichen Formtyps und die Erweiterung des Wissens bzw. die Differenzierung der Beschreibungstechniken.

A 1 (Hans Bender: Ein Bär wächst bis zum Dach) und B 1 (Selma Lagerlöf: Die Wölfe von Sonfjället) gehören zum Formtyp der realistischen Erzählung. Beide Autoren bemühen sich darum, einen Einzelfall möglichst glaubwürdig und wirklichkeitsentsprechend zu erzählen, obgleich sie damit zugleich die Vermittlung einer Lebenserfahrung an jugendliche Leser bzw. eine bestimmte Adressatengruppe (speziell bei Lagerlöf) beabsichtigen. Die Reflexion auf die Fiktionalität ist für die Behandlung beider Texte nicht erforderlich, aus diesem Grunde wurden sie an den Anfang des Kurses gestellt.

A 2 (Münchhausen) und B 2 (Wer nicht mag, muß nicht zuhören) kontrastieren gerade in diesem Punkt mit den beiden vorangehenden Texten. Daß Erzählungen insgesamt zur fiktionalen Literatur gehören und sehr wohl zu unterscheiden sind von dem, was man gewöhnlich zur „Erzählung“ rechnet, nämlich die interessante Wiedergabe von wirklich Vorgefallenem, das läßt sich am Extremfall der Lügengeschichte modellhaft verdeutlichen. Sie erhebt in keiner Phase des Geschehens den Anspruch, wirklich geschehen zu sein, und dennoch fasziniert sie den Leser nicht weniger und potenziert das Vergnügen am unmittelbaren Geschehen.

Davon zu unterscheiden ist die dritte Gruppe: die der lehrhaft-parabolischen Texte und die schwankhaft-satirischen Texte, die in den Narrengeschichten ein Höchstmaß an satirischer Transparenz gewinnen.
A 3 (Hebel: Der kluge Richter) gehört zum Erzähltypus der lehrhaft-parabolischen Kalendergeschichten. Der Autor stellt es dem Leser frei, die Begebenheit für wirklich geschehen zu halten oder nicht („soll sich ... zugetragen haben"). Ihm kommt es hauptsächlich darauf an, seiner Lehre (verkörpert in zwei Sprichwörtern) durch ein eindruckvolles (unterhaltsames und spannendes) Beispiel Überzeugungskraft zu verleihen.
B 3 (Gotthelf: Das Testament) ist als Kalendergeschichte im Gegensatz zu A 3 nur indirekt lehrhaft. Der Leser hat die Aufgabe, hinter dem schwankhaft erzählten Beispiel eines Erbfalles die satirische Tendenz (Entlarvung skrupelloser Eigensucht) selbst zu entdecken und sich mit der wahren Meinung des Autors zu identifizieren.
In C^1 werden mit Sostschenkos „Grischka, der Schelm" und Jeromes „Onkel Podger" zwei Schelmengeschichten mit gegensätzlichem Heldentyp kontrastiert. Während Sostschenkos Grischka die Schwächen der Leute aufdeckt, indem er sie an der Nase herumführt, ist Onkel Podger ganz und gar ein unfreiwilliger Schelm, ein Narr, dem nichts gelingt, ein moderner Don Quichote, der durch sein Pech und Scheitern Kritik und satirische Aufmerksamkeit hervorbringt.
C^2 (Die Schildbürger; Chelmergeschichten) sind Narrengeschichten, eine Sonderform schwankhafter Erzählungen mit ebenfalls langer Tradition. Während im typischen Schwank eine (von Stand und Situation her) unterlegene Figur sich durch einen Streich (vorübergehend) in die Rolle des Überlegenen aufschwingt, spielen die Schildbürger und ihresgleichen gleichsam dauernd sich selbst Streiche, indem sie mit innerer Folgerichtigkeit die Vernunft auf den Kopf stellen. Von den Chelmergeschichten entspricht nur die erste dem Charakter der Schildbürger, während die zwei andern von Narren anderer Art handeln.

4. Einzelanalysen

4.1. Hans Bender: Ein Bär wächst bis zum Dach (A 1)

4.1.1. *Lernziele*

Die Schüler lernen:

a) den Inhalt der Geschichte, nämlich den Konflikt der Jungen, der aus dem Diebstahl entsteht, in seinen wesentlichen Punkten zu erfassen und wiederzugeben;

b) für eine Diskussion über diesen Konflikt und seine Lösung nach einem vorgegebenen Schema einen Stichwortzettel anzufertigen;

c) den Aufbau des Textes zu beschreiben und die wichtigsten Handlungsabschnitte zu identifizieren und nach übergeordneten Elementen zu gruppieren;

d) die im Textteil 1 und 3 verwendeten Elemente der Kriminalgeschichte zu erfassen und den Wärter als verknüpfende Figur zu erkennen;

e) den Wendepunkt der Geschichte zu bestimmen und zu erklären, warum der Autor die Überschrift „Ein Bär wächst bis zum Dach" gewählt hat;

f) über die Erfahrung der Jungen zu diskutieren und zu erkennen, daß der Autor aus dem Kriminalstoff eine Lausbubengeschichte mit lehrhafter Absicht gemacht hat.

4.1.2. *Sachanalyse*

Kennzeichnend für die inhaltlichen und formalen Strukturen dieses Textes sind diejenigen Elemente, die der Lausbuben- und der Kriminalgeschichte entlehnt sind. Dem Stoff nach handelt es sich hier um eine Kriminalgeschichte, dadurch aber, daß sie zur Darstellung einer Lebenserfahrung verwendet wird, die Jugendliche machen, wird das kriminalistische Genre bewußt überwunden.

Dieser Darstellungsabsicht entspricht der Textaufbau. Der Textteil 1 umfaßt die Ermittlungen (als Einblendung gegeben), die Fahndung nach Puh und den Tätern und ihre Erfolglosigkeit. Er macht mit dem Diebstahl aus Übermut und den Tätern bekannt. Textteil 2 (Z 27—125) zeigt die Folgen dieser Tat, wobei der Wendepunkt der Geschichte mit dem Höhepunkt der Entfremdung zwischen dem als Spielgefährten betrachteten Puh und den Jungen zusammenfällt. Textteil 3 umfaßt eine Reihe von komisch pointierten und humorvoll wiedergegebenen Episoden, die zum Happy-End führen.

Charakteristisch für die Geschichte ist außerdem die thematisch ausgerichtete Signalfunktion der Überschrift. Da sie Unwahrscheinliches beinhaltet, läßt sie unmittelbar aufhorchen. Sie ist in leicht geänderter Form der Erzählung entnommen und markiert den Wendepunkt der Lausbubengeschichte. Puh, der nach den Phasen des Spiels sein wahres Wesen gezeigt hat, wächst in der Phantasie der Jungen bis zum Dach und wird damit zum Symbol ihrer Angst und des durch Unbedachtheit veranlaßten Konflikts. Am Ende der Handlung sind die Jungen froh, daß Puh wieder im Zoo ist und wie in einer Wiege bei seiner Mutter liegt und der Tierwärter gute Miene zum bösen Spiel macht.

4.1.3. *Didaktische Überlegungen*

Durch die Ereignisse und die Handlungsträger dieser Erzählung werden Schüler der angesprochenen Altersstufe unmittelbar motiviert, da sie sich mit den vorgegebenen Rollen und dem Rollenverhalten der Jugendlichen identifizieren können. Im Unterschied dazu erfordern die Diskussion über die Inhalte und die Analyse bestimmter formaler Elemente des Textes distanzierende Texteinstellung. Im wesentlichen sind es drei intellektuelle Tätigkeiten, die durchgeführt und gezielt zur Ausbildung der literarischen Kommunikationsfähigkeit eingeübt werden:

a) Über das Lernziel a) wird die Fähigkeit entwickelt, aus einer Vielzahl semantisch und syntaktisch verschlüsselter Informationen das Wesentliche zu erfassen und zu verstehen. Das Verstehen der verbalen Mitteilungen und ihre Verarbeitung erfolgen durch die berichtende Wiedergabe des Handlungsinhalts, durch das Anfertigen eines Stichwortzettels und durch die Diskussion in der Klasse. Für die Durchführung solcher Textoperationen ist die Fähigkeit zu entwickeln, Texte nach übergeordneten Gesichtspunkten analysieren und diese gliedern zu können. Für diesen Text genügen zwei Gesichtspunkte: die Schüler müssen erkennen, daß es sich hier um einen Diebstahl aus Übermut handelt, dieser unbedachte Schritt aber mit Folgen verbunden ist, die für die Jungen nicht zu übersehen waren und nun Entscheidungen von ihnen abverlangen.

b) Die Lernziele b), e) und f) zielen darauf ab, Kriterien verfügbar zu machen, die für die Beurteilung von Interaktionen der genannten Art benötigt werden. Fragen wie die folgenden: Warum sich das Verhalten der Jungen nach den Ferien geändert hat, wie die Tat der Jungen zu beurteilen ist oder was von der „Lösung“, die Manfred gewählt hat, zu halten ist, stimulieren die Schüler zur Reflexion auf den Inhalt und die vom Autor in die Jungengeschichte verlegte Darstellungsabsicht. Dabei ist die Einsicht, daß in der Gesellschaft Eigentum geschützt wird, nicht weniger wichtig als die Erkenntnis, daß die Jungen

die eigengesetztliche Welt des Tieres nicht beachtet haben und die Entfremdung zwischen Puh und den Jungen zwangsläufig eintreten mußte.
c) Die Lernziele c), d) und g) haben im wesentlichen die Analyse des Textaufbaus, die Isolierung der Elemente der Handlung und das Erfassen ihrer Funktion zum Gegenstand. Diese Textoperationen werden hier dadurch erleichtert, daß die Textteile durch signifikante Merkmale (Auftreten des Kommissars) ins Auge fallen oder aber in sich wiederum eine deutliche Gliederung aufweisen. Daß die Handlungsabschnitte 1—4 (vgl. Arbeitsblatt S. 18—19) eine Einheit bilden, insofern sie mit der Tat, den Ermittlungen und der Fahndung bekanntmachen, der Textteil 2 deutlich durch das Zeitgerüst (Verhältnis der Jungen vor und nach den Ferien) untergliedert ist, und daß der Textteil 3 eine komisch-humorvoll angelegte Episodenreihung umfaßt, läßt sich auf dieser Altersstufe ohne Schwierigkeit einsichtig machen. Zentrale Gesichtspunkte der Textanalyse sind außerdem die Stationen der Entfremdung und der Wendepunkt. Die Stationen der Entfremdung sollten im Unterrichtsgespräch erschlossen und auf die textimmanenten Steigerungselemente (gerissener Draht, schwarzes Kaninchen als erstes Opfer, sieben rote Risse in Mongos Rücken, das weiße Kaninchen, die Meerschweinchen als weitere Opfer, Verringerung der zeitlichen Abstände) hin untersucht werden. Der Ausruf „der (Bär) wächst bis zum Dach" und der zentrale Satz „und sie wagten nicht mehr, mit ihm zu spielen" lassen sich relativ leicht nach diesen Untersuchungen als Wendepunkt erfassen.
Diese Analysen zielen darauf ab, den Schüler zum Wahrnehmen von Gliederungsformen zu befähigen, um dadurch das Finden von übergeordneten Gesichtspunkten zum Erfassen verbaler Mitteilungen zu erleichtern. Vorbereitend soll damit der Blick auf die in einer Fabel bereits konkretisierte Darstellungsabsicht ausgerichtet werden.

4.1.4. *Methodische Hinweise*

Wie schon die Lernziele nahelegen, sollte ein gestuftes methodisches Verfahren gewählt werden, wobei unterschiedliche Sozialformen (Einzel-, Partner- oder Gruppenarbeit, erschließendes Unterrichtsgespräch, Diskussion) für die unterscheidbaren Lernzielgruppen in Frage kämen. Abhängig ist diese Entscheidung vom Zeitpunkt der Textbehandlung und der Stellung des Kurses in der Jahresgesamtplanung. Davon hängt natürlich auch ab, ob vorbereitende Arbeiten mit dem Arbeitsblatt vorgesehen werden.
Die Lernziele lassen sich auf Grund der thematisch-inhaltlichen Akzentuierung der Lernziele a) und b), der textanalytischen Verfahren der Lernziele c), d) und e) und der Ausrichtung der Tätigkeit des Schülers auf die Darstellungsabsicht des Autors in f) in drei Gruppen gliedern.
Für die Bearbeitung der Gruppe 1 (Lernziele a und b) sind in den Arbeitsblättern zwei vorbereitende Lernschritte vorgesehen, wobei durch die vorgegebenen Fragen sowohl die vorbereitende Arbeit, die durchzuführenden Operationen als auch die Diskussion in der Klasse gesteuert werden soll. Denkbar ist, daß nach dem ersten Bekanntmachen mit dem Text (Vorlesen durch Lehrer oder Schüler) und einem stillen Nachlesen sich unmittelbar ein Unterrichtsgespräch anschließt, in dem die Lernschritte 1.—1.2. einschließlich Diskussion durchgeführt werden. Bedacht werden sollte aber: das schriftliche Fixieren wesentlicher Inhalte von Texten und das Aufschreiben von Gesichtspunkten, die sich auf die Beurteilung der Inhalte beziehen, kann nicht früh genug und oft genug erfolgen.
Die Lernzielgruppe 2 (Lernziel c, d und e) macht weitere stille und intensive Textbeschäftigung notwendig. Das Arbeitsblatt gibt Denk- und Arbeitshilfen, indem die Handlungsabschnitte vorgegeben werden, zum andern mittels der

Beschreibung der Merkmale des Wendepunkts, durch die die unter 2.2. vorgesehene Such- und Identifizierungstätigkeit erleichtert wird. Bei der Auswertung der Ergebnisse zu 2.1. sollte im Unterrichtsgespräch die Zuordnung der Handlungsabschnitte zu den 3 Textteilen erfolgen. Das Ergebnis könnte entweder an der Tafel oder durch die Anbringung einer zusätzlichen Spalte (neben „Zeile") Textteile erfolgen. Entsprechend den didaktischen Überlegungen unter c) sollten die in 2.2. b) und c) vorgesehenen Überlegungen dazu verwendet werden, die beiden Phasen in der Darstellung der Folgen des Diebstahls genauer zu analysieren und neben dem Wendepunkt erzähltechnische Möglichkeiten der Steigerung (erste Andeutungen für die Veränderung der Einstellung zu Puh, Wiederholungen und Verstärkungen) zu isolieren und bewußtzumachen.
Mit dem 3. Lernschritt soll auf die Darstellungsabsicht des Autors reflektiert werden. Der Schüler wird bei der Bearbeitung von 3.0. auf die Diskussionsergebnisse zurückgreifen; das schadet nichts, ja, solche Rückgriffe auf früher gefundene Ergebnisse sind für den Lernprozeß entscheidend, da sie bleibende Einsichten ermöglichen und die Ausbildung von Denkstrategien fördern. Die Ergebnisüberprüfung sollte dazu verwendet werden, auf das Happy-End und den kriminalistischen Rahmen (Kommissar, Polizist, Wärter) zu reflektieren, damit die Schüler erkennen, wie der Autor hier einen kriminalistischen Stoff (Diebstahl) mit lehrhaften Zwecken verbindet und eine unterhaltsam-lehrhafte Lausbubengeschichte daraus macht.

Bauer

4.2. Rudolf Erich Raspe: Wunderbare Reisen zu Wasser und zu Lande, Feldzüge und lustige Abenteuer des Freiherrn von Münchhausen (A 2)

4.2.1. *Lernziele*

a) die Schüler erfassen die Lügengeschichte als Typ einer Erzählung, indem sie die *Hauptmerkmale* isolieren:
— die Lüge als Mittel der Übertreibung und Steigerung ins Unwahrscheinliche und Unmögliche,
— die Absicht des Erzählers, zu unterhalten und Großsprecherei zu verspotten;

b) sie lernen die folgenden formalen Elemente an den verschiedenen Episoden zu unterscheiden und zu isolieren
— Icherzähler
— Kettentechnik und Episodenreihung als Elemente des Aufbaus der Geschichten
— Einbeziehung des Lesers bzw. Zuhörers, rhetorische Fragen und Verzögerungen im Handlungsgeschehen als Möglichkeiten zur Spannungssteigerung
— Motive, Komik und Perspektivenwechsel;

c) sie erfinden Lügengeschichten, wozu ihnen folgende Hinweise gegeben werden:
— die Lüge muß ins Unwahrscheinliche und Unmögliche reichen, damit die Absicht des Erzählers durchschaut wird,
— die Lügengeschichte muß spannend und komisch sein.

4.2.2. *Sachanalyse*

1. Zum ersten Mal erschienen Münchhausengeschichten 1781 in dem Berliner Anekdoten- und Witzblatt „Vademecum für lustige Leute". Die Lügengeschichten gehen auf Erzählungen zurück, die der in Bodenwerder lebende Junker Baron Hieronymus von Münchhausen (1720—1797) bei seinen zahlreichen Jagdgesellschaften zum besten gab.

Rudolf Erich Raspe übertrug die Geschichten 1785 ins Englische. Er hatte damit so großen Erfolg, daß er den Jagd- und Kriegsabenteuern in späteren Auflagen noch Seeabenteuer hinzufügte. Der Dichter Gottfried August Bürger besorgte 1786 eine deutsche Rückübersetzung. 1788 erschien die zweite Auflage, aus der vier Abenteuer für das Lesebuch ausgewählt wurden. Die Forschung hat nachgewiesen, daß es Urformen und Motivquellen zu fast sämtlichen Münchhausengeschichten in den Volksbüchern des 16. Jahrhunderts und bei Heinrich Bebel (1472—1518), Hans Wilhelm Kirchhoff (etwa 1525—1603) und Abraham a Santa Clara (1644—1709) gibt[1].

2. Münchhausengeschichten gehören zum Typ der Lügengeschichte. In ihr wird durch Übertreibung bis ins Unwahrscheinliche und Unmögliche hinein eine irreale Welt vorgestellt. Der Zuhörer von Lügengeschichten weiß in jedem Moment, daß es sich beim Erzählten um Lügen handelt, es besteht also zwischen Erzähler und Zuhörer eine unausgesprochene Übereinkunft, die man als „augenzwinkerndes Flunkern" bezeichnen könnte.
Eine Lügengeschichte besteht allerdings nicht aus einer bloßen Aneinanderreihung von Unmöglichkeiten. In ihr wird vielmehr Mögliches mit Unmöglichem verknüpft.

3. Die Absicht des Erzählers ist überwiegend unterhaltender Art. Nicht selten ist aber auch eine satirische Nebenabsicht gegeben. Der Erzähler will den Aufschneidern mit ihrem Jägerlatein und den Seeleuten mit ihrem Seemannsgarn eins auswischen, indem er so weit übertreibt, daß auch der Gutgläubigste die Lüge erkennt.

4. Kennzeichnend für den Erzählstil sind: Ich-Form (die hier zur Beglaubigung des Erzählten dient), Anreden (Einbeziehung des Zuhörers in die Phantasiewelt), rhetorische Fragen (Steigerung der Spannung durch Verzögerung der Lösung), Selbstironie des Erzählers, Komik (durch Verknüpfung von Disparatem) und Kettentechnik.

Münchhausen klettert an einer Bohnenranke zum Mond (A 2/1)

1. An diesem Text läßt sich die Kettentechnik gut verfolgen. Die Stationen dieser Episode sind der Türkenkrieg, Gefangenschaft, Bienen auf die Weide treiben, mit der Axt Bären vertreiben, die Axt verlieren, zum Mond klettern, die Axt wiederfinden, vom Mond hinunterklettern, ein Loch in die Erde fallen, sich hinausretten: der Ausgangspunkt ist wieder erreicht, die Episode zu Ende.

2. An drei Stellen steigern rhetorische Fragen die Spannung (Z. 17, 28, 42); sie kennzeichnen Situationen, in denen ein Mensch normalerweise nicht weiterkommt. Münchhausen jedoch weiß sich in allen Fällen zu helfen, er ist der Mensch, der mit jeder Situation fertig wird.

Zweites See-Abenteuer (A 2/2)

1. In dieser Episode hält der Erzähler die Zuhörer dadurch in Spannung, daß er nach dem Stoß des Schiffes gegen etwas, das ihm wie ein Fels vorkam, zunächst in Nebenepisoden die Folgen schildert: 1. die Schäden auf dem Schiff (Z 15—18); 2. das Schicksal des ‚armen Teufels' (Z 18—25); 3. die Folgen beim Schiffsvolk (Z 25—28). Erst nach dieser Verzögerung wird in Z 31 das Rätsel des Zusammenstoßes gelöst.

2. Die Selbstironie des Erzählers wird am Schluß deutlich, wo in einer Art Rückblende die Situation direkt nach dem Zusammenstoß noch einmal ver-

[1] Bürger: Wunderbare Reisen ... Insel-Büch. 7, S. 112 f.

gegenwärtigt wird: Münchhausen rettet das Schiff, indem er das Loch, das der Wal ins Schiff geschlagen hat, mit seinem ‚Liebwertesten' ausfüllt. Indem er auf die Herkunft des ‚Liebwertesten' hinweist, versetzt er seinem Volksstamm einen satirischen Seitenhieb.

Drittes See-Abenteuer (A 2/3)

1. Die Münchhausen-Geschichten übernehmen fast ausnahmslos *Motive* aus früheren Volksbüchern. Hier ist ein Motiv aus der Bibel (Altes Testament, Buch Jonas) entnommen. Während Jonas jedoch im Bauche des Meerungeheuers an seinen Untergang denkt, ist Münchhausen auch im Bauch des Fisches Herr der Situation.

2. Um zu erreichen, daß die Zuhörer ihn bewundern, bedient der Erzähler sich des *Perspektivenwechsels.* Normalerweise sieht der Zuhörer mit den Augen Münchhausens. In Zeile 29—33 hört und sieht der Zuhörer mit den Ohren und Augen der italienischen Kaufleute, die den Bauch des Fisches aufgeschnitten haben.

3. *Genaue Orts- und Zeitangaben* am Anfang (Mittelländisches Meer, Sommernachmittag, unweit Marseille) und am Schluß (dritthalb Stunden in dem Magen der Bestie) gaukeln eine wahre Begebenheit vor und lassen das Unwahrscheinliche am erzählten Ereignis durch den Kontrast noch deutlicher hervortreten.

Zehntes See-Abenteuer/Eine zweite Reise nach dem Monde (A 2/4)

1. Um sich den Anschein von Wahrhaftigkeit zu geben, betont der Erzähler, daß er Gullivers Reisen nur für ein gutes Märchen halte (Z. 10 f.). Da der Zuhörer jedoch weiß, daß die Münchhausen-Geschichten so gut erlogen sind wie Gullivers Reisen, wird mit der Behauptung, jene seien wahr, ein zusätzlicher komischer Effekt erzielt.

2. Weiterhin wird in dieser Episode Komik erzeugt dadurch, daß er lebende Menschen mit Eigenschaften beschreibt, die nur Pflanzen besitzen oder nur bei toten, leblosen Dingen möglich sind (Z. 57—68).
Die Mondmenschen werden wie Roboter beschrieben. Sie erinnern an Figuren der heutigen science-fiction.

3. Auch in dieser Episode versäumt es der Erzähler nicht, satirische Seitenhiebe zu verteilen (Z. 12 f. der Erbonkel, Z. 93—99 Weinpanschen).

4.2.3. *Didaktische Überlegungen*

Lügengeschichten sind bei den Kindern sehr beliebt. Diese Tatsache hat mehrere Gründe:

a) Die Kinder haben in dem Erzähler Münchhausen ein *Identifikationsobjekt.* Da sie um ihre relative Hilflosigkeit und Abhängigkeit von den Erwachsenen wissen, identifizieren sie sich gerne mit Gestalten, die pfiffig, klug, tapfer und stark sind und jede verzwickte Situation meistern.

b) In der Komik und dem Lachen darüber lehnt sich das Kind gegen die aufgezwungene gesellschaftliche Ordnung auf: im Spiel *überschreitet es die Grenzen der Realität und Ordnung,* aber immer im Wissen darum, daß die dargestellte Welt der Lügengeschichte eine irreale Welt ist.

c) Untersuchungen haben ergeben, daß das Lachen von Kindern bis zu 12 Jahren primär ein *Integrationselement*[1] ist .

[1] H. Helmers: Lyrischer Humor, S. 15.

Das heißt: In der Lügengeschichte werden die Ordnungen der Sprache, der Gesellschaft, der realen Welt vorübergehend aufgehoben, aber immer mit dem hintergründigen Wissen, daß diese Aufhebung ‚Lüge' ist. Am Ende vergewissert sich der jugendliche Zuhörer der realen, ihm vorgegebenen Ordnungen und akzeptiert sie.

d) Kinder können sicher schnell erkennen, daß die vorgetragenen *Lügen* nicht der Täuschung dienen, also moralisch zu verwerfen wären, sondern so durchsichtig sind, daß auch der Gutgläubigste das *Augenzwinkern* des Erzählers bemerkt.

e) Die Lügengeschichten könnten die Kinder anregen, selbst mit den unendlichen Möglichkeiten der Sprache und ihrer Phantasie zu spielen, Lügengeschichten zu erfinden und sich eine eigene Phantasiewelt zu schaffen. Kreatives Verhalten könnte dadurch gefördert werden.

4.2.4. *Methodische Hinweise*

Es empfiehlt sich, die vier Münchhausen-Episoden als eine Lerneinheit zu behandeln, wobei für das Lernziel c) je nach der Individuallage der Klasse zusätzliche Unterrichtszeit zur schriftlichen Niederschrift zur Verfügung gestellt werden muß. Denkbar ist natürlich auch, daß nur zwei Episoden behandelt werden oder aber aus Zeitgründen in Gruppen gearbeitet wird. Die Auswertung der Arbeitsergebnisse sollte mit einer Zusammenfassung der Merkmale der Lügengeschichte und dem Vorstellen moderner Münchhausiaden verbunden werden. Die in den Arbeitsblättern vorgesehenen Lernschritte können gegebenenfalls auch als übergeordnete Gesichtspunkte für das erschließende Unterrichtsgespräch verwendet werden. Zeigt sich bei den Schülern nach dem Lesen des Textes das Bedürfnis, zunächst sich über den Inhalt und die beim Lesen gemachten Beobachtungen zu äußern, sollte der Lehrer darauf eingehen und die Arbeitsblätter zur Vertiefung der dabei gemachten Vorerkenntnisse einsetzen.
Vorschläge für die einzelnen Unterrichtsphasen:
a) Ulshöfer empfiehlt in seiner Methodik des DU (1, S. 262), den Anfang einer Münchhausengeschichte zu erzählen und das Ende der Geschichte die Kinder erfinden zu lassen. Später werden die Lösungen mit der Vorlage verglichen und erste Elemente einer guten Lügengeschichte erarbeitet. Man liest oder erzählt am besten die erste Episode bis Zeile 18 („bis die Axt im Mond niederfiel. Wie sollte ich sie nun wiederkriegen?") und läßt die Kinder schriftlich das Ende finden. Anschließend wird die Vorlage vorgelesen. Die Kinder diskutieren, wer die beste Lösung gefunden hat. Begriffe wie „Lügengeschichte", ‚lustig', ‚komisch' und ‚spannend' werden festgehalten.
Dann erhalten die Schüler das *erste Arbeitsblatt,* mit dem sie folgendes lernen sollen:

1. die besondere *Art der Lüge,* die nicht täuschen will, sondern sich als Lüge zu erkennen gibt;

2. die überwiegend *unterhaltende Absicht* des Erzählers, er will nicht aufschneiden, sondern erfreuen;

3. den besonderen *Trick der rhetorischen Fragen,* um den Zuhörer einzubeziehen und die Spannung zu erhöhen.

Nach der Bearbeitung des Arbeitsblattes werden die Ergebnisse gemeinsam besprochen.

b) Bei der Behandlung der zweiten Episode (Zweites See-Abenteuer) soll vor allem die Erzähltechnik der Verzögerung und die Kettentechnik erkannt werden. Mittels des Arbeitsblattes (A 2/2) kann dies relativ schnell geschehen. In einem Diagramm sollen die Schüler die beiden Erzähltechniken veranschaulichen.

c) Bei der Behandlung der dritten Episode sollten

1. die Motivtechnik, 2. der Wechsel in der Perspektive, 3. der Ich-Erzähler, 4. die Elemente der Komik

entsprechend den im Arbeitsblatt vorgesehenen Lernschritten erarbeitet werden.

d) Die vierte Episode könnte vor allem zur Wiederanwendung des Gelernten und damit als abschließende Lernkontrolle innerhalb der gesamten Lerneinheit angesetzt werden. Dies könnte zum einen geschehen durch eine möglichst selbständige Erschließung der vierten Episode und ihrer spezifischen Komik, die im wesentlichen dadurch zustande kommt, daß unterschiedliche und unvereinbare Realitäten miteinander verbunden werden. Menschliche Wesen erhalten beispielsweise pflanzliche Eigenschaften oder sie führen wie Maschinen und Roboter ihr Leben. Zum andern können die Schüler das in der gesamten Lerneinheit Erlernte beim Erfinden eigener Lügengeschichten wiederanwenden. Die im Arbeitsblatt A 2/3 vorgegebenen Gesichtspunkte — die Geschichten müßten so dick aufgetragene Lügen enthalten, daß sie als Lügen durchsichtig werden und sie müßten zur Unterhaltung dienen und darum möglichst spannend und komisch sein — werden nicht bei allen Schülern als Arbeitshilfen ausreichen. Durch die Vorgabe von Wörtern sollten weitere Anregungen gegeben werden (z. B. Regenschirm-Sturm-Tiger-Fernrohr-Löwe-Weltall). Nach der Niederschrift werden die besten Ergebnisse ausgewählt und mit Lügengeschichten aus „Pippi Langstrumpf geht an Bord" oder Lesereinsendungen aus „Hör-zu" anläßlich des 250. Geburtstages des Lügenbarons Münchhausen kurz verglichen.

Aus „Hör-zu":

„Als ich eine Reise durch Amerika unternahm und entgegen meiner Gewohnheit nicht das Pferd, sondern das Flugzeug benutzte, dirigierte ein Schuft die Maschine mit der Pistole nach Kuba um.
Da ich Umwege und Zeitverluste nicht in Kauf nehmen konnte, öffnete ich kurz entschlossen das Fenster, stieg auf die Tragfläche, wartete ein Weilchen, und richtig, da kam auch schon eine Maschine von einer Entführung heim. Ich sprang hinüber und erreichte glücklich und ohne Aufenthalt mein Reiseziel."

„Am Pariser Invalidendom sah ich entsetzt, wie ein Steinmetz auf schwindelnd hohem Gerüst stolperte und abstürzte. Während die Passanten ringsum aufschrien, handelte ich geistesgegenwärtig: Meine Filmkamera reiße ich hoch, visiere den Stürzenden an, schalte blitzschnell auf Zeitlupengang, und — gemächlich sinkt der Steinmetz aufs Straßenpflaster, ohne sich auch nur den kleinen Finger zu verstauchen."

Esch

4.3. Johann Peter Hebel: Der kluge Richter (A 3)

4.3.1. *Lernziele*

a) Die Schüler unterscheiden die beiden Hauptabsichten des Autors:
- — Unterhaltung (er erzählt für die Leser des Badischen Landkalenders eine spannende Geschichte);
- — Belehrung (er will sie zugleich durch ein Beispiel von der Richtigkeit der beiden Sprichwörter „Ehrlich währt am längsten" und „Unrecht schlägt seinen eigenen Herrn" überzeugen).

b) Sie erkennen die Situation vor dem Richter, wo Aussage gegen Aussage steht, als typisch auch für heutige Rechtsfälle.

c) Sie stellen einen Zusammenhang her zwischen der Verlegung der Geschichte ins Morgenland und der Art des Urteils, das nicht auf Gesetze und Beweise, sondern auf die persönliche Menschenkenntnis und Klugheit des Richters gegründet ist.

d) Sie diskutieren den Ausgang der Geschichte („und dabei blieb es") und machen Vorschläge für eine endgültige Lösung des Streitfalles.

e) Sie arbeiten durch einen Vergleich des Textes mit der Vorlage (Arbeitsheft) die besondere Erzählweise des Autors heraus.

f) Sie setzen die Erzählung in ein Rollenspiel um, indem sie
- — die Handlung in Szenen aufteilen,
- — die direkten Reden zu Dialogen erweitern,
- — das Ergebnis im Spiel erproben.

4.3.2. *Sachanalyse*

a) Der erste Satz spielt auf die „Denkwürdigkeiten im Morgenlande" an, vier kürzere Geschichten, die im „Schatzkästlein" an früherer Stelle stehen und von denen die dritte beginnt: „Es ist doch nicht alles so uneben, was die Morgenländer sagen und tun." Hebel hat die Geschichte, wie ein Vergleich mit seiner Vorlage aus dem „Vademecum für lustige Leute" (Arbeitsheft) zeigt, sicherlich nicht ohne Absicht ins Morgenland verlegt. Einmal konnte er so an bereits Bekanntes anknüpfen und mit seinen Lesern schneller ins Gespräch kommen („das haben *wir* schon einmal gehört"); zum andern rückt er die Geschichte dadurch von der gewohnten Rechtsprechung ab und erhebt sie in den Rang eines Musterfalles von parabolischer Bedeutung.

b) Der Richter fällt seinen Spruch in der sicheren Annahme, daß der Reiche lügt und es sich bei den 700 Talern doch um sein Geld handelt. Im Gegensatz zur Vorlage vermeidet es Hebel jedoch, von Schwur und Eid zu sprechen und begnügt sich mit einer „festen und feierlichen Versicherung" (Z. 28) der beiden Prozeßgegner. Ein regelrechter Meineid als Grundlage eines „klugen" Urteils wäre für den christlichen Autor nicht vertretbar gewesen. Die Lösung des Rechtsfalles wird bei ihm zu einer Demonstration sprichwörtlicher Wahrheit, auf die zu vertrauen dem Leser nahegelegt wird („Aber wir sind auch noch nicht am Ende. Ehrlich währt . . ." Z. 18). Allerdings entspricht das Urteil dann gerade nicht der gewöhnlichen Gerichtspraxis, sondern gründet sich auf die ungewöhnliche (sozusagen „morgenländische", märchenhafte) Klugheit und Menschenkenntnis eines einzelnen Richters.

c) Die Veränderungen, die Hebel an der Vorlage vorgenommen hat, betreffen hauptsächlich die Erzählweise. Sein Ziel war es, die ungeübten Leser des Landkalenders durch volkstümliches Erzählen zu fesseln, zugleich aber zu einer für sie ungewohnten Gedankentätigkeit anzuregen. Das gelingt ihm durch Anschaulichkeit einerseits und ständig kommentierendes Begleiten des Lesers andererseits. Wiederholungen (ehrlich, Ehrlichkeit Z. 5, 6, 8, 11, 18, 19, 26, 32), Vorausdeutungen („das wird sich bald zeigen“ Z. 11), Wertungen („und das war schön / Das war nicht schön“ Z. 9, 17) lenken und erleichtern den Lesevorgang und bahnen die gewünschte Erkenntnis an.

4.3.3. *Didaktische Überlegungen*

a) Hebels „Lesestück“ kann auch heute noch jederzeit vom naiven Leser im Sinne des Autors als ein zugleich unterhaltender und belehrender Text rezipiert werden. Gerade deshalb erscheint es bei der Behandlung im Unterricht angebracht, die starke Wirkung, die der Text auf den Leser auszuüben imstande ist, einer Prüfung zu unterziehen und sie mit den Interessen der Schüler zu konfrontieren. Eine fraglose Hinnahme der Behauptung, daß ehrlich am längsten währt (Z. 18), kann wohl in einer pluralistischen und konsumorientierten Gesellschaft nicht mehr erwartet werden (Lernziel a).

b) Der märchenhafte, parabolische Charakter der Geschichte, den Hebel durch die Verlegung der Handlung ins Morgenland noch unterstrichen hat (Lernziel c), ist durch einen Vergleich mit den tatsächlichen Rechtsgepflogenheiten herauszuarbeiten (Lernziel b und d). Ideal und Wirklichkeit müssen deutlich unterschieden werden.

c) Die Erfassung der besonderen Erzählweise des Autors (Lernziel e) darf nicht bei einer formalen Analyse der stilistischen Mittel stehenbleiben, sondern muß mit den Absichten des Autors einerseits und den Wirkungen auf die Leser andererseits in Beziehung gesetzt werden. Die wenigen Aufgaben, die dem Quellentext im Arbeitsheft beigefügt sind, haben lediglich die Funktion, das Vergleichsverfahren in Gang zu setzen. Dem Lehrer bleibt es überlassen, den Vergleich zu differenzieren, wenn die Schüler darauf ansprechen.

d) Die Umsetzung der Erzählung in ein Rollenspiel (Lernziel f) bietet sich als Möglichkeit des produktiven Umgangs mit dem Text besonders an, weil einmal ein weiter Spielraum für die szenische Gestaltung besteht und zum andern durch die Gerichtsverhandlung am Schluß Höhepunkt und Lösung des Spiels vorgegeben sind.

4.3.4. *Methodische Hinweise*

a) Für die Behandlung des Textes werden fünf verschiedene methodische Ansätze skizziert:

1. Der Text wird vom Lehrer bzw. einem Schüler (nach Vorbereitung) vorgelesen oder auch von den Schülern still gelesen. Ein Unterrichtsgespräch schließt sich an, das sich aus den spontanen Äußerungen der Schüler entwickelt oder durch Leitfragen gesteuert wird. Dabei werden die Lernziele erarbeitet. (Mögliche Fragen: Welchen Unterschied macht der Erzähler zwischen heiter und fröhlich? Worauf gründet der Richter sein Urteil? Wie hätte wohl heutzutage und hierzulande ein Richter diesen Fall entschieden?)

2. Der Lehrer liest den Text vor bis zu der Stelle: „Am Ende kamen sie vor den Richter“ (Z. 22). Voraussetzung ist, daß die Klasse den Text noch nicht kennt. Die Schüler werden aufgefordert, als Richter eine Lösung zu finden (mündlich oder schriftlich). Die Vorschläge werden mit der Lösung des „klugen Richters“ verglichen. Erarbeitung der Lernziele wie bei 1.

3. Der Lehrer gibt mit eigenen Worten die Handlung wieder bis zur selben Stelle wie bei 2. Die Schüler erzählen die Geschichte schriftlich nach und erfinden einen eigenen Schluß. Dann wie bei 2.

4. Die beiden Sprichwörter „Ehrlich währt am längsten“ und „Unrecht schlägt seinen eigenen Herrn“ werden an die Tafel geschrieben und im Unterrichts-

gespräch an Beispielen erörtert. Anschließend wird Hebels Geschichte mit den Ergebnissen konfrontiert und in ihrer Eigenart erfaßt.

5. Die Umsetzung eines Textes in ein Rollenspiel soll das eigentliche Ziel sein. Der Lehrer schlägt Hebels Geschichte vor und läßt sie von den Schülern lesen. Sie prüfen die Eignung des Textes und erarbeiten die Szenen und Dialoge. Dabei werden mittelbar auch die Lernziele a bis d erarbeitet.

b) Zu den einzelnen Lernzielen seien noch folgende Hinweise gegeben:

Zu Lernziel a: Die Erkenntnis der Absichten wird am besten eingeleitet durch eine Information der Schüler über den Badischen Landkalender, für den die Geschichte gedacht war. Dabei können die Schüler auf die heute üblichen Abreißkalender verwiesen werden, die häufig kurze unterhaltende und/oder belehrende Texte auf der Rückseite der Kalenderblätter enthalten (z. B. Sprüche, Witze, Rezepte).

Zu Lernziel b: Die Schüler müssen, wenn sie Parallelen zur heutigen Gerichtspraxis herstellen, den Unterschied zwischen Straf- und Zivilprozessen beachten. In Hebels Geschichte geht es nicht um die Feststellung von Schuld und die Zumessung von Strafe, sondern um die Feststellung und Verwirklichung privater Rechte. Das zivilrechtliche Urteil des „klugen Richters" hat nur die Besonderheit, daß es sich *wie* eine Bestrafung des reichen Lügners auswirkt.

Zu Lernziel c: Der unmittelbare Zusammenhang mit dem Lernziel b ist evident. Die Schüler müssen erkennen, daß, wenn alle Rechter so klug sein wollten wie der in Hebels Geschichte, eine große Rechtsunsicherheit entstünde. Der Glaube an die „Ehrlichkeit" der einen Partei und die „schlechte Gesinnung" (Z. 26) der andern ist im gewöhnlichen Zivilprozeß keine ausreichende Beweisgrundlage.

Zu Lernziel d: Der letzte Satz bezieht sich auf den Richterspruch, gegen den es keinen Einspruch mehr gibt: der Reiche hat sich selbst betrogen. Aber auch der Finder kommt um seine Belohnung, da er ja laut Urteil das Geld „in guter Verwahrung" (Z. 34) behalten soll, es also nicht für sich gebrauchen darf. Hier liegt es nahe, die Schüler doch noch nach einer versöhnlichen Lösung des Konflikts suchen zu lassen.

Zu Lernziel e: Bei der ersten Aufgabe im Arbeitsheft müssen die Schüler möglicherweise darauf hingewiesen werden, daß mit den Unterschieden zwischen Text und Vorlage nicht allgemeine Aussagen gemeint sind (wie z. B. spannender — langweiliger), sondern Einzelheiten des Inhalts und des sprachlichen Ausdrucks (wie z. B. Morgenland — kein Ort; reicher Mann — Kaufmann; guter und ehrlicher Mann — Zimmermann; Tuch — Beutel). Der Vergleich der Ergebnisse sollte so vorgenommen werden, daß zunächst an der Tafel eine Auswahl der beobachteten Unterschiede festgehalten wird. Ihnen werden die möglichen Gründe des Autors für die Veränderung zugeordnet, bevor die eigentliche Auswertung beginnt. Diese ist durch weitere Beobachtungen am Text abzusichern. Die Schüler müssen am Ende des Vergleichs erkennen, daß Hebel nur auf den ersten Blick am Inhalt viel geändert hat, bei genauem Hinsehen jedoch der Hauptunterschied die Erzählweise betrifft: Der Erzähler wendet sich direkt an den Leser, er will ihn nicht nur unterhalten, sondern auch belehren und ihm das Verständnis durch viele kleine Hinweise, Wiederholungen und Erklärungen erleichtern.

Zu Lernziel f: Das Rollenspiel kann auch über die Erzählung hinaus auf die Konfliktlösung *(Zu Lernziel d)* ausgedehnt werden. Hier stellt sich für die Rollenspieler das Problem: wie kann man jemandem ein Unrecht (eine Schuld) eingestehen, ohne sich vor ihm zu demütigen. Verschiedene Möglichkeiten werden durchgespielt. Dabei zeigt sich, daß das Gelingen besonders von der Versöhnungsbereitschaft und dem Takt dessen abhängt, der im Recht ist.

Schlingmann

4.4. Selma Lagerlöf: Die Wölfe von Sonfjället (B 1)

4.4.1. *Lernziele*

Die Schüler lernen

a) den dreiteiligen Aufbau der Erzählung zu finden, indem sie das Gesamtgeschehen nach übergeordneten Sinnzusammenhängen (Wettlauf um Leben und Tod — Versuchung durch das Böse — der rettende Einfall) gliedern und in einfachen Verbalisierungen zusammenfassen;

b) daß das Geschehen zwei Handlungsebenen zugeordnet werden kann
— die äußere Handlung gibt die Bedrohung durch die Wölfe wieder,
— die innere Handlung enthält den Kampf mit der Eigenliebe und zeigt, wie diese aus Mitleid und Angst vor der Sünde überwunden wird;

c) daß die innere Handlung das Thema enthält und die Fabel (Geschehensabfolge) dieser Darstellungsabsicht entspricht;

d) den Konflikt des Bauern nach inneren und äußeren Gesichtspunkten zu erfassen und zu beschreiben, indem Textstellen zur äußeren Situation und solche, die sein Verhalten und Handeln auseinanderlegen und begründen, aufeinander bezogen werden;

e) die Versuchung des Bauern zu verstehen, die sich aus der gesellschaftlichen Stellung der Landstreicherin und den ihn bestimmenden Wertvorstellungen ergibt;

f) die christliche Position Lagerlöfs zu erkennen, indem zum einen die Beweggründe für das rechte Handeln untersucht werden, zum anderen die Leitbegriffe: Gewissensbisse, das Böse, sein Leben verderben usw. auf ihre Herkunft hin besprochen werden. Textstellen aus der Bibel werden dazu herangezogen;

g) in einem Aufbaudiagramm das paradoxe Verhalten des Bauern so darzustellen, daß die Todesbereitschaft deutlich wird.

4.4.2. *Sachanalyse*

„Die wunderbare Reise des kleinen Nils Holgerson mit den Wildgänsen" (1906) ist ein Zyklus von Erzählungen, in denen Lagerlöf Sagen- und Märchenmotive mit realistischen Details über Land und Leute Schwedens zu einem dichterischen Gesamtbild verdichtet. „Die Wölfe von Sonfjället" sind dem 47. Zyklus entnommen. Die Geschichte wird von dem Raben Bataki Nils Holgerson in dem Augenblick erzählt, als ihn dieser in der Nähe des Sonfjället-Gebirges auf einem Gerstenacker abgesetzt hat. Nils war auf seiner wunderbaren Reise von den Wildgänsen getrennt worden, da kam ihm der Wunderrabe zu Hilfe. Bataki erzählt ihm noch zwei weitere Geschichten: die Geschichte des Schmieds vom Härjedal und von Härjulf, dem ersten Siedler im Härjedal. Bataki macht sich am Schluß seiner Erzählungen selbst zum Interpreten der „Sage vom Härjedal": „Vergiß nicht, was ich dir heute erzählt habe; es gibt immer einen Ausweg aus allen Schwierigkeiten, es handelt sich nur darum, ihn zu finden."
Das ist auch das beherrschende Thema dieser Geschichte, durch das die Geschehnisabfolge der Fabel bestimmt und der dreiteilige Textaufbau organisiert wird. Wie in A 1 wird ein Konflikt durch ein äußeres Ereignis herbeigeführt, ausgetragen wird er in der Seele des Bauern, so daß die Geschichte auf zwei Handlungsebenen spielt:

— der äußeren, die die Bedrohung durch die Wölfe und die schließliche Rettung vorführt,
— der inneren, die die Versuchung des Bauern durch das Böse zeigt: nämlich einen gesellschaftlich diskriminierten Menschen umkommen zu lassen, um sich und sein Pferd in Sicherheit zu bringen.

Typisch für Lagerlöf ist die religiöse Motivierung des Auswegs bzw. der Lösung des Konflikts.

Durch die Finnen-Malin wird der Bauer im existentiellen Sinne vor eine Grenzsituation gestellt. Als „wertlose" Kreatur mit allen Kennzeichen gesellschaftlicher Diskriminierung (u. a. Höcker, ohne bürgerlichen Beruf) erscheint ihr Untergang das kleinere Übel zu sein. Der Versuch sie zu retten, wird als Handlung wider die Vernunft ausgelegt und damit als paradox beschrieben, doch nicht auf der Ebene des Glaubens und des religiösen Bewußtseins. Die entscheidende Einsicht des Bauern ist die, daß es mit der Rettung seiner Existenz nicht getan sein kann, sein Heil, d. h. das Bestehenkönnen vor Gott nur möglich ist, indem er sich mit der verwunschenen Person als Nächster im Sinne der Bibel identifiziert (Z 52—53). Die in Todesangst versteinerte Alte (Z 45—46) wird für den Bauern zum Zeichen der äußersten Herausforderung zur Liebe. Die panische Angst vor den Wölfen wird schließlich überwunden aus der in der Gewissensangst reflektierten Verpflichtung, einen anderen ohne jede Rücksicht auf dessen gesellschaftliche Stellung durch den Einsatz des eigenen Lebens zu retten. Gewiß spielt auch die Rücksicht auf die Beurteilung seines Verhaltens durch die Gesellschaft eine Rolle (Z 37—38), die Verhaltensmotivation ist aber durchgehend christlich-religiös begründet.

Dies wird nicht zuletzt auch dadurch unterstrichen, daß der Umweg über das paradoxe Verhalten die Voraussetzung bildet für den Ausweg, d. h. für ein Handeln unter Vermeidung der Schuld. Glaube und Vernunft, Liebe und rationale Überlegung haben in der Weltsicht Lagerlöfs einander zu ergänzen, wenngleich der Glaube und die aus ihm abgeleiteten Prinzipien in der Hierarchie der Werte Vorrangigkeit besitzen. Deswegen ist es die Finnen-Malin, die den Bauern den Anstoß gibt, den Ausweg mit dem Bottich zu finden. Christlichen Optimismus zu verbreiten und den Leser zu einem Handeln der Vernunft unter Berücksichtigung von Kriterien, die aus dem Glauben stammen, zu ermuntern, ist die Darstellungsabsicht der legendenartigen Textsammlung „Die wunderbare Reise des kleinen Nils Holgerson mit den Wildgänsen" im ganzen und dieses Textes im besonderen.

4.4.3. *Didaktische Überlegungen*

Da dieser Text inhaltlich und in seinem formalen Bestand eine Reihe von Gemeinsamkeiten mit A 1 aufweist, lassen sich die dort vermittelten Kenntnisse und angebahnten Fähigkeiten in textanalytischer Hinsicht differenzieren.

Für das Lernziel a) erhält der Schüler zusätzliche Hinweise darüber, wie er den dreigliedrigen Aufbau der Geschichte ermitteln soll. Das Rückschlußverfahren aufgrund der vergleichenden Betrachtung von Anfang und Schluß und des Hinweises auf die sinntragenden Wörter (Begriffe) sollen methodische Verfahren, wie man zu übergeordneten inhaltlichen Aspekten beim Erfassen eines Textes kommen kann, in einfacher Weise einüben.

Da es sich wiederum um die Darstellung eines Konfliktes handelt, der nach dem Drei-Phasen-Schema Anbahnung, Höhepunkt, Lösung realistisch dargestellt und vermittelt wird, die Darstellung des innerseelischen Konflikts hier aber deutlicher, detaillierter und auf abstrakterem Niveau erfolgt, ist der Text geeignet, zum ersten Mal auf die beiden Handlungsebenen zu reflektieren und die Funktionen und die Hierarchie der einzelnen Textteile zu verdeutlichen.

Die Lernziele c), d) und e) müssen ebenfalls in diesem Zusammenhang gesehen werden. Indem der Schüler zwischen der äußeren Situation (Bedrohung durch die Wölfe und ihre Überlistung) und dem inneren Konflikt im Bereich sittlicher Entscheidungen durch das Zuordnungsschema unterscheiden lernt und durch die Analyse der gesellschaftlich diskriminierten Person sich mit den Vorüberlegungen des Bauern beschäftigen muß, werden Thema und Darstellungsabsicht Lagerlöfs in zunehmendem Maße bewußtgemacht.
Die ausgeprägt weltanschauliche Position des Textes kann durch die Beschäftigung mit den sinntragenden Begriffen und den Bibelstellen relativ leicht erarbeitet werden. Dabei könnte je nach Stand der Klasse auch die Frage aufgeworfen werden, ob der Optimismus der Lagerlöf die Dinge nicht zu sehr vereinfacht; die Darstellung darf auf keinen Fall so aufgefaßt werden, als ließe jede Situation einen Ausweg zu. Allerdings — und das ist bei einer ideologiekritischen Betrachtung zu berücksichtigen — ist bei ethisch-religiöser Sinndeutung der Spielraum für eine positive Deutung von Konflikten und deren Ausgang größer. Das Lernziel g) hat vor allem Kontrollfunktion.

4.4.4. *Methodische Hinweise*

Diese Geschichte läßt sich verstehen, ohne daß der Zusammenhang mit der Rahmenhandlung hergestellt wird. Sie könnte aber für die Lektüre weiterer Geschichten zum Ausgangspunkt werden. Die Einführung in die geographischen Verhältnisse sollte kurz sein. Eine Faustskizze genügt.
Des Textumfangs wegen sollte die Erzählung gemeinsam gelesen werden. Zunächst sollten die Lernziele a) und b) und die dafür vorgesehenen Aufgaben im Arbeitsblatt behandelt werden. Möglicherweise ist bei den Schülern mit Schwierigkeiten zu rechnen, so daß vor Übergang zu Lernziel c) der Dreieraufbau an der Tafel verdeutlicht und die Unterscheidung der beiden Handlungsebenen zusätzlich erläutert werden muß. Es pricht nichts dagegen, daß methodisch auch anders verfahren wird und die Schüler, ehe sie die Lernziele a) und b) auf dem Arbeitsblatt behandeln, sich in der Klasse zum Text und seinem Inhalt äußern. Da Inhalterfassen abstrahierende Informationsentnahme ist, sollte bei einem solchen Vorgespräch schon darauf geachtet werden, daß die Grundlinien der Handlung herausgeschält und begrifflich fixiert werden. Je nach Stand der Klasse kann aber auch unmittelbar nach dem Lesen mit dem Arbeitsblatt begonnen werden, da durch die Vorgabe der arbeitsmethodischen Schemata Vergleich von Anfang und Schluß und sinntragende Wörter auf jeden Fall die fortgeschrittenen Schüler zu eigenen Ergebnissen kommen können. Lernziel b) wird nicht jeder Schüler bewältigen können. Hier muß der Lehrer durch Rückgriff auf A 1 beim Abstraktionsprozeß Hilfen geben: äußere Handlung dort „Diebstahl", innere Handlung dort „die Lebenserfahrung der Jungen infolge des Diebstahls".
Lernziel c) führt zwei neue Kategorien ein, die zur differenzierten Inhaltserfassung erforderlich sind. Während unter dem Thema der Grundgedanke und damit der Inhalt der inneren Handlung gemeint ist, hat der Schüler zunächst nur das unter 2. Erarbeitete auf eine neue Begriffsebene zu übertragen. Schwieriger ist dagegen die Einführung des Begriffs Fabel. Der Lehrer muß einleitend feststellen, daß mit diesem Terminus zunächst die lehrhafte Kurzerzählung mit Tiersymbol bezeichnet wird, bei Dramen und Erzählungen man aber auch von der Fabel spricht, wenn man den Handlungsumriß betrachtet. Durch eine Probe aufs Exempel läßt sich die festgelegte Geschehnisabfolge verdeutlichen, indem der Lehrer die Schüler zum Beispiel auffordert zu prüfen, ob das gleiche Thema behandelt werden könnte, wenn die Teile 1 und 2 vertauscht wären. Der

Widerspruch zur Abfolgelogik ist rasch zu erkennen. Denkbar ist auch, diesen Punkt erst im Zusammenhang mit Lernziel g) anzugehen.
Die Lernziele d), e) und f) lassen sich methodisch zunächst als textbeschreibende Aufgaben realisieren, indem der Text unter dem vorgegebenen Fragenraster erneut überprüft wird. Hilfen könnten die Schüler benötigen bei der Betrachtung der Rolle, die die gesellschaftliche Stellung der Landstreicherin in den Vorstellungen des Bauern gespielt hat. Ein Gespräch darüber, wie zum Beispiel die gesellschaftlich schlechtere Stellung der Zigeuner oder der Gastarbeiter heute zum Ausdruck kommt und welche Nachteile für diese Minderheiten damit verbunden sind, könnte die in unserem Text angedeutete Gefahr einer vorurteilsbehafteten Entscheidung in Konfliktfällen mit beleuchten.
Das Lernziel f) erfordert das Erfassen des inneren Zusammenhangs zwischen unterschiedlichen verbalen Informationen. Im Unterrichtsgespräch erst sollte die Begründung für die herangezogenen Parallelen gefordert werden.
Lernziel g) sollte bei Klassen, die im Elementarisieren noch wenig geschult sind, gemeinsam entwickelt werden. Erleichtert wird die Erstellung des Diagramms, wenn zuvor an der Tafel ein Gliederungsschema erarbeitet worden ist.

Vorschlag für ein Diagramm:

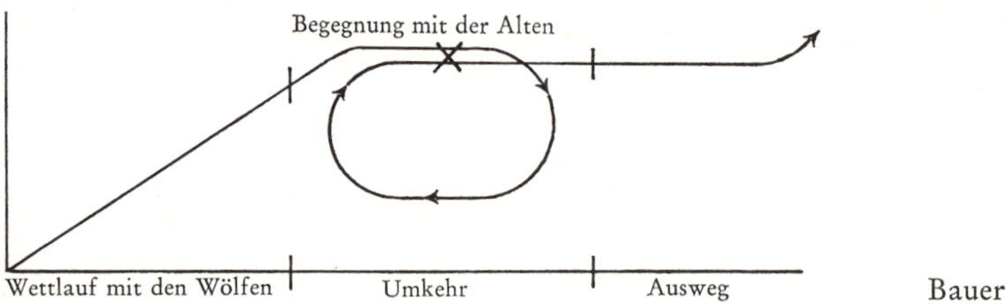

4.5. Unbekannter Verfasser: Wer nicht mag, muß nicht zuhören (B 2)

4.5.1. *Lernziele*

a) die Schüler übertragen das in A 2 Erlernte auf die Geschichte B 2 und identifizieren die Art der Lüge, die unterhaltende Absicht, die komische Wirkung, die Motivtechnik und die Kettentechnik;
b) sie erfassen den Aufbau der Geschichte, indem sie den Weg des Bauern verfolgen;
c) sie vergleichen die Geschichte mit den Münchhausiaden und stellen den Unterschied zwischen der Erzählung in der Ich-Form und der Erzählung in der Er-Form fest;
d) sie untersuchen die sprachlichen Besonderheiten des Textes
   — den Übergang vom Präteritum zum Präsens an einer besonders wichtigen Stelle
   — Wiederholungen, die bestimmte Vorgänge nachdrücklicher darstellen.

4.5.2. *Sachanalyse*

a) Im Unterschied zu den Münchhausengeschichten ist diese Lügengeschichte in der *Er-Form* überliefert. Deswegen wirkt sie nicht so unmittelbar. Doch auch sie hat einen unmittelbaren Dialogpartner und Zuhörer: es ist die Frau des Bauern (Z 10, 13, 43).

b) Der Held dieser Geschichte ist nicht wie Münchhausen Herr jeder Situation: er macht Fehler (er übersieht das siebte Auge der Ziege) und findet im Herrgott seinen Meister, der ihn aus dem Himmel vertreibt. Jedoch weiß er sich in kritischen Augenblicken zu helfen, und eine gute Portion Glück (als er im Sumpf liegt, nistet eine Ente auf seinem Kopf) führt auch seine Abenteuer zum Happy-End.

c) Manche *Motive* aus Lügengeschichten und Legenden tauchen auf:

1. die Erbse wächst in den Himmel (vgl. Münchhausen A 2/1);
2. Wanderung durch den Himmel (beliebtes Legenden- und Märchenmotiv);
3. Das Besprechen der sieben Augen der Ziege (eine heilige Zahl);
4. das Hinunterklettern und Hinunterfallen vom Himmel (vgl. A 2/1);
5. Die Rettung aus dem Sumpf (Münchhausenmotiv).

d) Die Geschichte ist mit Hilfe der *Kettentechnik* aufgebaut: Der Hahn findet die *Erbse*, die *Erbse* wird eingesetzt, sie wächst zum *Himmel*, in den *Himmel* klettert der Bauer usw.

e) *Aufbau* vierteilig:

1. Das Klettern zum Himmel (Z 1—15);
2. Der Aufenthalt im Himmel und die Vertreibung (Z 15—31);
3. Das Hinunterklettern und Fallen in den Sumpf (Z 32—38);
4. Die Rettung aus dem Sumpf (Z 39—45).

f) *Sprachliche Mittel:* Zeile 16 geht der Verfasser vom Erzählen zum Beschreiben über, er wechselt das Tempus. Ab Zeile 19 erzählt er wieder und gebraucht das Präteritum. Durch Wortwiederholungen werden bestimmte Vorgänge nachdrücklicher dargestellt (Z 4, 6, 14, 20, 36).

4.5.3. *Methodische Hinweise*

Die Geschichte B 2 dient dazu, das in A 2 Erarbeitete zu festigen, darüber hinaus aber auch einige Besonderheiten neu zu entdecken.
Ein Arbeitsblatt soll dabei behilflich sein.

1—6 befaßt sich mit der Wiederholung und Vertiefung des in A 2 Erarbeiteten.
7+8 hat ein Aufbaudiagramm zum Ziel, das am Ende etwa so ausschauen sollte:

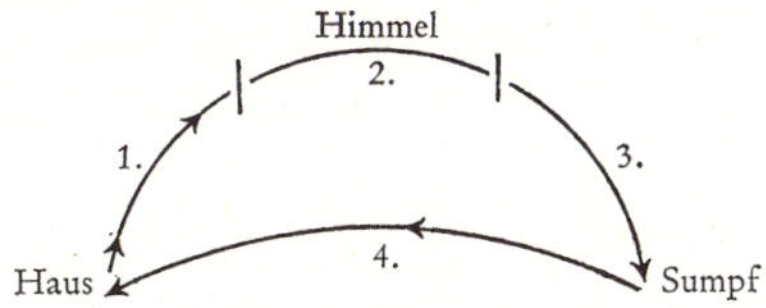

9—11 versucht auf sprachliche Besonderheiten aufmerksam zu machen; 9 auf das Präsens in Zeile 16—19, 10 auf die Wortwiederholungen und 11 auf die Er-Form der Erzählung.

Wenn die Schüler Spaß an Lügengeschichten haben, könnte man anschließend noch Lügengedichte behandeln, oder man weist die Schüler auf Privatlektüre hin; z. B. auf E. Kästner: Gullivers Reisen nacherzählt, Maier Ravensburg Tb.; E. Kästner: Münchhausen, Überreuter-Verlag, Wien; Lügenmärchen aus alter und neuer Zeit, Fischer-Bücher, Nr. 744; G. A. Bürger: Wunderbare Reisen zu Wasser und zu Lande . . ., Insel-Verlag.

Esch

4.6. Jeremias Gotthelf: Das Testament (B 3)

4.6.1. *Lernziele*

a) Die Schüler identifizieren die Abfassung des Testaments als einen Betrug, an dem alle Anwesenden auf bestimmte Weise beteiligt sind.

b) Sie entdecken die Parallele zwischen den „Erben“ bei Gotthelf und dem reichen Mann bei Hebel, die darin besteht, daß ihre List sich dank der unerwarteten Klugheit eines andern gegen sie selbst wendet.

c) Sie prüfen, ob Gotthelf mit seiner Kalendergeschichte genau wie Hebel die Leser nicht nur unterhalten, sondern auch belehren will, indem sie die biographischen Fakten mit der drastischen Darstellung des Verhaltens von Hinterbliebenen beim Tode eines Menschen in Beziehung setzen.

d) Sie untersuchen, ob die Sprichwörter aus dem Text von Hebel (vgl. A 3, Lernziel a) auch auf diese Kalendergeschichte anwendbar sind, und suchen gegebenenfalls treffendere Sprichwörter.

4.6.2. *Sachanalyse*

a) In dieser Kalendergeschichte — Gotthelf schrieb in den Jahren 1839 bis 1844 für den „Neuen Berner Kalender“ — überwiegen, verglichen mit Hebels lehrhaft-parabolischem „klugen Richter“ (A 3), die unterhaltend-schwankhaften Züge. Dennoch wäre es falsch zu meinen, der Autor treibe hier mit dem Tod nur ein makabres Spiel. Diese Annahme widerspräche den biographischen Daten: Der Autor war Pfarrer und Schulkommissär in der Schweiz, hieß eigentlich Albert Bitzius und wählte das vielsagende Pseudonym Jeremias Gotthelf nach dem Helden seines ersten Romans; als erzählerisches Naturtalent kümmerte er sich wenig um literarische Vorbilder und Konventionen, und so sind seine meist sorglos komponierten Werke durchsetzt mit moralischen, pädagogischen, sozialen und religiösen Erörterungen und Belehrungen, was ihn andrerseits nicht an einer volkstümlich kraftvollen und unbeschönigten Darstellung der Wirklichkeit hinderte.

b) Im „Testament“ wird Gotthelfs wahre Einstellung nur indirekt spürbar an der komisch-drastischen Erzählweise, die auf den Leser zugleich erheiternd und provozierend wirkt, und an der Genugtuung, mit der er den unerwarteten Schrecken der „schlauen Leute“ (Z. 9) schildert (Z. 22). Spätestens im zweiten Satz, wo von der haarsträubenden Möglichkeit gesprochen ist, dem Verstorbenen „aus dem noch nicht erkalteten Hosensack die Schlüssel zu nehmen“, wird die satirische Tendenz deutlich. An anderer Stelle ist ähnlich von dem „noch nicht erkalteten Bett“ (Z. 10) die Rede. Beides ist Ausdruck für die krasse Pietätlosigkeit, deren Menschen im Angesicht des Todes fähig sind. An der Komödie der Testamentsfälschung nehmen auch der Schreiber und die Zeugen teil, die sich mehr für den Wein (Z. 14, 18) als für ihre Aufgaben interessieren; offen bleibt, ob sie ahnen oder wissen, daß hier nicht alles mit rechten Dingen zugeht. Der eigentliche „Held“ des Schwanks ist der Knecht: Er spielt denen, die ihn als Werkzeug für ihre selbstsüchtigen Zwecke mißbrauchen wollen, einen überraschenden Streich, wobei er sich im Grunde nur sichert, was ihm als Lohn nicht bloß „für die gutgespielte Rolle“ (Z. 26), sondern vor allem für seine langjährigen Knechtsdienste zusteht.

4.6.3. *Didaktische Überlegungen*

a) Die Behandlung dieser schwankhaften Kalendergeschichte im Unterricht ist vom Inhalt her insofern kein Anachronismus, als Erbstreitigkeiten in unserer Gesellschaft aktuell bleiben und es auch heute nach deutschem Recht möglich ist, ein Nottestament vor drei Zeugen zu errichten (§§ 2249 f. BGB), wobei diese sich natürlich von der Identität des Erblassers überzeugen müssen und dieser die Niederschrift des Testaments selbst zu unterschreiben hat, es sei denn, die Zeugen sind von seiner Schreibunfähigkeit überzeugt. Wichtig für das Verständnis des Textes ist daher, daß die Schüler den Betrug, der hier begangen wird, im vollen Umfang durchschauen. (Lernziel a)

b) Die weiteren Lernziele (b—d) sind durch Vergleiche mit dem Text von Hebel (A 3) zu realisieren. Gemeinsamkeiten und Unterschiede sollen den Blick der Schüler für die Eigenart der Kalendergeschichte von Gotthelf schärfen. Vor allem muß erkannt werden, daß auch „Das Testament" eine lehrhafte Tendenz enthält, daß jedoch der Autor im Gegensatz zu Hebel seinen Lesern keine gezielten Hilfen für das Verständnis gibt. Der komisch-makabre Inhalt der Geschichte läßt eine Umsetzung in ein Rollenspiel problematisch erscheinen. Sie wird darum nicht wie bei A 3 als eigenes Lernziel vorgeschlagen.

4.6.4. *Methodische Hinweise*

a) Zwei Gründe sprechen dafür, die Lerneinheit nicht mit der Lektüre des Textes, sondern mit einer Einführung in die Sachproblematik (Todesfall, Hinterbliebene, Erbrecht, Testament, testieren) zu beginnen: 1. Die unerwartete Wende am Schluß ist von Schülern des 5. Schuljahrs als Pointe nur zu verstehen, wenn zuvor die Rechtsfragen, die für den Inhalt von Bedeutung sind, geklärt werden. 2. Der erste Satz ist syntaktisch schwierig („manche" und „einige ... Minuten" sind erst nach wiederholtem Lesen als Akkusativobjekt und Subjekt zu realisieren) und könnte den Zugang zum Verständnis von vornherein verbauen. Nach dieser Vorbereitung sollte der Text in einem Zuge vorgelesen werden. Anschließend wäre in einem Unterrichtsgespräch *Lernziel a)* zu erarbeiten.

b) Der Vergleich mit Hebels „klugem Richter" (A 3) kann durch den Hinweis auf die überraschenden (lustigen) Lösungen beider Texte eingeleitet werden. Ein erster inhaltlicher Vergleichspunkt wäre die Geldgier als treibende Kraft in beiden Geschichten. In welcher Weise sich jeweils die List des reichen Mannes bzw. der Hinterbliebenen dank der Klugheit eines andern gegen sie selbst wendet, kann durch eine Gegenüberstellung deutlich gemacht werden. Dabei fällt auch auf Hebels Geschichte ein neues Licht: Auch der Richter hat wie der Knecht etwas vom Schalk an sich, wenn er entgegen der eigenen Überzeugung erklärt, die 700 Taler könnten nicht dem reichen Mann gehören. (Lernziel b)

c) In einem weiteren Lernschritt ist die Intention des Autors (verglichen mit der Hebels) zu untersuchen: Wie verträgt sich die Tatsache, daß Gotthelf Pfarrer und Pädagoge war, mit einer solchen Gaunergeschichte? Der Lehrer kann die Schüler auch direkt durch eine Behauptung provozieren: Der Autor fordert uns also auf, keine Furcht zu haben und einem gerade Gestorbenen ruhig die Schlüssel zu entwenden, um an seine Wertsachen heranzukommen! — Die Schüler müssen erkennen, daß der Autor die Leser nur zum inneren Widerspruch reizen will und zwar auch an anderen Stellen (z. B. Z. 9 und 16); Kennzeichen dieses (auch unbewußten) Protests ist das Bedürfnis zu lachen. (Lernziel c)

d) In einem letzten Lernschritt setzen die Schüler die Sprichwörter aus Hebels Geschichte („Ehrlich währt am längsten" und „Unrecht schlägt seinen eigenen Herrn") zum „Testament" in Beziehung. Ergebnis: das erste Sprichwort ist gar nicht, das zweite nur teilweise anwendbar. Stattdessen könnten die Schüler vorschlagen: Wer zuletzt lacht, lacht am besten. (Lernziel d)

Schlingmann

4.7. Michail Sostschenko: Grischka, der Schelm (C[1] 1)

4.7.1. *Lernziele*

a) Die Schüler erarbeiten den Inhalt der Geschichte, indem sie den dreiteiligen Aufbau und die unterschiedliche Handlungsweise des Helden Grischka untersuchen;
b) sie setzen die Geschichte in ein darstellendes Spiel um.

4.7.2. *Sachanalyse*

4.7.2.1. *M. Sostschenko (1895—1958)* wurde durch seine satirischen Kurzgeschichten, bestimmt für den proletarischen Zeitgenossen, in aller Welt bekannt. Er nimmt Mißstände und menschliche Unzulänglichkeiten aufs Korn. Zumal in der avantgardistischen Periode des ‚sozialen Realismus' wurde Sostschenkos Art der Selbstkritik geduldet, „die wie eh und je zum Grundzug der russischen Natur gehört." Nach dem zweiten Weltkrieg wurde Sostschenko jedoch für seine ‚zersetzende und defaitistische Lebensauffassung' gemaßregelt[1].

4.7.2.2. Die Erzählung ‚Grischka, der Schelm' ist eine Schelmengeschichte, ein *Schwank mit stark satirischer Absicht.* Kommt es im Schwank darauf an, dem Überlegenen mit List einen Streich zu spielen oder den Dummen durch einen Gerissenen zu verspotten, so hat die Satire die Absicht, durch Bloßstellen der Mißstände und menschlichen Unzulänglichkeiten zur Besserung der Verhältnisse anzuregen.

Das *Schwankhafte* an der Erzählung zeigt sich u. a. darin, wie Grischka zunächst den Pferdehändler mit gerissenen Tricks überreden will, das gestohlene Pferd zu kaufen (Z. 1—31) und wie er dann, als er erwischt und gefangen ist, dem Dorfschulzen durch die Tat beweisen will, wie schlecht sein Pferd ist (Z. 32—74). Zum Schluß ist e r nicht mehr in der Hand der Dorfbewohner, sondern s i e in seiner. Die raffinierten Tricks, die Grischka anwendet, müssen zum Erfolg führen: er kann sich ungesehen mit dem ‚königlichen Pferd' aus dem Staub machen. Das *Satirische* an der Erzählung ist darin zu suchen, daß Sostschenko die Dummheit des Bauernvolkes aufs Korn nimmt, seine Leichtgläubigkeit und seinen Aberglauben. Mit der Erzählung ist stillschweigend die Lehre verbunden, sich nicht durch gerissene und raffinierte Tricks übertölpeln zu lassen, weil man sonst am Ende der Angeschmierte und Geprellte ist.

4.7.2.3. *Aufbau:* Dem dreiteiligen Aufbau der Geschichte, in deren Mittelpunkt der Pferdedieb Grischka steht, entsprechen die drei verschiedenen Orte der Handlung: in der Stadt (Z. 1—44), auf dem Weg zum Dorf (Z. 45—126), im Dorf (Z. 127—159).

4.7.3. *Didaktische Überlegungen*

Was für die Lügengeschichten (A 2 und B 2) gilt, gilt auch für die Schelmengeschichten: Sie werden von den Schülern gerne gelesen. Es ist die geheime Freude am Ausbruch aus gesellschaftlichen Zwängen, immer aber im Bewußtsein, daß dieser Ausbruch nur im Spiel, in der Sprache, in der Phantasie stattfindet. Die geltende Ordnung wird davon nicht berührt. Das Lachen über die Streiche der Schelme ist ein integrierendes Lachen: man sympathisiert mit den Schelmen und freut sich mit ihnen, daß wieder die Dummen hereingelegt

[1] Grete Willinsky im Nachwort zu Sostschenko „Schlaf schneller, Genosse", Ullstein Tb. 12, S. 170 f.

worden sind oder daß der Stärkere einen Denkzettel bekommen hat, wird aber nicht im Ernst daran denken, selbst ein Dieb oder Räuber zu werden. Die Schüler sind in der Grundschule sicher schon mit den Schelmengeschichten von J. P. Hebel bekannt gemacht worden, manche kennen die Streiche des Eulenspiegel, der Schildbürger oder der sieben Schwaben. Die Erarbeitung dieser Schelmengeschichte wird daher keine besonderen Schwierigkeiten machen. Das Schwankhafte wird leicht erkannt. Ob auch die satirische Absicht des Autors gesehen wird, hängt vom Bildungsstand der Klasse ab.

4.7.4. *Methodische Hinweise*

Die Schüler sind von der Grundschule mit der Schelmengeschichte bereits vertraut. Man kann daher die Fragen nach dem Typ und nach ähnlichen Geschichten kurz streifen.
Im Mittelpunkt der Unterrichtsstunde, bzw. der Lerneinheit sollte allerdings die *inhaltliche* Erarbeitung stehen, welcher Methoden und Tricks sich Grischka bedient, um sich aus der Todesgefahr zu retten.
Am Ende der Lerneinheit sollte das *Unterrichtsspiel* stehen. Das Arbeitsblatt dient diesem Zweck: nach dem zugrunde liegenden dreiteiligen Aufbau wird der Inhalt erarbeitet.
Nr. 6 erwartet als Antwort, daß Sostschenko zur Unterhaltung und zur Freude der Leser diese Geschichte niedergeschrieben hat, daß er dabei aber auch daran dachte, den leichtgläubigen und abergläubischen Menschen eins auszuwischen und sie zu lehren, sich nicht durch die Reden irgendwelcher Scharlatane übertölpeln zu lassen.
Das Unterrichtsspiel sollte aus drei Szenen bestehen:

1. Szene: Auf dem Markt in der Stadt: Grischka versucht, dem Händler das gestohlene Pferd aufzuschwätzen.
2. Szene: Auf dem Weg zum Dorf:
   1. Ablenkungsmanöver Grischkas: Es ist verboten, jemanden auf dem Boden der Krone totzuprügeln. Der rechtlich denkende Dorfschulze gibt nach.
   2. Ablenkungsmanöver: Bitte, ihn vor ein ordentliches Gericht zu bringen.
   3. Ablenkungsmanöver: Ankündigung des Weltuntergangs.
3. Szene: Im Dorf: Grischka wird in die Scheune gesperrt und befreit sich.

4.8. Jerome K. Jerome: Onkel Podger klopft einen Nagel in die Wand (C^1 2)

4.8.1. *Lernziele*

a) Die Schüler stellen den Unterschied zwischen Grischka (C^1 1) und Onkel Podger fest und erkennen Onkel Podger als ungeschickten, linkischen, alles verkehrt machenden Unglücksraben, als unfreiwilligen Schelm;
b) sie verfolgen und durchschauen die durch zahlreiche Nebenhandlungen immer wieder unterbrochene Gesamthandlung der Erzählung;
c) sie erkennen die satirische Absicht des Autors.

4.8.2. *Sachanalyse*

Die Geschichte wirkt *wie ein Alptraum;* die Handlung scheint nie zu ihrem Ziel zu kommen, obwohl es doch nur um die Kleinigkeit geht, ein Bild aufzuhängen. Jedes Detail scheint sich selbständig machen zu wollen und eine eigene Handlung zu verlangen. Am Schluß wundert man sich mit Onkel Podger, daß die äußerst komplizierte Tätigkeit doch noch ein zufriedenstellendes Ende genommen hat.

Im Gegensatz zu C 1 (Grischka) haben wir es hier mit einem *tragischen Helden* zu tun, der nicht aus List oder Pfiffigkeit Verwirrung unter seinen Mitmenschen stiftet, sondern weil er linkisch ist, ein Narr mit zwei linken Händen, ein moderner Don Quichote.

Das Lachen über Onkel Podger ist ein trauriges Lachen, wenn man bedenkt, wie vielen Menschen seiner Verwandtschaft er mit seinem herrischen, autoritären und brummigen Verhalten auf die Nerven geht.

Handlungsaufbau: Vier großangelegte Versuche werden unternommen, um das Porträt an die Wand zu bekommen.

Der *erste* Versuch scheitert, weil das *Porträt* zu Boden *fällt* (23). Da Onkel Podger sich dabei in den Finger schneidet, wird die Haupthandlung unterbrochen.

Schließlich kann der *zweite* Versuch beginnen, der endet aber damit, daß Onkel Podger den *Nagel fallen läßt* (46). Wieder ergeben sich einige Komplikationen dadurch, daß nach dem Nagel gesucht wird.

Doch auch der *dritte* Versuch scheitert: diesmal *fällt Onkel Podger selbst* hinunter, zwar nicht zu Boden, aber immerhin aufs Klavier, was wieder nichtbeabsichtigte Folgen hat (74—80).

Erst der *vierte* Versuch gelingt nach einigen ungeschickten Ansätzen.

Gestalterische Mittel: Die Geschichte ist aus der Distanz erzählt. Ganz nüchtern wird berichtet, wie sich die einzelnen Personen verhalten. Komik entsteht durch die Darstellung abnormen Verhaltens: Onkel Podger gebärdet sich als der Fachmann und gibt seiner Familie die Schuld, wenn etwas danebengeht.

Komisch wirkt aber auch das abnorme Verhalten der Familienangehörigen, die sich allesamt vom Haustyrannen einspannen lassen und geduldig wie Schafe seine Befehle ausführen, obwohl jeder einzelne von ihnen die Aufgabe, das Porträt aufzuhängen, wohl besser gelöst hätte als Onkel Podger. Wie hölzern und ungeschickt er ist, wird noch einmal durch den vorletzten Satz bestärkt: „So!“ rief er aus, „fertig ist's“ und warf sich dabei in die Brust und der Aufwärterin den Stuhl auf die Hühneraugen (100 f.).

Absicht des Schriftstellers: Trotz der schwankhaften, unterhaltenden Züge der Erzählung ist eine *satirische* Absicht des Verfassers nicht zu verkennen, zumal der Leser nicht mit reiner Freude dem Handlungsgang folgen kann. Der Autor nimmt den Manager, den ‚Gschaftlhuber‘ aufs Korn, der, immer geschäftig, von seiner Leistung eine sehr hohe Meinung hat, seine Mitmenschen für seine Zwecke einspannt und sie quält, ohne daß er es merkt. Das Ergebnis solcher Betriebsamkeit wird uns im Bild vor Augen gestellt: ein schief und unsicher hängendes Porträt an einer durchlöcherten und verunstalteten Wand.

4.8.3. *Didaktische und methodische Überlegungen*

Es ist für den Unterricht lohnend, die beiden Helden der Schelmengeschichten C 1 und C 2 miteinander zu vergleichen. Es müßte dabei erkannt werden, daß Onkel Podger eigentlich ein trauriger Held ist (ein moderner Don Quichote) und daß man über ihn lachen und weinen kann.

An Jeromes Erzählung kann dann weiter deutlich gemacht werden, daß die Handlung wie in einem Alptraum zuweilen auf der Stelle tritt oder sogar rückläufig ist, daß in die Haupthandlung Nebenhandlungen hineindrängen, ausgelöst durch die Ungeschicklichkeiten Onkel Podgers.

Ausgelöst werden die Nebenhandlungen immer dann, wenn wieder einmal etwas zu Boden fällt. Diese Stellen sind auch für den Schüler leicht auffindbar.

Entsprechend ist auch das Arbeitsblatt angelegt. Das Schema in Nr. 5 sollte folgende Ergänzungen haben:

eigentliche Arbeit	*Unterbrechung*
Stuhl halten	
hinaufhelfen	
Nagel reichen	
Hammer reichen	

2. Panne: O. P. läßt den Nagel fallen:

	Nagel suchen
	Hammer suchen
	Punkt verloren
einen neuen Punkt festlegen	

3. Panne: O. P. fällt selbst, und zwar auf das Klavier.

	Donnerwetter
	Streit mit Tante Marie
Punkt wiederfinden	
auf den Nagel zielen	— und den Daumen treffen,
auf den Nagel zielen	— und zu weit in die Wand schlagen.
	Maßstab und Schnur suchen.
Neues Loch machen	
Porträt aufhängen	

In Nr. 8 könnten die Schüler vielleicht die satirische Absicht des Schriftstellers erwähnen: die Geschichte soll nicht nur unterhalten, sondern einen bestimmten Menschentyp auf die Schippe nehmen. Ein Unterrichtsgespräch sollte sich daran anschließen.

Esch

4.9. Unbekannter Verfasser: Die Schildbürger (C^2 1)

4.9.1. *Lernziele*

a) Die Schüler lernen anhand der ausgewählten Textbeispiele, des Titelblattes der Erstausgabe und der verbindenden Zwischentexte die Schildbürgergeschichten als ein romanähnliches, von einem anonymen Verfasser bearbeitetes Volksbuch kennen.

b) Sie untersuchen den Erzählrahmen, durch den der Verfasser die einzelnen Narrengeschichten zu einem lockeren Ganzen verbunden hat.

c) Sie erkennen, wie aus den besonders klugen Schildbürgern, die sich nur zum Selbstschutz der Narrenkappe bedienen, unter dem Schein der Narrheit schließlich wirkliche Narren werden.

d) Sie erfassen, daß der Autor die Erzählung vom Ende Schildas bewußt in die satirische Erklärung ausmünden läßt, warum es in aller Welt Narren gibt.

e) Sie finden heraus, daß der Verfasser zwischen zwei Sorten von Narren unterscheidet: geborene Narren, die gleichsam von den Schildbürgern abstammen; gelernte Narren, die sich selbst zu Narren gemacht haben wie ehemals die Schildbürger.

f) Sie fassen die Warnung, die der Verfasser dem Leser erteilen will, in einen Merksatz zusammen.

g) Sie verfolgen den Reimwettstreit, entdecken das komische Prinzip, durch das die fehlerhaften Reime zustande kommen, und erfinden selbst weitere fehlerhafte Reime.

h) Sie untersuchen, worin die Narrheit der zwei Schildbürger beim Häusertausch besteht, und erörtern, wie ein sinnvoller Tausch beschaffen sein müßte.

i) Sie versuchen zu erklären, warum der unerwartete Schluß der Kuh-Geschichte („dessen waren sie froh ...") auf den Leser mehr ernst als komisch wirkt.

j) Sie untersuchen den altertümlichen Sprachstand des Textes: veraltete Wörter — fremdartige Wendungen — ungewöhnlicher Satzbau — veränderter Wortsinn.

k) Sie suchen besonders komische Stellen heraus und begründen ihre Wahl.

l) Sie überlegen, aus welchen sozialen Gründen der Verfasser die Schildbürger nicht Handwerker und Bürger, sondern Bauern sein läßt.

m) Sie erfinden selbst Schildbürgergeschichten.

4.9.2. *Sachanalyse*

a) Das Wort „Schildbürger", das der Verfasser in seiner Bearbeitung des „Lalebuchs" an die Stelle der „Lalen" setzte (vgl. auch das Faksimile des Titelblattes und den Kontext), war ursprünglich (16. Jhdt.) wohl die spöttische Bezeichnung für die (mit Schilden) bewaffneten Bewohner der Städte (ähnlich im 17. Jhdt. der Ausdruck „Spießbürger") und wurde erst nachträglich auf das Städtchen Schildau bei Leipzig bezogen. Nach dem Willen des Autors, der sich als „Amptmann" ausgibt und seinen Namen hinter einem Anagramm mit Anlehnung an das griechische ABC (Alpha, Beta, Gamma) verbirgt, sollen die Schildbürger in einem sagenhaften Misnopotamia noch hinter (Utopia = „Nirgendort") wohnen. Schilda ist also gleichsam ein potenziert utopischer Ort: die ins Närrische pervertierte Konstruktion eines idealen Gemeinwesens. Die Behauptung, die Geschichten seien „auß vnbekanten Authoren zusammen getragen", ist insofern nicht ganz falsch, als der Verfasser des Lalebuches die vorhandenen Narrenschwänke darin verarbeitet hat. Vieles davon ist als Wandererzählungen in verschiedenen Ländern verbreitet.

b) Die Schildbürger begehen ihre Torheiten mit Narrenlogik, eine Folge ihrer ins Gegenteil verkehrten ursprünglichen Weisheit. Die von den Schildbürgern mißbrauchte und zweckentfremdete Vernunft rächt sich, indem sie in totale Unvernunft umschlägt. Eine Rückkehr zum alten Zustand ist nicht möglich, denn die Narrheit ist inzwischen zu ihrer zweiten Natur geworden. Gleich der Reimwettstreit zeigt beispielhaft, wie die Schildbürger mit närrischer Logik ihr Ziel, einen Reim vorzutragen, verfehlen und wie gerade der größte Versager, der Säuhirt, bei den Ratsherren Anerkennung findet: Alle, die sich um die Stelle des Schultheiß bewerben, haben sich offensichtlich auf einen Reim vorbereitet, doch im entscheidenden Augenblick versagen sie, weil sie das zweite Reimwort nicht über die Lippen bekommen und stattdessen ein sinngemäß ähnliches Wort einsetzen („Wand" statt „Mauer" und umgekehrt; „Scheiter" statt „Holz" usw.). Genau das aber erscheint den Ratsherren als die richtige Lösung, so daß der Säuhirt, der aufgrund seines Vierzeilers den Reim gleich mehrmals verfehlt, den Sieg davonträgt. Ähnlich unvernünftig und zugleich logisch reagieren die Schildbürger auf den Tod der Kuh: nicht Einsicht, daß sie selbst schuld sind, macht sie betroffen, sondern frohe Genugtuung bemächtigt sich ihrer, weil sie nun unversehens „etwas zu schinden und zu metzgen haben". Stellte die Episode

„Wie zween Schildbürger miteinander die Häuser vertauschen" noch eine relativ unschädliche und lächerliche Privattorheit dar (vgl. die Aufforderung des Erzählers an den Leser „Ey, Lieber, lachet!"), so kündigt sich hier bereits das „Verderben" an, das sich die Schildbürger schließlich mit dem „Maushund" kaufen: die selbstzerstörerischen Gefahren, die dem Gemeinwesen drohen, werden als solche nicht wahrgenommen, sondern umgedeutet in unerwartete Vorteile. Die Schildbürger sind von Realitätsblindheit geschlagen.
Der Schluß des Buches (zusammen mit dem spruchartigen Sechszeiler) zeigt die Position des Erzählers: nicht um Belustigung des Lesers geht es ihm letzten Endes, sondern um Warnung vor der selbstgewählten Narrheit (Absage an die Vernunft) als vor einem „lachenden Gift" (S. 75, Z. 21) und um den Appell, sich der gottgegebenen Weisheit richtig zu bedienen.

4.9.3. *Didaktische Überlegungen*

a) Die Schildbürgergeschichten stellen, insofern in ihnen die Narrheit zum einzigen Prinzip menschlichen Handelns erhoben ist, eine Herausforderung an die Vernunft des Lesers dar. Der didaktische Wert einer solchen Herausforderung liegt auf der Hand: es geht davon ein starker Reiz aus, die verkehrte Welt der Narren an den eigenen Vorstellungen von Vernunft und Realität zu messen und sie entsprechend wieder zurechtzurücken, wie umgekehrt die Phantasie des Lesers verlockt wird, in spielerischer Weise die Schildbürgernarrheiten nachzuahmen und die eigene, scheinbar so vernünftig geordnete Welt in Frage zu stellen. Daß Schildbürgerstreiche nicht nur dichterischer Phantasie entsprungen sind, sondern auch in der heutigen Wirklichkeit vorkommen (Verwaltung, Industrie, Politik, Bildungswesen, Wohnungs- und Straßenbau usw.) und dann gern als solche apostrophiert werden, ist ein Grund mehr, diesen Erzähltyp auch im Unterricht zu behandeln.

b) Der Lernzielkatalog (13 Lernziele) ist folgendermaßen aufgebaut: Die ersten drei Lernziele (a—c) beziehen sich auf die „Schildbürger" als ein romanähnliches Buch und wirken so der gewöhnlichen Auffassung entgegen, daß es sich nur um eine unverbindliche Sammlung harmloser Schwänke handle. Damit wird die Voraussetzung für das Erarbeiten der lehrhaft-satirischen Absicht des unbekannten Autors in den nächsten drei Lernzielen (d—f) geschaffen. Nur drei Lernziele (g—i) beschäftigen sich mit den Einzelepisoden; hier bleibt der Lehrer aufgefordert, bei Bedarf selbst weitere Lernziele analog zu den anderen Texten des Erzählkurses zu entwickeln. Drei weitere Lernziele (j—l) befassen sich mit speziellen Problemen des Textes (Sprachform, Komik, sozialer Hintergrund), während das letzte (m) einen Vorschlag für kreativen Umgang mit der Schildbürgerthematik enthält.

4.9.4. *Methodische Hinweise*

a) Schildbürgergeschichten dürften den Schülern bereits von der Grundschule her bekannt sein. Neu dagegen ist für sie vermutlich das Textangebot (Titelblatt, Einleitung, Zwischentext, Schluß sowie ein Teil der Episoden). Daraus ergibt sich methodisch die Möglichkeit, das Vorwissen der Schüler zu aktivieren und es mit dem Text vergleichen zu lassen.

b) Ergänzende Bemerkungen zu einzelnen Lernzielen:
Zu d) Der Autor verknüpft die Dichtung mit der Wirklichkeit und erreicht dadurch einen doppelten Effekt: Der Leser wird sich plötzlich der Tatsache bewußt, daß die Welt voller Narren ist, und er wird andrerseits durch die Möglichkeit überrascht, in der Geschichte der Schildbürger einen Grund für die Existenz der Narren zu sehen.

Zu f) Es ist darauf zu achten, daß die erarbeiteten Merksätze nicht im Sinne von Normen, sondern als Meinung des Autors von 1597 aufgefaßt werden: Beispiele: Wer Vernunft hat, muß auch danach handeln; wer seine Vernunft mißbraucht, hat sie nicht verdient.

Zu g) Die Schüler können auch einen eigenen Reimwettstreit veranstalten (freiwillige Hausaufgabe); der „Sieger" (der den lustigsten Nicht-Reim erfunden hat) wird für einen Tag „Schultheiß" der Klasse.
Beispiel:

Ich hab zwar einen Reim gefunden,
doch braucht' ich dazu fast zwei — Tage.

Zu h) Gegenbeispiele wären: Briefmarkentausch oder Wohnungstausch (z. B. wenn zwei Familien ihre Wohnorte wechseln).

Zu j) Die Untersuchung sollte in der Weise vorgenommen werden, daß der altertümlichen Form jeweils ein entsprechender Ausdruck der Gegenwartssprache gegenübergestellt wird, wobei Wörter, Wendungen und ganze Sätze zu berücksichtigen sind.

Zu l) Der Bauernstand war der sozial schwächste, während die Bürger seit dem Spätmittelalter dank Handel und Gewerbe immer selbstbewußter wurden. So lag es nahe, die Schild-„Bürger" als Zielscheibe des Spottes zu Dorfbewohnern und Bauern zu machen.

4.10. Unbekannter Verfasser: Chelmergeschichten (C^2 2)

4.10.1. *Lernziele*

a) Die Schüler entdecken in der ersten Geschichte eine Parallele zu den Schildbürgern, indem sie die Narrenlogik der Chelmer mit dem Verhalten der Schildbürger beim Häusertausch vergleichen.
b) Sie erkennen, daß die komische Wirkung der zweiten Geschichte nicht auf einer Narrheit des angeblichen Räubers beruht, sondern auf der seiner Friedfertigkeit entspringenden Unfähigkeit, sein verbrecherisches Vorhaben mit Gewalt in die Tat umzusetzen.
c) Sie erfassen die Pointe der dritten Geschichte, indem sie zwischen dem Kauf und Verbrauch des Fäßchens Branntwein einerseits und dem Selbstbetrug mit dem Vierkreuzerstück andererseits unterscheiden.
d) Sie setzen die zweite und dritte Geschichte in ein Rollenspiel um.

4.10.2. *Sachanalyse*

a) Chelm(o), ein polnisches Städtchen südöstlich von Lublin, gilt als das jiddische (ostjüdische) Schilda. Von den drei Texten verdient allerdings nur der erste ausdrücklich den Namen einer Chelmer Geschichte[1]. Motivähnliche Schwänke gibt es auch in Jakob Freys „Gartengesellschaft" (1557) und im Schildbürgerbuch von 1598. Auffällig an dieser aus dem Jiddischen ins Deutsche übertragenen Fassung ist die knappe, trockene Erzählweise: Auf die Torheit selbst — der Beschluß der Chelmer wirkt ihrer Absicht genau entgegen — wird nicht einmal indirekt durch Ironie oder Spott hingewiesen. Der Leser bekommt vom Erzähler keine Verstehenshilfe. — Schammes: Synagogendiener; Schul: Synagoge, Bethaus der Juden.

[1] Weitere Chelmer Geschichten finden sich bei: Salcia Landmann, Jüdische Anekdoten und Sprichwörter, dtv 317.

b) Die zweite Geschichte handelt von einem Mann, der zu sehr gläubiger Jude ist, als daß er ein wirklicher Räuber werden könnte. Er läßt sich von dem, der sein erstes Opfer werden soll, aus eingewurzelter Friedfertigkeit zum Narren machen. Schon seine Gebetspraxis und sein Friedensgruß stehen in einem komischen Gegensatz zu seiner kriminellen Absicht, und im Dialog mit dem Juden wird aus dem fordernden Räuber schließlich in komischer Umkehrung der Situation ein hilflos-wütender Bittsteller. — Melamed: Kleinkinderlehrer; Minchah: das zweite der drei täglichen Gebete am Nachmittag; Scheminessra: Hauptgebet des werktäglichen Gottesdienstes (Gebet der 18 Segenssprüche); Scholem alejchem: Grußformel (sinngemäß: der Friede sei mit euch); Reb: von „Rabbi", Anrede für respektierte Hausherren.

c) In der dritten Geschichte halten sich zwei jüdische Gastwirte selbst zum Narren, indem sie den Eid, den sie einander geschworen haben, auf naiv-raffinierte Weise umgehen. Zwar bezahlen sie sich gegenseitig immer wieder mit demselben Vierkreuzerstück, in Wirklichkeit aber sind es dem Geldwert nach doch stets vier neue Kreuzer, die einer dem andern zahlt und denen in der Endsumme schließlich ein ganzes Fäßchen Schnaps entspricht. Die Pointe nun besteht darin, daß Moschke (der das erste und letzte Wort im Dialog hat) in seinem Rausch diesen listigen Selbstbetrug sogar noch in ein glänzendes Geschäft umdeutet und damit die Sauferei geradezu rechtfertigt.

4.10.3. *Didaktische Überlegungen*

a) Die drei Chelmer Geschichten sollten möglichst im Anschluß an die Schildbürgergeschichten behandelt werden. Im ersten Text ist unschwer das närrische Verhaltensmuster, das jenen zugrunde liegt, wiederzuerkennen. Auch die Parallele zwischen Chelm und Schilda liegt auf der Hand. Neu ist das Moment des Aberglaubens (frischer Schnee als Gedächtnisstärkung). Während die Schildbürger beim Häusertausch immerhin noch von einem richtigen Gedanken ausgehen (Tausch als Handels- und Wirtschaftsprinzip), sind hier Aberglauben und Narrenlogik in grotesker Weise miteinander verbunden (Lernziel a).

b) Die „Narren" der beiden anderen Geschichten unterscheiden sich dagegen deutlich von den Schildbürgern und den Chelmern des ersten Textes: Während jedoch das Mißgeschick des jüdischen Räubers leicht in seinen Ursachen zu erkennen ist (nicht Dummheit und Unvernunft, sondern fromme Erziehung und Friedfertigkeit), ist die „Torheit", mit der die Kompagnons das Vierkreuzerstück hin- und herwandern lassen, von subtilerer Art; sie entspringt nicht wirklicher Unvernunft, sondern dient der Befriedigung ihres geheimen Wunsches, sich doch zu betrinken, ohne den Schwur zu brechen. Die Pointe ist Ausdruck der (aus vielen jüdischen Witzen bekannten) Kunst, sich selbst etwas vormachen zu können (Lernziele b und c).

c) Die Umsetzung der zweiten und/oder dritten Geschichte in ein Rollenspiel setzt bei der Klasse bereits Übung voraus und ist nur zu empfehlen, wenn sich unter den Schülern mimische Talente befinden. Unter dieser Voraussetzung sind vor allem die „Kompagnons" eine dankbare Spielvorlage (Fahrt auf dem Wagen bei zunehmender Trunkenheit).

4.10.4. *Methodische Hinweise*

a) Für die Behandlung des ersten Textes bieten sich zwei Wege an:

1. Die Schüler erarbeiten nach stiller Lektüre des Textes die Gemeinsamkeiten zwischen dem Verhalten der Chelmer und der Schildbürger. (Hilfsfrage: An welchen Ort aus einer anderen Geschichte erinnert die Stadt Chelm. Hinweis: Lest noch einmal die Geschichte vom Häusertausch.)

2. Der Lehrer beschreibt Chelm als das jiddische Schilda und liest (nach Klärung der Begriffe „Schammes“ und „Schul“) den Text vor bis Zeile 6 „. . . zertreten würde.“). Aufgabe der Schüler ist es, eine Lösung („Was werden die Chelmer jetzt tun?“) zu entwickeln, die der ihnen bekannten Schildbürgerlogik entspricht.

b) Auch die zweite Geschichte („Ein jüdischer Räuber“) läßt sich verschieden erarbeiten:

1. Die unbekannten Begriffe werden zunächst in Form einer Einführung (Judentum — Israel) geklärt (Tafelanschrieb). Dann trägt der Lehrer den Text vor und stellt das „närrische“ Verhalten des verhinderten Räubers zur Diskussion.

2. Soll dagegen der Text in ein Rollenspiel umgesetzt werden, so empfiehlt sich eine stille Lektüre mit einer anschließenden Besprechung, aus der heraus die Sprechgestalt des Dialogs und das Spiel (Szene — Erzähler — handelnde Personen) entwickelt werden.

c) „Kompagnons“ ist die interessanteste und zugleich schwierigste der drei Geschichten. Hier empfiehlt es sich, die beiden Personen, die sich schon von ihren Namen her zum Verwechseln ähnlich sehen, deutlich unterscheiden zu lassen und sie als entgegengesetzte Rollen aufzufassen: Moschke wird zum verschmitzten Verführer; Juschke ist mehr der verführbare Trinker. Dabei wird auch das eigentliche Problem des Textes, das in der Pointe steckt, erörtert: Ist Moschke am Schluß wirklich der Meinung, daß sie ein „ganzes Fäßchen für einen Vierer“ ausgetrunken haben? Das Sich-selbst-zum-Narren-Halten sollte als eine komplizierte Form des Selbstbetrugs zum mindesten zur Sprache gebracht werden.

Schlingmann

ZUSATZTEXTE ERZÄHLUNGEN

1. Wolfdietrich Schnurre: Die Leihgabe

1.1. *Lernziele*

a) Die Schüler lernen die Grundgedanken des Textes zu erfassen und mit eigenen Worten wiederzugeben;

b) sie erarbeiten die sozial- und zeitkritische Darstellungsabsicht, indem sie die Diskrepanz von Wunsch und Realität an den drei Figuren des Textes beschreiben und die Motive für die „Leihgabe“ klären;

c) diese Figuren werden von Gruppen in einer kurzen Rollenbiographie der Klasse vorgestellt, wobei vor allem die Motivation des Handelns und das Sprachverhalten behandelt werden;

d) die Schüler klären, ob dieser Text sich zur kritischen Auseinandersetzung mit dem Verhalten der Leute heute eignet;

e) sie klären den Begriff Leihgabe und untersuchen, welche Funktion die Überschrift für den Text hat.

Sachanalyse, didaktische und methodische Hinweise vgl. Handbuch zu schwarz auf weiß 5. und 6. Schuljahr, Bühl - Hannover 1968, S. 166—168.

Bauer

2.6. Peter Hacks: Der Bär auf dem Försterball

2.1. *Lernziele*

a) Die Schüler isolieren die komisch-groteske Fabel der Erzählung;

b) sie untersuchen, wie sich die Förster gegenüber dem verkleideten Bären (Vorgesetzter) und gegenüber dem jungen Förster verhalten (Opfer);

c) sie bestimmen das Verhalten des Bären gegen Schluß und das Eingreifen der Frau des Bären als eine Wende zum äußerlich guten Ende;

d) sie erkennen, daß der Autor nicht nur eine „lustige" Geschichte für Kinder erzählt, sondern zugleich auch Kritik an der Anpassungsbereitschaft der Menschen üben will.

2.2. *Zum Text*

Der Autor bedient sich in seiner Geschichte eines bekannten Topos aus der Märchen- und Kinderliteratur: er läßt ein Tier handeln und sprechen wie einen Menschen, obwohl es ein Tier bleibt. Ähnlich wie z. B. im Märchen vom „Rotkäppchen", wo der Wolf sich als Großmutter verkleidet, läßt der Autor hier den Bären als Förster auf einen Maskenball gehen. Im Gegensatz aber zur Reaktion des Rotkäppchen, das die falsche Großmutter mißtrauisch ins Verhör nimmt, unterwirft sich der Förster dem Bären gleichsam automatisch, sobald er ihn an seinem tiefen Brummen erkannt hat, indem er ihn zu seinem Vorgesetzten, dem Oberförster, erklärt (Z 12 ff.). Diese Bereitschaft zur totalen Anpassung an die Situation zeigen auch die andern Förster; der Autor drückt es durch die sprachliche Wiederholung aus (Z 14 f., 24 f.; ähnlich noch einmal Z 49 f.). Wie der Bär „fressen" sie Hagebutten (Z 37) und laufen ihm widerspruchslos nach („die Förster hinterdrein" Z 41, 43, 46). Ihr blinder Gehorsam geht so weit, daß sie sich vom Bären als Oberförster bewegen lassen auszugehen, „den Bären schießen" (Z 30), und auf die provokative Behauptung des Bären, daß der Bär sich „als Förster verkleidet" (Z 52) unter ihnen befinden müsse, reagieren sie, indem sie ‚beschließen', der wehrloseste unter ihnen „sei der Bär" (Z 57). Psychologisch gesehen verdrängen sie die Tatsache, daß der „Oberförster" selbst der gesuchte Bär ist, und suchen sich stattdessen ein Opfer, das sie stellvertretend für den Bären „schießen" wollen (Z 63). Die Geschichte nimmt jedoch eine überraschende und äußerlich versöhnliche Wende: der Bär lenkt die Förster von dem Opfer auf sich selbst, indem er auf „Schwanz und Krallen" (Z 67) verweist, und die Frau des Bären verhindert eine längere Konfrontation. So erfahren der Bär und damit die Leser nicht mehr, wie die „Gesellschaft", in der sich der Bär „herumtreib(s)t" (Z 69), auf die Tatsache, daß man den Bären nun doch „gefunden" (Z 73) hat, reagieren werden. Die letzte satirische Entlarvung der opportunistischen „Förster", die natürlich stellvertretend für alle Gruppen mit ähnlichem Verhalten stehen, bleibt der schwarzen Phantasie des einzelnen Lesers überlassen.

2.3. *Didaktische und methodische Hinweise*

a) Der Text ist dem Band „Dichter erzählen Kindern" (Köln 1966) entnommen. Für diese wie auch für viele andere Erzählungen in dem Band ist kennzeichnend, daß die Autoren mehr als Kindergeschichten erzählen. Hinter der naiven, burschikosen oder skurrilen Erzählweise wird eine didaktische Tendenz sichtbar, und der Versuch erscheint legitim, diesen lehrhaften Zug auch den Schülern zu erschließen, selbst wenn davon ausgegangen werden müßte, daß Hacks und seine Mitautoren mit ihrer Belehrung mehr auf den erwachsenen Leser (z. B. die Eltern) zielen.

b) Von den Schülern sollte der Text primär als „lustige“, unterhaltsam-komische Tiergeschichte gelesen werden. Die direkten Anreden im Plural („ihr merkt schon“ Z 5, 8; „Ich weiß nicht, ob ihr es schon erlebt habt“ Z 27) legen einen Lehrer- oder vorbereiteten Schülervortrag nahe. Die Herausstellung der grotesken Fabel dürfte keine Schwierigkeiten machen. *Lernziel a).*

c) Die Untersuchung des Verhaltens der Förster gegenüber dem Bären und später gegenüber dem jungen Kollegen sollte parallel erfolgen, so daß sich eine Gegenüberstellung ergibt (Tafelbild), an der das opportunistische Verhaltensmuster ablesbar wird:

Bär	die Förster	*Förster*
als Förster verkleidet		ganz jung
ganz tiefe Stimme		kleiner Bart
viele Haare		wenig Geweihe
gefährliche Kraft		der Schwächste
gewaltiger Durst	Schreck ↙ ↘ Beschluß	*der Schüchternste*
„Oberförster“ ↓		„Bär“ ↓
Vorgesetzter		Opfer

(Lernziel b)

d) Die Erkenntnis, daß die Geschichte am Schluß äußerlich zu einem guten Ende abbiegt und daß dadurch der Leser die Aufgabe bekommt, sich das wahrscheinlichere Ende selbst auszudenken (1. Ohne das Eingreifen des Bären würde der junge Förster erschossen; 2. Ohne das Eingreifen der Frau des Bären würden die Förster vermutlich den Bären offiziell zu ihrem krallenbewehrten Oberförster erheben), wäre durch gezielte Fragen des Lehrers anzubahnen. Erzwungen werden kann das *Lernziel c)* nicht. Dasselbe gilt für *Lernziel d).* Der Autor erzählt seine Geschichte eben nicht nur zum harmlosen Vergnügen der Kinder.

3. Michail Sostschenko: Der Rettungsanker

3.1. *Lernziele*

a) Die Schüler arbeiten das Spannung erzeugende Kernmotiv der Erzählung heraus;

b) Sie erfassen den Gegensatz zwischen unmenschlicher Kriegssituation und menschlichem Individuum;

c) Sie erkennen, daß der Ich-Erzähler sich absichtlich als unwissend hinstellt, um dadurch eine komisch-satirische Wirkung zu erzielen;

d) Sie untersuchen den pointierten Schluß, dessen besondere Komik auf dem unangemessenen Verhalten des Ich-Erzählers beruht.

3.2. *Ergänzende Hinweise*

a) Der„ Held“ dieser komisch-satirischen Ich-Erzählung, ein notorischer Zivilist, stellt sich mit Absicht als besonders ungeschickt und in Kriegsdingen unwissend hin. Er macht sich zum Objekt des Gelächters, aber in Wirklichkeit stellt er mit seinem unheroischen Verhalten die eigentlich menschliche Gestalt in dieser Kriegsgeschichte dar. Seine Gegenspieler — der Partner an der Mine, die Marinesoldaten, der Kapitän — dagegen erweisen sich als tüchtige und der Situation gewachsene Leute, die genau wissen, was zu tun und zu lassen ist, und die aus eben dieser Situation heraus auch zu unmenschlichen Reaktionen fähig sind (z. B. Z 50 ff., 73 ff.). Das im Gegensatz zu den anderen Figuren unangemessene Verhalten des Ich-Erzählers wird am Schluß auf die Spitze getrieben (Pointe): er trauert seinem verlorenen Hemd nach, obwohl er gerade dem Tode entronnen ist, d. h. er verkennt auch zuletzt noch die Brutalität des Krieges, angesichts deren das Hemd eines Zivilisten keine Bedeutung mehr besitzt. Diese bewußte „Unstimmigkeit“ (hilfloser „Held“/tüchtige Gegenspieler) soll den Leser zu einer Stellungnahme gegen die Situation und damit gegen den Krieg provozieren.

b) Die um das Kernmotiv „Mine wird zum Rettungsanker“ kreisende Handlung der Geschichte dürfte keinerlei Verstehensschwierigkeiten bereiten. Entscheidend für das Verständnis der satirischen Absichten des Autors (von der Erzählweise her ist der Text schwankhaft-unterhaltend) ist jedoch die Einsicht in die Rolle des fingierten Ich-Erzählers, der sich bewußt hilflos hinstellt, um dadurch den Kontrast zwischen zivilem Individuum und kollektiver Kriegsatmosphäre zu verschärfen. Daß es sich bei dem Ich-Erzähler um eine fiktive Rolle handelt, kann der Lehrer durch eine biographische Information deutlich machen: Sostschenko meldete sich 1915 als Zwanzigjähriger freiwillig zum Kriegsdienst, wurde Offizier und gehörte 1918/19 der Roten Armee an.

c) Ähnlich wie in Foitziks Text „Die Panne“ erfährt auch der Titel dieser Geschichte eine unerwartete Realisierung: Der Rettungsanker erweist sich als Seemine, und der Schiffsbrüchige ist in Gefahr, entweder mit der Mine in die Luft zu fliegen oder ohne sie zu ertrinken. Entsprechend könnte auch hier (vgl. Foitzick, Ergänzende Hinweise c), S. 122) der Lektüre eine Betrachtung des Titels vorausgehen. Die Analyse des Spannung erzeugenden Kernmotivs wäre dann die erste Aufgabe *(Lernziel a)*. Die Erarbeitung der übrigen *(Lernziel b u. c)* könnte von der biographischen Information (vgl. b) ausgehen, die das Problem aufwirft: Wie ist es zu erklären, daß ein Autor, der selbst Soldat und sogar Offizier war, sich als kriegsuntauglichen Zivilisten hinstellt? Die Folgerung, daß der Autor mit dem Ich-Erzähler nicht identisch ist, leitet über zu der Klärung der mit dieser Fiktion verbundenen satirischen Absicht.

Schlingmann

4. Hans Sachs: Die Hasen fangen und braten den Jäger

4.1. *Lernziele*

a) Die Schüler erkennen die Erzählung als Unsinnsgeschichte, die die Wirklichkeit auf den Kopf stellt;
b) sie schreiben heraus, was über den Jäger und die Hasen ausgesagt wird;
c) sie stellen den Zusammenhang zwischen der Lehre Senecas und der Umkehrgeschichte her und erkennen diese als Beispielgeschichte;
d) sie untersuchen den Aufbau der Geschichte;
e) sie erkennen die Lehre Senecas als Grunderfahrung menschlichen Zusammenseins und stellen den aktuellen Bezug zur eigenen Schulklasse und zum eigenen sozialen Verhalten her;
f) sie spielen die Geschichte.

4.2. *Sachanalyse*

4.2.1. Bei der vorliegenden Erzählung handelt es sich um eine *Umkehrgeschichte satirischen Charakters*. Ein altes und beliebtes Thema wird aufgegriffen: Die Gejagten werden zu Jägern und besiegen den, der sie bisher gejagt hat. Geradezu grotesk ist es, daß es gerade die Hasen sind, deren Ängstlichkeit ja sprichwörtlich ist (‚Angsthase‘), die sich zusammenschließen und ihren Peiniger schließlich hinrichten.

4.2.2. Der Aufbau ist dreiteilig:

I. Rahmenhandlung (1—4): Der Ich-Erzähler führt in die Geschichte ein.
II. Binnenhandlung (4—53): Die Hasen fangen und braten den Jäger.
III. Rahmenhandlung (54—58): Der Erzähler denkt über das Erlebte nach und findet die Lehre des Philosophen Seneca über die Tyrannei bestätigt.

4.2.3. *Lehrhafte Absicht:* Es ging Hans Sachs darum, die Lehre des Philosophen Seneca anhand einer Beispielgeschichte zu erläutern.
Seneca warnt die Tyrannen: sie sollen ihre Macht nicht dazu mißbrauchen, ihre Untertanen zu bedrücken und zu schinden; wenn diese sich zusammentun, sind sie stärker und drehen den Spieß um: für die Zeitgenossen Senecas sehr aktuell, da sie unter der Willkür der römischen Kaiser litten.
Hans Sachs greift diese Lehre auf: in der Beispielgeschichte zeigt er den Fürsten, was geschehen kann, wenn sie ihre Überlegenheit mißbrauchen; die Zeitgenossen haben es schon am eigenen Leibe erfahren im Bauernaufstand 1525. Der Jäger der Beispielgeschichte ist also mit den Fürsten gleichzusetzen und die Hasen mit den Untertanen. Mit Hilfe dieses Schlüssels kann man nun die ursprünglich paradox erscheinende Geschichte (Hasen jagen ihren Jäger) auf dem Hintergrund der Zeitgeschichte lesen und als zeit- und gesellschaftskritische Warnung verstehen. Unabhängig von der Zeitgeschichte ist in der Erzählung aber auch eine Grunderfahrung menschlichen Zusammenlebens festgehalten: Die Macht des Stärkeren wird zur Ohnmacht, wenn sich die Schwachen zusammentun.

4.3. *Didaktische Hinweise*

4.3.1. Der Schüler des 5. Schuljahres kann in dieser Geschichte ein formales Bauprinzip wiederentdecken, das er bereits beim Fabelkurs erkannt hat: die *Handlungsumkehr.*

4.3.2. Inwieweit zeitkritische Zusammenhänge erkannt werden, hängt vom Bildungsstand der Schüler ab; jedenfalls können anhand der Beispielgeschichte Erfahrungen der Schüler bewußtgemacht werden:
— bestehende Zustände sind nicht unbedingt gut, sie können durch Mißstände gekennzeichnet sein, die beseitigt werden können.
— überlegene Macht kann geschwächt werden, wenn die Schwachen sich zusammentun und solidarisieren.

4.3.3. Die Geschichte von Hans Sachs kann einen aktuellen Bezug erhalten, wenn die Schüler sich selbst als ‚Hasen‘ erkennen, die wegen ihres Alters, ihres Entwicklungs- und Bildungsstandes die Schwachen sind.

4.4. *Methodische Hinweise*

Ein möglicher Weg:

4.4.1. Man liest die Geschichte bis Z 4 ‚Reichstag‘ vor und läßt die Schüler die Geschichte weitererzählen. Dann wird die Geschichte zu Ende gelesen (ohne die Lehre 54—58).

4.4.2. Freies Gespräch: Die Geschichte verlief anders, als die Schüler sich vorgestellt haben.

4.4.3. Die Lehre des Philosophen Seneca (54—58) wird vorgelesen und besprochen: Der Jäger ist der Tyrann und die Hasen sind die Untertanen.

4.4.4. Alles herausschreiben, was über den Jäger und was über die Hasen gesagt wird; dabei wird klar, daß die Hasen Menschen darstellen: Sie sprechen, argumentieren und handeln wie Menschen. Die 350 vom Jäger getöteten Hasen hatten alle einen Namen (30).

Der grausame Jäger ohne Erbarmen (7) kommt erst zur Einsicht, daß er töricht gehandelt hat, als es zu spät ist (44/45).

4.4.5. Untersuchung des Aufbaus:

I. Rahmen: Einführung ins irreale Geschehen (1—4).

II. Binnenhandlung: (4—55) Die Hasen fangen und braten den Jäger.

III. Rahmen: Bestätigung der Lehre des römischen Philosophen Seneca. Das irreale Geschehen wurde erzählt, um mit Hilfe der Verfremdung reale Erfahrungen des menschlichen Zusammenlebens zu demonstrieren.

4.4.6. Darstellendes Spiel:
Einleitung (Z 1—4), Bericht über die Gefangennahme (Z 22—29) und Vorbericht zum Bekenntnis des Jägers werden von einem Sprecher gesprochen, die drei Szenen Beratung der Hasen, Gerichtsverhandlung und Bekenntnis der Schuld werden gespielt.

Esch

5. Walter Foitzick: Die Panne

5.1. *Lernziele*

a) Die Schüler erkennen, daß der Autor sich in seinem Text über die Autofahrer und einige ihrer typischen Eigenarten lustig macht.

b) Sie untersuchen die Absicht des Autors, den Leser für seinen Standpunkt zu gewinnen, indem er ihn anredet (Z 1, 24), ihm Empfehlungen gibt (Z 18) und ihn indirekt auffordert, sich ebenfalls ein „Kastanienklopfwerk" zuzulegen.

c) Sie erfassen die ironische Umwertung, die der Autor mit dem Begriff „Panne" vornimmt: An die Stelle des vom Leser erwarteten negativen Ereignisses tritt die absichtlich herbeigeführte angenehme Unterbrechung der Autofahrt.

5.2. *Ergänzende Hinweise*

a) Der Text stellt eine gutartige, humorvolle Satire auf den Autofahrer und sein Verhältnis zum Auto dar. Wie leicht der Wagen für seinen Besitzer zum Fetisch werden kann, ist eine bekannte Erfahrung. Dadurch daß der Verfasser sich als „ausgezeichneter Mitfahrer" (Z 7) ausgibt, kann er sich vom Fahrer distanzieren und ihn zu einem komisch-satirischen Objekt verfremden. Scheint es zunächst, als richte sich die Satire vorwiegend gegen die Anfälligkeit des Autos für Pannen und damit gegen die Abhängigkeit des „Automobilisten" (Z 32) von der Technik, so nimmt der Text im letzten Teil eine überraschende Wendung: Gerade weil die heutigen Autos und ihre Motoren so (relativ) selten zu Defekten neigen, muß man die Pannen künstlich herbeiführen, um in den Genuß einer kleinen Unterbrechung der Fahrt zu kommen. Hinter der indirekten Empfehlung an die Mitfahrer, sich auch ein „Kastanienklopfwerk" (Z 36) zuzulegen, steht der Appell an die Vernunft, sich nicht zum Sklaven des Tempos und der reibungslosen technischen Beförderung machen zu lassen. Der letzte Satz stellt eine zusätzliche ironische Pointe dar: Man muß das Klopfwerk „natürlich" auch abstellen können, denn schließlich kann man ja nicht immer nur „Panne" spielen; einmal muß man mit dem Wagen auch ankommen.

b) Eine Schwierigkeit für die Behandlung des Textes im Unterricht kann sich daraus ergeben, daß die Schüler in ihrer Einstellung zum Auto als einer ausschließlich positiven Errungenschaft stark fixiert sind und für die humorvoll-satirische Kritik zunächst kein Verständnis zeigen. Nun kann aber gerade dieser Text als Anstoß dienen für ein erstes Infragestellen eines solchen unbedingten

Glaubens an das Auto und für die Einsicht, daß man leicht zum Sklaven dessen wird, was man besonders schätzt. Ein weiteres Problem für die Behandlung stellen die vom Autor verwendeten indirekten Mittel der Kritik dar: Ironie, Übertreibung, Spott, Komik und ihre Mischformen. Auch hier kann der Text einen Beitrag dazu leisten, die Schüler für die Aufnahme und den Genuß an solchen Sprechweisen zu sensibilisieren.

c) Bei der Darbietung des Textes ergibt sich eine Schwierigkeit bereits aus dem ersten Wort: Die Schüler müssen es als Anredefürwort identifizieren; der Autor, der das folgende „geschrieben" (Z 2) hat, wendet sich an erwachsene Leser, die größtenteils Autofahrer sind. Die Schüler können in diese Situation eingeführt werden durch isolierte Betrachtung bzw. Besprechung des ersten Satzes. In diesem Fall geht die Erarbeitung von *Lernziel b* aus. Ein Lehrervortrag empfiehlt sich bei Klassen, die überwiegend aus schwerfälligen Lesern besteht. Durch den Ton des Vortrags kann bereits die Erkenntnis angebahnt werden, daß der Autor sich hier über etwas lustig macht *(Lernziel a)*. Die ironische Umwertung der „Panne" kann dadurch thematisiert werden, daß der Lehrer zunächst die Lektüre einer Geschichte mit dem Titel „Die Panne" ankündigt und Vermutungen über ihren Inhalt anstellen läßt; aus der Tatsache, daß die durch den Titel erregte Erwartung nicht erfüllt wird, ergibt sich der Anstoß für die Erarbeitung von *Lernziel c*.

Schlingmann

BILDERGESCHICHTEN

1. Jean Jacques Sempé: Hinein ins Wasser

1.1. *Lernziele*

Die Schüler lernen:

a) ihre Beobachtungsfähigkeit für bildliche Mitteilungen zu differenzieren;
b) Situationen zu erfinden und zu verbalisieren, die der Geschichte vorausgegangen sein könnten und das Verhalten der Kinder erklären;
c) sprachliche Mittel in möglichst vielen Varianten zu erfinden, wie die Kinder durch die Lehrerin angefeuert werden könnten;
d) aus ihrer Kenntnis von Comics einige Unterschiede zwischen dieser Bildgeschichte und der Darstellungstechnik in einem Comic zu nennen.

1.2. *Sachanalyse.* Diese Bildergeschichte ist durch folgende Besonderheiten gekennzeichnet: Sie erzählt eine sehr kurze, fast auf die Pointe reduzierte Story, sie deutet durch sparsamen Gebrauch der zeichnerischen Mittel mehr an, als daß sie ausführt, sie erwartet den amüsierten, in seiner Phantasie selbständig die Geschichte ausgestaltenden Betrachter.

1.2.1. Anders als bei den meisten unterhaltenden Comics wird hier alles weggelassen, was nicht unmittelbar auf die Pointe hinzielt. So werden die Vorbereitungen auf das Bad nur durch ein paar verstreute Kleidungsstücke sichtbar gemacht. Dargestellt werden nur zwei Erzählmomente: Begeisterter gemeinsamer Lauf von Lehrerin (?) und Schülern zum Meer, übereinstimmendes Zurückbleiben der lieben Kleinen am Ufer. Wie das Verhältnis zwischen Lehrerin und Schülern ist und wie es zu dieser Übereinstimmung kommt (Absprache, Scheu aller außer der Lehrerin vor dem kalten Wasser), muß sich der Betrachter hinzudenken.

1.2.2. Das nur andeutende Erzählen mit zeichnerischen Mitteln kommt nicht nur durch Verzicht auf eine größere Bilderfolge zustande: auch die Zeichnungen selbst sind mehr andeutend als ausgestaltend. Der äußere Rahmen wird nicht durch zahlreiche bildlich-figürliche Elemente erstellt, der Fortgang der Handlung nur durch die Fußspuren und eine geringfügige Änderung der Perspektive (weiter weg im ersten Bild als im zweiten) deutlicher gemacht.

1.2.3. Der Phantasie des Betrachters bleibt also mehr Spielraum als bei einem Comic, der möglichst mit ins Auge springenden Mitteln Spannung zu erzeugen versucht. Das gilt auch für die Einsparung der sprachlichen Mittel: Äußerungen, Gedanken, Empfindungen werden nicht durch Sprach- und Denkblasen vorgegeben, sondern nur im Mienenspiel, vor allem der Lehrerin, und der Bewegung der Figuren indirekt faßbar.

1.3. *Didaktische Überlegungen*

1.3.1. Die Handlungsweise der Kinder in dieser Bildergeschichte ließe sich auf die Formel bringen: „Wir sollen wollen, aber wir wollen nicht sollen." Dieses hier komisch wirkende Mißverhältnis zwischen Motivation zur Eigentätigkeit und Reaktion auf einen versteckten Imperativ sollte den Lehrer zwar dazu bewegen, appellative Sprachmuster bewußtzumachen, ihn aber daran hindern, gerade *diese* ‚lustige' Geschichte zum Anlaß für einen Aufsatz zu nehmen.

1.3.2. Motivierend sollte vielmehr die Kunst des Andeutens sein: Der Schüler kann frei seine Vorstellungen zu den Bildern entwickeln und mehrere Möglichkeiten zum Text sehen und zum Ausdruck bringen.

1.3.3. Ziel des Unterrichtes ist also weniger die Analyse als das eigenständige Ausgestalten der Situation, in gewisser Hinsicht also die Anregung zu kreativer Tätigkeit. Daneben kann auch die Beobachtung struktureller Unterschiede zum Comic treten, ohne daß diese Beobachtungen etwa systematisiert werden sollten.

1.4. *Methodische Hinweise*

Die unter 1.1. und 1.3. gegebenen Hinweise sollten hier — da es nicht um eine systematische Analyse geht — für das Unterrichtsgespräch genügen. Der Lehrer sollte dieses Gespräch dann enden lassen, wenn das Interesse der Schüler nachläßt, also nicht unbedingt eine ganze Unterrichtsstunde auf diesen Gegenstand verwenden.

2. e.o.plauen: Die Gegenmaßnahme

2.1. *Lernziele*

Die Schüler lernen:

a) eine in Bildern erzählte Geschichte mit sprachlichen Mitteln vollständig, in sich verständlich und in richtiger Reihenfolge wiederzugeben;

b) nach Veränderung einer in der Geschichte gegebenen Bedingung möglichst viele Varianten über den möglichen anderen Verlauf zu erfinden und aufzuschreiben;

c) aufgrund eines vorgegebenen Zwischentextes zwischen Bild 3 und Bild 4 die Bildelemente zu benennen, aus denen sich dieser Zwischentext als schlüssig ergibt;

d) selbständig Zwischentexte zu erfinden, in denen die Ereignisse zwischen Bild 4, Bild 5 und 6 folgerichtig wiedergegeben werden;

e) durch den Vergleich zwischen sprachlicher und bildlicher Darstellung Merkmale der Mitteilungstechnik durch sprachliche und bildliche Zeichen zu erschließen.

2.2. *Sachanalyse*

2.2.1. Es handelt sich um eine Bildergeschichte in zwei Teilhandlungen, die zugleich parallel (Reitversuche) und gegensätzlich sind (Mißlingen und Gelingen): die Parallelität kommt am stärksten in Bild 2 und 5 zum Ausdruck (das Pferd läßt die Reiter hinter sich), die Gegensätzlichkeit in den beiden Höhepunkten 3 und 6. Bild 4 stellt den Wendepunkt dar (Satteln mit nach hinten weiterlaufendem Brett), der die „Gegenmaßnahme“ einleitet.

2.2. Obwohl es sich also um eine sehr handlungs- und bewegungsreiche Bildergeschichte handelt, werden auch hier nur die unbedingt notwendigen Erzählmomente dargestellt. So wäre z. B. ohne Bild 2 die Gegenmaßnahme 4 nicht verständlich; ohne 5 wäre 6 nicht ganz schlüssig. Zwischen den dargestellten Episoden aber finden Ereignisse statt, die aus der Bilderfolge erschlossen werden können, so etwa zwischen 3 und 4. Obwohl Bild 4 erst mit dem Verknoten des Seils wieder anfängt, kann alles Vorhergehende aus den Bildern 2 bis 4 erschlossen werden, ohne daß es für den „Leser“/Betrachter in dieser Geschichte Lücken gäbe. Die Information durch den Bildtext ist also nicht unzureichend (siehe dazu 2.4.3.).

2.2.3. Sieht man von den wenigen Bewegungslinien auf Bild 6 (Vater) ab, so wird die ganze Geschichte nur durch die Zeichnung der Figuren erzählt, also unter Verzicht auf sprachliche, graphische (Pfeile etc.) und farbliche Zeichen (Signalfarben). Das hängt mit der Technik e.o.plauens zusammen, durch karikierendes Übertreiben der Figuren (etwa die Mimik und Gestik des Pferdes) das dramatische Geschehen ganz einfangen zu können. Vergleichbar mit Comics ist, daß auch plauen typisierte Figuren (Vater und Sohn) erfunden hat und immer wieder auftreten läßt.

2.3. *Didaktische Hinweise*

2.3.1. Es handelt sich bei einer solchen Bildergeschichte nach heutigem Verständnis dieses Begriffes um einen Text, und zwar um einen erzählenden Text mit unterhaltender Absicht. Der Schüler kann diesem Text genauso Mitteilungen entnehmen wie einer mit sprachlichen Zeichen erzählten Geschichte.

2.3.2. Eine Bildergeschichte wie diese kann zur Förderung der sprachlichen Kreativität[1] eingesetzt werden, da sie reich an äußerer Handlung und Dramatik ist und ihre Situationskomik Anreiz sein kann zum Nacherzählen mit sprachlichen Mitteln.

2.3.3. Der unvermittelte Einstieg und der Schluß, der dem Ausgang mancher Lügengeschichten ähnelt, können auch die eigene Erzählfähigkeit der Schüler anregen. Die heute vieldiskutierte Schulung der kommunikativen Kompetenz kann nicht nur in der Einübung zweckmäßiger sprachlicher Verhaltensweisen bestehen, sondern trotz der Schwierigkeit von Lernzielbeschreibung und Rechtfertigung der gesellschaftlichen Funktion der (bloßen) Unterhaltung auch in der Förderung der Erzählfähigkeit.
Darüber hinaus dient ein produktiver Umgang mit diesem Text auch der Entwicklung der Flexibilität (der Fähigkeit, zu einem bestimmten Thema aufgrund einer veränderten Bedingung Varianten zu erfinden).

2.4. *Methodische Hinweise*

2.4.1. Die Nacherzählung mit sprachlichen Mitteln sollte nur dann schriftlich versucht werden, wenn in der Klasse folgende Voraussetzungen gegeben sind:

— Diese Art der Nacherzählung sollte an einfacheren Bildergeschichten im 3. und 4. Schuljahr etwa geübt worden sein, da sie sonst leicht zu einer spannungslosen Inhaltsangabe ohne Erfassen von Details wird.

— Der Schüler muß erfassen, daß er nicht auf die Bilder Bezug nehmen kann (also nicht: „Auf dem ersten Bild sehen wir ...“), sondern einen ohne Bilder in sich verstehbaren Text verfassen muß, der die Geschichte vollständig erzählt.

— Vor Beginn des Schreibens sollte der Lehrer die Schüler dazu anregen, sich zunächst das erste Bild genau anzusehen, dann die Bilder 1 und 2 als Folge zu begreifen.

— Die Schüler sollten über den Wortschatz hinaus einige Mittel des Erzählens kennen: Ausdruck von Gefühlen und Gedanken, kleine Dialoge, Ausrufe und Zurufe, Stellung des gefühlsmäßig betonten Satzgliedes am Satzanfang etc.

2.4.2. Die Erfindung von Varianten kann mit einer Vorarbeit beginnen: Jeder Schüler beantwortet schriftlich in höchstens drei Sätzen die Frage: „Wie kommen Vater und Sohn auf das Pferd?“ Sie erörtern anschließend im Unterrichtsgespräch die Zahl der verschiedenen Antworten bei einer so eng gestellten Aufgabe und den Grund, weshalb den Zeichner diese Frage nicht interessiert hat.

[1] Klaus Gerth (Hrsg.): Lehrerbegleitheft zu Bildergeschichten, Hermann Schroedel Verlag KG, Hannover-Berlin-Darmstadt-Dortmund 1972, S. 4—6.

Mündlich oder schriftlich erfinden sie Varianten zu Bild 5 und 6 unter veränderten Bedingungen: Vater und Sohn legen das Brett quer über den Sattel; sie nehmen statt des Brettes ein paar Luftballons; sie bauen eine Schubumkehr wie beim Düsenflugzeug; sie haben nur das lange Seil und Rollschuhe an den Füßen. Höchstens zwei solcher Möglichkeiten der Variation sollten gegeben werden. Ohne daß man die Schülerarbeiten dabei abwerten muß, kann man auch durch Vergleich von Bild 2 mit 5 und 3 mit 6 zu zeigen versuchen, weshalb in der Bildergeschichte selbst das längsgelegte Brett und keine andere „Gegenmaßnahme" gewählt worden ist.

2.4.3. Vorbereitend kann der Lehrer von den Schülern beschreiben lassen, wie etwa im Comic die Bilder 2 und 3 dargestellt würden, ob auch ein Comic mit Bild 1 so beginnen würde. Da es weniger um den Comic als um diese Bildergeschichte geht, muß dieses Gespräch nicht ausführlich sein. Als Tafelanschrieb kann nun folgender Text gegeben werden:

Zwischen Bild 3 und Bild 4:
Vater und Sohn stehen auf. Sie prüfen, ob die Beine noch heil sind. Sie klopfen sich den Hosenboden ab. Sie holen ein langes Brett und ein langes Seil. Sie suchen das Pferd und finden es. Sie legen ihm das Brett über den Sattel, mit dem Ende nach hinten. Der Sohn steigt auf (Der Vater hebt den Sohn auf das Pferd). Er hält das Brett. Vater legt dem Pferd den Strick um den Bauch und zieht ihn fest um das Brett.
Die Schüler beschreiben genau, aus welchen Teilen der Bilder 2 bis 4 man schließen kann, daß all das in der Zwischenzeit passiert sein muß. Sie können zwischen den Bildern 4 und 5 und 5 und 6 in Gruppen ähnliche Ereignisse feststellen und beschreiben.

3. Jean Jacques Sempé: Die Henkelvase

3.1. *Lernziele*

Die Schüler lernen:

a) eine Bildergeschichte ganz oder teilweise mit sprachlichen Mitteln wiederzugeben;
b) aus der Mimik und Gestik der gezeichneten Figuren die Gemütsbewegung zu erschließen und in Form möglicher Gedanken der Mutter auszudrücken;
c) das Verhältnis von Mutter und Sohn zueinander aus dem Geschehen und der gezeigten Wohnungseinrichtung zu erschließen, im Schulspiel darzustellen und zu diskutieren.

3.2. *Sachanalyse*

3.2.1. Die Ausstattung des Raumes wird nur in den ersten beiden Situationen dargestellt: Plüschsofa, Bilder, ‚antikes' Kommödchen. Sie kann als erklärender Hintergrund angesehen werden für den Bubenstreich mit der Henkelvase und die Reaktion der Mutter nach der Entdeckung des furchtbaren Irrtums. Die Vase ist Prunkstück einer wohlgeordneten Wohnung, für die Mutter sorgsam gepflegtes Familienerbstück, ängstlich gehütet; für den Sohn unbrauchbarer, dem Bewegungsdrang hinderlicher und daher gehaßter Gegenstand, Ursache vieler Rügen. Der Streich gelingt: Die Mutter selbst — vor die Wahl zwischen Vase und Sohn gestellt — entscheidet sich immerhin für den Sprößling und zerschlägt kostbarsten Besitz.

3.2.2. Auch der ‚Leser'-Betrachter wird erst im letzten Bild aufgeklärt, wie die Mutter selbst. Er kann an ihren Augen ihre heftige Gemütsbewegung ablesen:

(nichtsahnend) — erstaunt — entsetzt — besorgt — fassungslos — starr vor Wut. Von der Gemütsverfassung des Söhnchens sieht man bis zum Schluß nichts. Erst dann wird sein breites Grinsen sichtbar. (Der Rest ist Schweigen!)

3.2.3. Ähnlich wie bei der ersten Bildergeschichte arbeitet der Zeichner hier mit sparsamsten Mitteln und läßt der Phantasie des Betrachters viel Spielraum. Selbst das Mienenspiel der Mutter ist nur an Blick und Körperhaltung — also mehr indirekt als direkt ablesbar. Das Weglassen des Enterieurs in Bild 3 bis 5 ist offenkundig beabsichtigt, um den Blick ganz auf das Zerschlagen der Vase und die Entdeckung des Betrugs zu lenken.

3.3. *Didaktische Hinweise*

3.3.1. Einige der didaktischen Hinweise zu Sempé (Das Bad) und e.o.plauen, „Die Gegenmaßnahme", gelten auch hier (Sempé, 1.3.2. und 1.3.3.; plauen, 2.3.2.), so daß nicht mehr eigens darauf eingegangen werden muß.

3.3.2. Die Geschichte hat nicht so viel äußere Handlung wie die plauens, im Grunde ist, äußerlich gesehen, nur die Mutter in Bewegung. Ihre Gemütsbewegung im Gegensatz zum erst am Schluß gezeigten Grinsen des Sohnes ist mehr von innerer Dramatik. Aus diesem Grunde sollte diese Bildergeschichte erst als letzte dieser Gruppe behandelt werden.

3.3.3. Die Fortsetzung einer Geschichte mit einer so delikaten Pointe und auch die Erfindung einer Vorgeschichte empfiehlt sich in diesem Falle nicht. Ziel sollte vielmehr sein, die Funktion der sparsam verwendeten bildlichen Zeichen und die innere Dramatik so nuanciert wie möglich zu erschließen.

3.4. *Methodische Hinweise*

3.4.1. Wenn diese Bildergeschichte schriftlich nacherzählt werden soll, muß über die innere Dramatik vorher ein Gespräch über die Beziehung beider zur Henkelvase und die Mimik und Gestik der Mutter dem Schreiben vorangehen, da sonst die Nacherzählung unanschaulich und spannungslos bleiben dürfte.

3.4.2. Eher empfiehlt sich, nur einen Teilaspekt dieser Geschichte schriftlich festzuhalten und die Darstellung des Ganzen in einem szenischen Spiel zu versuchen. Dann hat der ‚Aufsatz' vorbereitende Funktion und ist nicht Ziel der Arbeit.
Die Schüler versuchen nach einem ersten Unterrichtsgespräch über die Bildergeschichte, in vier Gruppen (Einzelarbeit oder gemeinsame Arbeit) zu notieren, was die Mutter denkt und fühlt.

Gruppe 1: Unmittelbar vor Eintreten des Sohnes, bei seinem Anblick: Gruppe 2: Beim Hammerholen; Gruppe 3: Beim vorsichtigen Zerschlagen der Vase (über den Sohn, über die Vase); Gruppe 4: Beim Anblick des leeren Vaseninnern und des grinsenden Gesichtes.

3.4.2. Anschließend werden gemeinsam die Ergebnisse diskutiert und zu einem ‚inneren Monolog' der Mutter zusammengestellt. Während zwei Schüler pantomimisch und ohne ein Wort zu sprechen die Geschichte spielen (dabei sollten durchaus als Requisiten ein Krug [Papierkorb] und ein Mantel benutzt werden!), spricht ein weiterer Schüler den gedanklichen Monolog, der von der ‚Mutter' pantomimisch ausgedrückt werden muß.

3.4.3. Es ist durchaus möglich, diese Bildergeschichte vom Ende zum Anfang ‚zurückzulesen', so wie es der Betrachter solcher Bildergeschichten häufig tut. Erst wenn auf diese Weise oder im Unterrichtsgespräch die Vorstellung geweckt ist, kann die Funktion der Darstellung des Wohnungsinneren in Bild 1 und 2 vom Schüler verstanden werden. Er versucht, von der Wohnungsausstattung auf die Hausfrau zu schließen und sich in die Rollen von Mutter und Sohn hineinzudenken. Daß eine solche Schlußfolgerung nicht zur Vorurteilsbildung beitragen soll, sondern nur im Blick auf diese Geschichte möglich ist, versteht sich dabei von selbst.

4. Wilhelm Busch: Die kleinen Honigdiebe

4.1. *Lernziele*

Die Schüler lernen:

a) die funktionalen Wechselbeziehungen zwischen den nichtsprachlichen und den sprachlichen Konstituenten zu beschreiben;

b) durch Vorlesen der sprachlichen Textteile ohne Bilder die Wirkung der fehlenden Bildnachrichten zu erfassen und zu beschreiben:
- — karikierte Figuren,
- — komische Wirkung der Bienenstiche;

c) diese Bildergeschichte von Busch mit einem Comic zu vergleichen und folgende Unterschiede der Darstellungstechnik zu beschreiben:
- — keine typisierten, sondern karikierte Figuren;
- — geschlossener Worttext ohne Trennung der gesprochenen (Sprechblasen) und der erzählten (epische Zwischentexte) Teile.

4.2. *Didaktische Hinweise*

4.2.1. Wilhelm Busch gilt als Vorläufer der Comics, weil seine Bildergeschichten Vorlagen der ersten Comics in den USA waren, auch wenn sie durch Druckverfahren und Serienproduktion sehr bald so stark verändert wurden, daß diese Vorläuferschaft heute kaum noch erkennbar ist.

4.2.2. In der vorliegenden Bildergeschichte ist der Worttext stärker als beim üblichen Unterhaltungscomic selbständiger Träger von Mitteilungen: er ließe sich im ganzen als geschlossener Text ohne Verweise auf die Bildkonstituenten lesen.

Dann allerdings könnte man die Geschichte als rein moralische Belehrung für zwei mißratene Jungen mißverstehen. Diese aber wird gerade parodiert, was in der Bildkonstituente deutlich wird: die herbeigerufenen Respektspersonen Schmied und Bader sind karikiert gezeichnet, die Wirkung der Bienenstiche wird komisch übertrieben.

4.2.3. Diese karikierende Übertreibung ist auch heute noch kennzeichnend für den Comic; aus der karikierenden Darstellung der Figuren bei Busch hat sich die Typisierung und Schwarz-Weiß-Technik (ingroup und outgroup im Comic) entwickelt. Das Gleichgewicht zwischen Bildnachricht und Wortnachricht in dieser Bildergeschichte (wenn man die Vollständigkeit und nicht die Mitteilungsabsicht im Auge hat!) ist abgelöst worden von einer Redundanz der Mitteilung in der Bildkonstituente des Comics und der Defizienz der Nachricht in der sprachlichen Konstituente.

4.2.4. In diesem Bereich kann der Schüler vergleichend Entdeckungen machen, ohne daß er dazu gezwungen werden sollte, Konstituentenanalyse im strengen und vollständigen Sinne zu betreiben. Auch die historische Dimension (faßbar in den auftretenden Figuren ‚Schmied' und ‚Bader' sowie der altertümlichen Art der Sprachverwendung) kann vom Schüler entdeckt werden, ohne daß sie im strengen Sinne erschlossen werden könnte.

Berg

GRUNDKURS FABEL

1. Textfolge

A

1. Äsop: Der Löwe und die Maus
2. Gotthold E. Lessing: Der Esel und der Wolf
3. La Fontaine: Der geschmeichelte Sänger

B

1. Äsop: Die Teilung der Beute
2. Martin Luther: Vom Kranich und Wolffe
3. Gotthold E. Lessing: Der Rabe und der Fuchs

C

1. Wilhelm Busch: Fink und Frosch
2. Johann Gottfried Herder: Der Löwe und die Stiere
3. Wolfdietrich Schnurre: Gottes schwierige Position

2. Lernziele

Die Schüler lernen

a) daß Fabeln Lehren erteilen wollen;
b) daß die Tiere, die in den Fabeln vorkommen, menschliche Eigenschaften und Verhaltensweisen verkörpern;
c) daß mit der Fabel auf indirekte Weise Kritik geübt werden kann;
d) daß die Wirkung der Fabel mit ihrer Bauform zusammenhängt (Antithetik, Kürze, Pointe);
e) daß es Prosa- und Versfabeln gibt;
f) daß Form und Lehre der Fabeln geschichtlich bedingt sind.

3. Didaktische Begründung

3.1. Die Fabelproduktion zeitgenössischer Autoren (z. B. Anders, Arntzen, Kirsten, Schnurre, Thurber) zeigt, daß diese traditionsreiche Gattung immer noch lebendig ist. Es handelt sich bei ihr keineswegs um „Tiergeschichten“ für die Jugend, also um eine Gattung, die dem Bereich der Jugendliteratur angehört. Als kurze Erzählung besitzt sie vielmehr wie das Märchen oder die Anekdote poetischen Eigenwert; insofern sich der Fabulist ihrer als eines Mittels der Aufklärung über den Lauf der Welt und über menschliche Verhaltensweisen bedient, steht sie der Rhetorik und Didaktik im klassisch-antiken Sinne nahe.

3.2. Der intellektuelle Anspruch der Fabel (Aufklärung, Kritik) und ihr — im Vergleich zu anderen Gattungen — hoher Abstraktionsgrad (Reduktion, Symbolik) werden durch Anschaulichkeit und Prägnanz wieder wettgemacht, so daß eine Behandlung auch schon im 5. Schuljahr zumutbar ist:

3.2.1. Die Kürze der Fabel und die leichte Überschaubarkeit ihrer Handlung ermöglichen eine exakte Erfassung der Inhalte.

3.2.2. Die Klarheit des Aufbaus (Ausgangslage, Konflikt, Lösung), die Antithetik der Figuren und ihre geringe Zahl erleichtern die für das Finden der Lehre notwendige Abstraktion.

3.2.3. Die dramatischen Elemente (Handlungsumkehr, Umwertung, überraschender Schluß) setzen beim Leser den Prozeß der intellektuellen Auseinandersetzung in Gang.

3.2.4. Die leicht durchschaubare Symbolik, die auf einer konventionellen Zuordnung von menschlichen Eigenschaften und bestimmten Tieren beruht, fordert zur Übertragung und Anwendung heraus.

3.2.5. Der deutlich lehrhafte Charakter der Fabel kann Anlaß geben, die Absichten des Autors zu prüfen und so die Lehre der Fabel zu relativieren.

3.3. Die Auswahl und Gruppierung der Texte ist folgendermaßen begründet:

3.3.1. In Gruppe A werden zwei Prosa- und eine Versfabel angeboten.

A 1 stellt das klassische Beispiel einer Fabel dar, an dem sich alle wesentlichen Merkmale der Gattung erarbeiten lassen; der Kontext zu Äsop bietet zugleich eine geschichtliche Einführung und einen Ansatz, die „Lehre" am Schluß in Frage zu stellen.

A 2 verlangt die Anwendung des aus A 1 Gelernten und enthält zugleich zwei neue Elemente: die Ironie und die Aufforderung an den Leser, die Lehre nun selbst aus der Fabel zu ziehen; der Kontext zu Lessing läßt die persönliche Position des Verfassers erkennen und deutet dabei schon auf die Versfabeln A 3 und C 1 voraus.

A 3 weist neben der Versform eine besondere Variante der Lehre auf: der Sieger belehrt selbst den Besiegten und „verdient" sich damit in ironischer Weise erst seinen Sieg; der Kontext zu La Fontaine stellt wiederum Informationen für die Schüler bereit, die einem geschichtslosen, unkritischen Literaturkonsum entgegenwirken sollen.

3.3.2. Die Texte der Gruppe B sind denen der Gruppe A parallel zugeordnet, so daß je nach Klassensituation nach jedem A-Text noch ein B-Text behandelt werden kann.

B 1 ist wieder eine Äsop-Fabel; neu ist daran, daß sich statt zwei nun drei Figuren gegenüberstehen; der Fuchs als Dritter zieht hier selbst die Lehre aus der „Fabel" vom Löwen und Esel, indem er sie sogleich in die Tat umsetzt und die Beute „richtig" teilt. Es ist das Beispiel einer Fabel in der Fabel.

In B 2 ist im Vergleich zu A 2 der befremdliche Sprachstand neu; der Kontext zu Luther enthält eine theoretische Äußerung des Autors, die es ermöglicht, Theorie und Praxis der Fabel aufeinander zu beziehen und die „Wahrheit" der Fabel in schärferem Licht zu sehen.

B 3 ist die Lessingsche Version der Äsopischen Fabel vom Raben und Fuchs; ein Vergleich mit der Fassung von La Fontaine (A 3) führt zur Unterscheidung von nicht zeitgebundenem Fabel*motiv* und individuell-geschichtlicher Fabel*bearbeitung*.

3.3.3. Die Gruppe C unterscheidet sich von A und B nicht so sehr durch den höheren Schwierigkeitsgrad der Texte als vielmehr durch die Differenzierung in den einzelnen Lernzielen und durch das methodische Vorgehen.

C 1 bringt das Beispiel eines Autors, der den Schülern bereits von anderer Lektüre her bekannt sein dürfte („Max und Moritz"); hier ist die Lehre in der Weise variiert, daß der Leser sie selbst erst auf den menschlichen Bereich übertragen muß. Die Zeichnungen geben Anlaß zu der Überlegung, ob sich Fabeln nicht schon als Gattung besonders für Illustrationen eignen.

C 2 ist das Beispiel einer Fabel, die sich bereits in die Richtung einer psychologisierenden Tiererzählung bewegt; die dem Arbeitsblatt beigegebene äsopische Fassung ermöglicht die Herausarbeitung dieser Abweichung vom üblichen Gattungsstil.

In C 3 wird ein schwieriges theologisches Problem in der Form einer Fabel verdeutlicht; die „Lehre" besteht hier allein im Sichtbarmachen des Problems selbst.

4. Einzelanalysen

4.1. Äsop: Der Löwe und die Maus (A 1)

4.1.1. *Lernziele*

a) Die Schüler unterscheiden an der Fabel die Erzählung und die Lehre.

b) Sie erkennen, daß die beiden Tierfiguren einander antithetisch gegenüberstehen und als Symbole auf den menschlichen Bereich verweisen.

c) Sie entdecken die Zweigliedrigkeit der Erzählung und die ihr entsprechende Handlungsumkehr.

d) Sie begründen, worin das Spannende der Fabelhandlung besteht.

e) Sie weisen nach, daß die angefügte Lehre für das Verständnis der Fabel nicht notwendig ist.

f) Sie beschreiben Situationen, in denen Menschen aus dieser Fabel etwas lernen könnten.

4.1.2. *Sachanalyse*

a) Wie die meisten traditionellen Fabeln überzeugt auch dieses unter dem Namen des Äsop überlieferte Beispiel nicht etwa durch Naturtreue (das Geschehen widerspricht allen biologischen Erkenntnissen!), sondern allein durch seine innere Logik. Nach der Legende hat man sich Äsop als einen Verfechter der Wahrheit und der Interessen des Volkes vorzustellen, der über einen großen Vorrat an Fabeln verfügte, die er in Reden und Debatten an passender Stelle einzusetzen verstand. (Zur Ergänzung des Kontextes: Auf dem Gang zu seiner Hinrichtung soll Äsop vergebens versucht haben, Richter, Gegner und Volk durch das Erzählen von Fabeln von der Vollstreckung des Urteils abzuhalten.) Die Lehre am Schluß ist eine spätere Zutat, die nicht dem ursprünglich mündlichen Charakter der Fabel entspricht. Sie stellt bereits eine verallgemeinerte Anwendung dar und legt damit die Deutung der Fabel in unnötiger Weise fest.

b) Der erste Teil der Fabelerzählung endet damit, daß der Löwe die Maus gutmütig „lachend" laufen läßt. Auch der Leser kann sich nicht vorstellen, wie diese sich jenem einmal „dankbar erweisen" könnte. Um so überraschender ist dann die Ankündigung zu Beginn des zweiten Teils, daß sie ihm bald sogar „das Leben rettete". Mit erhöhter Spannung erwartet man nun die Lösung. Historisch ist die Fabel so zu verstehen, daß hier den Mächtigen geraten wird, die Schwachen zu schonen und sich dadurch ihre Dankbarkeit zu sichern, denn sie können nicht wissen, ob sie nicht eines Tages (z. B. bei Machtkämpfen) auf ihre Unterstützung angewiesen sind. Die Lehre der Fabel ist nicht „moralisch" im ethischen Sinne, sondern politisch-lebensklug: Sie will die Lage der „Schwächeren" (des Volkes) verbessern, indem sie das Verhalten der Mächtigen durch Hinweis auf deren eigenen Vorteil zu beeinflussen sucht. Selbst die Formulierung der Lehre ist nur aus der Sicht der Mächtigen zu verstehen: Schlecht sind die Zeiten allein für den Löwen, der sich fangen ließ. Dennoch ist die Fabel auch für die Schwachen lehrreich: Sie erleben den Mächtigen in seiner Ohnmacht und werden ermutigt, die Hoffnung nicht aufzugeben; die Rollen können auch wechseln.

4.1.3. *Didaktische Überlegungen*

a) Eine Schwierigkeit bei der Behandlung dieser Fabel könnte sich daraus ergeben, daß sie einigen Schülern bereits aus der Primarstufe bekannt ist und (fälschlich) als zu leicht empfunden wird. Als Eingangstext für den Fabelkurs hat sie jedoch die wichtige Aufgabe, das Vorwissen der Schüler über die Fabel zu aktivieren und zugleich eine differenziertere Erkenntnis ihrer Struktur und ihrer Funktion zu ermöglichen. Dazu ist die Einbeziehung des geschichtlich-biographischen Aspekts notwendig; das bedeutet, daß der Kontext über Äsop unbedingt mitgelesen werden sollte. Hier werden sich allerdings auch die Grenzen zeigen, die dem Lehrer bei der Behandlung dieser Fabel in einem 5. Schuljahr gesetzt sind. Ihre historische Dimension ist auf dieser Altersstufe wohl kaum voll zu erschließen.

b) Die besondere Eignung dieser Fabel als Eingangstext für den Fabelkurs ergibt sich aus dem klaren zweiteiligen Aufbau der Fabelerzählung, dem eine ebenso deutliche Antithetik der Figuren und Umkehr der Handlung entspricht. Die Erkenntnis des Symbolcharakters der Fabel wird dadurch erleichtert, daß der Gegensatz Mächtige/Schwache, auf den in ihr verwiesen wird, Schülern aus eigener Erfahrung vertraut ist.

c) Die Unterrichtseinheit, für die je nach Stand der Klasse zwei oder drei Stunden anzusetzen sind, gliedert sich in eine Folge von sieben aufeinander aufbauenden Lernschritten, von der nicht ohne triftigen Grund abgewichen werden sollte. Im Vergleich zu den anderen Unterrichtseinheiten des Fabelkurses ist diese durch Einsträngigkeit und starke Führung gekennzeichnet. In ihr soll eine möglichst breite und sichere Grundlage für die weitere Behandlung von Fabeln geschaffen werden.

4.1.4. *Methodische Hinweise*

a) Der Fabelkurs kann damit beginnen, daß die Schüler alles zusammentragen, was sie bereits über die Fabel wissen.

Welche Fabeln kennen wir?	*Was wissen wir von Fabeln?*
1. . . .	Es sind kleine Tiergeschichten.
2. . . .	Sie haben eine Moral (Lehre).
3. . . .	Sie sind lustig.

b) Nun wird der Fabeltext von den Schülern mehrmals still gelesen. Arbeitsaufträge werden verteilt:

1. Diese Fabel besteht aus zwei verschiedenen Teilen. Wodurch unterscheiden sie sich und wie könnten wir sie bezeichnen?
2. Vergleicht die beiden Tiere miteinander und beschreibt ihre Eigenschaften.
3. An welcher Stelle im ersten langen Absatz könnten wir beim Lesen eine Pause machen? Begründe deine Meinung.

Die Bearbeitung erfolgt schriftlich (evtl. in Gruppenarbeit).

c) Die Ergebnisse der Arbeit werden in einem Unterrichtsgespräch gesichert und an der Tafel skizziert:

Zu 1)

Fabel

Erzählung: lang	*Lehre:* kurz
besondere Handlung	allgemeiner Satz
Löwe und Maus	Mächtige und Schwächere
Tiere	Tiere oder Menschen?

Zu 2)

Löwe	*Maus*
groß, stark, mächtig	klein, schwach
(zornig)	(ängstlich)
großmütig	dankbar
kann verstehen	kann bitten
kann lachen	kann sprechen

Die Schüler erkennen, daß die beiden Tiere gegensätzliche Eigenschaften haben und daß ein Teil der Eigenschaften eigentlich nur den Menschen zukommt. Eine genauere Betrachtung der Handlung ergibt weiter, daß sich Tiere in Wirklichkeit gar nicht so verhalten können. Sie handeln in der Fabel, *als ob* sie Menschen wären. *(Lernziel b)*

Zu 3) Diese dritte Aufgabe hat die Funktion, die Erkenntnis der Handlungsumkehr vorzubereiten. Die Lösung kann in Form einer Leseprobe realisiert werden. Bei richtigem Lesen muß auch die Stimme mit dem letzten Wort vor der Pause („... laufen.") so tief wie möglich gesenkt werden (Ende der ersten Handlungseinheit). Die Begründung (z. B. es beginnt eine neue Handlung; es ist Zeit vergangen) wird nun im Gespräch bis zur Erkenntnis der Handlungsumkehr weitergeführt. Dazu sollte von den Schülern ein Schema erarbeitet werden:

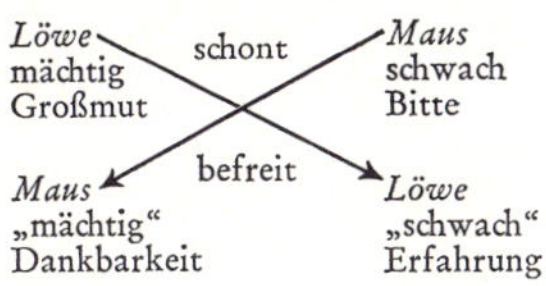

(Lernziel c)

d) Der nächste Lernschritt beschäftigt sich mit der Spannung und Lösung der Fabelhandlung. Soweit die Schüler es noch nicht selbst erkannt haben, stellt der Lehrer das Problem: „Wir müssen uns nun fragen, warum der Löwe die Maus *lachend* laufen läßt." Die Antwort ergibt sich aus den beiden Reden der Maus: Der Löwe nimmt ihre Argumentation nicht ernst und schenkt ihr aus bloßer Großmut das Leben. Schüler und Lehrer überprüfen auch ihre eigene Reaktion. Die Lösung ist zugleich unerwartet und überzeugend (auf diesem Zugleich beruht ihre Wirkung): Während die Kräfte des Löwen nicht ausreichen, das Seil zu zerreißen, kann die Maus es mit ihren Nagezähnen bearbeiten und ihn dadurch befreien. Das Ergebnis sollte ebenfalls schriftlich an der Tafel festgehalten werden. *(Lernziel d)*

e) Die nun folgende Beschäftigung mit der „Lehre der Fabel" wird durch die nochmalige Lektüre des Kontextes eingeleitet. Es stellt sich die Frage, was die Schüler aus dieser „Erklärung" über die Fabel und ihren Verfasser erfahren können. In Still- oder Gruppenarbeit werden drei Aufgaben gelöst.

1. Was bedeutet es, wenn über einer Fabel der Name Äsop steht? Es gibt drei Möglichkeiten.
2. Vergleicht das Schicksal der Maus mit dem des Autors.
3. Vergleicht den letzten Satz der Erklärung mit der Fabel selbst und zieht eine Folgerung daraus.

f) Bei dem anschließenden Unterrichtsgespräch sollte der Schwerpunkt auf der dritten Aufgabe liegen:

Zu 1) Die Schüler sollten zu dem Ergebnis kommen, daß die Fabel a) von Äsop gefunden und in seine Sammlung aufgenommen, b) von ihm selbst gedichtet oder c) von andern später der Fabelsammlung Äsops hinzugefügt worden sein kann.

Zu 2) Die Erkenntnis der Schüler, daß die Mächtigen sich in Wirklichkeit Äsop gegenüber leider nicht so großmütig verhalten haben wie der Löwe in der Fabel der Maus gegenüber, kann der Lehrer durch eine Zusatzinformation unterstützen (vgl. 4.1.2. a).

Zu 3) Äsop hat nur die Erzählung selbst geschrieben; die Lehre hat ein anderer später hinzugefügt. Eine weitergehende Folgerung wäre: Äsop hielt die Lehre nicht für notwendig; er glaubte, man könnte die Fabel auch ohne sie verstehen. — Kommt eine ähnliche Antwort nicht von den Schülern, so wird der Lehrer die Frage stellen, ob die Lehre wohl unentbehrlich sei oder ob man den Sinn der Fabel auch ohne sie verstehen könne. Für die anschließende Diskussion werden die drei Tafelskizzen (vgl. unter c) als Belege dafür herangezogen, daß der aufmerksame Leser die Lehre auch selber finden kann. *(Lernziel e)*

g) Die Diskussion über die Lehre der Fabel führt weiter zum Problem der Wirkung und Anwendung des Textes. Es ist von zwei Fragestellungen her zu klären:

1. An wen wendet sich eigentlich Äsop bzw. die Lehre seiner Fabel?
2. Wer könnte heute aus der Fabel etwas lernen bzw. einen anderen durch sie belehren?

Zu 1) Die erste Frage kann durch eine Hilfsfrage verdeutlicht werden: Wer wird eigentlich in der Fabel belehrt: der Löwe oder die Maus (der Mächtige oder der Schwache)? Die Antwort der Schüler kann durch eine geschichtliche Erklärung korrigiert oder ergänzt werden: Äsop wandte sich mit dieser Fabel an die Mächtigen (z. B. sprach er damit den in der Ratsversammlung anwesenden Herrscher eines griechischen Staates an), um sie davon zu überzeugen, daß es klüger ist, die Schwachen (z. B. Untertanen, Diener, einfache Leute, Volk) zu schonen (z. B. nicht für ein kleines Vergehen [„Als der Löwe schlief, lief ihm eine Maus über den Körper."] grausam zu bestrafen); denn eines Tages könnte er in der Not (z. B. Verrat, Staatsstreich, Überfall) auf ihre Dankbarkeit und Hilfe angewiesen sein. Daraus ergibt sich die Frage: Wollte also Äsop nur den Mächtigen helfen? Antwort: Nein, denn er gehörte selbst zu den Schwachen und wollte, daß sie weniger unter den Mächtigen leiden müssen; er läßt die Maus in der Fabel dankbar sein, nicht weil er dem Löwen (dem Mächtigen) schmeicheln will, sondern weil er ihn davon überzeugen will, daß es vernünftiger ist, die Mäuse laufen zu lassen. — Anschließend ist zu klären, daß auch die Lehre, die nicht von Äsop stammt, sich an die Mächtigen wendet. Beweis: Die „schlechten Zeiten" sind, wenn man an das Unglück denkt, nur aus der Sicht des Mächtigen schlecht. — Frage: Könnten auch die Schwachen durch die Fabel, die Äsop an die Adresse der Mächtigen richtet, etwas lernen? Antwort: Ja, sie werden ermutigt, weil sie den Mächtigen in Not (den Löwen in der

Falle) erleben und aus dem Beispiel erfahren, daß sein Leben auch einmal von der Gunst des Schwachen abhängen kann.

Zu 2) Auch diese zweite Frage kann vereinfacht gestellt werden: Wo gibt es heute in unserer Umwelt Mächtige und Schwächere, auf die Äsops Fabel zutrifft? Der Lehrer sollte nun verhüten, daß die Schüler auf ferne Beispiele ausweichen und nicht den nächstliegenden Fall nennen: Lehrer und Schüler. Aber auch ein Schüler kann in der Rolle des Mächtigen sein, z. B. als Klassenstärkster, so wie der Lehrer in der Rolle des Schwächeren, z. B. gegenüber dem Vater eines Schülers. Die Schüler erkennen, daß sich fast jeder einem anderen gegenüber in der Rolle des Mächtigen oder Schwächeren befinden kann. Weitere Gegensätze werden gesucht: Eltern — Kinder, älterer — jüngerer Bruder, Polizist — Parksünder, Chef — Angestellter, Meister — Lehrling, Vermieter — Mieter, Bankräuber — Geisel. — Entscheidend für die Anwendung der Fabel ist jedoch, daß sich zu diesen Gegensatzpaaren auch Situationen finden lassen, in denen die Rollen in der Weise, wie die Fabel es vorführt, vertauscht sind. Den Schülern kann für zu Hause die Aufgabe gestellt werden, eine solche Situation zu entwickeln, in der sie selbst in der Rolle der Schwächeren sind und durch das Erzählen der Fabel vom Löwen und der Maus die Befreiung aus einer Zwangslage erreichen, was später dem andern wieder zugute kommt. *(Lernziel f)*

4.2. Gotthold Ephraim Lessing: Der Esel und der Wolf (A 2)

4.2.1. *Lernziele*

a) Die Schüler erkennen, daß im Unterschied zu Äsops Fabel (A 1) diese Fabel von Lessing keine ausdrückliche Lehre enthält und daß es dem Autor trotzdem gerade auf die Lehre ankommt.

b) Sie erkennen einige Elemente, die sie zuvor an A 1 erfaßt haben, an dieser Fabel wieder:
   - — Antithetik der Figuren,
   - — Symbolfunktion der Tiere,
   - — Zweigliedrigkeit der Erzählung,
   - — Handlungsumkehr,
   - — Spannung.

c) Sie verstehen die Rede des Wolfs als Ironie.

d) Sie versuchen, für die Lehre der Fabel (für Lessings „moralischen Satz") eine Formulierung zu finden.

4.2.2. *Sachanalyse*

a) Lessings Fabeln in Prosa (drei „Bücher" mit je dreißig Fabeln, veröffentlicht 1759) stellen zusammen mit seinen „Abhandlungen" über die Fabel die Antwort des Autors auf die in der Mitte des 18. Jahrhunderts einsetzende Flut von Versfabeln dar. Er wollte durch sein Beispiel erreichen, daß die Dichter sich wieder auf den eigentlichen Zweck der Fabel, nämlich Lehren zu erteilen, besannen und die seiner Ansicht nach unzulässige Vermischung mit der Rokoko-Erzählung aufgaben. Daher soll jeder Fabel ein „moralischer Satz" (Lessing, Fabeln, Reclam, U.-B. Nr. 27/28, S. 96) zugrunde liegen, d. h. im Sinne der Aufklärung eine Wahrheit über den Menschen, die in einer erdichteten Geschichte anschauend erkannt werden kann.

b) Die vorliegende Fabel läßt sich etwa auf folgenden „moralischen Satz" zurückführen: Es ist eine Täuschung zu glauben, daß der Mächtige den Schwachen schont. Mit der Charakterisierung des Wolfs als hungrig ist der Ausgang der Fabel bereits vorgegeben. Der Versuch des Esels, durch einen Appell an das Mitleid sein Schicksal abzuwenden, stellt eine Fehleinschätzung der Wirklichkeit dar. Für den Wolf steht von vornherein fest, daß er den Esel fressen wird, und es ist lediglich ein ironisch-zynisches Spiel mit dem Opfer, wenn er zum Schein noch auf den Esel eingeht und für den Mord eine Rechtfertigung erfindet. Der Appell des Esels an das Mitleid ist letzten Endes nicht nur nutzlos, sondern schlägt sogar ins Gegenteil aus, denn er liefert dem Wolf einen willkommenen — wenn auch fadenscheinigen — Vorwand, den Esel durch die Vernichtung von seinen Leiden zu befreien. Gerade die jüngste Geschichte hat die Wahrheit der Fabel auf brutale Weise bestätigt: Der deutsche Leser denkt an die zynische Anmaßung der Nationalsozialisten, sogenanntes „lebensunwertes Leben", ja ganze Völker als rassisch minderwertig auszulöschen.

4.2.3. *Didaktische Überlegungen*

a) Die Behandlung der Lessing-Fabel knüpft an das in A 1 Gelernte an. Neben den bereits bekannten Elementen, die in abgewandelter Form an dieser Fabel wiedererkannt werden können (Lernziel b), kommen neu hinzu: das Fehlen einer ausdrücklichen Lehre am Ende der Fabel (Lernziel a) und die Ironie in der Rede des Wolfes (Lernziel c).

b) Das Verständnis der Ironie wird dadurch erleichtert, daß der Wolf vorgibt, Mitleid zu haben, sich aber durch die Tat selbst widerlegt. Die Schüler können den Widerspruch zwischen Gesagtem („du dauerst mich") und Gemeintem („so ward der Esel zerrissen") selbst finden, so daß diese Fabel sich als Textgrundlage für eine erste Einführung des Begriffs Ironie anbietet.

c) Auf das Fehlen der Lehre sind die Schüler schon durch A 1 (Lernziel e) vorbereitet, wo sie erkannten, daß eine Fabel auch ohne ausdrückliche Lehre verstanden werden kann. Zugleich führt der Versuch, selbst eine Lehre zu formulieren (Lernziel d) zu der Einsicht, daß es hierfür nicht nur eine einzige richtige Lösung gibt, sondern verschiedene Lösungsmöglichkeiten, die miteinander konkurrieren.

d) Das Arbeitsblatt, mit dessen Einsatz die Lerneinheit A 2 beginnt, hat die Form eines Tests und erfüllt vier Funktionen:

1. In Bezug auf A 1 hat es die Aufgabe einer informellen Lernkontrolle.
2. Es erlaubt den Schülern, ihr Vorwissen aus A 1 auf den neuen Text A 2 anzuwenden.
3. Es aktiviert die Denktätigkeit aller Schüler.
4. Es schafft eine gemeinsame Grundlage für das anschließende Unterrichtsgespräch.

4.2.4. *Methodische Hinweise*

a) Das Arbeitsblatt kann die oben genannten Funktionen natürlich nur dann erfüllen, wenn die Schüler nicht der Versuchung erliegen, eine der beiden möglichen Antworten (richtig/falsch) nur gedankenlos zu unterstreichen. Eine Lösung in Partnerarbeit oder als Hausaufgabe ist wohl möglich; dann fällt jedoch die Kontrollfunktion des Arbeitsblattes fort.

b) Lösungen zum Arbeitsblatt:

1. *falsch:* Fabeln sind zwar lehrhafte Texte; die Lehre muß aber nicht immer „wörtlich ausgesprochen werden" (vgl. dazu den Kontext vor der Fabel und 4.1.4. c) Zu 3).
2. *richtig:* die Fabeltiere können sprechen; der Esel bittet um Mitleid; der Wolf behauptet, ein Gewissen zu haben.

3. *falsch:* Lessing kam es vor allem auf den „moralischen Satz“, also auf die Lehre an (vgl. den Kontext).
4. *richtig:* ein *hungriger* Wolf wird sich einen Esel als Beute nicht entgehen lassen.
5. *richtig:* die beiden ersten Absätze geben die Unterhaltung der beiden Tiere wieder, während der letzte Absatz das schlimme Ende des Esels beschreibt.
6. *falsch:* es kommt hier nicht auf die Körpergröße der Tiere an, sondern auf den Gegensatz stark/schwach.
7. *falsch:* erst fürchtet der Leser für das Leben des Esels; dann scheint es, als ob der Wolf tatsächlich Mitleid mit ihm hat; schließlich tötet er ihn doch.
8. *richtig:* Lessing „glaubte, die Fabel müsse um der Lehre willen so kurz wie möglich sein“ (vgl. den Kontext).
9. *richtig:* mit dem Wolf und dem Esel sind Menschen gemeint, die sich als Mächtiger und Schwacher gegenüberstehen.
10. *falsch:* der Wolf zerreißt den Esel, weil er Hunger hat; er tut nur so, als habe er Mitleid mit dem kranken Esel.

Die Gruppierung der Sätze nach drei Gesichtspunkten hat den Zweck, dem Unterrichtsgespräch eine Ordnung zu geben. Für Satz 10 ist in den drei Kästchen bewußt kein Platz reserviert, weil er keiner der drei Gruppen zuzuordnen ist; er dient als Überleitung für die Erarbeitung der Ironie (Lernziel c).

a) Lehre	1	3	8	b) Figuren	2	6	9	c) Aufbau	4	5	7

c) Für die Auswertung der Gruppe a) muß der Kontext zur Fabel herangezogen werden. Dabei ist Lessings Begriff „moralischer Satz“ (= Wahrheit über den Menschen als ein geistiges, zu freien Entscheidungen fähiges Wesen, im Gegensatz zu seiner „physischen“ Natur) zu klären. Der Hinweis auf La Fontaine dient dazu, A 2 mit den beiden folgenden Lerneinheiten (A 3 und C 1: Versfabeln) zu verknüpfen. Die Erarbeitung des Lernziels d) sollte noch zurückgestellt werden; erst wenn b) und c) erreicht ist, kann versucht werden, die Lehre zu formulieren. *(Lernziel a)*

d) Die Gruppe b) bezieht sich auf die Antithetik und Symbolfunktion der Tierfiguren. Beim Vergleich der Gegensatzpaare Wolf/Esel und Löwe/Maus (A 1) müssen neben den Gemeinsamkeiten zugleich auch die Unterschiede erkannt werden: In beiden Fällen handelt es sich um die symbolische Darstellung des gesellschaftlichen Gegensatzes von Macht und Schwäche; doch während der Löwe von der Vernichtung der Maus keinen Nutzen hat und es ihm daher nicht schwerfällt, gutmütig zu sein, ist der Esel für den hungrigen Wolf gerade das geeignete Objekt seiner Gier. *(Lernziel b, 1/2)*

e) Die 3. Satzgruppe des Arbeitsblattes hat die Aufgabe, das Wiedererkennen der Elemente: Zweigliedrigkeit, Handlungsumkehr und Spannung vorzubereiten. Der Vergleich mit A 1 zeigt, daß im Gegensatz zu dem symmetrischen Aufbau dort (vgl. 4.1.4. c)) die beiden Glieder hier ungleiches Gewicht haben: dem umfangreichen ersten Glied der Erzählung (zwei Absätze; Begegnung der Tiere und Gespräch) folgt das sehr knappe, dafür inhaltlich aber um so gewichtigere zweite Glied (Tötung des Esels). Die Handlungsumkehr fällt hier praktisch mit dem Ende der Fabel zusammen. Durch eine Zusammenziehung des ersten und letzten Satzes wird deutlich, daß das Gespräch vom Aufbau der Fabel her gesehen nur die Funktion hat, die Katastrophe durch eine Gegenhandlung (Bitte des Esels und scheinbare Erhörung durch den Wolf) zu verzögern und dadurch Spannung zu erzeugen. *(Lernziel b, 3—5)*

f) Die Erörterung des 10. Satzes leitet über zur Analyse der ironischen Rede des Wolfes. Zunächst ist das Textverständnis zu sichern: Statt „du dauerst mich" sagen wir heute gewöhnlich „du tust mir leid"; „ich finde mich in meinem Gewissen verbunden ..." ist eine von Lessing bewußt gewählte gespreizt wirkende Formulierung, die so heute nicht mehr möglich ist; „verbunden" hat hier etwa den Sinn von „verpflichtet". Der Widerspruch zwischen der Rede des Wolfes und seiner Handlungsweise wird für die Schüler erkennbar, wenn man die Worte auf ihre eigentliche Bedeutung hin untersuchen läßt. Frage: Was für ein Verhalten erwarten wir von jemandem, der einem andern ankündigt, er wolle ihn von seinen Schmerzen befreien? Erwartete Schülerantwort: Daß er ihm ein Medikament gibt, ihn heilt, gesund macht usw. In der Fabel jedoch tötet der Wolf den Esel; er befreit ihn dadurch zwar von seinen Schmerzen, zugleich aber auch von seinem Leben, und damit verkehrt sich der eigentliche Sinn der Rede in sein Gegenteil. Der Sprecher deutet das durch den Tonfall selbst an, d. h. der Wolf lügt nicht (es ist möglich, daß die Schüler die Rede des Wolfes als Lüge charakterisieren), sondern spricht „ironisch". Die Schüler müssen erkennen, daß durch die Art, *wie* der Wolf spricht, die Lüge wieder aufgehoben wird. Im Gegensatz zur Lüge gibt der Sprecher bei der Ironie zu verstehen, welches seine wahre Meinung ist. So ist bereits der erste Teil der Rede („Wahrhaftig, du dauerst mich") ironisch gemeint, und die Schüler erhalten die Aufgabe, die ganze Rede des Wolfes durch besonderen Tonfall (Übertreibung), durch Gestik (z. B. Händereiben) und Mimik (z. B. Augenaufschlag) zu ironisieren. *(Lernziel c)*

g) Der letzte Unterrichtsschritt (Lernziel d) knüpft an die Erarbeitung von Lernziel a) an und setzt das Verständnis der Lernziele b) und c) voraus. Wie bei A 1 (vgl. 4.1.4. g) ist auch hier die Frage zu stellen: An wen wendet sich die Fabel und welche Lehre soll der Leser aus ihr ziehen? Im Gegensatz zu den ursprünglich mündlich-rhetorischen Fabeln Äsops (als Mittel der Beeinflussung von Zuhörern) haben Lessings Fabeln literarischen Charakter (geschrieben zur Verbreitung in Buchform); ihr Publikum bleibt anonym, daher entzieht sich auch ihre Wirkung dem Einfluß und der Kenntnis des Autors. Die Frage ist also etwas anders zu stellen: Wer von den möglichen Lesern kann aus der Fabel etwas lernen? Antwort: Alle, die sich einmal in die Lage eines Esels versetzt sehen könnten, der einem hungrigen Wolf begegnet. Die Fabel warnt sie vor einer Fehleinschätzung des Egoismus der Mächtigen, vor falschen Hoffnungen und Illusionen. Beispiele für die Lehre: Die Schwachen sollen nicht mit dem Mitleid der Mächtigen rechnen. Wer die Macht hat, legt auch das Recht in seinem Sinne aus. Du täuschst dich, wenn du glaubst, daß jemand freiwillig auf seinen Vorteil verzichtet. *(Lernziel d)*

4.3. Jean de la Fontaine: Der geschmeichelte Sänger (A 3)

4.3.1. *Lernziele*

a) Die Schüler lernen die Versfabel La Fontaines als eine geschichtlich bedingte Formvariante kennen.
b) Sie arbeiten die ihnen bereits aus zwei anderen Fabeln (A 1, A 2) bekannten Merkmale heraus.
c) Sie weisen nach, wie mit der Umkehr der Situation auch die Rede des Fuchses von der Schmeichelei zum Spott überwechselt.
d) Sie erfassen, daß hier die Belehrung selbst zu einem Teil der Fabelhandlung wird.

4.3.2. *Sachanalyse*

a) La Fontaine hat die Fabelhandlung in die Gesellschaft seiner Zeit verlegt, indem er die beiden Tierfiguren wie Bürger auftreten läßt (Maître Corbeau, Maître Renard). So beruht die Wirkung der Schmeichelei des Fuchses wesentlich darauf, daß er den Raben mit einem Titel anredet, der ihm nicht zusteht (Monsieur *du* Corbeau). Der „bürgerliche" Rabe läßt sich durch die Vorstellung, er könnte als ein Adliger gelten, dazu verleiten, die Grenzen seiner Natur und seines Standes zu überschreiten. Der Verführte muß mit dem Schaden auch noch den Spott ertragen. Der Fuchs bekennt sich offen zu seiner Schmeichelei als einer List und „verdient" sich nachträglich noch den Käse, indem er ihn gegen die Belehrung aufrechnet. Natürlich ist er nicht ernsthaft an einer Belehrung seines Gegenübers und damit all derer, die sich schmeicheln lassen, interessiert. Er ist sicher, daß es genügend Unbelehrbare gibt, unter denen er immer wieder seine Opfer finden wird. Schon die gedankenlose Eile, mit der der Rabe schwört, daß ihm das nicht noch einmal passieren werde, gibt dem Fuchs recht: Der Rabe macht nicht den Eindruck, als sei er nun für immer gegen Schmeicheleien gefeit. In dieser Fabel wird die Belehrung zu einem Bestandteil der Fabelhandlung selbst. Der Leser sieht sich in der Position des neutralen Beobachters, und es bleibt ihm überlassen, ob er für sich selbst aus der Niederlage des Raben etwas lernen will.

b) Bei den Versen handelt es sich um die für La Fontaine charakteristischen „vers libres", die von deutschen Autoren (Gellert, Wieland) im 18. Jahrhundert als „freie Verse" übernommen wurden: rhythmisch regelmäßige Verse von verschiedener Länge und Hebungszahl und ohne festes Reimschema. Sie haben den Vorzug, daß sie sich dem Erzählfluß elegant anpassen lassen, wobei der Reim häufig Komik, Ironie oder andere Effekte erzeugt. Ein Beispiel dafür ist der dreifache Reim (Z 9—11): Er verbindet den pointierten Schluß der Schmeichelrede („Seid Ihr der Phönix-Vogel[1] unter allen") mit der Reaktion des Raben („Der Rabe hört's mit höchstem Wohlgefallen") und macht so die Verführungskunst des Fuchses sinnfällig; der dritte Reim („. . . seine schöne Stimme schallen") zeigt den Umschlag in Ironie und Spott.

4.3.3. *Didaktische Überlegungen*

a) Die Behandlung dieser Versfabel als einer geschichtlich bedingten Formvariante (Lernziel a) setzt die Kenntnis der beiden Prosafabeln von Äsop (A 1) und Lessing (A 2) voraus. Dabei ist an die kritische Bemerkung Lessings über La Fontaines Fabelkunst (im Kontext zu „Der Esel und der Wolf") anzuknüpfen und der ausführliche Kontext zu La Fontaine einzubeziehen. Die Schüler erkennen, daß die ihnen bereits bekannten Merkmale auch in der Versfabel wiederzufinden sind (Lernziel b) und daß die Gedichtform die Wirkung der Fabel nicht beeinträchtigt, vielmehr im Gegenteil einen zusätzlichen Reiz darstellen kann. Von daher wird auch die Lessingsche Auffassung als historisch relativierbar erkannt.

b) Neben dem Wechsel von der Schmeichelei zum Spott in der Rede des Fuchses (Lernziel c) sollte vor allem die Gestaltung der Lehre Gegenstand der Behandlung werden. Die Schwierigkeit hierbei besteht darin, daß die „Belehrung", die der Fuchs dem Raben erteilt, nicht einfach gleichzusetzen ist mit der Lehre, die der Leser seinerseits aus der Fabel ziehen sollte. Denn die Belehrung ist ein Teil der Spottrede des Fuchses und ist erst von der Reaktion des Raben her angemessen zu beurteilen. *(Lernziel d)*

[1] Phönix, bei den alten Ägyptern ein heiliger und sagenhafter Vogel, der sich selbst verbrannte und wieder jung aus der Asche hervorging, gilt als Sinnbild der Auferstehung und Unsterblichkeit.

c) Der La Fontaine-Fabel ist als Paralleltext in B 3 die motivverwandte Fabel von Lessing (Der Rabe und der Fuchs) zugeordnet. Es empfiehlt sich daher, die Behandlung von B 3, die in der Form eines Vergleichs erfolgen soll, unmittelbar an A 3 anzuschließen. Der Vergleich geht aus von einem Arbeitsblatt, das zusätzlich noch die Äsopische Fassung der Fabel enthält.

4.3.4. *Methodische Hinweise*

a) Zwei methodische Möglichkeiten der Erschließung bieten sich an: 1. die Einzelbehandlung des Textes in Verbindung mit den beiden Kontexten zu La Fontaine und Lessing; 2. der Fabelvergleich zwischen La Fontaine und Lessing, ausgehend von dem Arbeitsblatt zu B 3. Diese zweite Möglichkeit wird näher unter B 3 erläutert (s. 4.6.4.). Hier folgen die Vorschläge zur ersten Möglichkeit.

b) Im Anschluß an die (stille) Lektüre der Fabel und der beiden Kontexte zu Lessing und La Fontaine lassen sich drei Fragen stellen:

1. Wie beurteilt Lessing die Fabeln La Fontaines?
2. Warum hat La Fontaine Versfabeln geschrieben?
3. Welche Merkmale haben die Prosafabeln von Äsop und Lessing und die Versfabel La Fontaines gemeinsam?

Die Antworten auf die ersten beiden Fragen lassen sich aus den Kontexten entwickeln:

Zu 1. Lessing kritisierte an La Fontaine, daß er die Fabel durch die Verwendung des Verses auf Kosten der Lehre als eigentlicher Zweck der Gattung zu einem „anmutigen poetischen Spielwerk“ gemacht habe.

Zu 2. La Fontaine wollte, daß die gebildeten französischen Leser der volkstümlichen Fabel dieselbe Beachtung schenkten wie der gesellschaftlich anerkannten Dichtung; daher mußte er sie in die für die Dichtung (poésie) vorgeschriebene Versform kleiden. *(Lernziel a)*

Die dritte Frage kann im Rückgriff auf die Ergebnisse aus der Behandlung von A 1 und A 2 beantwortet werden:

Zu 3. Gemeinsam ist

a) die Antithetik der Figuren (dummer Rabe/schlauer Fuchs);
b) die Symbolfunktion der Tiere (Menschen schmeicheln einander, um sich gegenseitig zu übervorteilen);
c) die Zweigliedrigkeit der Handlung (Z 11 markiert den Einschnitt: nachdem bisher der Fuchs nur geredet und der Rabe zugehört hat, wird dieser nun auch tätig und leitet damit seine Niederlage ein);
d) die Handlungsumkehr (der Käse wechselt den Besitzer, die Rollen der beiden Kontrahenten sind am Ende vertauscht);
e) die Spannung (wie gelingt es dem Fuchs, dem Raben die Beute zu entlocken?);
f) die Lehre (Z 16 wird ausdrücklich als „Belehrung“ und „Lehre“ bezeichnet). *(Lernziel b)*

c) Der Nachweis, daß mit der Umkehr der Situation die Rede des Fuchses von der Schmeichelei zum Spott überwechselt, sollte durch Leseproben erbracht werden: Wie muß der Fuchs sprechen, damit seine Worte den Raben beeindrucken? (Er ruft „seinem Witz gemäß“, d. h. in seiner schlauen berechnenden Art; er redet ihn unterwürfig als „Herr Baron von Rabe“ an, obwohl „Herr Rabe“ ein einfacher Bürger ist; er erklärt ihn für hübsch, stolz und schön gekleidet, obwohl er vom Gegenteil überzeugt ist; er gebraucht einen übertriebenen Vergleich: „Phönix-Vogel“, Anm. S. 139) — Wie spricht der Fuchs dagegen, nachdem er den Käse erlistet hat? (Er ruft spöttisch lachend „Dank für die Bescherung!“ so als ob der Rabe ihm den Käse freiwillig gegeben hat; auch Z 17 ist reiner Spott, denn der Rabe hätte natürlich lieber auf die „teure“ Lehre verzichtet) — In Anlehnung an das in A 2 (4.2.4. f) Gelernte sollten die Schüler erkennen: Im ersten Teil der Rede *lügt* der Fuchs, indem er schmeichelt; im zweiten Teil spricht er *ironisch,* indem er spottet. *(Lernziel c)*

d) Die Beobachtung, daß hier die Lehre nicht vom Autor an die Adresse des Lesers gerichtet ist, sondern von der überlegenen Figur an den Verlierer, und daß sie damit zu einem Teil der Fabelhandlung wird, ist durch einen vergleichenden Blick auf A 1 („Der Löwe und die Maus“) leicht zu erhärten. Schwieriger ist jedoch die Funktion dieser indirekten Form der Lehre zu erkennen. Zwei einander ergänzende Fragen können das Problem für die Schüler deutlich machen: 1. Will der Fuchs, daß der Rabe sich künftig nach der ihm erteilten Lehre richtet? (Antwort: Nein, denn das würde seinem eigenen Interesse zuwiderlaufen.) 2. Nimmt der Rabe die Lehre des Fuchses an? (Antwort: Eigentlich nicht, denn er denkt nur an den verlorenen Käse, nicht aber daran, daß er sich schmeicheln ließ und selbst an seiner Niederlage schuld ist.) Aus den Antworten auf die beiden Fragen ist der Schluß zu ziehen (Unterrichtsgespräch): Die Lehre der Fabel besteht in der pessimistischen Annahme, daß die Raben und die Füchse unter den Menschen doch nicht aussterben werden und daß infolgedessen auch der Erfahrungssatz „Ein Schmeichler lebt von dem, der auf ihn hört“ immer wahr bleiben wird. *(Lernziel d)*

4.4. Äsop: Die Teilung der Beute (B 1)

4.4.1. *Lernziele*

a) Die Schüler erkennen, daß in dieser Fabel Äsops nicht wie in A 1 zwei, sondern drei Tierfiguren einander antithetisch gegenübergestellt sind.
b) Sie entdecken, daß die eigentliche Lehre der Fabel unausgesprochen bleibt und nicht mit der „Lehre“, die der Löwe meint, verwechselt werden darf.
c) Sie erarbeiten ein Schema, aus dem die besondere Form der Zweigliedrigkeit und Umkehrung der Handlung deutlich wird: Die „Fabel“ vom Löwen und Esel ist für den Fuchs eine Lehre, so daß er selbst „richtig“ handelt.

4.4.2. *Sachanalyse*

a) Die Fabelhandlung ist zweiteilig aufgebaut in der Weise, daß der erste Teil als eine Fabel für sich gelten könnte: Der Löwe und der Esel. Der Fuchs, in diesem Teil nur Zeuge des Konflikts zwischen Löwe und Esel, übernimmt im zweiten Teil gleichsam die Rolle des Esels mit dem Unterschied, daß er dem Konflikt von vornherein ausweicht, weil er aus dem Schicksal des Esels, d. h. aus der ersten „Fabel“ gelernt hat. Der Esel, vom Löwen aufgefordert zu teilen, bemüht sich peinlich genau um Gerechtigkeit. Genau das aber wird ihm zum Verhängnis; denn er verkennt die politischen Spielregeln, wonach es dem Mächtigen zwar aus Prestigegründen auf den Schein des Rechts ankommt, er aber dennoch stillschweigend das beansprucht, was seiner wirklichen Machtposition entspricht. Der Fuchs dagegen erkennt die Realität an, nicht weil er sie gutheißt, sondern weil ihm in der gegebenen Situation (bei den herrschenden Machtverhältnissen) keine andere Wahl bleibt.

b) Die Lehre, die der Leser aus der Fabel zu ziehen hat, bleibt unausgesprochen. Denn „richtig“ ist die Teilung, die der Fuchs vornimmt, nur auf dem Hintergrund der wirklichen Machtverhältnisse aus der Sicht des Löwen, und so gesehen ist die Antwort des Fuchses entwaffnend aufrichtig: Nicht die Achtung vor dem Recht des „Königs der Tiere", sondern die Angst um das eigene Leben ließ den Fuchs so teilen. Der Leser sieht sich, wie im ersten Teil der Fuchs, in der Rolle des Zeugen und kann seinerseits aus dem Vergleich beider Handlungen lernen: In einer Gesellschaft, in der kein Recht herrscht, erweist sich richtiges (= gerechtes) Handeln als „falsch" (= nachteilig) und falsches (= ungerechtes) Handeln als „richtig" (= von Vorteil). Auch diese Fabel Äsops ist nicht „moralisch" im Sinne einer ethischen Anweisung zum richtigen Handeln, sondern realistisch und lebensklug; sie lehrt, wie man als der Schwächere überleben kann.

4.4.3. *Didaktische Überlegungen*

a) An dieser zweiten Äsop-Fabel können die Schüler das Prinzip der Antithetik, das an A 1 („Der Löwe und die Maus") erarbeitet worden ist, in einer neuartigen Anordnung wiederfinden: Nicht zwei, sondern drei Figuren stehen sich gegenüber, wobei jede Figur zu den beiden anderen in einem charakteristischen Gegensatz steht. Diese Aufgabe wird mit Hilfe eines Arbeitsblattes gelöst *(Lernziel a);* die Zusatzaufgabe am Schluß leitet zur gemeinsamen Erörterung der Lehre über. *(Lernziel b)*

b) Der Versuch, den komplexen Aufbau der Fabel in einem Schema zu verdeutlichen, darf natürlich nicht zu einem methodischen Selbstzweck werden. Es kann nur ein Hilfsmittel sein, das die Schüler zwingt, zu einem sichtbaren Ergebnis zu kommen, und das in dem Augenblick seinen Zweck erfüllt hat, wo es an der Tafel als „fertig" anerkannt dasteht. *(Lernziel c)*

4.4.4. *Methodische Hinweise*

a) Vor der Verwendung des Arbeitsblattes sollten die Schüler durch eine kurze Vorbesprechung zu einer sorgfältigen Bearbeitung motiviert werden (dazu auch A 2, 4.2.4. a). Zu Anfang der ersten Aufgabe steht bewußt eine Eigenschaft, die auf keines der drei Tiere zutrifft (freigebig). Das soll die Schüler vor einem allzu großzügigen Verteilen von Kreuzen im Schema warnen. Die Lösung sollte folgendermaßen aussehen (Zweifelsfälle sollten im Unterrichtsgespräch erörtert werden):

	Löwe	Esel	Fuchs
freigebig			
gutgläubig		×	
herrschsüchtig	×		
lebenserfahren			×
mächtig	×		
boshaft			
unklug		×	
schwach		×	×
egoistisch	×		
verschlagen			
gewitzt			×
redlich		×	
zufrieden	×		
aufrichtig			×
ungerecht	×		
wehrlos		×	×
zornig	×		

Die Fragen a und c der Auswertung sind eindeutig zu beantworten, während bei b und d auch andere Lösungen gefunden werden könnten:

a. Esel und Fuchs; schwach und wehrlos;

b. Esel: gutgläubig, unklug; Fuchs: lebenserfahren, gewitzt;

c. zornig; zufrieden;

d. Löwe: herrschsüchtig und ungerecht. *(Lernziel a)*

b) Die Lösung der Zusatzaufgabe, d. h. die Widerlegung der Behauptung und die Formulierung einer eigenen Lehre setzt voraus, daß die Schüler zweierlei erkennen:

1. Die Lehre der Fabel kann nicht darin bestehen, daß der Fuchs etwas lernt, sondern nur darin, daß der *Leser* aus den Erfahrungen des Esels *und* des Fuchses etwas lernt.
2. Was der Löwe unter „richtig teilen" versteht, ist etwas anderes als das, was ein von Recht und Gerechtigkeit überzeugter Leser darunter versteht.

Für die Formulierungsversuche der Schüler gilt ähnliches wie bei A 2 (4.2.4. g). *(Lernziel b)*

c) In dem zu erarbeitenden Schema wäre folgendes zu berücksichtigen: die besondere Form der Zweigliedrigkeit (Fabel in der Fabel), die Antithetik der drei Figuren, die Handlungsumkehr, die Rolle des Lesers.

Beispiel:

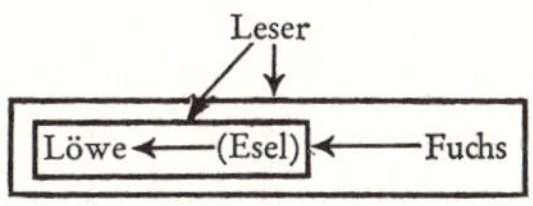

(Lernziel c)

4.5. Martin Luther: Vom Kranich und wolffe (B 2)

4.5.1. *Lernziele*

a) Die Schüler übertragen den Originaltext Luthers in eine angemessene neuhochdeutsche Form und erfassen dabei den Inhalt der Fabel.

b) Sie erkennen die ihnen bekannten Merkmale der Fabel wieder und vergleichen die Figur des Wolfes bei Luther mit der bei Lessing (A 2).

c) Sie erfassen, wie Luther die Menschen mit Hilfe der Fabeln zur Wahrheit „betriegen", d. h. mit List hinführen will.

4.5.2. *Sachanalyse*

a) Luthers Fabelsammlung ist fragmentarisch geblieben und nur in einer Handschrift überliefert, aus der später ein Druck veranstaltet wurde. Luther hatte die Absicht, den zu seiner Zeit verbreiteten „Deutschen Äsop" durch eine von Zoten und unmoralischen Lehren gereinigte eigene Bearbeitung zu ersetzen. Die willkürliche Rechtschreibung und Zeichensetzung ist teils zeitbedingt, teils aus der Vorläufigkeit des Manuskriptes zu erklären. Darüberhinaus haben sich Lautstand, Grammatik und Wortbedeutung so geändert, daß der heutige Leser sich den Text stellenweise erst „übersetzen" muß.

b) Die Lehre der Fabel gibt Luther in einer später gestrichenen Variante mit dem bekannten Sprichwort „Vndanck ist der wellt lohn" und in der Reinschrift in der Form von drei Sentenzen wieder, die dem Sinn nach dasselbe sagen. Luthers Fabeln geben ebensowenig wie die Äsops sittliche Normen, sondern sie zeigen die Wahrheit „von eusserlichem Leben in der Welt" (aus Luthers Vorrede; dazu auch der Kontext) im Gegensatz zu der von ihm übersetzten Heiligen Schrift, die sich mit dem „Leben im Glauben" beschäftigt.

4.5.3. *Didaktische Überlegungen*

a) Diese Fabel Luthers kann parallel zu Lessings „Der Esel und der Wolf“ (A 2) behandelt werden. Neu ist hier der befremdende historische Sprachstand, der eine Übersetzung notwendig macht. Diese Aufgabe dient mittelbar auch der inhaltlichen Klärung des Textes. *(Lernziel a)*

b) Auf das Wiedererkennen der Fabelmerkmale und auf den Vergleich mit Lessing (die Figur des Wolfes) könnte verzichtet werden (Lernziel b). Dagegen wäre die Funktion, die Luther der Fabel zuspricht (Kontext), ausführlicher zu behandeln und mit dem Fabeltext in Beziehung zu setzen. Von daher kann auch ein Blick auf die erste Äsop-Fabel (A 1) zurückgeworfen werden. *(Lernziel c)*

4.5.4. *Methodische Hinweise*

a) Die Übersetzung des Textes kann als Gemeinschaftsarbeit an der Tafel, in Gruppen- oder auch in Stillarbeit geleistet werden. Bedingung ist, daß sie einerseits möglichst nah am Original bleibt, andererseits aber korrektes Schriftdeutsch wiedergibt. *(Lernziel a)*

b) Das Wiedererkennen der Fabelmerkmale dürfte keine Schwierigkeiten bereiten. Auch diese Fabel ist zweiteilig (der 2. Teil beginnt: „Da er *aber* das verheissen lohn foddert“) und enthält eine Handlungsumkehr, die sich an einer sprachlichen Wiederholung ablesen läßt: Erst verspricht der Wolf in seiner Not „geschenck“ und am Ende dreht er den Spieß um, indem er seinem Retter dreist erklärt, „du soltest mir schencken“. Hier ergibt sich die Frage, ob sich der Wolf in B 2 nicht doch anders verhält als in A 2 (Lessing). Immerhin kommt der Kranich mit dem Leben davon, während der Esel erbarmungslos zerrissen wird. Dieser Unterschied darf die Schüler jedoch nicht darüber hinwegtäuschen, daß der Grad an Rücksichtslosigkeit und Egoismus in Wirklichkeit gleich groß ist. Denn der Kranich verdankt sein Leben nur der Tatsache, daß der Wolf ihm den Hals nicht abbeißen kann, ohne zugleich an dem Knochen zu ersticken. *(Lernziel b)*

c) In einem weiteren Lernschritt sind der Kontext und die Lehre der Fabel miteinander in Beziehung zu setzen: Die hier ausgesprochene „Warheit [...] von eusserlichem Leben in der Welt“ (Kontext) ist die Überzeugung des Autors, daß es in dieser Welt keine Gerechtigkeit, dafür aber Gewalt, Bosheit und Undankbarkeit gibt. Die ausgleichende Hoffnung auf die jenseitige Welt bleibt in den Fabeln unausgesprochen: Der Leser muß selbst ergänzend hinzudenken, daß allein bei Gott Gerechtigkeit ist. Luther rät nicht etwa davon ab, andern in der Not zu helfen, weil man doch nur Undank erntet, sondern er will sagen: wenn du Gutes tun willst, so mußt du es um des Guten willen tun und nicht mit Dank und Lohn rechnen. Voll ist die Lehre, die Luther erteilen will, nur auf dem Hintergrund seines Glaubens und seiner Überzeugung von der Sündigkeit der Welt zu verstehen.

d) So wie die Fabel selbst sollte auch der Ausschnitt aus Luthers Vorrede zu den Fabeln, der im Kontext wiedergegeben ist, von den Schülern übersetzt werden. Anders als dort ist hier jedoch eine freie, den Satzbau modernisierende und den Gedankengang des Autors verdeutlichende Übertragung angebracht.

Das abschließende Unterrichtsgespräch kann von einer der folgenden Fragestellungen ausgehen:

1. Warum müssen Kinder und Fürsten (große Herren, Mächtige) durch List zur Wahrheit hingeführt („betrogen“) werden? (Jene sind wegen ihrer Unerfahrenheit noch nicht und diese wegen ihrer Machtfülle nicht mehr direkter

Argumentation zugänglich; sie müssen durch Beispiele indirekt überzeugt werden.)

2. Was haben die Narren mit der Fabel zu tun? (Der Fabelerzähler wird von Luther als eine Art Narr betrachtet, da er durch unvernünftige Tiergeschichten und auf unterhaltsame Weise den Leuten die Wahrheit sagt.)
3. Weshalb wollen und können die Mächtigen es nicht vertragen, wenn die Weisen ihnen die Wahrheit sagen? (Die Wahrheit ist für die Mächtigen meistens nicht schmeichelhaft.) *(Lernziel c)*

4.6. Gotthold Ephraim Lessing: Der Rabe und der Fuchs (B 3)

4.6.1. *Lernziele*

a) Die Schüler vergleichen Lessings Fabel mit der Fassung von La Fontaine und der Äsopischen Version (Arbeitsblatt) und erfassen so den Unterschied zwischen nicht zeitgebundenem Fabelmotiv und individuell-geschichtlicher Fabelbearbeitung.

b) Sie erkennen, daß die „Lehre" der Lessingschen Fassung keine Wahrheit (Lebensweisheit, Erfahrungssatz) enthält, sondern aus einem Wunsch des Autors besteht.

4.6.2. *Sachanalyse*

a) Wie La Fontaine hat auch Lessing den alten Fabelstoff vom Raben und Fuchs aufgegriffen und neu bearbeitet. Er hat im wesentlichen einen Umstand verändert und der Handlung damit eine ganz neue Wendung gegeben: Er läßt das Stück Fleisch, das der Rabe entwendet hat, vergiftet sein, so daß der Fuchs, der es sich erschmeichelt, daran zugrundegeht. Alle übrigen Veränderungen können als Konsequenz dieser einen Veränderung aufgefaßt werden.

b) Es entspricht Lessings Haltung als Aufklärer, daß er nicht den, der sich schmeicheln läßt und dabei hereinfällt, dem Spott preisgibt, sondern den Schmeichler mit Zorn und Verwünschungen verfolgt. Der Rabe kommt dabei auffällig gut weg: Er wird für seine Dummheit mit dem Leben belohnt und merkt noch nicht einmal, daß er betrogen werden sollte. Er wird sogar in seinem törichten Stolz bestätigt, eine Folge, die der Autor nur deshalb in Kauf nimmt, weil es ihm allein darauf ankommt, den „verdammten Schmeichlern" seine Verachtung zu zeigen.

4.6.3. *Didaktische Überlegungen*

a) Die Lessing-Fabel ist als Paralleltext zu A 3 gedacht (s. 4.3.3. c) und 4.3.4. a) und hat zusammen mit der Äsopischen Version die didaktische Aufgabe, die Schüler mit dem Problem von Fabelmotiv und -bearbeitung vertraut zu machen. Sie lernen durch den Vergleich, daß es (relativ) zeitunabhängige Motive gibt, die von den Autoren zu individuell und geschichtlich unverwechselbaren Einzeltexten verarbeitet werden. *(Lernziel a)*

b) Die Fabel bekommt bei Lessing durch die Einführung des besonderen Umstands, daß das Fleisch vergiftet ist, einen unwahrscheinlichen Zug. Die Fabelhandlung entspricht so nicht mehr dem gewöhnlichen Lauf der Welt, sondern dem Wunsch des Autors, die Schmeichler möchten sich „nie etwas anders als Gift erloben". Die Schüler sollen erkennen, daß Lessing mit seiner Fabelversion seinen Abscheu vor den Schmeichlern und nicht — wie Äsop oder La Fontaine — eine Lebenserfahrung zum Ausdruck bringen will. *(Lernziel b)*

4.6.4. *Methodische Hinweise*

a) Aus der Zuordnung des Textes zu A 3 und dem Einsatz des Arbeitsblattes ergeben sich zwei Möglichkeiten für einen Fabelvergleich: 1. im Anschluß an die Behandlung von A 3; 2. ohne vorherige Behandlung von A 3. In beiden Fällen kann das Arbeitsblatt verwendet werden, vorausgesetzt daß A 2 (Lessing: Der Esel und der Wolf) bereits durchgenommen wurde. Bei der zweiten Möglichkeit müßte der Lehrer jedoch schon während oder nach der Beantwortung der Fragen des Arbeitsblattes die Lerneinheit A 3 einbeziehen, denn die Eigenart der Versfabel La Fontaines kann nicht allein durch den Vergleich mit Lessings Fassung erkannt werden.

b) Das Arbeitsblatt kann in der Weise benutzt werden, daß zwischen die sechs Aufgaben, die teils in Stillarbeit, teils in Gruppen zu lösen sind, jeweils klärende Unterrichtsgespräche eingeschoben werden. Nach der Lektüre der Fabel wäre vor allem das Textverständnis zu sichern: 1. Beachtung der direkten Rede, die nicht durch Anführungszeichen hervorgehoben ist. 2. „Jupiter" ist der römische und „Zeus" der griechische Name des Göttervaters. 3. Die „Rechte des Zeus" meint seine „rechte Hand". 4. Die schwierige Stelle „. . . die erflehte Gabe, die mir dein Gott durch dich zu schicken noch fortfährt" ist bezeichnend für den gespreizten Ton der Schmeichelrede des Fuchses; sie müßte durch Umstell- und Ersatzproben geklärt werden.

c) Die Aufgaben 2 und 3 können nur gelöst werden, wenn die betreffenden Fabeln von Lessing (A 2) und La Fontaine (A 3) den Schülern bekannt sind. Zumindest sollte die Lessing-Fabel „Der Esel und der Wolf" vorher ausführlich behandelt worden sein. Ein Umgang mit drei unbekannten Texten gleichzeitig wäre nicht zu vertreten. Für die Aufgaben 2.0. b), 2.0. c), 3.0. c) und 3.0. d) lassen sich keine eindeutigen Lösungen angeben. Das Unterrichtsgespräch hat hier zum Ziel, unter den angebotenen Lösungen der Schüler die falschen (d. h. die nicht an den Texten belegbaren) auszuscheiden und die übrigen als richtig zu bestätigen und auszuwerten.

d) Die Äsopische Fabel (4. Aufgabe) bietet keine Verständnisschwierigkeiten. Dagegen bedarf der Begriff „Motiv", wie er hier verwendet wird, einer Absicherung. Er meint (im Gegensatz zu seiner gewöhnlichen Bedeutung „Beweggrund, Antrieb") in der Literatur eine bedeutungsvolle Situation oder Konstellation, die zu einer Handlung (Haltung oder Stimmung) „bewegt" (das mittellateinische Adjektiv „motivus" = bewegend, antreibend), hier: der Rabe mit der Beute und der Fuchs, der sie nur durch eine List bekommen kann.

e) Die umfangreiche Aufgabe 4.2. kann je nach Arbeitsleistung der Klasse in Einzelarbeit oder verteilt auf Gruppen gelöst werden. Die Beantwortung der letzten Teilaufgabe (m) setzt jedoch die Kenntnis aller Teilergebnisse (a—l) voraus, so daß sie zurückgestellt werden sollte, bis alle Zweifelsfragen geklärt sind. Die am Ende stehende Erkenntnis, daß die Fabeln von Äsop und La Fontaine sich am ähnlichsten sind, leitet über zur Aufgabe 4.3. *(Lernziel a)*

f) Lessing ging die Wahrheit über alles. Daher galt den Schmeichlern sein ganzer Abscheu, und eben dieser kommt in dem unerfüllbaren Wunsch zum Ausdruck, daß sie sich „*nie* etwas anders als Gift erloben" möchten. Er will nicht wie Äsop oder La Fontaine zeigen, daß die Menschen aus Eitelkeit und Torheit auf die Schmeichler hereinfallen, sondern er will sie moralisch verurteilen („verdammte Schmeichler!"). Die Schüler erkennen, daß hinter den verschiedenen Bearbeitungen desselben Fabelmotivs und den daraus resultierenden „Lehren" verschiedene Individualitäten mit verschiedenen Absichten und Haltungen stehen. *(Lernziel b)*

4.7. Wilhelm Busch: Fink und Frosch (C 1)

4.7.1. *Lernziele*

a) Die Schüler untersuchen, wie in dieser Versfabel die Antithetik der Figuren durch Lautung und Rhythmus sinnfällig gemacht wird.

b) Sie erfassen, daß im Unterschied zu A 1 hier die Lehre in einem Bild ausgedrückt wird.

c) Sie vergleichen Text und Illustration miteinander und bestimmen die unterschiedliche Darstellung des Geschehens zwischen Fink und Frosch.

4.7.2. *Sachanalyse*

a) Wie in den drei ersten Fabeln entwickelt sich die Handlung auch hier aus dem Gegensatz zweier Figuren. Der Konflikt entsteht aus den unterschiedlichen Fähigkeiten von Fink und Frosch und dem törichten Versuch des Frosches, diesen Unterschied aufzuheben. Zwei Versuche führen zu Erfolgen, die dem Frosch scheinbar recht geben: Er sitzt auch im Apfelbaum; er „singt". Den dritten Versuch, in blinder Selbstüberschätzung gewagt, muß er mit dem Tod bezahlen. Dieser wird drastisch und mitleidlos geschildert; der Frosch hat sich sein grausames Ende selbst zuzuschreiben. Wie häufig bei Wilhelm Busch ist auch diese „Geschichte" nicht frei von Sarkasmus und einer Portion Schadenfreude.

b) Mehr noch als die Fabel La Fontaines macht diese Versfabel durch die gezielte Verwendung lautlicher Mittel den Eindruck eines Erzählgedichts. Die vierhebigen (ausgenommen Z 2, 12 und 22) jambischen Verse mit Paarreimbindung lehnen sich an den volkstümlichen Knittelvers an. Die den Fink betreffenden sieben Verse (Z 1, 2, 7, 8, 11—13) zeichnen sich durch eine Häufung von i- und ei-Lauten und einen leichten, schwebenden Rhythmus aus. Dazu bilden die gewichtigeren elf Verse über den Frosch durch gehäufte a-Laute (und verwandte Laute wie au, o und ö), drastisch-komische Bilder, Verwendung von niederdeutscher Mundart (z. B. „dat kann ick och") und schwerfälligen Rhythmus einen deutlichen Gegensatz, der die Positionen der beiden Kontrahenten sinnfällig macht. Der Fink nimmt (anders als in den Zeichnungen) vom Frosch kaum Notiz; er verführt den Frosch allein durch sein beneidenswertes Dasein dazu, es ihm gleichzutun.

c) Das Ungewöhnliche der Lehre besteht darin, daß sie im Bildbereich der Fabelhandlung bleibt und vom Leser selbst erst auf die Menschenwelt übertragen werden muß. Ihr poetischer Charakter verhindert, daß sie zur abstrakten Formel erstarrt. Durch die Verkürzung der letzten Zeile und die lapidare Feststellung „So irrt sich der" erhält die Lehre eine ironische Pointe: das im Grunde Selbstverständliche erweist sich als gar nicht so selbstverständlich, wenn man es auf menschliche Verhältnisse überträgt.

d) Die drei Zeichnungen illustrieren nicht bestimmte Textstellen, sondern ergänzen den Text um drei Momente, die sprachlich ausgespart sind: 1. Der Fink sieht zu seinem Erstaunen den Frosch mit überheblicher Miene auf dem Baum (in der Zeichnung verkürzt und stilisiert) hocken, nachdem er von ihm angesprochen worden ist; 2. er beobachtet den übermütigen flugähnlichen Sprung des Frosches und scheint ihn im letzten Augenblick noch zurückhalten zu wollen; 3. er sieht (bedauernd?), wie der Frosch kopfüber auf dem Boden landet. Die Zeichnungen geben also das Geschehen aus einer anderen Sicht wieder als der Text; zwischen Text und Illustrationen besteht eine Spannung, die zu einer wiederholten Lektüre bzw. Betrachtung reizt.

4.7.3. *Didaktische Überlegungen*

a) An drei Texten (A 1 — A 3) wurden typische Fabelmerkmale erarbeitet oder wiedererkannt, so daß es nun genügt, an der Fabel von Busch die Mittel des Versbaus und der Lautung und ihre Funktion für die Charakterisierung der Figuren untersuchen zu lassen (Lernziel a). Neuartig ist außerdem die Gestaltung der Lehre, die hier weder einen allgemeinen Satz enthält wie bei Äsop (A 1), noch Teil der Fabelhandlung selbst ist wie bei La Fontaine (A 2), sondern als selbständiger spruchartiger Vierzeiler der Fabelerzählung folgt und dabei in deren Bildbereich bleibt, wobei der Leser gleichsam auf der Ebene des Tieres angesprochen wird, das sich für einen Vogel hält, ohne einer zu sein. *(Lernziel b)*

b) Da Wilhelm Busch den Schülern als Erzähler und Zeichner von Bildgeschichten bekannt sein dürfte („Max und Moritz"), kann bei ihnen mit einem Interesse für das Problem der Illustration von Texten, insbesondere von Fabeln, gerechnet werden. Gerade die Tatsache, daß die drei Zeichnungen nicht einfach in einem anderen Medium wiederholen, was bereits im Text gesagt ist, bietet einen fruchtbaren Ansatz für ein vertieftes Verständnis hinsichtlich des Wechselbezugs von Bild und Sprache. *(Lernziel c)*

4.7.4. *Methodische Hinweise*

a) Für die Behandlung im Unterricht bieten sich zwei Ansätze an: 1. die Zeichnungen von Wilhelm Busch und 2. die auffällige klanglich-rhythmische Gestaltung der Fabel. Die erste Möglichkeit wäre vor allem zu wählen, wenn die Schüler auf Vorwissen über den Autor und seine Bildgeschichten zurückgreifen können. Die drei Bilder sollten dann zunächst ganz unabhängig vom Text (abdecken lassen!) betrachtet werden; die Schüler entwickeln aus ihnen eine Geschichte und vergleichen diese mit dem Text von Busch. Ergebnis:

1. Der in den Zeichnungen deutliche Gegensatz von Vogel und Frosch wird vom Autor sprachlich dadurch zum Ausdruck gebracht, daß er aus dem unspezifischen Vogel einen „Fink" macht (Reim auf „pinkepink" und „flink"; dem Vogel sind helle Vokale, dem Frosch dunkle zugeordnet). *(Lernziel a)*
2. In den Zeichnungen sind nur drei Einzelmomente des Geschehens herausgegriffen, während der Text in dramatischer Steigerung die Handlungen des Vogels (sitzt pfeifend im Baum; singt ein Lied; fliegt fort) und die drei Nachahmungsversuche des Frosches (klettert mühsam nach; quakt; macht einen ungeschickten Satz) schildert und eine Lehre folgen läßt.
3. In den Zeichnungen geht der Vogel deutlich auf den Frosch ein (Staunen; Warnung; Bedauern), während er im Text von ihm keine Notiz nimmt; dafür gibt aber um so mehr der Autor spöttisch und sogar schadenfroh seine Meinung über den Frosch zu verstehen.

Zeichnungen und Text sind also nicht einfache Wiederholungen mit anderen Mitteln, sondern ergänzen einander. *(Lernziel c)*

b) Geht die Behandlung der Fabel vom Text aus, so sollten nach einer kurzen Verständigung darüber, daß es sich bei diesem „Gedicht" um eine Fabel handelt (Antithetik der Figuren, Symbolfunktion der Tiere, Handlungsumkehr, Lehre), die Wechselbeziehungen zwischen den beiden Handlungsträgern einerseits und der Sprache und Lautgestalt der Verse andererseits untersucht werden. Eine Gegenüberstellung (gemeinsam erarbeitete Tafelskizze) könnte folgendes Ergebnis bringen:

Fink		*Frosch*	
Eigenschaften	*Sprache*	*Eigenschaften*	*Sprache*
klein leicht flink fröhlich unbeschwert begabt	Häufung heller Vokale: ei i ü helle Reime: Fink/pinkepink süß/ließ Fink/flink nur 7 Verse (davon 2 kurze: Sein: pinkepink! „Fort flieg ich flink!"): rhythmisch-melodisch zu sprechen; er pfeift im Apfelbaum, läßt sein Frühlingslied erklingen, schwingt sich hoch in die Lüfte; „Juchheija, heija!"	groß plump schwerfällig mißgünstig ungeschickt überheblich	Häufung dunkler Vokale: a o ö au dunkle Reime: nach/-dach ja/da Tönen/dröhnen 11 breite Verse mit Konsonantenhäufung und drastisch-komischen Bildern, rhythmisch rauh und derb; er klettert mühsam nach, bläht sich auf, dröhnt in rauhen Tönen, macht ungeschickten Satz; „Wat! dat kann ick och!" *(Lernziel a)*

c) Das Besondere der Lehre (s. 4.7.2. c) kann im Vergleich mit A 1 und A 3 herausgearbeitet werden. Die Schüler sollten erkennen, daß der Vierzeiler einerseits im Bildbereich der Erzählung bleibt (er kann unmittelbar auf den Frosch bezogen werden), andrerseits aber durch die pronominalen Wendungen (einer, der; er; der) und die Verben, die geistige Tätigkeiten benennen (meinen, sich irren), mittelbar auf Menschen zielt, die ihre Fähigkeiten falsch einschätzen. Abschließend sollte jedoch auch die Einstellung des Autors einer kritischen Reflexion unterworfen werden: Er schildert das Ende des Frosches mitleidlos, ja sogar schadenfroh; für die Situation derer, die nicht so begabt sind, es aber den Begabten gleichtun wollen, hat er kein Verständnis (vgl. die pointierte, schroffe Zurechtweisung „So irrt sich der"). *(Lernziel b)*

4.8. Johann Gottfried Herder: Der Löwe und die Stiere (C 2)

4.8.1. *Lernziele*

a) Die Schüler erkennen durch Vergleich mit der Äsopischen Vorlage (Arbeitsblatt), daß Herder aus der knappen Fabel eine lehrhafte Tiererzählung gemacht hat.

b) Sie stellen fest, daß bei Äsop der Löwe die Stiere durch Schmeichelreden nur äußerlich trennt, während er sie bei Herder durch falsche Behauptungen mißtrauisch macht und ihre Eintracht in offene Zwietracht verwandelt.

4.8.2. *Sachanalyse*

Der Autor hat die knappe Äsopische Vorlage (s. Arbeitsblatt) zu einer detaillierten Tiererzählung ausgeweitet und ihr eine psychologische Vertiefung gegeben. Dadurch verliert andererseits der Text als Fabel einen Teil seiner ursprünglichen Wirksamkeit, die darin besteht, daß die Erkenntnis der Wahrheit dem Leser plötzlich und überraschend aufgeht. Die eigentliche Lehre (Einigkeit macht stark, während der einzelne besiegbar ist) wird zugunsten der Schilderung des Prozesses, wie aus einer Gruppe von Freunden allmählich eine Reihe mißtrauischer Einzelner wird, in den Hintergrund gedrängt.

4.8.3. *Didaktische Überlegungen*

Der für die Erkenntnis der Fabel vorgeschlagene Vergleich mit der Vorlage und die Erarbeitung der Lernziele mit Hilfe eines Arbeitsblattes stellt nur eine von mehreren Möglichkeiten dar, wie sich die Behandlung in den Fabelkurs integrieren läßt. Entscheidend ist die Einsicht, daß der Übergang von der knappen, typischen Fabelform zu freieren Erzählformen (psychologisierende Tiergeschichte) fließend ist.

4.8.4. *Methodische Hinweise*

Es empfiehlt sich, die beiden Aufgaben 3 a) und 3 b) des Arbeitsblattes nicht von allen Schülern lösen zu lassen, sondern entweder jedem Schüler nur je eine Aufgabe zu stellen oder sogar nur zwei kleinere Gruppen mit diesen Aufgaben zu beschäftigen. In jedem Falle wäre an die Stillarbeit ein Unterrichtsgespräch anzuschließen, in dem die angebotenen Lösungen diskutiert und die überzeugendsten Formulierungen ausgewählt (und eventuell an der Tafel festgehalten) werden sollten.

4.9. Wolfdietrich Schnurre: Gottes schwierige Position (C 3)

4.9.1. *Lernziele*

a) Die Schüler erkennen, daß Schnurres Text sich in einigen Elementen deutlich von den bisher behandelten Fabeln unterscheidet:
   - keine erkennbare Lehre,
   - keine symbolischen Figuren,
   - keine Handlung.

b) Sie erfassen, daß die Überschrift die Sinnrichtung festlegt, in der die Fabel verstanden werden soll.

c) Sie erkennen, daß die „Lehre“ hier in einem Problem besteht, auf das der Autor den Leser aufmerksam machen will.

4.9.2. *Sachanalyse*

Der Autor benutzt hier die knappe Fabelform zur pointierten Darstellung eines theologischen Problems. Keine Wahrheit oder Lebenserfahrung wird vermittelt, sondern ein Dilemma aufgezeigt: Wenn Gott die Bitten von Parteien mit entgegengesetzten Interessen ernst nehmen wollte, wäre er nicht nur in einer „schwierigen Position“, sondern in einer aussichtslosen Lage (die Überschrift ist ironisch zu verstehen, denn sie untertreibt die Schwierigkeit). Die Unvereinbarkeit der Gebete wird durch die Gleichzeitigkeit und sprachliche Parallelität („Und verschone uns ... / Und schlage den Feind ...) sinnfällig gemacht. Dadurch daß der Autor Farmer und Heuschrecken in gleicher Weise zu Gott beten läßt, zeigt er, daß die zugrunde liegende Gottesvorstellung fragwürdig ist.

4.9.3. *Didaktisch-methodische Hinweise*

a) Der Schnurre-Text stellt eine weitere Spielform der Fabel dar und kann damit den Schülern die Einsicht vermitteln, daß eine Gattung nicht als Norm zu verstehen ist, sondern als Summe von sprachlichen und poetischen Möglichkeiten, von denen der Autor entsprechend seinen Absichten freien Gebrauch machen kann.

b) Die Fabel kann von verschiedenen Aufgabenstellungen her erschlossen werden:

1. In den bisherigen Fabeln spielte sich immer eine Handlung zwischen den gegensätzlichen Figuren ab. Untersuche, wie es sich damit bei Schnurre verhält. (Zwei vollkommen getrennte, aber parallele Handlungen mit Gott als gemeinsamer Bezugspunkt.)
2. Fabelfiguren symbolisieren gewöhnlich menschliche Eigenschaften. Welche Aufgabe erfüllen sie in dem Text von Schnurre? (Sie stehen nicht symbolisch für bestimmte Eigenschaften, sondern *sind* sie selbst; während die erste Handlung sich auf der Ebene der Realität abspielt, macht sich der Autor im zweiten Teil zum Anwalt der Heuschrecken, indem er ihnen dasselbe Recht auf Gottes Gehör zubilligt wie den Menschen.)
3. Der Leser soll aus den Fabeln etwas lernen. Überlege, ob er aus diesem Text etwas über Gottes schwierige Position oder über die Gebete der Menschen erfahren soll. (Wenn die Menschen erwarten, daß solche Bitten erhört werden, so gerät Gott in eine schwierige Position; also sind die Gebete unangemessen.)
4. Die Fabel könnte auch heißen „Die Farmer und die Heuschrecken". Welche Lehre würdest du dann aus ihr ziehen? (Die Lehre könnte lauten: Es gibt Bitten, die schon aus dem Grund nicht erfüllt werden können, weil sie im Gegensatz zu anderen Bitten stehen.)

ZUSATZTEXTE FABELN

1. Wilhelm Busch: Der dicke Sack

1.1. *Lernziele*

a) Die Schüler erkennen, daß neben den Tieren auch Pflanzen und unbelebte Gegenstände als handelnde Figuren in den Fabeln auftreten können;
b) sie erfassen Versform, Reim und Wortwahl als Elemente einer humorvollen und pointierten Erzählweise.

2. James Thurber: Die ziemlich intelligente Fliege

1.1. *Lernziele*

a) Die Schüler entdecken den Aufbau der Fabel;
b) sie erkennen, daß das Wort „ziemlich" in der Überschrift (Wiederholung in Satz 3, Z 5) ironisch gemeint ist und daß der Sinn der Fabel von daher zu erfassen ist;
c) sie versuchen, die Beziehung zwischen der Erzählung und der angehängten „Moral" zu bestimmen und eine eigene Lehre zu formulieren, die weniger spitzfindig klingt als die des Originals.

Schlingmann

GRUNDKURS MÄRCHEN

1. Textfolge

A

1. Irisches Elfenmärchen: Die kleinen Schuhe
2. Russisches Volksmärchen: Die kluge Tochter

B

1. Brüder Grimm: Der Teufel Grünrock
2. Hans Chr. Andersen: Des Kaisers neue Kleider

C

1. Brüder Grimm: Doctor Allwissend

2. Lernziele

Die Schüler lernen:

a) Elementargeister-, Rätselwettstreit-, Zauber- und Erlösungsmärchen, gesellschaftskritische- und Schwankmärchen nach inhaltlichen und formalen Merkmalen zu unterscheiden und zu beschreiben;

b) formelhafte Wendungen, Eindimensionalität, einfache Moral, vereinfachende Entgegensetzungen und Klischeebildung als typische Merkmale des Märchens zu erfassen und an Texten nachzuweisen;

c) unterschiedliche Bauformen an Märchen zu isolieren und ihre Funktion in Diagrammen zu verdeutlichen;

d) daß Märchen mit unterschiedlichen Darstellungsabsichten verknüpft sein können;

e) unterhaltende, lehrhafte und kritische Darstellungsabsichten zu unterscheiden und diese aus der Verwendung bestimmter Elemente zu erschließen.

3. Didaktische Begründung

3.1. Die allgemein anerkannte Eignung[1] des Märchens für die Entwicklung der kognitiven Kräfte, die zu einem sachgerechten und kritischen Textgebrauch erforderlich sind, beruht auf der klaren Struktur und den relativ leicht überschaubaren Inhalten dieser literarischen Form. Antithetische Kontrasttechniken, Linearität in der Handlungsführung und Reihungstechniken, formelhafter Sprachgebrauch, Verzicht auf Beschreibung und psychologische Analyse bei der Darstellung der Märchenfiguren sowie die relative Konstanz bei der Verwendung von Bildern und Symbolen schaffen eine nur noch mit der Fabel vergleichbare Lernsituation. Für Textbeschreibung und Textanalyse ist das Märchen geradezu prädisponiert. Auf der anderen Seite könnten die unter Lernziel b) angeführten Merkmale: die Tendenz zur Klischeebildung, die einfache Moral

[1] Vgl. Christa Bürger: Die soziale Funktion volkstümlicher Erzählformen — Sage und Märchen, in: Projekt Deutschunterricht 1, Hrsg. H. Ide, J. B. Metzler Verlag, Stuttgart 1971, S. 40 f.

und die Selbstverständlichkeit, mit der das Wunderbare behandelt wird, auf den ersten Blick gegen die Einbeziehung dieser literarischen Form ins Kurssystem sprechen, bei genauer Betrachtung aber erweisen sie sich als Ansatzpunkte für eine kritische Reflexion auf die mit dieser Gattung gegebenen Darstellungsmöglichkeiten.

3.2. In diesem Grundkurs werden 5 Märchentypen vorgestellt und analysiert:
— in A1 ein Elementargeistermärchen aus einer Sammlung Irischer Elfenmärchen,
— in B 1 ein Zauber- und Erlösungsmärchen, das mit christlichem Gedankengut angereichert ist;
— in A 2 die russische Fassung eines Rätselwettstreitmärchens, das den Aufstieg eines Bauernmädchens zur Prinzessin zum Inhalt hat;
— in B 2 ein gesellschaftskritisch eingestelltes Märchen von Andersen, das Elemente der Gauner- und Lügengeschichte zum Zwecke der Kritik einsetzt;
— in C 1 ein Schwankmärchen, das den in der Realität unerreichbaren sozialen Aufstieg eines unterdrückten Bauern erzählt.

Dieses Textangebot zielt nicht auf einen komplettierenden Überblick über Märchentypen, vielmehr sollen durch die Beschreibung und Analyse der verschiedenen Typen strukturelle und inhaltliche Gemeinsamkeiten und Unterschiede erfaßt und daraus Verfasserintentionen und Leserwirkungen abgeleitet werden.
Im Gesamtcurriculum-Aufbau bildet dieser Grundkurs die Basis für den Zusatzkurs „Kunstmärchen" im 6. Schuljahr und den Grundkurs „Satire" im 7. Schuljahr, so daß auf ihn nicht vorschnell verzichtet werden sollte.

3.3. Der Aufbau des Kurses berücksichtigt, daß in der Primarstufe mehr oder weniger ausführlich und intensiv Märchenlektüre betrieben wurde und einige der wesentlichen Märchentypen bereits bekannt sind.
Das irische Elfenmärchen A 1 ermöglicht einen ersten beschreibenden und analysierenden Zugriff auf Möglichkeiten der Erzähltechnik. Da hier das Märchengeschehen durch einen Ich-Erzähler als Geschichte vergangener Zeiten wiedergegeben und durch spannungssteigernde Anreden an den Zuhörer und durch kommentierende Bemerkungen glaubhaft zu machen versucht wird, lassen sich Erzählrahmen und Binnenerzählung relativ leicht isolieren und die auf Unterhaltung ausgerichtete Erzählabsicht bestimmen.
So inhaltlich verschieden und vom Typ her unverbunden A 1 und A 2 auch sind, dieser Vorgriff auf Elemente der Erzähltechnik und des Handlungsaufbaus ermöglicht in A 2 („Die kluge Tochter") Rahmen- und Binnenhandlung als Elemente des Handlungsaufbaus zu unterscheiden und ihre Funktion näher zu bestimmen.
Dieses Lernziel, Märchenhandlungen oder Handlungsteile zu beschreiben und ihre Funktion zu analysieren, läßt sich über die Behandlung von B 1 zu A 2 und B 2 mit zunehmender Differenzierung thematisieren. Während in B 1 („Teufel Grünrock") in märchentypischer Entgegensetzung die Hauptfigur und die drei Schwestern eine Probe zu bestehen haben, indem sie dem Zauber des Bösen ausgesetzt werden, hat der Rätselwettstreit zwischen dem Zaren und der klugen Tochter in A 2 die Funktion einer Brautwerbung. Daß solche Probehandlungen auch zu Kritik aufgebaut und verwendet werden können, läßt sich an B 2 („Des Kaisers neue Kleider") aufzeigen. Der Zusatztext „Die Prinzessin auf der Erbse" ist als Überleitungstext besonders geeignet, da auch hier eine Brautwerbungsszene wiedergegeben wird, doch mit entgegengesetzter Intention. In A 2 wird der Zar als Institution durch seine Brautwahl bestätigt, hier dagegen wird das Königtum als Einrichtung lächerlich gemacht. Wie Spott und

Kritik durch Komik aufgebaut und leserwirksam vorgetragen werden können, läßt sich am Zusatztext und an B 2 beschreiben und analysieren.
C 1 („Doctor Allwissend") ist als typisches Schwankmärchen z. T. thematisch durch die Probesituation des Bauern (sozialer Aufstieg verbunden mit der Kritik an der bestimmenden Gesellschaftsschicht) mit A 2 und durch eine Reihe von Bauelementen (Wiederholung, Reihung, Komik im Aufbau der Handlung, kritische Einstellung) mit B 2 verknüpft, so daß der Schüler am Text mit Hilfe des Arbeitsblattes die spezifischen Schwank- und Märchenelemente relativ leicht wahrnehmen und beschreiben kann.

3.4. In dieser Textabfolge lassen sich auch andere märchentypische Elemente: u. a. Eindimensionalität, Linearität, Kontrasttechnik und einfache Moral erschließen und mit zunehmender Differenzierung verfügbar machen. In A 1 und A 2 können am Beispiel des Cluricauns und des Teufels zwei typische Zaubergestalten beschrieben und die Eindimensionalität verdeutlicht werden. Obgleich es sich um Zauberwesen von sehr unterschiedlicher Einstellung gegenüber Menschen handelt, haben sie weder für den Großvater in A 1 noch für den Jüngsten der drei Brüder in B 1 etwas Erschreckendes an sich. Aus der komischen Pointierung in A 1, die durch die Überlegenheit des Elementargeistes über die Menschen zustande kommt, kann unter Einbeziehung von Elementen der Erzähltechnik die unterhaltende Absicht erschlossen werden, während in B 1 an der Kontrastprobehandlung der Schwestern die Tendenz des Märchens zur einfachen Moral und Klischeebildung verdeutlicht werden kann.

3.5. Beachtet werden sollte die den Arbeitsblättern zugrunde gelegte Textabfolge. Da in den Kurs nur 5 Texte aufgenommen wurden, sind diese so aufeinander abgestimmt, daß die B-Texte jeweils nach dem A-Text gelesen werden können. Auf diese Reihenfolge nicht festgelegt ist der C-Text, so daß auch folgende Kombination denkbar wäre, falls aus Zeitgründen eine Kürzung vorgenommen werden müßte: A 2, Zusatztext, B 2 und C 1.

4. Einzelanalysen

4.1. Irisches Elfenmärchen: Die kleinen Schuhe (A 1)

4.1.1. *Lernziele*

Die Schüler lernen:

a) die beiden Erzählteile — Binnenerzählung und Rahmen — gegeneinander abzugrenzen und dem Inhalt und den beteiligten Personen nach zu unterscheiden;

b) den Text als Elementargeistermärchen zu identifizieren, indem sie durch eine Beschreibung der Handlungsteile der Binnengeschichte die Erscheinungsweise und das Verhalten des Cluricauns den Menschen gegenüber feststellen;

c) die Funktion des Rahmens für die Binnenerzählung beispielhaft zu erfassen, indem sie die Unterbrechung als spannungssteigerndes Element und die zeitliche Rückdatierung als Möglichkeit der Beglaubigung des unwahrscheinlichen Geschehens erfassen;

d) in einem Aufbaudiagramm Erzählrahmen und Cluricaun-Märchen zueinander in Beziehung zu setzen und durch die Zuordnung der Personengruppen die Zeitverhältnisse zu verdeutlichen;

e) darüber nachzudenken, warum die Brüder Grimm solche Märchen übersetzt haben.

4.1.2. *Sachanalyse*

Dieses Elfenmärchen stammt aus der von den Brüdern Grimm 1826 herausgegebenen und übersetzten Märchensammlung „Fairy Legends and tradition of the South of Ireland. London 1825", und zwar dem 2. Kapitel, das den Titel „Der Cluricaun" trägt. Den 27 Märchen geht eine Einleitung voraus, die über die mythologischen Vorstellungen, die diesen Märchen zugrunde liegen: Erscheinungsform, Typen, Lebens- und Gesellschaftsform der Elfen, orientiert mit dem Ziel, vergessenes Volks- und Erzählgut durch kommentierende und erklärende Hilfen dem Leser näher zu bringen.

Charakteristisch für die 5 Cluricaun-Märchen[1] sind folgende Elemente:

Sie erzählen Episoden menschlicher Begegnungen mit dem männlichen Geisterwesen (Cluricaun), das im Gegensatz zu den Elfinnen häßlich, ungesellig und täppisch ist, aber über die Kenntnis verborgener Schätze verfügt und, sooft es sich von Menschen bedroht sieht, durch eine List wieder entkommt.

Die Elfenepisode ist jeweils eingebettet in eine Rahmengeschichte, die als Erzählsituation konzipiert ist: als Binnenhandlung wird sie vom Hörensagen her autorisiert, zugleich aber auch in das Reich des Nichtbeweisbaren, der Sage und „Fabel" (der nicht überprüfbaren Vergangenheit) verwiesen. Durch Anreden an den Zuhörer und kommentierende Erläuterungen sucht der Ich-Erzähler möglichst spannend und unterhaltsam die Geschichte wiederzugeben.

Wie in den übrigen Märchen dieser Sammlung, so läuft auch hier die Binnenhandlung auf die Darstellung der Überlegenheit der Elfen über die Menschen hinaus. Die dadurch erreichte komische Pointierung der Handlung entspricht der unterhaltenden Erzählabsicht und der Erhaltung des für das Märchen konstitutive Element des Wunderbaren. Im Unterschied zu der für das europäische Volksmärchen typischen Neigung zum abstrakten Stil und der bloßen Nennung der Dinge, legt der Erzähler hier auf realistische Darstellung großen Wert.

Die Episode ist zeitlich gegliedert in die Phase der Entdeckung, der Gefangennahme und List des Cluricauns. Figuren und Geschehnisse der Binnenhandlung werden detailliert beschrieben und an wichtigen Stellen für den Leser bzw. den Zuhörer mit kommentierenden Bemerkungen versehen, wodurch Rahmen- und Binnengeschichte und damit auch die beiden Realitätsebenen immer wieder miteinander verknüpft werden.

4.1.3. *Didaktische Überlegungen*

Wer Texte sich verstehbar machen will, muß funktionale Zusammenhänge zwischen Elementen auf den verschiedenen Gestaltungsebenen erfassen können. Der vorliegende Text konfrontiert den Schüler mit Erzählstrukturen und Stilmitteln, die, wie die Sachanalyse ergeben hat, teilweise von den Strukturen des europäischen Volksmärchens abweichen.

Die Klassen des 5. Schulj. stellen vor allem in den ersten Monaten inhomogene Lerngruppen dar, so daß die didaktische Planung nicht unerheblich erschwert ist. Es muß damit gerechnet werden, daß auch das Wissen um Märchentypen und kennzeichnende Merkmale sehr unterschiedlich ist. Mit diesem Text wurde bewußt ein Märchentyp an den Anfang gestellt, der möglicherweise aufgrund der Primarstufenlektüre bekannt sein könnte, aber aufgrund der irischen Besonderheiten dennoch Neues und Überraschendes enthält.

Unter Berücksichtigung gerade dieser neuen Elemente lassen sich zwei Schwerpunkte für die Textbehandlung gewinnen:

[1] Ein irisches Wort, das der ursprüngliche Verfasser durch die Vermutung erklärt, es sei eine Entstellung von Luacharma'n Zwerg.

Der erste Schwerpunkt der Arbeit ist der Erzähltechnik gewidmet, wobei der Erzählrahmen erfaßt und in seiner Funktion beschrieben werden soll (Lernziel a) und d). Der Erzählrahmen ist hier besonders leicht wahrzunehmen und zu isolieren, da die Erzählsituation am Anfang und am Schluß des Textes deutlich entfaltet ist und von den Schülern durch das Frage-Antwort-Spiel (die dialogischen Stellen) identifiziert werden kann. Daß hier zwei Erzählebenen vorliegen, können sie an den beiden Personengruppen des Märchens feststellen.
Ähnliches könnte von der Beschreibung und Bestimmung der mit diesen Elementen der Erzähltechnik verknüpften Darstellungsabsicht gesagt werden (Lernziel c). Die Schüler müssen also zunächst unterscheiden lernen zwischen Textstellen a), durch die sich der Erzähler direkt an den Zuhörer wendet („Seht . . ., denkt Euch . . .“), Textstellen b), wo er wertend und kommentierend das Geschehen vorwegnimmt und den Zuhörer darauf einzustellen sucht („mein Großvater, denkt euch, ist so ein Narr und öffnet . . .“), und c) solchen Stellen, durch die er den Inhalt seiner Geschichte glaubhaft zu machen sucht, indem er sich auf Autoritäten (Mutter, Großmutter, Großvater) und Beweismittel (kleine Schuhe) beruft. Die Reflexion auf diese verschiedenartigen Textelemente soll schließlich zur Bestimmung ihrer Funktion führen. Durch sie will der Erzähler den Zuhörer für seine Geschichte einnehmen, ihn fesseln und zugleich unterhalten.
Der zweite Schwerpunkt der Arbeit am Text sollte auf die Erschließung der märchentypischen Elemente unter besonderer Berücksichtigung des Elementargeistes ausgerichtet sein. Der Eindruck, einem Elementargeist begegnet zu sein, wird auf zweifache Weise vermittelt:

a) die äußere Gestalt des Cluricauns steht nur scheinbar in Widerspruch zu seinem tatsächlichen inneren „Vermögen“, d. h. den Kräften, über die er verfügt;

b) die Rollenerwartung und der Handlungsverlauf stehen zueinander in Widerspruch, denn durch die List des Cluricauns werden die Verhältnisse auf den Kopf gestellt und der Elementargeist als die überlegene Figur bestätigt.
Die Erschließung dieser beiden Elemente wird durch den Text insofern erleichtert, als die Handlungsphasen deutlich gegeneinander abgegrenzt sind und die Umkehr ohne Schwierigkeit erfaßt wird. Die für ein Märchen geradezu realistische Figurenbeschreibung des Cluricauns soll die in der optischen Perspektive disproportionalen Größenverhältnisse (der Cluricaun sitzt im Gurt der Stute!) aufzeigen und damit die komische, der Rollenerwartung zuwiderlaufende Wendung im Geschehen mitaufbauen.

4.1.4. *Methodische Hinweise*

Die Textbehandlung kann unter Verwendung des Arbeitsblattes oder im erschließenden Unterrichtsgespräch nach den im Arbeitsblatt vorgesehenen Groblernschritten erfolgen. Dieses sieht 5 Lernschritte vor, wobei zu beachten ist, daß die unter 4. und 5. angesetzte Textarbeit als Teillernziele zu 2. und 3. verstehen sind, durch die die dortigen Arbeitsergebnisse weiter differenziert werden könnten. Daraus ergeben sich für die Artikulation des Unterrichtsverlaufs 2 Phasen:

a) die Beschäftigung mit dem Cluricaun-Märchen, der die Ausgliederung des Rahmens vorausgeht;

b) die Analyse des Rahmens, wobei die Elemente und die Funktionen zu ermitteln sind, und das zusammenfassende Unterrichtsgespräch, das auch die Frage der Sammlertätigkeit und Hinweise auf Märchensammlungen miteinbezieht.

Zu Phase 1: Die beiden Erzählteile, Inhalt und Aufbau der Binnengeschichte, der Cluricaun:
Der Lehrer sollte zum Text hinführen, indem er auf die Übersetzertätigkeit der Brüder Grimm hinweist und die Schüler Vermutungen über die Gründe anstellen läßt. Hinweise auf das Vorwort[1] und die Anordnung der Märchen könnten auf das Beispielhafte aufmerksam machen.
Dem gemeinsamen Lesen sollte ein stilles Lesen vorausgehen oder folgen, je nach Wahl des methodischen Vorgehens — verbunden mit dem Auftrag, im Arbeitsblatt die Aufgaben 1.—3.2. durchzuarbeiten. Bei der Auswertung der Arbeitsergebnisse sollten zwei Ziele im Auge behalten werden:

a) die vom Schüler versuchte Grobabgrenzung muß vor allem auf den am Schluß sich wiederum schließenden Erzählrahmen überprüft werden. Dazu gehört auch die Zuordnung der Mutter zum Cluricaun-Märchen.
Damit die formale Abgrenzung anschaubar wird und um die Funktionsanalyse in 4.1.—5.3. vorzubereiten, sollte an der Tafel ein Diagramm erstellt werden, das die Textteile verdeutlicht und durch die Zuordnung der darin vorkommenden Personen identifiziert. Dabei wird der Lehrer auch die Begriffe Erzählrahmen (einem Bilderrahmen in gewisser Weise vergleichbar) und Binnengeschichte erläutern.

Vorschlag für die Tafelzeichnung:

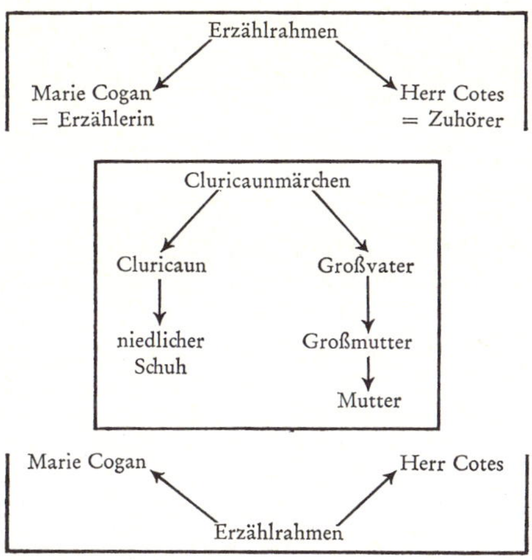

Sollte es sich im Unterrichtsgespräch zeigen, daß die Schüler zunächst über das Märchen inhaltlich sprechen möchten, so kann von der hier vorgesehenen Reihenfolge abgegangen werden.

b) Das auswertende Gespräch zu 2.1.—3.4. sollte folgende Schwerpunkte beachten:

1. Die beiden Kontrastfiguren müssen in ihrem Verhältnis zueinander erfaßt und interpretiert werden; der Lehrer muß notfalls hinsichtlich der Zugehörigkeit des Cluricauns zum Elfenreich Ergänzungen geben; dessen magisches Wis-

[1] Vgl. Sachanalyse 4.1.2.

sen um verborgene Schätze können die Schüler aus dem Text erschließen; daraus läßt sich die Suche des Großvaters nach dem Cluricaun erklären. Wichtig ist, daß die Disproportionen bewußt werden (winzige Gestalt, einfältiges Aussehen, täppische Gestalt; er merkt Großvater erst, als es zu spät ist — im Gegensatz dazu der Großvater).

2. Die Umkehr des Verhältnisses im Verlauf der Handlung. Diese ist dadurch bewußt zu machen, daß die Phasen der Kurzhandlung an der Tafel festgehalten und in ihrem Aussagewert reflektiert werden: Aufmerksamwerden auf die magische Erscheinung (Lied, Hämmern); Entdeckung und Gefangennahme des Cluricauns; seine List und der enttäuschte Großvater.

Fragen wie: Was wird durch diesen Verlauf über den Cluricaun ausgesagt oder welchen Verlauf erwartet der Leser nach der Gefangennahme? können die Schüler zu einfachen Reflexionen über die komische Verkehrung des Verhältnisses und damit über die unerwarteten Eigenschaften des Cluricauns bringen. Seine Größe bzw. Winzigkeit und sein täppisches Aussehen kontrastieren mit seinem listigen Verhalten, und dem Großvater wird der Zugriff auf die magische Welt der Elfen verwehrt.

Zu Phase 2: Elemente der Erzähltechnik:

Diese könnte damit beginnen, daß das in 1 erstellte Diagramm unter dem Gesichtspunkt der Erzähler - Zuhörerbeziehung noch einmal diskutiert wird. Die Frage, ob das Schema noch ergänzt werden könnte, kann zu den Aufgaben 4.0.—5.3. überleiten oder aber den Anstoß zu weiteren Textuntersuchungen im Klassengespräch geben. Bei der Auswertung der Schülerlösungen sollte auf folgende Unterscheidungen geachtet werden:

a) Elemente der Spannungssteigerung, die sich aus der Handlung selbst ergeben; hier durch das unterschiedliche Wesen der beiden Hauptfiguren und durch die überraschende Wendung in der List des Cluricauns gegeben.

b) Elemente der Spannungssteigerung, die die Erzählerin durch sprachliche Techniken bewirkt, indem sie sich direkt an den Zuhörer wendet oder ihn zusätzlich (durch Bemerkungen) beeinflußt.

Die appellativen Wendungen „seht . ., denkt Euch . . .“ kennen die Schüler aus ihrem eigenen Erzählen; Z 31 „Mein Großvater, denkt Euch, der Narr . . .“ muß unter Umständen genauer erklärt werden. Durch farbige Kennzeichnung können die Schüler im Arbeitsheft festhalten, daß der kommentierende Zusatz *„dieser Narr“* sowohl die Handlung verzögert als auch vorwegnimmt, während in *„denkt Euch, seht“* nur das Element der Verzögerung und Appellation wirksam wird. Im Diagramm an der Tafel könnten die beiden unterbrechenden Stellen zusätzlich kenntlich gemacht werden, will man nicht eigens dafür ein Kommunikationsmodell etwa folgender Art entwickeln:

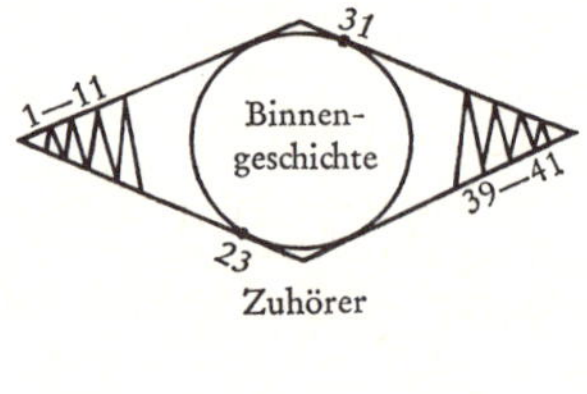

Bei der Auswertung der Schülerlösungen zu 5.0.—5.3. könnte ein Generationendiagramm auf der einen Seite den Abstand zwischen Geschehen und Erzählvorgang (Erzählergegenwart) in einem Zeitgerüst verdeutlicht werden.

Vorschlag

Großvater	30
Mutter - Vater	30
Marie de Cogan	30

Durch die Betonung der verwandtschaftlichen Beziehung und durch die Nennung der kleinen Schuhe auf der anderen Seite will die Erzählerin das Geschehen glaubwürdig machen, indem sie durch den durchgängigen verwandtschaftlichen Bezug mit ihrer Person für die Echtheit des Geschehens eintritt. Es genügt, wenn die Schüler die Beglaubigung grob erfassen; die Funktion der Distanzierung sollte außer acht gelassen werden.
Das Lernziel e) ist fakultativ gemeint; dadurch könnten die Arbeitsergebnisse der Textbehandlung noch ausgeweitet und möglicherweise durch Berichte oder Ausstellen von Märchenbüchern/sammlungen vorhandene Leseneigungen stimuliert oder angeregt werden.

4.2. Russisches Volksmärchen: Das kluge Mädchen (A 2)

4.2.1. *Lernziele*

Die Schüler lernen:

a) die textanalytischen Verfahren zur Isolation von Aufbauformen, speziell der Rahmen- und Erzähltechnik, mit größerer Selbständigkeit wieder anzuwenden und zwischen Erzählrahmen und Rahmenerzählung zu unterscheiden;

b) den Inhalt der beiden Märchenhandlungen zu verbalisieren und ihre Verknüpfung durch das Rätselmotiv zu durchschauen;

c) in einem Diagramm den Aufbau des Märchens darzustellen und die beiden Handlungen durch die Zuordnung der Personengruppen zu identifizieren;

d) die Funktion der Rahmen- und Binnenhandlung voneinander zu unterscheiden und inhaltlich zu bestimmen;

e) den Rätselwettstreit als für diesen Märchentyp kennzeichnende Form der Brautwerbung zu erfassen;

f) aus einer vergleichenden Betrachtung die satirisch-kritische Absicht von Andersens „Prinzessin auf der Erbse“ zu erschließen und die Komik als Mittel des Spotts und der Kritik zu bestimmen;

g) daß hier das Königtum (der Zar) als eine sinnvolle Einrichtung vorgeführt und durch die Brautwahl bestätigt wird;

h) daß sich Andersen gegen Mißstände dieser Einrichtung ausspricht und auf diese aufmerksam machen will.

4.2.2. *Sachanalyse*

Bei diesem im weißrussischen Bezirk Saratow (Wolga) entstandenen Rätselwettstreitmärchen handelt es sich um eine Langform des in vielen Varianten bekannt gewordenen Märchengrundtyps. Charakteristisch für die Langform ist die kunstvolle Verknüpfung der beiden Handlungsstränge, des Rechtsstreits mit

der Brautwerbung, die in der Form eines Rätsel - Gegenrätselwettstreits vor sich geht. Die beiden Handlungen verlaufen zwar nach dem linearen Aufbauschema (H 1 folgt H 2); dadurch aber, daß der Rechtsstreit vom Zaren wider Erwarten (das Motiv ist angedeutet in dem überleitenden Satz „Der Reiche schenkte dem Richter Geld, der Arme verteidigte sich mit Worten.") auf die Ebene des Rätsellösens verlagert wird, wird das erwartete Urteil hinausgeschoben und das Brautwerbungsmärchen in die Rahmenhandlung eingebettet. Damit wird der Streit um das Fohlen zu einer Probe um die Ebenbürtigkeit des Mädchens niederer Herkunft, auf das der Zar durch die klugen Lösungen des Armen aufmerksam wurde. Die Antworten auf die vier Rätsel entlarven den Reichen zwar als profitsüchtigen, ungeistigen Menschen, der Richterspruch wird aber erst im letzten Augenblick der Handlung durch die als Anwalt des Vaters handelnde Tochter erzwungen.
Märchentypisch ist außerdem die zweifach glückliche Lösung für die Armen, durch die die Weisheit des Zaren und seine Gerechtigkeit ins rechte Licht gerückt werden. Ein Überraschungseffekt kommt am Schluß dadurch zustande, daß das kluge Mädchen bei seinem Erscheinen den Zaren durch paradoxe Antworten (Z 76—78) dazu zwingt, die paradoxe Behauptung des Reichen (Z 6—7) endlich zu durchschauen und ihrem Vater das Recht zu sprechen.
Das Rätsel-Gegenrätsel-Motiv stammt aus der jüdischen Salomon-Legende, in der berichtet wird, wie der kluge Salomon durch geschickte Ratschläge und Rätselaufgaben Fehlurteile seines Vaters David korrigierte. Das Motiv des bedingten Erscheinens (Z 63—64) kennt bereits die altnordische Sage von König Regnar, dessen Knechte wegen der außerordentlichen Schönheit des Mädchens die Brote im Backofen verbrennen ließen, wodurch Regnar schließlich Gráka als die für ihn bestimmte Königin erkannte.

4.3.3. *Didaktische Überlegungen*

Der soziale Aufstieg eines Bauernmädchens zur Prinzessin ist den Schülern als Märchenmotiv aus der Lektüre der Primarstufe gewiß nicht unbekannt. Die Einbettung einer Brautwahl in einen vor dem Zaren ausgetragenen Rechtsstreit und der Rätselwettstreit als Form der Brautwerbung dürfte für sie jedoch neu sein und die Schüler durch die mit Rätselaufgaben verknüpfte Denkarbeit stark motivieren. Der didaktische Stellenwert des Textes ergibt sich, wie schon der Lernzielkatalog zeigt, aus den Verknüpfungsmöglichkeiten mit A 1, B 1 und B 2 und den neuen inhaltlichen und formalen Elementen, die mit dem Märchentyp (Rätselwettstreitmärchen) gegeben sind. Durch die Einbeziehung des Zusatztextes „Die Prinzessin auf der Erbse" ist die Textarbeit zusätzlich mit einer Wiederholungs- und Vertiefungsschleife versehen und dadurch zugleich für den Übergang zu den mit B 2 erstrebten Lernzielen von besonderer Bedeutung. Dadurch stellt A 2 eine in sich geschlossene Lerneinheit dar, obgleich sie durch die Kurseinbettung nach beiden Textseiten hin offen ist.

Aufbau und Begründung der Lernziele

a) In Fortführung der in A 1 und B 1 durchgeführten Analysen zur Aufbau- und Erzähltechnik von Märchen werden die Schüler hier mit einem Textaufbau bekannt gemacht, der durch eine Rahmen- und Binnenhandlung gekennzeichnet ist. Da die beiden Handlungen hier sowohl dem Inhalt, den Personengruppen und der Funktion nach sich deutlich voneinander unterscheiden, aber durch das Rätselmotiv wiederum miteinander verknüpft sind, läßt sich die Unterscheidung von Erzählrahmen in A 1 und der Rahmenerzählung hier ohne besondere Schwierigkeiten vornehmen (Lernziel a) und b). Die in Lernziel d) und e) vorgesehene Funktionsanalyse der Rahmen- und Binnenhandlung erweitern und differenzieren die in B 1 vermittelte Einsicht, daß Märchenhandlungen oft Probefunktion haben. Indem zunächst die Funktion der Brautwerbung durch das Arbeitsblatt vorgegeben wird, die Schüler aber durch ihre Textarbeit das spezifische Erkennungsmerkmal für die Brautwahl aus den Elementen des Rätselwettstreits ablesen müssen, lernen sie, daß a) Brautwerbungen mit unterschiedlichen literarischen Mitteln dargestellt werden können, b) daß Brautwerbungsszenen mit unterschiedlichen Intentionen verknüpfbar sind.

b) Ein übergeordneter Lernzusammenhang kommt mit den Lernzielen d), e) und f) dadurch zustande, daß die Schüler aus der Analyse der Funktion der Rahmen- und Binnenhandlung in ersten Ansätzen auf die Autorenintention schließen müssen. Daß der Zar als Institution durch die Brautwahl bestätigt wird und der Autor aus einer Übereinstimmung mit der dargestellten Einrichtung schreibt, erfassen sie aus dem Kontrast von A 2 und dem Überleitungstext „Prinzessin auf der Erbse“. Zwei Einsichten sollten aus dieser Textkombination (Lernziele g) und f) abgeleitet werden: 1) daß durch Handlungs- und Situationskomik eine Sache oder Person lächerlich gemacht und kritisch beleuchtet werden kann; 2) daß die gleiche Einrichtung (Königtum/Zar) durch das gleiche Handlungselement (Brautwerbung) mit unterschiedlicher bzw. gegensätzlicher Intention dargestellt werden kann. Vertieft werden diese Erkenntnisse in B 2, wo an der poetischen Verwendung einer Gaunergeschichte zum Zweck der Gesellschaftskritik die Schüler wiederum (an einer komisch aufgebauten und grotesk zugespitzten) Handlung, Funktion und mit ihr verknüpfte Absicht unterscheiden und isolieren müssen.

c) Drei Tätigkeiten, die zum selbständigen Textverständnis erforderlich sind, werden über die genannten Lernziele hinaus geübt: 1) Verbale Informationen mit größerer Selbständigkeit zu verstehen und mit eigenen Worten wiederzugeben (Lernziel b). 2) Beim Verstehen der Informationen Textteile, die unmittelbar ins Auge fallen, zu berücksichtigen und zum Ausgangspunkt für Inhaltswiedergaben zu verwenden. 3) Vergleichende Analysen in einem Vergleichspunkt durchzuführen und dabei inhaltliche und formale Übereinstimmungen bzw. Gegensätzlichkeiten aufzufassen und wiederzugeben. Die Lernziele f) und h) werden weiter differenziert im Zusatzkurs Kunstmärchen 6. Schuljahr.

4.3.4. *Methodische Hinweise*

Die im Arbeitsblatt vorgesehenen vier Lernschritte sollten in drei Lernphasen durchgeführt werden, da die Aufgaben 1.0.—1.4., 2.0.—3.4. und 4.0.—4.6.5. in einem inneren Zusammenhang stehen.

Zu den Lernschritten 1.0.—1.4.: Inhalt der beiden Handlungen.

Die Aufgaben unter 1. verfolgen das Ziel, die Schüler zu einem möglichst selbständigen Erfassen des Inhalts anzuleiten und die beiden Handlungen dem Inhalt nach zu unterscheiden. Die schwächeren Schüler benötigen hier u. U. die Hilfe des Lehrers. Je nach Stand der Klasse ist zu prüfen, ob gemischte Arbeitsgruppen (Kleingruppen) vorzusehen sind.

In 1.2. werden dem Schüler zunächst die Begriffe Rahmen- und Binnenhandlung vorgegeben. Durch das Diagramm läßt sich überprüfen, ob er sie auf den Text wirklich anwenden kann. Hinweise des Lehrers auf A 1 und das dort erstellte Diagramm könnte die Arbeit erleichtern. Bei der Auswertung der Antworten sollte der Unterschied zwischen Rahmenerzählung und Erzählrahmen im Detail behandelt werden. In A 1 gibt es nur eine Handlung, hier dagegen lassen sich die Rahmen- und Binnenhandlung schon durch die unterschiedlichen

Handlungsinhalte und die beteiligten Personengruppen deutlich voneinander unterscheiden. Wichtig ist, daß in 1.4. die Unterscheidung deutlich gemacht wird (Rechtsstreit - Brautwerbung).
Für die Schülerformulierung genügt, bezogen auf die Binnenhandlung, der Hinweis auf den Rätselwettstreit, da die später angesetzte Funktionsanalyse den Aspekt der Brautwerbung erbringen wird.

Vorschlag für ein Diagramm

Rahmenhandlung
= Streit um das Fohlen

Binnenhandlung
= Rätselwettstreit
Brautwerbung
Zar
Tochter des Bauern

Zar, der arme Bauer, der reiche Bauer, die kluge Tochter

Zu den Lernschritten 2.0.—3.4.: Funktion der Rahmen- und Binnenhandlung - Rolle des klugen Mädchens.

2.1.—2.2. haben je nach den Ergebnissen im vorangegangenen Lernschritt Wiederholungsfunktion. Schwierig ist die in 2.3. angesprochene Frage nach der Verknüpfung: Haben die Schüler erkannt, daß in beiden Handlungen aus ganz und gar verschiedenen Gründen und mit verschiedenen Absichten Rätselaufgaben gestellt werden, so dürfte eine erste Einsicht in die Brautwerbungsfunktion hier möglich werden.
Bei der Auswertung der Arbeitsergebnisse müßte deutlich werden, daß die Antworten des Reichen den begrenzten Horizont und die Besitzgier widerspiegeln, während die des Armen durch Weisheit und Allgemeingültigkeit auffallen und damit die Neugier des Zaren auf die Beraterin lenken. Die siebenjährige Tochter des armen Bauern wird für den Zaren „Rätsel"-Prinzessin.

In 3.0.—3.4. sind relativ leicht lösbare Aufgaben gestellt. Was in 2.4. und 5. aus der Sicht des Zaren über die beiden Handlungen festzustellen war, muß hier im Hinblick auf das kluge Mädchen gemacht werden. Wichtig ist, daß die Schüler 3.4. richtig beantworten: Das kluge Mädchen läßt sich mit ihren Gegenrätseln von Anfang an auf die Brautwerbung ein, ohne ihre Aufgabe als Berater und Anwalt zu vergessen. Daß sie solche Rätselaufgaben dem Vater mitgibt, verrät ihre Ebenbürtigkeit.

Zu den Lernschritten 4.0.—4.6.5.: Die Gegenrätsel und die Funktion des Rätselwettstreits.

Der Schüler soll zunächst feststellen, wie der Rätselwettstreit abläuft; dazu muß er den Text erneut lesen und die verknüpfenden Stichwörter herausfinden. Durch die Zusatzfrage (Entscheidungsfrage mit anschließender Begründung) soll er erkennen, daß das Mädchen mit dem Gegenrätsel jeweils eine Antwort gibt, die ihrerseits den Zaren herausfordert. Zu ermitteln ist schließlich die Brautwerbungsfunktion des Rätselwettstreits, wobei durch die Vorgabe des Begriffs in 4.4. die Lösung relativ leicht gemacht wird. Bei den Auswahlantworten sind mehrere Antworten möglich (z. B. 4, 5, 6, 7).

4.5. könnte auch im erschließenden Unterrichtgespräch behandelt werden. Auf jeden Fall sollte darüber nach der Bearbeitung des Arbeitsblattes ausführlich gesprochen werden. Die einzig schwierige Frage enthält 4.6.5. Mit ihr könnte u. U. das auswertende Unterrichtgespräch beginnen, da sie rasch einen Überblick über das Textverständnis bei den Schülern gestattet.
Da B 2 speziell über die Analyse der kritischen Funktion der handlungskomischen Elemente mit A 2 und dem Zusatztext verknüpft werden soll, empfiehlt es sich, bei der Lehrervorbereitung die Ausführungen auf Seite 166 mitzuberücksichtigen.

4.3. Brüder Grimm: Der Teufel Grünrock (B 1)

4.3.1. *Lernziele*

Die Schüler lernen:

a) den Text als Zauber- und Erlösungsmärchen zu identifizieren, indem sie die zentralen Ereignisse der Märchenhandlung verbalisieren;
b) die Doppelhandlung zu erfassen, indem sie den Teufelspakt und die Forderung des Vaters an die Töchter als Prüfung interpretieren;
c) den Zauberrock und den mit dem Pakt verbundenen „Gestaltwandel" als Mittel dieser Prüfung zu isolieren;
d) in einem Diagramm die inhaltliche und formale Verknüpfung der beiden Handlungen durch die Erlösung des Vaters zu veranschaulichen;
e) daß der Mensch auf das Leben in der Gemeinschaft angewiesen ist und durch das soziale Verhalten die Bedrohung des Menschen durch Besitz und Macht gesteuert werden kann;
f) die im Pakt symbolisierte Bedrohung durch Macht und Besitz zu bestimmen und die damit verknüpften sozial-typischen Komponenten
   — die Abwendung von Gott
   — der Ausschluß aus der menschlichen Gemeinschaft
   — der Verzicht auf menschenwürdige Existenz
   in ersten Ansätzen zu durchschauen.

4.3.2. *Sachanalyse*

Das Märchen behandelt die in vielen Varianten bekannte Bärenhäutersage, indem es eine Reihe von Elementen des Zauber- und Verwünschungsmärchen miteinander verbindet.
In späteren Ausgaben der „Kinder- und Hausmärchen" der Brüder Grimm ist die hier verwendete Urfassung des Textes unter dem Titel „Der Bärenhäuter" aufgeführt. Dort tritt vor dem Teufelspakt ein Bär auf, den der Soldat zum Beweis seiner Furchtlosigkeit erlegen muß. Zu den Bedingungen des Paktes kommt außerdem die Forderung hinzu, daß er sich mit dem abgezogenen Bärenfell sieben Jahre lang bekleiden muß.
Sieht man einmal von den christlichen Elementen des Textes wie dem Verlangen des Teufels nach der Seele ab, so wird deutlich, daß dieser Sagenstoff im Zauber- und Verwünschungsmärchen seinen Ursprung hat. An der Urfassung läßt sich dies verdeutlichen. Der Märchenheld ist ein verwunschener Mensch, der infolge des unsozialen Verhaltens der Brüder dem Zauber des

Bösen ausgesetzt wird. Charakteristisch für dieses Zauber- und Erlösungsmärchen ist die doppelte Probehandlung, die mit dem Teufelspakt eingeleitet wird:

a) Geprüft wird der Märchenheld in seinem Sozialverhalten durch den Besitz des Zauberrocks, der ihm für sieben Jahre die unbeschränkte Herrschaft über Macht und Besitz gibt.

b) Geprüft werden die drei Töchter des vom Märchenhelden losgekauften Vaters in ihrer Einstellung zu Werten und Normvorstellungen, die das individuelle und gesellschaftliche Leben bestimmen. Die beiden Probehandlungen werden durch den Vater verknüpft, der, wie der Märchenheld selbst, eine verwunschene Person ist.
Als märchentypische Merkmale dieses Textes wären u. a. anzuführen: die durchgängige Eindimensionalität in der Behandlung der Gestalt des Teufels, das Verhalten des Märchenhelden gegenüber der Zaubergabe, die mit den beiden Probehandlungen verknüpfte Kontrastierung und die vereinfachende Gegenüberstellung von Gut und Böse im Verlauf der Handlung. Im Rahmen der damit gegebenen Aussagemöglichkeit muß der Text interpretiert werden als ein Modell zur Explikation der sozialen Komponenten menschlicher Existenz und der sie in Frage stellenden Kräfte des Besitz- und Machtverlangens. Besitz, der nicht durch soziales Verhalten an die Gesellschaft zurückgebunden wird, wird hier als Aushöhlung einer humanen Existenz und als Erscheinungsform des Bösen gedeutet.

4.2.3. *Didaktische Überlegungen*

Die didaktischen Intentionen, die mit diesem Text verknüpft werden können, ergeben sich aus den in der Sachanalyse ausgewiesenen Elementen und der Stellung des Textes im Kurs.

a) Unter Anknüpfung an das in A 1 Gelernte soll hier die Kenntnis der Märchentypen erweitert, gleichzeitig aber auch die Merkmalsbeschreibung auf einer höheren Abstraktionsstufe durchgeführt werden. Die Identifizierung des Textes als Zauber- und Erlösungsmärchen wird erleichtert durch den dreimaligen Auftritt des Teufels und die mit dem Pakt verknüpfte Zaubergabe (Wundermantel). Durch diese Häufung läßt sich das Element des Zaubers als strukturbildendes Merkmal der Handlung sehr leicht wahrnehmen und erfassen. Im Unterschied zu A 1 wird hier unter dem Gesichtspunkt der Zaubererscheinung und des Verhaltens des Märchenhelden das Merkmal der Eindimensionalität auch begrifflich fixiert. Dieser Lernschritt ist wichtig, da die im 6. Schuljahr vorgesehene Merkmalsunterscheidung gegenüber der Sage und Legende auf der Differenz in der Behandlung überirdischer Erscheinungen aufbaut.

b) Bezogen auf A 2 können die Lernziele b) und c) ersterschließende oder wiederholend-vertiefende Funktion je nach der vom Lehrer gewählten Textabfolge übernehmen. Wird B 1 vor A 2 gelesen, so muß hier zum ersten Mal an einem Märchentyp die Funktionsanalyse, bezogen auf eine Märchenhandlung, ausgeführt werden. Zwar ist durch die Doppelhandlung eine gewisse Erschwerung gegeben, auf der anderen Seite wird durch die Kontrastierung bei dem Bestehen der Probe (Gegensatz zwischen Brautpaar und den Schwestern) das Erfassen dieses Elementes erleichtert. Als zentrale Teilziele sollten im Auge behalten werden: Die Prüfung des Märchenheldens erfolgt durch die Zaubergabe, die der Schwestern durch den mit ihr verknüpften Gestaltwandel bei dem Jüngsten der Brüder. Nicht einfach für die Schüler ist es, dabei die Forderung des Vaters an die Töchter zu verstehen. Durch ein Beschreiben des Verhaltens der beiden älteren Schwestern kann aber deutlich gemacht werden, daß sie die Bindung an den Vater für gering halten und nur auf Äußerliches achten, während die jüngste Schwester im Loskauf des Vaters die innere Person des Märchenhelden und damit seine wahre Gestalt wahrnimmt. Mit der Erstellung eines Diagramms (Lernziel d) sollte zunächst eine Kontrolle über das Textverständnis angestrebt werden, gleichzeitig aber Synthese - Operation auf dem Weg der Elementarisierung gefördert werden.

c) Die Lernziele e) und f) befassen sich mit inhaltlichen Fragen und den Modellvorstellungen des Autors über die soziale Komponente der menschlichen Existenz und der Bedeutung der Gemeinschaft für den Einzelnen. Daß das Verlangen nach Macht und Besitz den Sozialbezug pervertieren und damit den Menschen sich selbst entfremden kann, sollte durch die Schüler in ersten Ansätzen erfaßt werden. Wie diese Pervertierung verhindert werden kann, sollte Gegenstand eines ausführlichen Unterrichtsgespräches sein.

4.2.4. *Methodische Hinweise*

Für die Textarbeit wird die Verwendung des Arbeitsblattes empfohlen. Vier Lernschritte sind vorgesehen, die ihrerseits wiederum Teilschritte zur Erreichung der Lernziele vorsehen. Da diese Lernschritte sich auf recht komplexe Sachverhalte beziehen, sollte der Lehrer prüfen, ob er im größeren Lernzusammenhang vorgehen kann oder aber kleinschrittig nach jedem Lernschritt das klärende und auswertende Unterrichtsgespräch durchführen muß. Die unter 1. bis 1.2.2. angeführten Aufgaben gehören aufgrund der vergleichenden Betrachtung, 2.0.—3.3. durch die thematischen und formalen Bezüge sehr eng zusammen, so daß ein dreiphasiger Unterrichtsverlauf naheliegend wäre.

Zu Lernschritt 1: Zentrale Ereignisse und Märchenelemente.

1.1. hat zunächst die Aufgabe, die dreimalige Zaubererscheinung, den Pakt, den Loskauf des Vaters, das Bestehen der Proben, grob zu erkennen. Dabei hat das Erschließen des Inhalts die Funktion, auf das dominierende Zauberelement aufmerksam zu machen, um es schließlich als konstitutives Merkmal zu bestimmen.

Bei 1.2.1. muß darauf geachtet werden, daß die Schüler die dreimalige Erscheinung festhalten und übereinstimmend die geradezu unbeteiligte, selbstverständliche und unreflektierte Reaktion des Helden durchschauen. Dies könnte bei der Auswertung durch ein Vorlesen der fast gleichlautenden Sätze beim ersten und zweiten Erscheinen und durch die Feststellung, daß am Schluß überhaupt nichts darüber gesagt wird, zusätzlich gesichert werden.
Nach dem Gespräch über den Vergleich (1.2.2.) sollte über die begriffliche Erklärung im Arbeitsblatt noch gesprochen werden. Die Eindimensionalität könnte auch an science-fiction-Fernsehsendungen verdeutlicht werden.

Zu Lernschritt 2: Aufbau der Märchen und Verknüpfung der beiden Probehandlungen.
Vor der weiteren Einzel- oder Partnerarbeit sollte zunächst das Schema und die dazugehörige Erläuterung in 2.1. behandelt werden. Die Schüler sollten durch Nennung von Zaubermärchen eine möglichst breite Anschauungsbasis für Formen der Verzauberung bekommen. Erst dann sollten die Elemente der Verzauberung am Text untersucht werden. Das Gespräch darüber könnte mit der Frage eingeleitet werden: „Worin besteht hier die Verzauberung?“ Im Verlauf der Textanalyse sollten an der Tafel die Elemente auseinandergelegt und dargestellt werden.

In der nachfolgenden Partner- oder Stillarbeit lösen die Schüler die Aufgaben 2.3. — 3.3., sofern dies der Stand der Klasse zuläßt.

Bei der Auswertung von 2.3. und 2.4. ist es wichtig, daß die Schüler die Verwünschung als auslösende Ursache zum Pakt erkennen und damit das Angewiesensein des Einzelnen auf die Gemeinschaft im Hinblick auf das Böse wahrnehmen.

2.5. und 3.0 geben Gelegenheit, die zweite Probe (die Prüfung der drei Töchter) mit der ersten zu vergleichen und den übergreifenden Funktionszusammenhang (Prüfung des Liebespaares) zu erfassen. Durch eine verbindende Klammer der Handlung 1 und der Handlung 2 in 3. 1. könnte dies verdeutlicht werden.

Zu Lernschritt 3: Darstellungsabsicht.

Die unter 4. genannten Aufgaben könnten als Leitfragen für die inhaltliche Auseinandersetzung mit dem Text dienen, sie könnten aber auch zur Gruppenarbeit verwendet werden. Da es hier darum geht, daß die Schüler die Märchenhandlung als Modell für menschliches Verhalten in der Gemeinschaft und das Angewiesensein eines Einzelnen auf die Gesellschaft sehen, sollten möglichst Beispiele aus dem Erfahrungsbereich der Schüler zur Verdeutlichung herangezogen werden.

4.4. Hans Christian Andersen: Des Kaisers neue Kleider (B 2)

4.4.1. *Lernziele:*

Die Schüler lernen:

a) den Text als gesellschaftskritisches Märchen zu beschreiben und zu verstehen, indem sie die in A 2 und dem Zusatztext isolierten Elemente wiederentdecken und ihre Funktion bestimmen;
b) daß hier im Gegensatz zu A 2 anstelle der naiv-klischeehaften Vorstellung vom weisen und gerechten Kaiser (Zar, König) eine kritisch-analytische Darstellung tritt;
c) den Probecharakter der Gaunerhandlung zu durchschauen und die einzelnen Situationen zu beschreiben, u. U. in einem mimisch-gestischen Spiel zu verdeutlichen;
d) die bloßgestellten Eigenschaften und Verhaltensformen (Eitelkeit, Opportunismus und Konformismus) aus der Handlung zu erschließen;
e) die Gründe und Ursachen für das Versagen aus den fast gleichlautenden Sätzen der handelnden Figuren zu formulieren;
f) folgende Bauelemente der Gaunergeschichte zu isolieren
   — Trick mit der magischen Wirkung der neuen Kleider,
   — spannungssteigernde Wirkung der viermaligen Wiederholung der Probesituation (Minister, Staatsmann, Kaiser, Volk).
   — die entlarvende, verspottende und kritische Funktion der Komik zu bestimmen;
g) zu begründen, warum nur das kleine Kind die Wahrheit sagt.

4.4.2. *Sachanalyse*

In Andersens Kunstmärchen überwiegt sehr oft die realistisch-ironische Erzählhaltung, die durch eine neuartige Verwendung alter, bekannter Märchenmotive sozial- und gesellschaftskritische Analysen der Zeit ermöglicht. In einem Volksmärchen wäre ein Kaiser, der aus lauter Liebe zu Kleidern den Blick für die Realität verliert, ebenso undenkbar wie Minister, die aus Angst, sie würden als

untauglich für ihr Amt angesehen, den Repräsentanten des Volkes einem raffinierten Betrug aufsitzen und nackt in einer Prozession auftreten lassen. Im Volksmärchen sind Könige Vertreter einer Institution, die, durch die Tradition geheiligt, Gerechtigkeit und Weisheit verkörpern.
Andersen bricht in diesem Märchen bewußt mit diesem Märchenklischee; kein Lebensbereich bleibt von der Kritik verschont: König, Hof und Volk werden in die desillusionierende Darstellung einbezogen, da sie mit Ausnahme des einen kleinen Kindes sich dem magischen Zwang der „mit den neuen Kleidern" verbundenen Zauberformel nicht entziehen können und dem von den Betrügern vorgegebenen konformistischen Verhalten verfallen. In dieser kritisch-desillusionierenden Darstellung der Wirklichkeit unterscheidet sich dieser Text wesentlich von der Wirklichkeitseinstellung vieler europäischer Volksmärchen.
Das Wunderbare, das auch im Anti-Märchen zur Organisation aller Teile benötigt wird, wird von Andersen hier in zweifacher Hinsicht ausgestaltet:

a) Es tritt in negativer Ausprägung in der Gauner- und Betrugsgeschichte in Erscheinung, insofern dem Märchenmechanismus entsprechend, das Böse (der Betrug) zwar von allen wahrgenommen, aber nicht ausgesprochen und damit in Frage gestellt wird. Der dreimaligen Steigerung des Betrugs folgt die groteske Übersteigerung der Prozession des nackten Königs, wobei alle Beteiligten der Schande preisgegeben, Eitelkeit, Opportunismus und Konformismus als Verhaltensformen bloßgelegt werden, die das Böse im Einzelnen wie in der Gesellschaft immer stärker werden lassen und das gesellschaftliche Zusammenleben der Menschen aushöhlen.
Die kritische Wirkung der Gaunergeschichte baut auf einer Addition komischer Elemente auf. Mit den neuen Kleidern wird paradoxer Weise eine im Widerspruch zur Erfahrung stehende und insofern komische (unangemessene) Eigenschaft verknüpft. Da im Verlauf der Handlung die Ausweitung einer an sich bekannten sinnlichen Realität um die magische Dimension in märchentypischer Weise von allen Figuren ungeprüft mit unterschiedlichen Absichten akzeptiert wird, häuft sich im rollentypischen Verhalten aller Figuren mit Ausnahme des kleinen Kindes die unangemessene Einstellung gegenüber den neuen Kleidern und seinem Träger.

b) Nicht weniger „wunderbar" ist die Tatsache, daß ein kleines Kind den Bann des „Bösen" durchbricht und die Menschen aus der Scheinwelt ihres betrügerischen bzw. konformistischen Verhaltens zurückruft. Kennzeichnend für die Einstellung des Dichters zu den politischen und sozialen Problemen seiner Zeit ist, daß diese Rettung von unten, vom Volk ausgeht. „Die Stimme der Unschuld" stammt allerdings von einem Träger, der die Macht- und Abhängigkeitsverhältnisse noch nicht durchschaut und um die Betroffenheit nicht weiß. Dieser Vorgang bringt Hoffnung, aber auch Resignation zum Ausdruck. Es muß beachtet werden, daß auch das Volk sich während der Prozession „angepaßt" verhält. Der Satz „Keine Kleider des Kaisers hatten ein solches Glück gemacht wie diese" stellt diese generelle Anpassung unmittelbar vor der Wendung zum Guten fest, zugleich wird aber auch deutlich, daß die Kleider zeichenhaft umschreiben, wie innerhalb des Machtsystems die Ausrichtung von unten nach oben um den Preis des Glückes erzwungen werden kann.

4.4.3. *Didaktische Überlegungen*

Der didaktische Stellenwert dieses Textes ergibt sich aus der Kurseinbettung und den neuen Elementen, die er im Vergleich zu A 2 einschließlich Zusatztext zur Erschließung enthält. Da der Text auf Grund der situationskomischen

Handlung die Klasse motiviert, kann die didaktische Absicht, an diesem Märchen die gesellschaftskritische Verwendung dieser literarischen Form aufzuzeigen, intensiv verfolgt werden. Entsprechend streng sind die Arbeitsschritte und Leitfragen des Arbeitsblattes auf dieses Ziel ausgerichtet; von inhaltlichen Elementen wird darin weitgehend abgesehen. Dies sagt nicht, daß sie nicht entsprechend dem Leistungsstand der Klasse und dem Bedürfnis der Schüler, sich darüber äußern zu können, berücksichtigt werden sollten. Auch bei der Auswertung der Schülerlösungen im Arbeitsblatt muß beachtet werden, daß Schüler dieses Alters meistens inhaltskonform formulieren und die begriffliche Reflexion nur in Ansätzen zu erreichen ist.
Zum Aufbau der Lernziele und des Arbeitsblattes ist folgendes zu bemerken:

1) Sie sind zweistufig aufgebaut, insofern das in A 2 und im Zusatztext Gelernte wiederholt und vertieft wird, gleichzeitig aber im Sinne des Transfers auf einen strukturgleichen Text des gleichen Autors übertragen werden soll.

2) Der übergreifende Lernzusammenhang ist durch folgende Bezüge zu den übrigen Texten des Kurses gegeben:

— Mit B 1, A 2 und dem Zusatztext hat er das Curriculum-Element Probefunktion von Märchenhandlungen gemeinsam; das Element ist bekannt, es muß aber wiederum identifiziert und beschrieben werden; in ersten Ansätzen kennt der Schüler auch schon, daß durch solche Handlungen Spott und Kritik vorgetragen werden kann. Da durch die Situationen und die komische Zuspitzung der Handlung in der Prozession die Probefunktion überdeutlich in Erscheinung tritt, eignet sich der Text für eine selbständige Anwendung des in A 2 Gelernten in besonderer Weise.

— Da hier wie im Zusatztext Spott und Kritik über Handlungs- und Situationskomik vorgetragen wird, lassen sich wiederum das Element des Komischen und seine Funktion isolieren und in höherem Maße verfügbar machen.

3) Neu für den Schüler ist, daß durch Elemente der Gaunergeschichte Spott und Kritik erzeugt werden kann. Das verbindet den Text mit C 1, in dem die Elemente des Schwanks dominieren. Wichtig für den Gesamtlernerfolg in B 2 ist, daß die Schüler den Antimärchen-Charakter gerade aus der Verwendung dieses Handlungselements erkennen. Im Trick der beiden Gauner ist das Wunderbare des Märchens auf eine bloße Behauptung reduziert und dennoch wird die „Eindimensionalität" nicht durchbrochen. Daß Verlogenheit, Anpassung und Angst durch einen Lügentrick sichtbar gemacht werden können, ist zwar märchentypisch und trägt zur unterhaltsamen Komponente des Textes bei, ob die Beteiligten daraus etwas gelernt haben und das heißt verändert wurden, ist offengelassen. Darüber sollte mit den Schülern ebenfalls gesprochen werden.

4) Damit die Schüler den Text als Modell interpretieren können, sollten die im Arbeitsblatt unter 6.0. vorgesehenen Aufgaben Gegenstand eines ausführlichen Gesprächs sein. Durch eine solche Adaption kann der Beschäftigung mit Märchen Bedeutung und Aktualität verliehen werden.

4.4.4. *Methodische Hinweise*

Unter den 6 Lernschritten, die im Arbeitsblatt vorgesehen sind und die je nach der Planung des Lehrers auch als Leitfragen für ein erschließendes Unterrichtsgespräch verwendet werden können, nimmt 1.—1.2. eine Sonderstellung ein. Es handelt sich um eine Übungs- und Wiederholungsschleife, durch die die in A 2 einschließlich Zusatztext erarbeiteten Ergebnisse wiederholt, vertieft und im Hinblick auf eine größere Selbständigkeit in der Analyse von B 2 wieder bewußt gemacht werden sollen.

Lernschritt 1: Probefunktion von Märchenhandlungen nach A 2.

Dieser Lernschritt kann selbstverständlich auch als Unterrichtsgespräch durchgeführt werden, und zwar vor dem Lesen von B 2. Als Ergebnisse müßten in etwa folgende Erkenntnisse gesichert werden:

a) Im russischen Volksmärchen wird die Ebenbürtigkeit des Mädchens niedriger Herkunft durch den Rätselwettstreit festgestellt; der weise und gerechte Herrscher erhält in ihr eine kluge Beraterin. In „Die Prinzessin auf der Erbse" dagegen wird eine lächerliche Vorstellung von Prinzessin vorgeführt („So empfindlich konnte niemand sein als eine wirkliche Prinzessin"), zugleich aber auch eine falsche Vorstellung von Königtum bloßgestellt.

b) Im russischen Märchen wird durch diese Brautwahl das Zarentum als weise und gerechte Einrichtung bestätigt. Der Autor identifiziert sich mit ihr. Bei Andersen dagegen werden die Prinzessin, die Königin und die gesamte Institution, die eine solche Probe erfunden und zugelassen hat, kritisiert und verspottet.

c) Dadurch, daß der Zar im Anschluß an den Rätselwettstreit das Urteil spricht und damit das kluge Mädchen als Beraterin akzeptiert, wird die Institution als gerechte und weise Einrichtung bestätigt. Bei Andersen dagegen sind es im wesentlichen Elemente des Komischen, durch die Spott und Kritik vorgetragen werden; als solche wären zu nennen:

— die Übertreibung (20 Matratzen, 20 Daunendecken);
— die Unangemessenheit der Probe: was eine Prinzessin an Eigenschaften und Voraussetzungen mitbringen muß, wird damit nicht ermittelt;
— die Betonung nur einer Eigenschaft, nämlich der Empfindlichkeit, macht Braut und Brautprobe an sich schon lächerlich;
— die Leitworte werden wiederholt („wirkliche Prinzessin") und damit mit einer ironischen Wirkung versehen.

Lernschritt 2: Thema des Märchens.

Der Übergang zum neuen Text ergibt sich vom Autor und diesen Arbeitsergebnissen her.
Die Aufmerksamkeit der Schüler auf die in den Lernzielen vorgesehenen Strukturelemente und Operationen am Text soll in diesem Fall durch die in 2.1. gegebenen Arbeitsanweisungen schon beim ersten Lesen fixiert werden. Da dieser Lernschritt, soll er einigermaßen ergiebig sein, mit Zeitaufwand verbunden ist, sollte er wiederum wie 1. für sich durchgeführt werden. Es muß damit gerechnet werden, daß die Schüler unter 2.1. auch Handlungsinhalte wiedergeben; Aufgabe des überprüfenden Gesprächs ist es, daraus die in a)—c) erstrebten Vorerkenntnisse zu entwickeln.

Lernschritt 3: Aufbau der Gaunergeschichte und ihre Funktion.

Für die Aufgabe 3.4.1. sollte beachtet werden, daß im Hinblick auf die Auswertung das Heft mit zwei einander gegenüberliegenden Blättern benötigt wird. Schwächeren Schülern kann der Lehrer helfen, wenn das Arbeitsschema vor Beginn der Arbeit bewußt gemacht und kurz erklärt, außerdem der Hinweis gegeben wird, daß beim stillen Lesen mit Bleistift die Leitwörter in den Selbstgesprächen und in den Äußerungen gegenüber den Betrügern unterstrichen werden könnten. Die Spalte 4 wird nicht von allen Schülern sofort ausgefüllt werden können; hier muß dann bei der Auswertung der Gesamtergebnisse auf Ergänzung im Klassengespräch geachtet werden.

Lernschritt 4: Die Rolle des Kindes.

In 4.1. sind die Antworten zu a)—e) einfach; nicht dagegen die Frage, warum das Kind die Wahrheit sagt. Im Unterichtsgespräch müßten die in der Sachanalyse (vgl. S. 167) aufgewiesenen Gründe (Abhängigkeitsverhältnisse) erarbeitet werden.

Lernschritt 5: Komik als Mittel des Spotts und der Kritik.

In 5.—5.3. sollte beachtet werden, daß die Komik als Mittel des Spotts und der Kritik schon bekannt ist, der Schwerpunkt der Arbeit also auf die spezifischen Elemente dieser Handlung zu legen ist. Wichtig ist, daß die zunehmende Entkleidung und Nacktheit (Spiegelprobe, Prozession) von allen Beteiligten erkannt aber nicht ausgesprochen und damit in ihrer Bedeutung für den König (Lächerlichkeit, Blamage, Bloßstellung, Erniedrigung) nicht realisiert wird.
In 5.3. sollte verdeutlicht werden, daß das Wunderbare hier, nämlich die magischen Eigenschaften der neuen Kleider, als Lüge wirksam wird und das heißt: die Verlogenheit aller über die erste Lüge der Gauner entlarvt wird.
Die Komik der Handlung und der szenenartige Textaufbau reizen zur Nachgestaltung im Spiel, wobei Stegreif- oder mimisches Spiel in Frage kämen. Im Gespräch mit der Klasse könnten zuvor die mimischen und die dialogischen Elemente erörtert und bewußt gemacht werden.

4.5. Brüder Grimm: Doctor Allwissend (C 1)

4.5.1. *Lernziele*

Die Schüler lernen:

a) den Text als Schwankmärchen zu identifizieren, in dem der soziale Aufstieg eines dummen, aber beherzten Bauern erzählt wird;
b) die Zufallsreihung als typisches Element zu erfassen, durch das im Märchen das Glück im Leben eines Menschen dargestellt werden kann;
c) daß die Komik der Handlung durch die Reihung von Zufällen und Mißverständnissen zustandekommt;
d) daß der Bauer durch die fünfte freiwillige Probe seine Prüfung als „Doctor Allwissend“ besteht;
e) daß in diesem Märchen Schlauheit und situationsgerechtes Verhalten als Voraussetzung für den Erfolg hingestellt werden;
f) daß im Schwank und im Märchen den in früheren Zeiten unterdrückten Bauern ein sozialer Aufstieg in Aussicht gestellt wird, der in Wirklichkeit nicht zu erreichen war.

5.5.2. *Sachanalyse*

Epische Schwänke lassen sich als kurze wirkungsvolle, komisch oder witzig pointierte Erzählungen charakterisieren, in denen sehr oft ein dummer, einfältiger Mensch durch einen gerissenen hereingelegt und verspottet wird. Im vorliegenden Schwankmärchen tritt das Element des Wunderbaren und Zauberhaften in den Hintergrund. Als typische Märchenelemente aber sind zu kennzeichnen die Eingangsformel, das gute Ende, die Zufallsreihung und die Probesituationen, die der Bauer beim adligen Herrn zu bestehen hat. Charakteristisch für die Ausgestaltung des Schwankmotivs vom dummen, aber beherzten Bauern, dem der soziale Aufstieg gelingt, ist, daß sich die im Sozialgefüge fixierten Verhältnisse entgegen den mit dem Rat verbundenen Erwartungen umkehren und der sozial Unterlegene als der Überlegene bestätigt wird, obgleich die Handlung seine Dummheit offenkundig macht. Diese Widersprüchlichkeiten sind im Aufbau der Handlung märchentypisch organisiert. Da Märchenfiguren „isoliert“ auftreten und in der linear ausgelegten Reihung voneinander nicht lernen können, kommt hier der Bauer durch eine unangemessene Äußerung und die daran geknüpften Mißverständnisse zu seinem Glück. Die Diener des adeligen Herrn beziehen die Äußerung „Grethe, das war der erste“ usw. jeweils auf den Kontext des Diebstahls, so daß sie sich durch den Bauern als Diebe erkannt wissen und ihm schließlich das Versteck verraten. Insgesamt hat der Bauer 5 Probesituationen zu bestehen: Die ersten 3 verlaufen nach identischem Muster; die 4. ist dadurch mit den drei ersten verknüpft, daß die Probe wiederum durch ein Mißverständnis, diesesmal von seiten des adeligen Herrn, bestanden wird. Dieser bezieht den Ausruf des in Verlegenheit geratenen Bauern vorschnell auf seine Absicht und sein Vorwissen um die Krebse in der Schüssel. Die 5. Probesituation beschließt mit komischer Pointierung die Handlung, da der Bauer, obgleich er das Versteck des Geldes kennt, in seiner Naivität den Rat mit dem „Abc-Buch“ wörtlich befolgt. Die 5 Mißverständnisse sind jeweils durch den Bezug des Hörers auf den nicht gemeinten Kontext verursacht.

Die Zufallsreihe schließlich komplettiert das Märchenelement. Der Bauer läßt sich auf die Wissensprobe nur unter der Bedingung ein, daß seine Frau Grethe mitkommen kann. Dadurch wird seine Äußerung bei Tisch erst möglich.

Der Zufall will es, daß der adelige Herr in der verdeckten Schüssel Krebse hat und der Bauer Krebs heißt. Die Logik der Zufälle und der Mißverständnisse ist so zwingend, daß sich das Happy-End mit Notwendigkeit einstellt.

4.5.3. *Didaktische und methodische Überlegungen*

Die didaktischen Intentionen, die mit diesem Text zu verknüpfen sind, ergeben sich aus seiner Zuordnung ins C-Element des Kurses. Dieses kann in zweifacher Hinsicht interpretiert werden:

a) C 1 wird im Sinne der Außen- und Binnendifferenzierung gelesen;

b) C 1 wird im Sinne des in 2.5. zur Wahl gestellten verkürzten Kurses von der ganzen Klasse behandelt.

Zum Lernzielkatalog und dem Aufbau des Arbeitsblattes ist zu bemerken:

1. Das schwankhafte Element (Lernziel a) motiviert die Schüler sehr stark, so daß dieser Text gern gelesen wird. Elemente des Schwanks (Motive, Milieu, Komik) sind möglicherweise schon über den Grundkurs Erzählung (vgl. Seite 88) verfügbar gemacht, so daß der Text von den Schülern möglicherweise selbständig angegangen werden könnte.

2. Lernziel f) muß als ein Teilziel zu a) interpretiert werden, das nur im Unterrichtsgespräch unter der Einschräkung des fehlenden historischen Wissens verwirklicht werden kann.

3. Die Lernziele b) bis d) sind durch die im Kurs verfügbar gemachten Elemente vorbereitet. Für eine ausführliche Behandlung könnte das Zustandekommen der Mißverständnisse vorgesehen werden. Dabei müßten drei Teillernschritte vorgesehen werden:

a) die bei Tisch gegebenen Redesituationen müßten zunächst auf ein vereinfachtes Kommunikationsmodell zurückgeführt werden.

Äußerung über die

Sprecher (Bauer) ←——————→ Hörer (Grethel)

Diener

b) In einem zweiten Modell müßte verdeutlicht werden, wie dem Hörer 2 aufgrund der Distanz zur Redesituation und dem Redeinhalt, d. h. dem fehlenden Kontext, das Mißverständnis unterläuft.

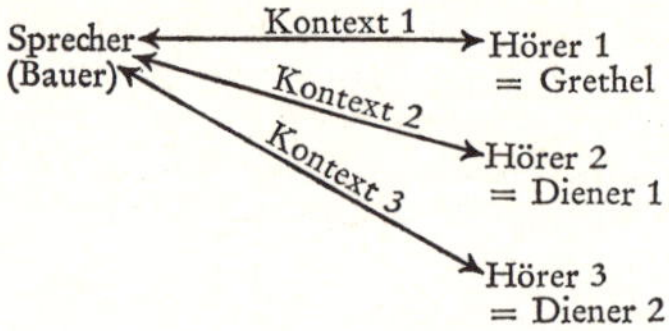

An diesem Kommunikationsmodell können die Schüler das Schema erkennnen, nach dem die Reihe der Mißverständnisse aufgebaut ist.

c) In einem dritten Lernschritt wird der Versuch gemacht, die übrigen 3 Mißverständnisse daraufhin zu überprüfen, ob sie nach dem gleichen Muster aufgebaut sind.

Daß die Auftritte der Diener 1, 2 und 3 und ihre Mißverständnisse nach dem gleichen Muster vor sich gehen, wird ohne jede Schwierigkeit nach Lernschritt b) vollzogen werden können. Indem nun nach den Ursachen der beiden anderen Mißverständnisse gefragt wird und jeweils der falsche, irrtümlicherweise assoziierte Kontext (Krebs in der Schüssel — der Bauer heißt Krebs) beschrieben wird, werden die Mißverständnisse auf das gleiche Muster hin identifiziert. Dieser Lernschritt könnte damit abgeschlossen werden, daß die Schüler nach anderen Texten gefragt werden, in denen die Komik der Handlung ebenfalls über Mißverständnisse zustande kommt. Es ist zu erwarten, daß sie andere Schwänke aus dem Lesebuch nennen. Dadurch könnten die konstitutiven Elemente der Komik auf einer breiten Anschauungsbasis noch einmal reflektiert werden.

Bauer

SAGEN

Unbekannte Verfasser	Das Riesenspielzeug Die Heilingszwerge
Brüder Grimm	Der herumziehende Jäger
Unbekannte Verfasser	Der Teufelsstein bei Zerbst Die Steingretel

1.0. Lernziele

Die Schüler lernen:

a) die Thematik der Volkssagen zu bestimmen,
   — die Begegnung des Menschen mit Gestalten des Übernatürlichen,
   — die Gefährlichkeit dieser Begegnung für den Menschen,
   — die schroffe Gegenüberstellung von profaner und numinoser Welt,
   — die Verwendung tradierter motivischer Muster;

b) die ursprüngliche kommunikative Funktion der Volkssagen zu erschließen, indem sie den Zusammenhang zwischen Anlaß einer Sagenbildung und erzählender Interpretation erfassen;

c) die formalen Kennzeichen der Volkssagen zu isolieren,
   — Orts- und Zeitangaben,
   — Wiedergabe einer Episode (Eingliedrigkeit),
   — Spannung zwischen Prägnanz und Vagheit.

2.0. Didaktische Begründung

2.1. Angesichts der Vielzahl moderner Texte in *schwarz auf weiß* für das 5. Schuljahr stellt sich die Frage: soll man in der Schule noch Volkssagen lesen und interpretieren? Sicher ist, daß der für diese Texte konstitutive, umfassende Vorstellungshorizont kollektiver Überlieferungen des Volksglaubens heute nicht mehr existiert. Niemand glaubt mehr an Riesen und Zwerge, an ruhelos umgehende Tote, den Teufel oder den über magische Kräfte verfügenden Jäger. Demgegenüber steht die Tatsache, daß Schüler des 5. Schuljahres solche Texte gern lesen. Sie tun dies allerdings in einer naiven Freude an merkwürdigen Geschichten, an der vermeintlichen Fiktionalität des erzählten Geschehens.
Dieser Widerspruch löst sich bei näherem Zusehen bis zu einem gewissen Grad auf. Die magisch — numinose Interpretation von Wirklichkeitserfahrungen ist in einer von Technik und Aufklärung gekennzeichneten Welt keinesfalls überwunden oder vergessen. „Gerade heute . . . treffen wir immer wieder auf geradezu archaisch oder beinahe atavistisch anmutende Äußerungen einer magischen Subkultur.“ [1] Berichte von Teufelskulten, Hexenglauben, okkulten Vorgängen u.s.w. sind den Schülern z. T. aus den Illustrierten bekannt. Riesen und Zwerge treten in Werbespots und Werbeanzeigen auf.
Vor dem Hintergrund dieser Tatsachen aus dem Erfahrungshorizont der Schüler gewinnt die Analyse von Volkssagen ihren didaktischen Stellenwert.

[1] Leander Petzold (Hrsg.): Deutsche Volkssagen, München 1970, S. XIV.

2.2. Die Schüler sollen die Sagen bewußt als historische Texte erfassen lernen, indem sie den Anspruch auf Glaubwürdigkeit aus dem Realitätsbezug erschließen, das heißt, den Zusammenhang zwischen dem Anlaß der Sagenbildung und der erzählenden Interpretation erfassen. Die Schüler sollen verstehen lernen, daß Sagen mehr als nur merkwürdige Geschichten sind. Deshalb soll ihnen — soweit das auf dieser Altersstufe möglich ist — die ursprüngliche kommunikative Funktion der Sagen aufgezeigt werden: Volkssagen wollen „Unerhörtes und Rätselhaftes" in der Wirklichkeitserfahrung mit Hilfe von tradierten Glaubensvorstellungen erklären, sie wollen Antwort geben auf die Frage nach dem Warum des Unheimlichen und dem Woher des Auffälligen einer gegenständlichen Realität.

2.3. Die Schüler können die Analyseverfahren, die sie in dem Grundkurs „Erzählungen" erworben haben, auf die Volkssagen übertragen und anwenden. Sie lernen die formalen Kennzeichen dieser Textart zu bestimmen.

2.4. Die Gruppe der „Formen von Volkspoesie" in *schwarz auf weiß* für das 5. Schuljahr wird durch die Volkssagen ergänzt. So ergibt sich die Reihe „Schwank, Märchen, Sage".

3.0. Sachanalyse

3.1. Die folgenden Hinweise sind sehr gerafft. Sie haben eine zweifache Funktion:

a) sie informieren den Lehrer über die Hauptkennzeichen der Texte,

b) sie deuten methodische Möglichkeiten für die Unterrichtsarbeit an.

Die vorliegenden fünf Sagen sind ausnahmslos „Volkssagen". Ihre gemeinsamen, inhaltlichen Merkmale lassen sich in einer thesenartigen Verkürzung beschreiben[1]:

a) sie erzählen von der — oft unvermittelten — Begegnung eines Menschen mit Gestalten des Übernatürlichen (Riesen, Zwerge, ruhelos umgehende Tote, Teufel, Teufelsbündner). Ihr Kernthema ist deshalb das „Unerhörte" und Unerklärliche in dieser Begegnung;

b) profane Welt und numinose Welt stehen sich schroff gegenüber;

c) die Begegnung des Menschen mit den Gestalten des Übernatürlichen ist gefährlich und endet häufig tragisch;

d) die Volkssage ist ein Versuch, das „Unerhörte", das die alltäglichen Erfahrungen und Erwartungen Übersteigende, in die erklärenden Formen der Erzählung zu bannen. Dabei werden aus dem Volksglauben stammende motivische Muster verwendet.

3.3. Die Beschreibung der gemeinsamen, inhaltlichen Merkmale reicht nicht hin, die fünf Texte ausreichend zu charakterisieren. Wir übernehmen deshalb die Gruppierungsprinzipien der Sagenforschung. Sie faßt die Vielzahl von Belegen der Volkssage zusammen und unterscheidet: dämonologische Sagen, aitiologische Sagen (erklärende Sagen) und historische Sagen. Diese Grobeinteilung ist sicher problematisch. Die Einzelsage ist ein komplexes Gebilde und widersteht eindeutigen Typisierungsversuchen.

[1] Vgl. Hermann Bausinger: Formen der Volkspoesie, Berlin 1968, S. 170 ff., vor allem S. 172.

Im Blick auf die vorliegende Textauswahl und die Arbeit im Unterricht empfiehlt es sich trotzdem, in der angedeuteten Weise zu verfahren. Die fünf Belege lassen sich den Gruppen dämonologischer beziehungsweise aitiologischer Sagen zuordnen. Bei der Bestimmung der entsprechenden Merkmale gehen wir von dem Zusammenhang zwischen dem Anlaß für die Entstehung der Sage (genetische Voraussetzung) und der motivischen Ausprägung im Kontextzusammenhang aus.

3.4. Im Unterschied zum Volksmärchen erhebt die Sage den Anspruch — wenigstens im Kern — Wirklichkeit zu erfassen (Vorgänge beziehungsweise Gegebenheiten). Sie will glaubhafte Erklärungen für die Begegnung des Menschen mit den übernatürlichen, dämonischen Gestalten geben. Deshalb wird der Realitätsbezug — wo immer es angeht — hergestellt (Orts- und Zeitangaben). Das heißt, die Volkssage ist zum einen auf Prägnanz bedacht. Sie interpretiert jedoch die Wirklichkeitserfahrung von Menschen aufgrund bestimmter, tradierter Glaubensvorstellungen und faßt sie in vorgegebene motivische Muster. Gerade diese Glaubensvorstellungen werden nicht präzise beschrieben, sondern andeutend mitgeteilt, so z. B. die Vorstellung von den Riesen und Zwergen, dem Teufel und dem herumziehenden Jäger (im Text finden sich nur die Benennungen der übernatürlichen Gestalten) oder die Vorstellung der Steingretel (vgl. „. . . von langen Haarsträhnen umflattert . . . und handhabt einen großen, eisernen Kamm.“). So ergibt sich die für die Volkssage charakteristische Spannung zwischen Prägnanz und Vagheit oder Unbestimmtheit.
Die folgende Rubrik soll diesen komplexen Zusammenhang überschaubar machen und zugleich Orientierungshilfen für die Unterrichtsarbeit liefern.

Anlaß genetische Voraussetzung	Interpretation gesteuert von kollektiven Glaubensvorstellungen	Motivische Ausformung
1. subjektive Wahrnehmung Angstvision eines Wanderers in einem abgelegenen Wald	Totenglaube dämonische Gestalt = ruhelos umhergehende Tote	Dämonologische Sage Steingretel
subjektive Beobachtung der Treffsicherheit eines Schützen/Jägers	mit magischen Kräften ausgestatteter Mensch — Teufelsbündner — Freischütz	Dämonologische Sage Herumziehender Jäger
2. gegenständliche Realität Felsturm — großer, durchlöcherter Felsblock	Glaube an übermenschliche Wesen — Riesen als Erbauer des Turms	Aitiologische Sage Riesenspielzeug
Höhle, nur durch eine kleine Öffnung erkennbar	Glaube an nichtmenschliche Wesen — Zwerge als Bewohner der Höhle	Aitiologische Sage Heilingszwerge
zwei Fuß hoher Stein mit zwei eiförmigen Marken	Glaube an nichtmenschliches Wesen — Teufel	Aitiologische Sage Teufelsstein

In der Rubrik „Motivische Ausformung“ haben wir nur das Primärkennzeichen des jeweiligen Textes erfassen können. Wir haben von der Komplexität der Einzelsage abstrahiert. So kann man mit guten Gründen die Sage vom Teufelsstein bei Zerbst auch der Gruppe dämonologischer Sagen zuweisen. Der Teufel zeichnet sich ja gerade durch seine übernatürliche Kraft und die bedroh-

liche Forderung, die er in dem Vertrag stellt (... daß die Stadt Zerbst mit allen ihren Bewohnern ihm gehören sollte ...) als dämonisches, das heißt gefährliches Wesen aus. Auch die Sage von den Heilingszwergen ist nicht vollständig charakterisiert, wenn wir sie als aitiologischen Text bezeichnen. Sie enthält zusätzlich das Motiv der Zeitenthobenheit als Kennzeichen für die außermenschliche Welt der Zwerge.
Bei der Unterrichtsarbeit sollte deshalb neben der Grobanalyse der primärmotivischen Ausformung die Komplexität des Einzeltextes berücksichtigt werden.

3.5. Ein wichtiges formales Kennzeichen der Volkssage wurde bereits unter 3.4. genannt: die Spannung zwischen Prägnanz und Vagheit. Bei der Analyse im Unterricht können die Schüler die Techniken der Informationsentnahme anwenden und Orts- beziehungsweise Zeitangaben als Indizien für die Prägnanz sowie Benennung und andeutende Beschreibung der übernatürlichen Gestalten als Indizien für die Vagheit der Sage nebeneinander stellen.
Ein Vergleich der Volkssage mit dem Volksmärchen macht das zweite, formale Charakteristikum der Volkssage erkennbar: sie gibt in der Regel nur eine Episode wieder. Sie ist eingliedrig.

Schaaf/Esch

GRUNDKURS DRAMATISCHE TEXTE

1. Textfolge

A	B
1. James Krüss: Die gestohlene Uhr 2. Hans Sachs: Der Krämerskorb	1. Karl Valentin: Geräusche 2. Ephraim Kishon: Das Geheimnis der Melone

2. Lernziele

Der Schüler lernt:

a) den Text als „Partitur“ zu erfassen, der zu seiner Ergänzung der Inszenierung auf der Bühne oder der Wiedergabe über das Medium Funk bedarf;

b) folgende Merkmale an dramatischen Texten wahrzunehmen und ihre Funktionen zu durchschauen:
- Monolog und Dialog als konstitutive Bestandteile, durch die die Handlung aufgebaut und in ihrer dramatischen Spannung entwickelt wird,
- die Szene als kleinstes Bauelement, durch die die dramatische Handlung räumlich-zeitlich fixiert wird;
- die dramatischen Personen als Rollenträger der Handlung;

c) Elemente dramatischer Spannung zu erfassen und diese an unterschiedlichen Formen der Vertextung wiederzuerkennen;

d) daß unterschiedliche Darstellungsabsichten mit dramatischen Texten verknüpft werden können;

e) folgende dramatische Textsorten kennen und durch Merkmale zu beschreiben:
- das lehrhafte Umkehrspiel,
- das lehrhafte Fastnachtsspiel als dramatischen Schwank,
- den dramatischen Sketch mit satirischer Absicht;

f) Regieanweisungen als verbale Mitteilungen an den Regisseur und die Schauspieler zu verstehen und sie als konstitutive Bestandteile zu begreifen;

g) Rollen bzw. Handlungsteile szenischer Texte anzuspielen oder zu inszenieren.

3. Didaktische Begründung

Die didaktischen Überlegungen haben davon auszugehen, daß das Drama (griechisch = Handlung) eine in sich geschlossene Handlung als unmittelbar gegenwärtig darstellt und daß diese im Unterschied zu den übrigen literarischen Gattungen sowohl durch das Wort in Dialogen und Monologen als auch durch die objektivierte Darstellung auf der Bühne zur Anschauung gebracht wird. Erst durch dieses Ineinander von Wort und Handlung kommt es zu der für diese Gattung typischen sinnlichen Präsentation, durch die die nachschaffende Phantasie des Zuschauers in entscheidendem Maße mitgetragen wird. Wie die Partitur in der musikalischen Wiedergabe, so vollendet sich ein Drama erst in

der Aufführung. Für die didaktische Planung bedeutet dies, daß die betrachtende Textanalyse möglichst immer mit dem Nachgestalten des Rollenbuchs im Spiel oder mit der Analyse einer sinnlichen Präsentation im Theater, Fernsehen oder in Filmaufzeichnungen verknüpft werden sollte. Die in den Grundkurs einbezogenen Texte eignen sich in hervorragender Weise für die spielerische Nachgestaltung auf dieser Altersstufe.
Im Unterschied zu den übrigen Kursen wurde hier auf ein C-Element verzichtet; zugleich muß darauf hingewiesen werden, daß die beiden B-Texte eine andere Funktion haben als die B-Texte in den übrigen Kursen. Sie bieten vom Typ und von den Textstrukturen her so viel Neues, daß sie eher zur Binnendifferenzierung im Sinne der C-Kurse verwendet werden könnten. Die Textabfolge hat also in einem stärkeren Maße eine offene Lernstruktur, und der Lehrer sollte entsprechend den Möglichkeiten seiner Klasse den Kurs individuell konturieren.
Die Texte machen in jedem Schuljahr mit 4 verschiedenen Ausprägungen dramatischer Darstellungsmöglichkeiten bekannt, wobei trotz der Zugehörigkeit zu unterschiedlichen literarischen Epochen in allen die Tendenz zur Komik überwiegt (vgl. dramatische Texte 6. Schulj.).
Die Abfolge berücksichtigt die an den Texten vorhandenen strukturellen Differenzen. Auf keinen Fall sollten die B-Texte vor den A-Texten gelesen werden, da diese für die Analyse der für das Drama kennzeichnenden Elemente optimale Lernbedingungen enthalten. Das strukturanalytisch orientierte Lernverfahren verhindert zudem, daß es zu vorschnellen unhistorischen Fixierungen kommt, durch die einer Ausprägung eines bestimmten dramatischen Elements zu einem bestimmten Zeitpunkt (beispielsweise in der deutschen Klassik) Allgemeingültigkeit und damit normative Bedeutung zugemessen werden könnte. Aus verständlichen Gründen mußten bei der Textauswahl infolge der Altersstufe Einschränkungen in Kauf genommen werden. Übernommen wurden nur geschlossene dramatische Kurztexte. Sie garantieren, daß unter Einbeziehung der für das 6. Schuljahr vorgesehenen Texte vom 7. Schuljahr an umfänglichere dramatische Texte behandelt werden können.
Bei James Krüss' „Die gestohlene Uhr" (A 1) handelt es sich um einen Text mit einer Kurzszene, die auf Grund der deutlich ausgeprägten Umkehrstruktur im Aufbau der Handlung noch einmal deutlich untergliedert ist. Dadurch kann der Schüler leicht zu Kriterien für die Inhaltserfassung der beiden Teilhandlungen kommen. Die Figurenkonstellation ist mit drei dramatischen Personen von äußerster Verknappung und zudem durch die Kontraststruktur der beiden Hauptfiguren Michel und Katrin bestimmt. Die dramatische Konfiguration ist dadurch charakterisiert, daß drei Personen in einem Spannungsverhältnis zueinander stehen.

An dieser einfachen Handlung können die Schüler drei Einsichten gewinnen:

a) daß eine dramatische Handlung durch Rollenträger bestimmt wird, die in einem Interdependenzverhältnis zueinander stehen;

b) daß Dialog und Handlung bereits in der Ausgangslage vorhandene Voraussetzungen zur Entfaltung bringen und dabei Eigenschaften und Einstellungen der Personen in Erscheinung treten;

c) wie durch den Verlauf einer Handlung, im besonderen durch situationskomische Zuspitzungen, eine Wertung der Figuren eintritt, die das Verhältnis des Zuschauers zu ihnen nicht unerheblich beeinflußt.

Durch das Fastnachtsspiel von Hans Sachs „Der Krämerskorb" (A 2) werden die Schüler mit einem dramatischen Text konfrontiert, der im szenischen Auf-

bau, bei den dramatischen Personen und in der Thematik differenzierende Einsichten ermöglicht. Drei Kurzszenen sind hier zu einem geschlossenen dramatischen Text verbunden. Dadurch wird an das Erfassen der verbalen Mitteilungen im Zusammenhang mit der Wiedergabe des Inhalts der Handlung eine wesentlich höhere Anforderung gestellt. Da aber die drei Szenen untereinander durch das gleiche Thema, nämlich die Streitsucht und ihre Kritik über das Theater verknüpft sind und Thema wie Kritik durch den Aufweis der Folgen auf drei sozialen Ebenen der Gesellschaft durchgespielt werden, können die Schüler die szenische Untergliederung, die Variationstechnik und ihre Funktion sowie das Thema wiederum leicht erfassen. Mit dem Knecht läßt sich ein völlig neues Element im Drama aufzeigen: Er ist dramatische Person, zugleich aber auch epische Figur, die die Handlung exponiert, die drei Kurzszenen miteinander verknüpft und schließlich das Ganze mit einer Lehre aus der Sicht des Dichters kommentiert. An diesem Text können also Elemente des Dramas verfügbar gemacht werden, die im modernen epischen Drama eine besondere Rolle spielen und im Zusatzkurs zur Dramatik des 7. Schuljahrs an Texten von Bertolt Brecht wiedererkannt werden sollen.
Mit Valentins „Geräusche“ (B 1) lernen die Schüler einen modernen dramatischen Sketch mit zwei Rollenträgern kennen, in dem die äußere Handlung auf ein Minimum beschränkt und lediglich durch die Ausgangslage des Dialogs (das Essen im Restaurant) und die nichtsprachlichen Elemente der Geräusche gegeben ist. Wie durch Übertreibung Provokation verbreitet und Kritik an Mißständen der Gesellschaft vorgetragen werden kann, kann hier auf dramatischer Ebene in ersten Ansätzen verdeutlicht werden.
An den epischen Einschüben in Kishons „Das Geheimnis der Melone“ (B 2) lassen sich weitere Elemente dieser Art isolieren, zumal sie den Text in Szenen und erläuternde Textteile gliedern. Auf Grund der gehäuften mimisch-gestischen Elemente ist dieser Text geradezu für Spieletüden oder Inszenierungen durch eine Klasse prädestiniert .

4. Einzelanalysen

4.1. James Krüss: Die gestohlene Uhr (A 1)

4.1.1. *Lernziele*

Der Schüler lernt:

a) den Inhalt der Handlung zu verbalisieren und die Umkehrstruktur zu erfassen;
b) daß durch die drei dramatischen Personen die Handlung unmittelbar auf der Bühne gegenwärtig wird;
c) monologische und dialogische Textteile zu unterscheiden und diese als Bauelemente zu erfassen, durch die die Handlung konstituiert wird;
d) das Spannungsverhältnis der Personen untereinander zu beschreiben und die entsprechenden Redeformen (Beschuldigung, Abschwörung usw.) in den Dialogen zwischen Michel und Katrin zu erfassen;
e) die Entdeckung der Uhr als Wendepunkt der Handlung zu verstehen;
f) die räumliche und zeitliche Begrenzung der Handlung als Merkmal der dramatischen Szene zu erkennen und die szenischen Anweisungen nach Angaben
   — zum mimisch-gestischen Verhalten der Figuren auf der Bühne
   — zur räumlich-zeitlichen Fixierung der Handlung
   zu unterscheiden und ihre Funktion zu verstehen;

g) die mit der Umkehrstruktur gegebene komische Pointierung der Handlung zu erfassen und in einer Tabelle an einigen Motiven zu verdeutlichen;

h) die lehrhafte Absicht des Textes zu verbalisieren und zur Diskussion zu stellen;

i) durch sprecherische Wiedergabe die unterschiedlichen Redeabsichten der dramatischen Personen in den beiden Textteilen unter Berücksichtigung der mimisch-gestischen Teile der szenischen Anweisungen zu verdeutlichen;

4.1.2. *Sachanalyse*

Dieser Text besteht aus einer Kurzszene, die auf Grund der Umkehrstruktur der Handlung untergliedert und komisch pointiert ist. Die Figurenkonstellation ist mit drei dramatischen Personen von äußerster Verknappung und zudem durch die Kontraststruktur der beiden Hauptfiguren Michel und Katrin bestimmt. Die dramatische Konfiguration ist dadurch charakterisiert, daß drei Personen in einem Spannungsverhältnis zueinander stehen. Die Ausgangssituation (der Verlust der Uhr) enthält beide Elemente für den inhaltlichen Aufbau der Handlung:

a) die Vermutung, daß die Uhr verlegt ist (Argumentationsbasis der Katrin);

b) die Vermutung, daß sie entwendet wurde (Voraussetzung, von der Michel ausgeht).

Im Dialog zwischen Michel und Katrin werden beide Möglichkeiten der Auslegung der Situation gegeneinander ausgespielt. Während Michel die Gegenargumente Katrins unberücksichtigt läßt und aus seiner falschen Voreinstellung heraus das Gesamtverhalten von Jost als inkriminierende Anzeichen deutet, behält Katrin recht und kann sich als zu Unrecht bescholtene Person nach dem Entdecken der Uhr mit Schadenfreude über das niedrige und kurzsichtige Verhalten Michels erheben. Der besondere Reiz der Komik der Handlung besteht darin, daß die Verdächtigungen über das Stadium der bloßen Anschuldigung nicht hinauskommt. Da Jost von der Beschuldigung keine Ahnung hat, auch nicht darum weiß, worauf Michel seine Argumentation im besonderen aufbaute (die Haltung seiner Hand vor dem Veilchenstrauß), wirkt es in besonderer Weise komisch, wenn er am Schluß mit der Übergabe des Geschenks zur Erklärung seines gestischen Verhaltens im Handlungsteil 1 beiträgt. Eine weitere Steigerung erfährt die Situationskomik schließlich dadurch, daß Katrin für Michels plötzliches Verschwinden mit einer nichtssagenden Ausrede einspringen muß und damit sich in gewisser Weise mit ihm wiederum identifiziert.

4.1.3. *Didaktische Überlegungen*

Die didaktischen Überlegungen haben zu berücksichtigen, daß es sich hier um den ersten Text im Grundkurs Dramatische Texte handelt. Da dieses Umkehrspiel mit dem Konflikt zweier als Typen einander entgegengesetzten dramatischen Personen konfrontiert und die Handlung durch den Wendepunkt deutlich in zwei Teilhandlungen untergliedert ist, kann sowohl die analysierende Arbeit am Text wie auch die reproduzierend-kreative im Spiel unter günstiger Motivation erfolgen. Lernzielplanung und die methodische Auslegung des Lernprozesses lassen sich von zwei Grundsätzen leiten:

a) daß hier die Textanalyse dem ihr übergeordneten Lernziel, die Schüler zur Rollendarstellung im Spiel zu befähigen, zu subsumieren ist; die Rollendarstellung aber setzt das Erfassen der Rollenbiografie und ihre Beschreibung im Gespräch der Klasse voraus;

b) daß durch beide Tätigkeiten — die Analyse der Elemente und die im Spiel zu vollziehende Synthese — die den Text kennzeichnenden Merkmale erfaßt und dabei Elemente des Dramas isoliert und in ihrer Funktion durchschaut werden.

Vier elementare Einsichten lassen sich im Zusammenhang mit den im Lernzielkatalog aufgeführten Textoperationen gewinnen:

a) daß dramatische Handlungen durch Rollenträger bestimmt werden, die in einem Spannungs- und Interdependenzverhältnis zueinander stehen;

b) daß in Dialog und Handlung bereits in der Ausgangslage vorhandene Gegebenheiten zur Entfaltung gebracht und Eigenschaften von dramatischen Personen oder Einstellungen sichtbar gemacht werden;

c) daß durch den Verlauf einer Handlung, beispielsweise durch situationskomische Zuspitzungen oder eine Handlungsumkehr, eine Wertung der Rollenträger eintritt, durch die das Verhältnis des Zuschauers zu ihnen unmittelbar beeinflußt wird;

d) daß mit dramatischen Texten bestimmte Darstellungsabsichten verfolgt werden können.

4.1.4. *Methodische Hinweise*

Es wird ganz vom Zeitpunkt der Behandlung des Textes abhängen, ob der Lehrer sich des Arbeitsblattes bedient oder statt dessen eine freie Textbesprechung ins Auge faßt. Wenn dabei die für den Aufbau des Kurses vorgesehenen Lernziele berücksichtigt und die in 4.1.3. aufgewiesenen didaktischen Gesichtspunkte beachtet werden, ist das methodische Verfahren als sekundär anzusehen. Ein Rollenlesen mit vorangegangenem stillen Einlesen sollte der eigentlichen Textarbeit vorausgehen. Diese wird zunächst die ersten Eindrücke der Schüler, ihre Stellungnahme zur Handlung und den Personen in einer Aussprache zu verarbeiten haben. Dabei ist es unwichtig, ob die Schüler auf Dinge zu sprechen kommen, die im Arbeitsblatt als Lernschritte vorgesehen sind. Der Primäreindruck vermittelt meistens die besten Vorerkenntnisse über das Wesentliche an einem Text. Werden an der Tafel die wesentlichen Aussagen zum Text festgehalten und dann sortiert, so ist für das nachfolgende Unterrichtsgespräch oder die Arbeit mittels der Arbeitsblätter ein Gesprächsrahmen abgesteckt. Es wird von diesen Ergebnissen abhängen, ob der Lehrer aus dem Arbeitsblatt bestimmte Fragen oder Fragenkomplexe herausgreift oder in der vorgesehenen Reihenfolge verfährt.

Hinweise zum Aufbau des Arbeitsblattes

Insgesamt sind 8 Lernschritte vorgesehen. Sie lassen sich zu 5 Fragen bzw. Arbeitsgesichtspunkten zusammenfassen:

a) die Lernschritte 1 und 2 befassen sich mit dem Inhalt der Handlung, wobei der Streit der Hauptfiguren, die Lösung und der Wendepunkt zu isolieren und zu erfassen sind;

b) die Lernschritte 3 und 4 haben die Rollenbiografie von Michel und Katrin zum Gegenstand; das Zeit-Schema „jetzt“ — „vorher“ macht die Rollenbiografie überschaubar und richtet den Blick zugleich auf die im nächsten Lernschritt zu behandelnde Sinnumkehr;

c) die Lernschritte 5 und 6 sollen das Handlungselement Sinnumkehr erschließen. Dabei sind zwei Teilschritte vorgesehen: diese sollen zum einen grafisch verdeutlicht werden, zum andern in ihren Auswirkungen bezogen auf das Verhältnis der Figuren (Konfiguration) zueinander überprüft werden.

d) der Lernschritt 7 bezieht sich auf die Darstellungsabsicht;

e) der Lernschritt 8 hat die Vorbereitungen einer Inszenierung zum Ziel. Jetzt werden der Text und die zuvor erarbeiteten Rollenbiografien unter dem Gesichtspunkt der Inszenierung betrachtet.

Bei der Verlaufsplanung sollte der Lehrer den aufgezeigten Zusammenhang zwischen den Lernschritten beachten. Das in 5. c) geforderte Diagramm dürfte gewisse Schwierigkeiten bereiten. Unter Umständen bespricht der Lehrer mit den Schülern zunächst die unter c) gegebenen Erläuterungen, ehe gemeinsam oder in Einzel- oder Gruppenarbeit Vorschläge für das Diagramm gemacht werden (vgl. den Vorschlag unten).
Die Rollendarstellungen sollten nach Möglichkeit durch das Tonband festgehalten werden; dadurch kann der einzelne Sprecher seine Interpretation überprüfen und auf Grund der verifizierten Einwände verbessern.
Stegreifspiele oder mimisch-gestische Teilinszenierungen sollten Aufführungen vor der Klasse oder der Parallelklasse vorausgehen.

Vorschlag für ein Diagramm in 5. c)

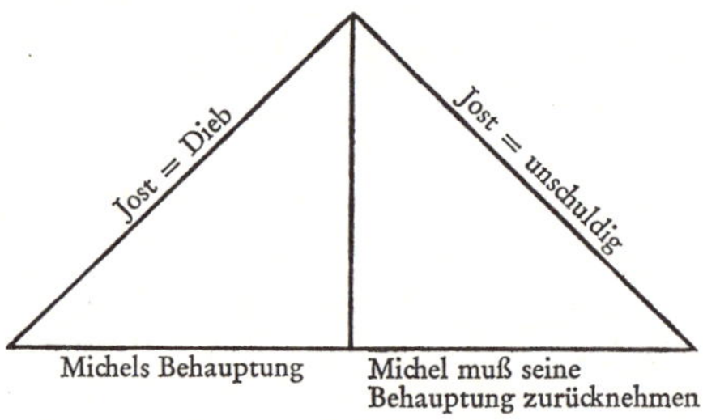

Bei der Auswertung der Vorschläge der Schüler sollte darauf geachtet werden, daß an beiden Teilhandlungen sowohl das Sprachverhalten als auch die Sprachabsicht bewußt gemacht werden.

4.2. Hans Sachs: Der Krämerskorb (A 2)

4.2.1. *Lernziele*

Die Schüler lernen:

a) die Streitsucht und ihre Kritik als Thema zu erfassen, die allen drei Szenen gemeinsam sind;

b) die Wiederholung als szenisches Bauelement zu erfassen und die mit der Variation gegebenen Mittel zur Generalisierung und Individualisierung und damit zur theatralischen Inszenierung des Grundthemas zu beschreiben;

c) die dramatischen Personen als Vertreter der ständischen Ordnung zu sehen und die für sie typischen Verhaltensmerkmale zu beschreiben;

d) die Sprachverwendung in den drei Szenen diesem typischen Verhalten zuzuordnen und Gemeinsamkeiten und Unterschiede festzustellen;

e) die doppelte Funktion des Knechtes als dramatische Person und als epische Figur zu erfassen und zu beschreiben;

f) die Verknüpfung von lehrhafter und unterhaltender Absicht zu bestimmen, indem die auf Spannung und Unterhaltung angelegten schwankhaften Elemente von den ausgesprochen lehrhaften Textteilen unterschieden werden;
g) durch sprecherische Wiedergabe die verbale Strategie einer dramatischen Person vorzuführen;
h) aus dem Kontext der Szene und den verbalen Informationen die zur Inszenierung erforderlichen mimischen und gestischen Anweisungen abzuleiten;
i) für eine Gesamtinszenierung die übrigen Regieanweisungen zu finden;
k) an der Rolle des Knechtes die Doppelfunktion sprecherisch zu gestalten.

4.2.2. *Sachanalyse*

In diesem Text wird in einer für den Schwank typischen komischen Pointierung die Streitsucht als allgemeine Schwäche des Menschen dargestellt und über situationskomische Zuspitzungen kritisiert. Kennzeichnend für den Textaufbau und die Darstellungsabsicht dieses Schwanks sind u. a. folgende Elemente:

a) Die Handlung ist aufgebaut aus drei Szenen. Wiederholung und Variation des Streitmotivs auf drei sozialen Ebenen sind die konstitutiven Aufbauelemente der Handlung, wobei der ständischen Ordnung des 16. Jahrhunderts entsprechend Verlaufsform, Streitinhalt und sprachliche Variable miteinander korrelieren. Die Wiederholung als Bauelement der Handlung ermöglicht die Individualisierung und damit die theatralische Inszenierung des Themas mit zunehmender Spannung und Komik. Daß der Knecht zum Schluß der drei Szenen selbst in den Streit verwickelt wird, obgleich er aus den vorangegangenen Szenen für sich hätte eine Lehre ziehen können, muß als Höhepunkt der komischen Pointierung betrachtet werden. Die Individualisierung des Streits auf drei Ebenen der ständisch gegliederten Gesellschaft ermöglicht aber auch die Demonstration der Streitsucht als generelle Eigenschaft und Schwäche des Menschen. Theatralische Inszenierung über drei Individualisierungen und Generalisierung des Phänomens gehören in der Darstellung dieses Schwanks aufs engste zusammen. Zwar zeigen die drei Streitszenen milieu- und personenabhängige Nuancen, die Dreizahl der dramatischen Demonstration dokumentiert aber den Anspruch auf Allgemeingültigkeit. Die Tatsache, daß der Streit jeweils zwischen Mann und Frau ausgetragen wird und dabei auch die in damaliger Zeit mit den Geschlechtern verknüpften Rechte bzw. Vorrechte Anlaß, Ursache oder gar Gegenstand des Streits sind, unterstreicht diesen Aspekt.
Daß es Hans Sachs offensichtlich nicht um solche Rechte oder um die hierarchische Ordnung der ständischen Gliederung ging, wird gerade an dieser die ständischen Schranken durchbrechenden und übersteigenden Thematik deutlich. Die dramatischen Personen vertreten als Typen zwar ihre ständischen und sozialen Bereiche, darin aber, worauf sich Darstellung und Kritik richten, stimmen sie miteinander überein, eben in dieser allgemeinen Schwäche.

b) Der Knecht hat eine für den Textaufbau und die Darstellungsabsicht entscheidende Sonderstellung inne. Er unterscheidet sich von den übrigen dramatischen Personen dadurch, daß er zusätzlich zur Rollenfunktion als handelnde Person die Aufgaben einer epischen Figur im Sinne des nichtaristotelischen Theaters wahrnimmt. In der 1. Szene exponiert er die Handlung und macht mit den Rollenträgern und dem Inhalt der Handlung bekannt. Die beiden nachfolgenden Szenen werden durch ihn mit dieser Eingangsszene verbunden, indem er durch seinen Bericht jeweils den Anlaß zum Streit gibt, bis er schließlich in der 3. Szene selbst als handelnde Person in den Streit verwickelt wird. Die Verknüpfungen der Szenenschlüsse und -eingänge sind jeweils mit Kurzkommentaren verbunden, so daß der Zuschauer nicht nur über den Verlauf der Handlung unterrichtet, sondern in seinen Erwartungen hinsichtlich des weiteren Verlaufs gesteuert wird. Als Sprecher des Epilogs, in dem die 3 Szenen aus der Sicht und Erfahrung einer mitbeteiligten Person resümiert und kommentiert wird, trägt er zum Schluß die Lehre des Autors vor.

c) Der Darstellungsabsicht des Schwanks, Unterhaltung mit Kritik und Belehrung zu verbinden, entsprechen in den drei Szenen die unterschiedlichen Akzente, die bei der Entwicklung der dramatischen Spannung und der Komik gesetzt werden. Schon dem Umfang nach unterscheiden sich die drei Szenen. Von Mal zu Mal werden die Streitszenen kürzer und die Dialoge heftiger, und in immer kürzeren Abständen werden die streitenden Paare handgreiflich. Dazu kommt, daß der Streitanlaß jeweils geringfügiger, unkonkreter und abstrakter wird. In der 2. und 3. Szene entwickelt er sich aus der Parteinahme zum Streit der Krämersleut bzw. der beiden Streitszenen, so daß schließlich durch die zweimalige dramatische Reflexion auf den Streit der Krämersleut das charakterisierende Element der Streitsucht, nämlich zu streiten um des Streites willen, transparent wird.

Dies alles geschieht in einer für den Schwank kennzeichnenden komischen Überzeichnung und Leichtigkeit. So beginnt beispielsweise der Dialog der 2. Szene damit, daß Herr und Frau sich in der Verurteilung des säumigen Knechts einig sind. Doch kaum hat der Knecht seinen Bericht beendet, so nimmt auch schon die Frau Partei für die Krämerin. Sie agiert und argumentiert zwar ganz und gar hypothetisch („Bei mir gäb's da kein Federlesen", Z 25), da sie von der Spielsucht des Krämers ausgeht. Noch ist das Ganze fast wie ein kokettes Gesellschaftsspiel, bei dem man sich an den stichhaltigen Argumenten des andern mißt. Daß der Dialog so interpretiert werden muß, läßt sich an der Verwendung des Konjunktivs erkennen. Über den Streitpunkt im Grundsätzlichen gerät man schließlich doch ins Persönliche. Aus dem Spiel um den Streit wird unversehens ein Streit, der in verbaler Aggression und schließlich mit Handgreiflichkeiten ausgetragen wird.

Noch stärker trägt die 3. Szene den Elementen des Schwanks Rechnung. Er beginnt bereits mit einem dramatisch gespannten Dialog. Die Neugier der Magd macht aus dem Bericht über die vorausgegangenen Ereignisse eine Art dramatische Vergegenwärtigung in der Form des sogenannten Botenberichts. Ihre vorwärtsdrängenden Fragen „Aha! . . . Und dann? . . . Drauf . . . Und er?" bewirken, daß der Knecht in wörtlicher Rede die entscheidenden Stichworte und dramatischen Höhepunkte wiederholt. Aus dem vergegenwärtigten Streit erwächst der dritte: der Streit der Verliebten um Treue und Verläßlichkeit in der Liebe, genährt von der Eifersucht und den wohl berechtigten Vorwürfen der Magd. Typisch für diesen Streit ist der von vorherein fehlende Abstand der beiden zueinander: das du auf du spiegelt sich in der Grobheit der Worte wie der schnellen Gebärde wider.

Die Situationskomik der Handlung wird komplettiert durch die gehäuften wortkomischen Elemente in den Dialogen. Durch den Knittelvers (vierhebig paarweise gereimter Doppelvers) wird die komische Wirkung nicht unerheblich verstärkt. Er verbindet durch den Reim den Dialog in der Art, daß eine Spannung entsteht, die den Redefluß auf die am Ende des Reimpaars sich lösende Kraft dieses Verses staut. Indem die Reimpaare des Knittelverses meistens „Ungereimtes", d. h. Aussagen zu einer Einheit verbindet, die zueinander in Widerspruch stehen oder aber semantisch unverträglich sind, wird der komische Effekt von Rede und Gegenrede erhöht. Als Stilmittel wird von Hans Sachs der unreine Reim, d. h. der ungenaue oder unvollständige Gleichklang der Vokale oder Schlußkonsonanten wie in dem folgenden Beispiel (Z 16—18) gewählt:

Krämerin:	Doch nein, sag nur, wie haushalt'st du?
	Grad wie ein bodenloser Kübel!!!
Krämer:	Hast nun genug zitiert die Bibel!

4.2.3. *Didaktische Überlegungen*

Der didaktische Stellenwert dieses dramatischen Schwanks ist dadurch gegeben, daß er eine weiterführende Erschließung von Elementen des Dramas und dadurch den Transfer des in A 1 Gelernten an einem differenzierteren Text zuläßt. Gemeinsam mit A 1 sind die situationskomischen Elemente im Handlungsaufbau, die als Typen vorgegebenen dramatischen Personen und die leichte Überschaubarkeit des Textes durch die szenische Aufgliederung und den Epilog. Hinzu kommt, daß die Schüler durch die derbkomische Handlung des Schwanks unmittelbar angesprochen werden, so daß für die analytischen Lernschritte und das darstellende Spiel mit einer starken Motivation gerechnet werden kann.

Hinweise und Erläuterungen zu den Lernzielen

a) Die Lernziele a)—f) zielen im wesentlichen auf die Beschreibung und funktionale Bestimmung der Textelemente ab, wobei eine Reihe neuer Elemente im Vergleich zu A 1 vermittelt werden sollten. Als neue Elemente können isoliert und verfügbar gemacht werden:

1. die für diesen Schwank typischen epischen Strukturen, die mit dem Knecht verknüpft sind. Gerade die doppelte Funktion als dramatische Person und epische Figur, die die Handlung exponiert, die Szenen verknüpft und kommentiert und schließlich die Lehre aus der Handlung ableitet, erleichtert die erstmalige Reflexion auf epische Elemente in der Dramatik, da die Schüler in einem ersten Lernschritt auf die Sonderstellung des Knechts aufmerksam werden und diese beschreiben können. In einem zweiten Lernschritt lernen sie zwischen epischer und dramatischer Funktion zu unterscheiden und damit das im Vergleich zu A 1 neue Element zu erfassen.

2. Die Wiederholung und Variation des gleichen Themas und der gleichen Grundsituation (Streit zwischen Mann und Frau, Streit um den Korb oder in Zusammenhang mit dem Korb) ermöglichen auf der einen Seite das Wiedererkennen der Szene als kleinstes dramatisches Bauelement, auf der andern Seite aber die Reflexion auf die verknüpfenden Elemente, durch die die Darstellungsabsicht erreicht werden soll.
Daß durch Wiederholung etwas betont und als allgemein zutreffend-gültig dargestellt werden kann, ist den Schülern aus dem epischen Bereich sicher nicht ganz unbekannt, während die auf Spannung und Unterhaltung abzielende Individualisationskomponente aus der Bühnenwirksamkeit verstehbar gemacht werden kann.

3. Durch eine Analyse der 3 Szenen lassen sich die Unterschiede der sprachlichen und der nichtsprachlichen Elemente des Streits erfassen und diese mit der sozialen Kompenente (ständische Gliederung) verknüpfen. Der Lehrer muß sich aber bei diesem Lernziel (c und d) von vornherein der Grenze bewußt sein, die mit der Altersstufe gesetzt ist. Der im Arbeitsblatt unter 2.2. gegebene Zuordnungsraster trägt dieser Tatsache bereits Rechnung.

4. Die lehrhafte Absicht, die mit dem Epilog explizit vorgegeben ist und als wesentliches Element zur Beeinflussung des Zuschauers erfaßt werden muß.

b) Die Lernziele g—k) beschreiben Operationen und Fähigkeiten im Zusammenhang mit den Vorbereitungen zum Spiel und der Bühnendarstellung. Entsprechend den Ausführungen in der Didaktischen Begründung des Kurses (vgl. S. 177 f.) und den didaktischen Prinzipien für den unterrichtsmethodischen Ansatz in A 1 (vgl. S. 180 f.) wird auch hier davon ausgegangen, daß betrachtend-analytische Unterrichtsphasen und solche, die eine reproduzierend-inszenierende Textbeschäftigung erfordern, einander zu ergänzen haben. Es ist Aufgabe des Lehrers, entsprechend den Erfordernissen der Klasse hier Akzente zu setzen durch individuelle Dispositionen bei den Unterrichtsphasen. Analyse-Schritte können gerade an dramatischen Texten mitunter erleichtert werden, wenn vor der isolierenden und beschreibenden Textbetrachtung oder paralell zu ihr das intuitive Erfassen über Textreproduktion und das heißt hier: durch Anspielen bestimmter Teile erfolgt.

4.2.4. *Methodische Hinweise*

Für die Behandlung dieses Textes sollten mehrere Stunden vorgesehen werden; die erschließende Textarbeit benötigt wenigstens 4—5 Stunden, soll für die Einzel-, Partner- oder Gruppenarbeit und für die Phasen des Unterrichtsgesprächs genügend Spielraum zur Verfügung stehen. Die definitive Zeit ist abhängig vor allem von der Intensität, mit der das darstellende Spiel verfolgt wird.

Hinweise und Erläuterungen zu den Lernschritten

Insgesamt sind 4 Groblernschritte auf dem Arbeitsblatt vorgesehen, wobei zu berücksichtigen ist, daß die Lernziele g)—k) dort nicht eingebracht sind und demzufolge einen weiteren Groblernschritt erforderlich machen.

Zu Lernschritt 1: Thema, Inhalt und Aufbau der Handlung

Das Einlesen in den Text erfolgt am besten in 3 Gruppen. Die durch die Gruppen vorgeschlagenen Leser übernehmen die Rolle und tragen die Szenen vor Beginn der Textarbeit vor. Denkbar ist aber auch, das stille Einlesen mit der Bearbeitung der in 1.1. bis 1.3. vorgegebenen Teillernschritte zu verbinden. Dabei könnte Einzel- oder Partner- und/oder Gruppenarbeit vorgesehen werden. Bei Gruppenarbeit könnten die in 1.2. geforderten Aufgaben auf 3 Gruppen verteilt werden, so daß nach der Phase der stillen Beschäftigung jeweils eine Gruppe die von ihr bearbeitete Szene durch Rollenlesen präsentiert und im Anschluß daran die Arbeitsergebnisse zur Diskussion stellt.

Bei 1.1. dürfen nicht vorschnell begrifflich eindeutige Antworten wie Streitsucht, Kritik und Belehrung erwartet werden. Erkennen die Schüler, daß der Autor Streit verurteilt und an drei Beispielen über seine Sinnlosigkeit aufklären und belehren will, dann genügt das. Durch die Hinweise auf die drei Szenen und den Epilog sollen die Schüler auf das durchgängige Thema und den lehrhaften Einschlag aufmerksam werden.

In 1.2. wird ein für die drei Szenen identischer Beschreibungsraster vorgegeben. Bei der Auswertung vor der Klasse sollte darauf geachtet werden, daß alle

	1. Szene	2. Szene	3. Szene
Ort der Handlung	Straße vor dem Wirtshaus	Stube des Bürgerhauses	Flur oder Küche des Bürgerhauses
Personen der Handlung	Knecht Krämer Krämerin	Knecht Herr Frau	Knecht Magd
Inhalt der Handlung	Streit um den Korb	Streit darum, wer recht hat	Streit darum, wer recht hat

Schüler die richtigen Ergebnisse festhalten, da später darauf zurückgegriffen wird (vgl. 3.0.). Zuvor gemeinsam an der Tafel festhalten! (Siehe Schema S. 186)

Die Angaben zu den Personen sollen die später in 3. zu beschreibende und zu bestimmende Doppelfunktion des Knechts und die Detailbeschreibung der drei Szenen nach vier Gesichtspunkten in 2.3. vorbereiten. Hier sollte erreicht werden, daß die Schüler die wichtigsten Differenzen zwischen der Szene 1 und den Szenen 2 und 3 sehen und bestimmen: Dort handelt es sich um den Streit aus einem ganz konkreten Anlaß (Korbtragen), hier um das Rechthabenwollen, um Parteinahme dazu und den daraus resultierenden Konsequenzen.

Zu Lernschritt 2: Wiederholung und Variation als Elemente der Handlung

Hier sollte beachtet werden, daß 2.1. und 2.3. a) u. b) Fragen aufgeben, die nahezu identisch sind. Was in 2.1. mehr intuitiv erfaßt und in Form von Vermutungen oder Hypothesen als Vorerkenntnis gegeben werden soll, ist in 2.3. auf der Grundlage einer differenzierteren Informationsbasis erneut zu behandeln. Was in den Teilschritten 2.2. und 2.3. durch Textbeschreibung und Abstraktionsvorgänge erarbeitet wurde, gilt es hier in Erkenntnisse über die Funktion der mit den drei Szenen verbundenen Wiederholung und ihrer Variation umzusetzen. Vor Beginn der Arbeit sollte der Lehrer auf diesen Lernzusammenhang kurz hinweisen, damit der Schüler weiß, daß er sich zu der gleichen Sache zweimal äußern muß. Ausführlich muß 2.1. und 2.3. bei der Aussprache über die Arbeitsergebnisse behandelt werden, da es sich um das zentrale Lernziel mit Transferwert auch für andere Textbereiche handelt. 2.3. und 2.3. a) u. b) sind diesem Lernziel vor- und untergeordnet.

In 2.2. sollen die Schüler zunächst über das Zuordnungsschema die drei sozialen ständischen Ebenen wahrnehmen und beschreiben lernen, ehe sie über ihre Funktion im Gesamtaufbau des Dramas (vgl. 2.3. a u. b) nachdenken und diese erfassen sollen. Die Unterschiede lassen sich näher bestimmen durch eine Merkmalsbeschreibung, indem die Schüler den Text befragen, was über die drei Gruppen gesagt wird: Tätigkeiten, Arbeitsplatz, Abhängigkeitsverhältnisse, sprachliches und sonstiges Verhalten. Der Lehrer sollte zusätzliche Informationen über die politischen Rechte, unter Umständen auch durch Bilddokumente (Trachten, Sitzordnungen in der Kirche), die Anschauungsbasis der Schüler ergänzen.

In 2.3. sollen die Unterschiede der drei Szenen nach vier Gesichtspunkten beschrieben werden. Das übergeordnete Ziel dieser Arbeit ist es, Aussagen über die damit verknüpfte Darstellungsabsicht und die Bühnenwirksamkeit machen zu können. Der Lehrer könnte die Einzel-, Partner- oder Gruppenarbeit organisatorisch dadurch erleichtern, daß a) entweder die für die Szene 1 vorgesehene Untersuchung gemeinsam durchgeführt wird oder b) Vorschläge zur Reihenfolge der Arbeitsschritte (die Bearbeitung der Gesichtspunkte erfolgt szenenweise, oder es wird der jeweils leitende Gesichtspunkt an den drei Szenen nacheinander behandelt) gemacht wird. Wichtig ist der Hinweis, daß die betreffenden Textteile wiederholt gelesen werden müssen.

Die Schritte in 2.3. a) u. b) sind als Ergebnisfolgerungen und Übertragungen aus 2.2. und 2.3. zu charakterisieren. Nicht jeder Schüler wird über die Vermutungen von 2.1. hinauskommen; durch Gruppenarbeit könnten sicher bessere Ausgangsergebnisse erreicht werden.

Beachtet werden muß bei der Auswertung der Ergebnisse folgendes:

a) Es müssen die Einzelergebnisse der Teilschritte 2.2. und 2.3. überprüft, optimiert und als Erkenntnisstand für alle Schüler gesichert werden;

b) es müssen diese Teilergebnisse in die abschließende Fragestellung nach der Begründung der Dreizahl (a) und der Reihenfolge (b) übertragen und zur Anwendung gebracht werden.

Mit den Schülern sollte das folgende Vorgehen versucht werden:

1. Die mit der Dreizahl gegebene Möglichkeit zur Generalisierung kann in einem Diagramm verdeutlicht werden, wenn zuvor mit den Schülern über das Element der Szene und ihre Funktion in der Handlung gesprochen wird.

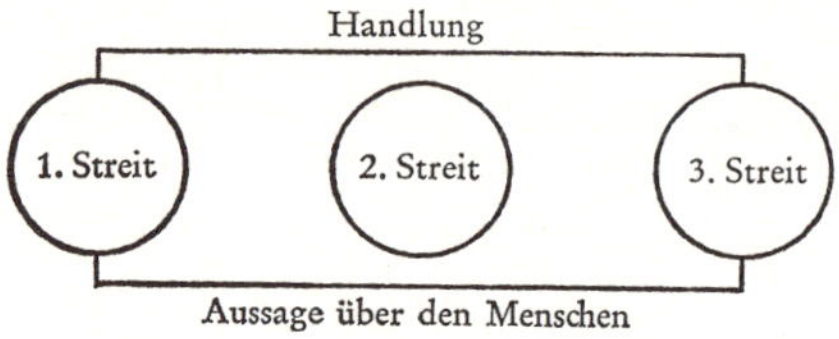

Wäre nur Szene 1 gegeben, wäre bloß eine Aussage über den Konflikt dieses Paares möglich und d. h. über diesen individuellen Fall. Die Reihe erst ermöglicht die Verknüpfung des Merkmals Streit mit dem Menschen ganz allgemein und damit die allgemeine, typische Aussage des Dramas.

2. Durch die Verwendung der drei Ebenen wird aber auch die Bühnenwirksamkeit des Schwanks erhöht:

— Verschiedene Adressatengruppen werden durch den Auftritt ihrer Vertreter auf der Bühne unmittelbar angesprochen,

— die theatralische Inszenierung der Grundidee (gleiche Schwäche bei allen Menschen jenseits der Standesschranken) kann auf diese Weise in eine Handlung umgesetzt und damit zum Bühnenerlebnis der Zuschauer gemacht werden,

— die situationskomische Zuspitzung der Handlung erreicht in der 3. Szene ihren Höhepunkt und bereitet die Lehre im Epilog vor. Die Glaubwürdigkeit der Aussage des Knechts wird verknüpft mit dem Gefühl der Schadenfreude, die der Zuschauer empfindet, wenn er die Gesamthandlung und das törichte Verhalten des Knechtes überblickt.

Für die Begründung der Reihenfolge (2.3. b) sollten die Schüler wenigstens vier Kriterien anführen und exemplifizieren können:

a) es gibt Handlungszusammenhänge, die diese Abfolge festlegen: der Knecht holt den Wein, berichtet seiner Herrschaft, die Neugier der Magd erzwingt seinen erneuten Bericht;

b) in Szene 2 und 3 wird mit zunehmender Deutlichkeit die Streitlust sichtbar;

c) das törichte Verhalten von Menschen erreicht beim Knecht den Höhepunkt und dadurch wird mit zuschauerwirksamer Komik eine menschliche Schwäche lächerlich gemacht;

d) die Lehre wird von dem gesprochen, der am meisten gesehen, aber sich auch am stärksten blamiert hat.

Zu Lernschritt 3: Der Knecht und die beiden Funktionen im Drama

Die Ausführungen zu 2. haben deutlich gemacht, wie eng 2. und 3. zusammen gehören, und dennoch sind die Lernschritte deutlich voneinander unterschieden. Hier soll der Schüler zurückgreifend auf das in 1.2. Gelernte die Sonderstellung eines Rollenträgers genauer untersuchen lernen. Die beschreibende Aufgabe in 3.1. soll dazu führen, daß die Schüler vor allem auf die verknüpfende und kommentierende Tätigkeit aufmerksam werden.

Die in 3.2. und 3.3. durchzuführenden vergleichenden Analysen sollen zur Unterscheidung zwischen dramatischer Person und epischem Erzähler führen.

Werden in 3.1. die Textstellen möglichst genau wiedergegeben, könnte das Gemeinsame (zuschauen, berichten, kommentieren, den Streit weitertragen) durch Unterstreichen rasch ermittelt werden. Bei der Auswertung sollte eine Tabelle angefertigt werden, die die Funktionen des Knechts als epische Figur übersichtlich macht. Entsprechend dem Lernziel k) könnten durch sprecherische Wiedergabe und mimisch-gestische Verfahren diese Funktionen veranschaulicht und auf die Bühnensituation hin verdeutlicht werden. Das könnte zunächst am Epilog versucht werden, dann in Szene 1 bei der Exposition der Handlung, am Beispiel des Eingangsdialogs mit der Magd in Szene 3 oder dem Bericht in Szene 2. Wie resümierend-kommentierende Stellen zu sprechen sind, könnten die Schüler rascher herausbekommen, wenn sie unterschiedliche Möglichkeiten einander vorführen und zur Beurteilung und Diskussion stellen. Wichtig ist hier die sehr enge Verknüpfung von begrifflicher Abstraktion, beschreibendem Erfassen der Funktionen am Text und der spielerischen und komisch-gestischen Verdeutlichung.

Zu Lernschritt 4: Darstellungsabsicht

Unter Umständen wird dieser Lernschritt mit 3. zusammen behandelt, während bei den Funktionen des epischen Erzählers auch über den Epilog gesprochen wird. Wichtig ist, daß die Schüler Begründungen nennen (direkte Ansprache, Abrundung, größere Bewußtheit, volkstümliche Einstellung), warum Dichter Lehren oft am Schluß eines Textes zusammenfassen, oft aber auch auf eine Zusammenfassung verzichten. Hier müssen Vergleiche gezogen werden zu bekannten Gattungen (z. B. Fabel) oder zu Dichtern (z. B. Johann Peter Hebel). Werden Schwänke von Hebel und Gotthelf kurz überblickt, können die Gemeinsamkeiten (Leser- bzw. Zuschauerhilfe, Verknüpfung von Unterhaltung und Lehre, Komik bereitet auf die Lehre vor) gefunden werden.

4.2. bereitet keine Schwierigkeiten, da die derb-komischen Situationen und die wort-komischen Wendungen deutlich hervortreten. Hier kann der Lehrer die Unterscheidung zwischen Handlungs- und Wortkomik einführen, wenn dies nicht schon über einen anderen Kurs geschehen ist. Eine Wortreihe mit Beschimpfungen ist rasch erstellt, da die wortkomischen Mittel leicht überblickt werden können. Als letztes Element könnte dazu auch der Knittelvers und der oft verwendete unreine Reim herangezogen werden. Dies sollte aber vom Leistungsstand der Klasse abhängig gemacht werden (vgl. dazu die Ausführungen in der Sachanalyse S. 184).
Rollenlesen und mimisch-gestische Übungen zur Ausdrucksgestaltung bestimmter Dialogteile erfordern, daß die Schüler aus dem Kontext einige Grundanweisungen szenischer Art formulieren, desgleichen den Text in Hinblick auf erforderliche Requisiten, Statisten untersuchen. Zu empfehlen ist, zunächst nur exemplarische Stellen oder eine Szene zu bearbeiten. Sprechergruppen und die Gruppen, die sich mit den technischen Vorbereitungen zur Inszenierung befassen, sollten bei der Zusammenstellung die individuellen Fähigkeiten für eine solche Gemeinschaftsarbeit berücksichtigen. Bei weniger geschulten Klassen könnte man sich mit dem Vorlesen der Rollenbücher begnügen, wobei in der Übungsphase ein Tonbandgerät zur Kontrolle zur Verfügung stehen sollte.

4.3. Karl Valentin: Geräusche (B 1)

4.3.1. *Lernziele*

Die Schüler lernen:

a) den Text als dramatischen Sketch mit zwei Rollenträgern zu identifizieren, in dem die äußere Handlung auf ein Minimum beschränkt und lediglich durch die Ausgangslage (Essen in einem Restaurant) und die nichtsprachlichen Elemente der Geräusche gegeben ist;

b) daß im Dialog der beiden Rollenträger über Konventionen und Verhaltensnormen in der Gesellschaft gestritten wird;

c) die Strategie Valentins zu beschreiben, durch die Zissbideldip und die von ihm eingehaltenen bzw. verteidigten Konventionen in zunehmendem Maße lächerlich gemacht werden und Valentin aus der Rolle des Angegriffenen in die des Angreifers schlüpft;

d) daß Valentin durch seine relative Unanständigkeit und satirisch-kritische Behandlung der Konventionen auf die öffentliche Duldung der mit dem technischen Fortschritt gegebenen Geräusche und die damit für den Menschen verbundene Belästigung warnend hinweisen will;

e) eine der beiden Rollen in einem Dialog zu spielen und dabei vor allem die wortkomischen Pointen Valentins bzw. die auf Identifikation beruhende Ernsthaftigkeit Zissbideldips zu beachten.

4.3.2. *Sachanalyse*

Bei dem vorliegenden Text handelt es sich um einen dramatischen Sketch, der sich mit wort- und situationskomischen Elementen kritisch mit der Konvention auseinandersetzt, die das menschliche Verhalten im Zusammenhang mit Geräuschen regelt.

Eingeleitet und beendet wird der dramatische Dialog durch zwei provokativ demonstrierte Geräusche; beide stehen in einem direkten Zusammenhang mit dem Essen: während Schlürfen zustandekommt durch zu hastiges Essen und dieses begleiten kann, kann der sogenannte Magenkopper eine Folge zu hastigen Essens sein.

Valentin stellt sich bewußt außerhalb der Konvention und provoziert dadurch seinen Gesprächspartner. Er will in seinem Dialog mit Herrn Zissbideldip auf Ungereimtheiten innerhalb menschlicher Konventionen hinweisen und gefährlichere Ungereimtheiten und Widersprüchlichkeiten im menschlichen Zusammenleben aufdecken. Der Dialog bezieht in seiner Reflexion auf Geräusche im wesentlichen nur solche ein, die von Menschen unmittelbar, und zwar durch Mund und Nase, hervorgebracht werden. Ziel des Dialogs ist es, auf eine entscheidende Lücke im Katalog solcher Konventionen aufmerksam zu machen, und zwar dadurch, daß die relative Lächerlichkeit eines „unanständigen" Verhaltens eines Menschen durch Mund- und Nasengeräusche angesichts viel schlimmerer Geräusche in unserer Welt aufgezeigt wird. Wer den Straßenlärm und die Geräuschbelästigung durch die Flugzeuge so relativiert wie Herr Zissbideldip, muß sich den Vorwurf gefallen lassen, er wäre geräuschempfindlich und kapriziös, wenn er sich über harmlose menschliche Geräusche im geschilderten Maße aufregt. Die Kapitulation des einzelnen wie der Gesellschaft vor den sogenannten mechanischen Geräuschen, deren volles Ausmaß durch die Zeitangabe (1941) angedeutet ist, ist eine der für Valentin unfaßlichen Ungereimtheiten in der heutigen Welt. Daß die Menschheit zu diesem Zeitpunkt Konventionen ungeprüft aufrechterhält, die das Sozialverhalten unter dem Gesichtspunkt der größtmöglichen Rücksichtnahme auf den andern steuern sollen, da die Rücksichtslosigkeit und die Zurücksetzung des einzelnen durch den sogenannten technischen Fortschritt im Interesse der Allgemeinheit geradezu zur öffentlichen Norm geworden ist, läßt Herrn Zissbideldip zu einer lächerlichen Figur werden. Daß Valentins Gesprächspartner diese eigentliche Pointe des Gesprächs gar nicht mitbekommt und mit vollem Ernst sich um die Einhaltung der Konventionen bemüht — er wünscht dem nießenden Valentin Gesundheit, obgleich das Nasengeräusch „eigentlich nicht sehr hygienisch ist“, er entschuldigt sich für den Schluckauf mit der Höflichkeitsformel „Verzeihung!“ —, oder aber deren Verletzung mit verbalen Sanktionen belegt (vgl. Beschimpfung zu Beginn und seine Schlußbelehrung) läßt aus dem anfänglich Überlegenen einen die Etikette verteidigenden Spießbürger werden, der die wahren Realitäten nicht sehen will und sich an hohle Umgangsformen klammert.

4.3.3. *Didaktische Überlegungen*

Wie Komik im Schwank zu Kritik und lehrhaften Zwecken verwendet werden kann, haben die Schüler in A 2 bereits kennen gelernt. Während sich dort Handlung und Dialog auf das Aufdecken einer typischen menschlichen Charakterschwäche richten und im Epilog erziehlich an den Zuschauer appelliert wird, richtet sich hier die Kritik auf ein durch gesellschaftliche Konventionen bedingtes Verhalten. Dieses wird nicht grundsätzlich in Frage gestellt, vielmehr in provokativer Verletzung zum Anlaß genommen, andere Mißstände ins Bewußtsein zu heben und auf diese aufmerksam zu machen. Aus diesen Differenzen ergibt sich die didaktische Einbettung des Textes in den Kurs und der Ansatzpunkt für die Lernzielbeschreibung. Die in 4.3.1. aufgeführten Lernziele sollten in Zusammenhang mit den folgenden Lernintentionen und Operationen verstanden werden:

a) Aus dem Vergleich mit den Texten von James Krüss (A 1) und Hans Sachs (A 2) können die Schüler erkennen, daß dieser Text durch eine außerordentliche Reduktion der mit dem Drama gegebenen Elementen gekennzeichnet ist. Während in A 2 die dramatische Grundidee in 3 Szenen konkretisiert wird, ist die Handlung hier im wesentlichen auf die dialogische Ausgestaltung der Ausgangssituation begrenzt; statt der Konfiguration von wenigstens 3 dramatischen Personen ist der Dialog auf zwei Rollenträger bzw. Gesprächspartner eingeschränkt und ist zudem von äußerster Verknappung, was den Inhalt des Dialogs angeht. Die hier in ersten Ansätzen verdeutlichten strukturellen Merkmale moderner Kurzdramatik am Beispiel eines Sketsches werden in B 2 und in B 1 und B 2 des 6. Schuljahrs erweitert und differenziert.

b) Die Vermittlung der strukturellen Merkmale und typischen Gestaltungsmöglichkeiten im Bereich der Dramatik erfolgt zugleich im Hinblick auf deren funktionale Verwendung, indem die Darstellungsabsicht des Textes bewußt gemacht und durch den Vergleich mit A 2 näher bestimmt wird. Erkennen die Schüler, daß hier keine ethischen Intentionen verfolgt, vielmehr Mißstände und Inkonsequenzen einer Gesellschaft aufgedeckt und den Zeitgenossen vor Augen gehalten werden sollen, ist die Beschreibung und Analyse der dafür eingesetzten sprachlichen und nichtsprachlichen Mittel und damit die Reflexion auf die Funktion kabarettistischer Kleinbühnen nicht mehr allzu schwierig. Wie im Lernziel c) vorgesehen, kann diese Analyse situationsnah durch eine Beschreibung der Rolle, die Valentin einnimmt, erfolgen. Dabei sollten die Schüler erkennen, daß Valentin sich durch die provokative Verletzung der Konvention bewußt ins „Unrecht“ setzt, daß die vorgebrachten Gründe fadenscheinig sind und er auf diesem Wege für seine Gesellschaftskritik einen Gesprächsanlaß schafft. Die Analyse der Valentinschen Gesprächsstrategie sollte zwei Ergebnisse haben: Die Schüler sollten 1. die Umkehrstruktur des Streitgesprächs erkennen (der die Konvention verteidigende Zissbideldip wird in zunehmendem Maße der Angegriffene und Unterlegene, insofern er zum Vertreter eines gesellschaftlichen Verhaltens wird, das der Revision bedürftig ist), 2. erfassen, wie Valentin seinen Gegner in ein komisches Licht rückt, indem er dessen Verhalten und Ansichten mit Ungereimtheiten und Widersprüchlichem in Zusammenhang bringt.

c) Dieser Text gibt auf Grund der für die Schüler gegebenen Erfahrungsnähe die Gelegenheit, die Inhalte dieser Gesellschaftskritik zu diskutieren. In Lernziel b) und e) sind dafür zwei Stufen vorgesehen: Zunächst sollen die Schüler feststellen, daß über Verhaltensformen gestritten wird, die auch heute noch gelten und zu deren Beachtung auch sie durch Belehrung und Sanktionen angehalten werden. Die Frage, ob dies auch für sie ein wichtiger Gesprächsgegenstand sein könnte, wird zeigen, daß menschliches Zusammenleben solche auf Absprachen beruhende Verhaltensformen erfordert, daß diese aber nicht absolut gesetzt werden dürfen. Ein Vergleich mit anderen Kulturen zeigt die relative Gültigkeit der in Europa beispielsweise praktizierten. Indem nach dem Sinn und Zweck gefragt wird, ist der Übergang zu der von Valentin aufgewiesenen Lücke gegeben. Die Aktualität dieser Gesellschaftskritik ist heute weltweit, da das menschliche Zusammenleben durch eine Vielzahl von Faktoren nicht abgesprochener und geregelter Formen der Umweltbenutzung bedroht ist. Aus dieser den Text unmittelbar übersteigenden Aktualität läßt sich der gesellschaftskritische Ansatz Valentins verdeutlichen und einsichtig machen, warum Zissbideldip mit seinem bloß auf Etikette eingestellten Verhalten lächerlich wirken muß.
Unmittelbar damit verknüpft werden könnte die Frage, warum Valentin sich nicht im Detail zu dem, was verändert werden soll, äußert, warum er sich mit dem bloßen Aufwerfen des Problems und dem Aufmerksammachen als Clown begnügt. Durch solche Fragestellungen kann bereits auf dieser Altersstufe eine Funktion der Literatur und besonders solcher Texte diskutiert werden.

4.3.4. *Methodische Hinweise*

An den zuletzt gemachten Ausführungen wird deutlich, daß die methodischen Verfahren gerade bei diesem Text altersspezifisch schon vom Text her vorgegeben sind. Wie beispielsweise Valentin aus der Rolle des Angegriffenen in die des Angreifers schlüpft und wie er durch Einbeziehung von Sachverhalten, die mit den Tisch-Etiketten zunächst gar nichts zu tun haben, auf gesellschaftliche Mißstände hinweist, das alles läßt sich durch Anspielen bestimmter Dialogteile außerordentlich effektiv und für die Schüler motivierend erschließen. Rolleninterpretation, Analyse und Diskussion müssen hier einander ergänzen. Es müssen zwei Extreme vermieden werden, dadurch, daß a) über einen an sich komischen Text todernst diskutiert und nur gesprochen wird, daß b) über der Komik und dem bloßen Spiel der gesellschaftskritische Ernst des von Valentin verfolgten Problems aus dem Auge verloren wird. Hier die rechte Mitte zu finden, ist Aufgabe des Lehrers.

Hinweise zum Arbeitsblatt

Insgesamt sind 4 Lernschritte vorgesehen, die sich in der genannten Abfolge mit den kennzeichnenden Merkmalen des Textes, dem Thema des Dialogs, der Darstellungsabsicht und der Strategie, d. h. den sprachlichen und nichtsprachlichen Mitteln, die dafür eingesetzt werden, befassen.

Lernschritt 1: Elemente des Dramas

Dieser Lernschritt hat zunächst eine Verknüpfungs- und Wiederholungsfunktion zu übernehmen. Die Schüler sollen in 1.1. die identischen Elemente (Dialog, Rollenträger, Spiel an einem bestimmten Ort, Unmittelbarkeit der Handlung) und die Abweichungen gegenüber A 2 (Zurücktreten der Handlungselemente, nur zwei Dialogpartner, Beschränkung auf eine Szene) feststellen. In 1.2. sollen sie die inhaltliche Gemeinsamkeit des Streits erfassen. In 1.3. erhalten die Schüler eine Information über die kennzeichnenden Merkmale des Texttyps.
Es versteht sich von selbst, daß dieser Wiederhol- und Verknüpfungsschritt möglicherweise auch in der Form des Unterichtsgesprächs durchgeführt werden

kann. Auf Vollzähligkeit der in Frage stehenden Elemente kommt es ebenso wenig an wie auf letzte Genauigkeit in der Bestimmung des Gemeinsamen und der Unterschiede. Wichtig ist, daß dadurch der andere Typ an dramatischer Gestaltung ins Bewußtsein kommt und Grundvorstellungen davon sich beim Schüler ausbilden. Wird das Arbeitsblatt verwendet, sollte der Wiederholschritt für sich durchgeführt werden.

Lernschritt 2: Thema des Dialogs

Die 3 Teilschritte verfolgen die Absicht, daß die Schüler das Thema des Textes unter drei unterschiedlichen Aspekten behandeln. Während in 2.1. in einer Art Vorerkenntnis der Streitpunkt der beiden Rollenträger erfaßt werden soll, die Schüler hier die Gelegenheit haben, auch Inhaltliches miteinzubeziehen, sollen sie in 2.2. eine Wertung vornehmen. Je nach dem, welche Gesichtspunkte aus dem Dialog vom einzelnen Schüler zur Bestimmung des Themas herangezogen wurden, wird für das Für und Wider der Stellungnahme entscheidend sein. Wichtig ist, daß die Schüler eine begründete Stellungnahme abgeben. Es muß damit gerechnet werden, daß nur wenige Schüler bereits in 2.2. die Darstellungsabsicht Valentins durchschaut haben und daher vielleicht die Frage verneinen. In 2.3. haben die Schüler die Standpunkte der beiden Streitenden in eigenen Worten wiederzugeben.

Lernschritt 3: Darstellungsabsicht

Da 2.3. und Lernschritt 3 sehr eng zusammengehören, könnten für den Fall der Stillbeschäftigung beide zusammen behandelt und die Auswertung von 2.3. mit der von 3.2. vorgenommen werden. Wird in 2.3. behauptet, daß Valentin die Konvention nicht nur übertreten habe, sondern sie gar nicht kenne, so sollten im gemeinsamen Gespräch die Gründe gesucht werden. Seine relative Unanständigkeit, seine Einlassungen gegen Etikette und gesellschaftliche Verhaltensformen sind Mittel zum Zweck, ganz andere Dinge zur Sprache zu bringen. Dabei übernimmt er die Rolle des Nichtwissenden, der die Verhaltensformen der besseren Gesellschaft gar nicht kennt. Der Hinweis des Lehrers, daß zwischen dem Autor und den Rollenträgern in einem dramatischen Text zu unterscheiden ist, und die Frage, ob Valentin bei Zissbideldip überhaupt etwas erreicht hat, sollten zur Erkenntnis führen, daß der Autor sich hier eines scheinbar unterlegenen Rollenträgers bedient, um absichtbestimmte Provokationen an die „schlafenden“ Zeitgenossen zu richten. Daß dieser den Lärm der Autos und der Flugzeuge ärgerlicher, gefährlicher und „unanständiger“ findet, finden die Schüler schnell heraus, wenn danach gefragt wird, wogegen sich der Autor wendet und was er verändert wissen möchte. Damit der gesellschaftskritische Ansatz Valentins in ersten Ansätzen gesehen werden kann, wäre ein kurzes Gespräch über den „Krämerskorb“ und diesen Text zu erwägen. Aus dem Vergleich könnten die unterschiedlichen Absichten verdeutlicht werden: dort die erziehliche, die durch Komik und Belehrung die Menschen bessern will, hier die kritische, die auf Mißstände aufmerksam machen und dafür ein Bewußtsein hervorbringen will. Durch einen Tafelanschrieb werden die Ergebnisse gesichert:

Krämerskorb	Geräusche
drei Paare machen sich lächerlich im Streit	der Streit ist hier Mittel der Provokation
sie streiten sich um Belanglosigkeiten	Valentin will seinen Gegner lächerlich machen
der Autor will den Zuschauer vor dem Streit bewahren und ihn zum Bessern bekehren	er will auf Mißstände und gefährliche Lücken in den gesellschaftlichen Konventionen aufmerksam machen

Lernschritt 4: Sprachliche und dramatische Mittel

In 4.1.—5. sollen die Schüler die angegebene und unter 3.2. möglicherweise schon kurz behandelte Rolle Valentins als kleiner, unbeholfener Mann der Vorstädte Münchens am Dialog belegen und unter folgenden Gesichtspunkten genauer beschreiben:

a) Valentin als unbeholfene, naive Figur und als Typ eines Münchener Vorstadtmenschen, der die gesellschaftlichen Konventionen streng genommen gar nicht kennt;

b) die Wertung, die seine Rolle im Verlauf des Dialogs erfährt;

c) innere Zusammenhänge des Dialogs: die sogenannten mechanischen Geräusche und ihre gesellschaftliche Ächtung;

d) die Aktualität des Themas heute.

Der Nachweis der „Rolle“ (4.1.) dürfte nicht allzu schwerfallen: die Einlassungen wegen seiner Frau zu Beginn (Z 5/6), die naive Art seiner Verteidigung des Rechts auf „Geräusche“, die teils mit Vorwürfen (Z 14, 21, 23), teils mit Gekränktsein (Z 35), teils mit Angriffen (Z 14/17, 29, 41, 46) operiert, ist einfach zu beschreiben.

4.2. verlangt die Lösung einer Entscheidungsfrage. Hier hat u. U. bereits das Unterrichtsgespräch unter 3. Vorerkenntnisse gebracht: Valentin hält von Anfang bis zum Schluß „seine“ Rolle durch, um die Provokation und die Kritik auf der Bühne möglichst wirksam zu machen. Zwar ist Zissbideldip von der gültigen Regel her überlegen, weil er sich zu benehmen weiß,aber in Zusammenhang mit den vielen Ungereimtheiten dennoch lächerlich, nicht zuletzt wegen der Anmaßung, „unanständige“ Leute wegen der Verletzung der Konvention belehren zu müssen (Z 61/62).

4.4. dient dazu, diese Widersprüchlichkeiten innerhalb der Konvention sichtbar zu machen. Die Frage in 4.5. soll den Anstoß dazu geben, ein zentrales Lebensproblem der Gegenwart und die Aktualität dieses Textes miteinander zu verbinden und im Sinne der Vorschläge unter Lernschritt 3 zu diskutieren. Im übrigen könnte daran gedacht werden, Lernziel e) zu ergänzen durch eine Gruppenarbeit, die eine Dokumentation der Umweltverschmutzung zum Gegenstand hat. Vergleiche dazu die Querverbindung zu Grundkurs informative Texte 2 S. 41.

Bauer

4.4. Ephraim Kishon: Das Geheimnis der Melone (B 2)

4.4.1. *Lernziele*

Die Schüler lernen:

a) einen kurzen dramatischen Text mit Steigerung, Höhepunkt und tragikomischem Schluß kennen und im Schulspiel zu erschließen (Rahmenlernziel);

b) den Gesamtaufbau des Textes in Szenen und kurze erläuternde Zwischentexte zu erfassen;

c) die wichtigsten Bauelemente des Textes durch Vergleich der ersten beiden Szenen zu beschreiben:
   — die beiden Hauptfiguren,
   — Erwartung und Enttäuschung beim Melonenkauf als Spannungsmoment der Handlung,
   — die kontrastierenden sprachlichen und gestisch-mimischen Mittel zur Beschreibung der Melone vor und nach dem Probieren,
   — die Hitze als Mittel zur Steigerung der Spannung;

d) durch Szenenanspiel die Rolle der beiden Hauptfiguren mimisch, gestisch und sprachlich zu erfassen;

e) durch Erarbeiten einer Rollenbiografie das gleichbleibende Verhalten Zuriels und die Wandlung des Dr. Feinholz zu erschließen;

f) die Steigerung von Szene zu Szene durch Spieletüden (Schleppen der immer schwerer werdenden Melonen bei steigender Hitze) anschaulich zu machen;

g) den tragikomischen Schluß durch Szenenanspiel und Unterrichtsgespräch über den Untertitel ‚Kurztragödie' zu erschließen;

4.4.2. *Sachanalyse*

a) Diese „Kurztragödie" ist aufgebaut wie die klassische Tragödie: Exposition (erster Melonenkauf und Einführung der Hauptpersonen Zuriel, Dr. Feinholz und dessen Frau Else); Steigerung und Verwicklung bis zum Höhepunkt (zweiter und dritter Melonenkauf „mit Garantie" und äußerste Entschlossenheit des Dr. Feinholz), Wende (Kauf der genießbaren Melone) und tragisches Ende (mißglückter Selbstmordversuch nach Kauf der 5. Melone). Daß die Handlung jedoch nicht wirklich zu einer Tragödie wird, verhindert die Komik der Situation (vor allem die Unangemessenheit des tragischen Anlasses) und das Mißlingen des Selbstmordversuches.

b) Die einzelnen Episoden sind trotz des Szenenwechsels zwischen Markt und Haus nicht streng voneinander getrennt, sondern durch den ständig hin- und herlaufenden und melonenschleppenden tragischen Helden Dr. Feinholz und den verbindenden Text miteinander verknüpft. Dieser Text beschreibt nicht nur das mimisch-gestische Verhalten der beiden Hauptpersonen, sondern auch den Zustand der jeweiligen Melone, die dadurch gleichsam zur handelnden, das Geschehen vorwärts treibenden Figur wird. Die Spannung kommt vor allem dadurch zustande, daß alle Melonen immer gleich gut aussehen und ihr wirklicher Zustand nicht voraussehbar ist. Dieses Mißverhältnis zwischen dem erwarteten oder vorgetäuschten und dem wirklichen Zustand der Melone wird in diesen Zwischentexten ausgedrückt, ebenso die Beschreibung des Händlerzeremoniells und die ständige Hitze. Durch diese Darstellung der situationskomischen Momente gehört der epische Text also stärker zur Handlung selbst als etwa vergleichbare szenische Anweisungen in dramatischen Texten.

c) Entscheidend für die Steigerung der Handlung vom Anfang bis zum Schluß ist das stets gleichbleibende Verhalten Zuriels, das zur sich steigernden Wut des Käufers einen Kontrast darstellt: Dr. Feinholz wird zwischen Hoffnung und Enttäuschung, Betrogenwerden auf dem Markt und Wichtigtuerei zu Hause hin- und hergetrieben.

4.4.3. *Didaktische Hinweise*

Da es sich um einen episch-dramatischen Text in sehr gedrängter Form handelt, sollten im Unterricht andere, in Szenenfolge und Dialog breiter angelegte Texte vorher erarbeitet worden sein.

Die Spannung zwischen Täuschung (als Vortäuschung und trügerischer Schein) und Enttäuschung sollte zentraler Unterrichtsgegenstand sein. Sie kann vor allem im Schulspiel erfaßt und umgesetzt werden.

Neben der Erarbeitung der Struktur (kognitive Lernziele) können also durch Realisierung der beiden Hauptrollen affektive Lernziele erreicht werden.

Auch die Parallelität der Handlungen bei verschiedenen Melonenkäufen kann erschlossen und der Parallelführung der drei Szenen im ‚Krämerskorb' (vgl. S. 182 f.) gegenübergestellt werden. Auf diese Weise lernt der Schüler, szenische Strategien von ihren konträren Absichten (Aufweis immer gleich bleibenden menschlichen Verhaltens und seiner Schwächen bei Sachs, Mittel zur Steigerung um der Situationskomik willen bei Kishon) her zu erfassen.

4.4.4. *Methodische Hinweise*

Das Erfassen der Struktur sollte nicht eigentliches Unterrichtsziel, sondern Vorarbeit sein zu Spieletüden; die Erarbeitung der Rollenbiografie vor allem Zuriels Anlaß zu szenischem Spiel. Es kann also nicht darum gehen, die Aufbautechnik bis in die kleinsten Elemente hinein und die sprachlichen Mittel bis hin zur kleinsten sprachlichen Nuance zu erarbeiten.
Für die Textbehandlung könnten 6 Lernschritte vorgesehen werden:

1. Nach dem ersten Lesen des ganzen Textes werden im Unterrichtsgespräch zwei Themen vorbesprochen: Schein und Wirklichkeit (Täuschung und Enttäuschung) als zentrales Thema und Melonengewicht und Hitze als Mittel zur dramatischen Steigerung.

2. Das führt zu einer ersten Aufgabe, die im Blick auf das in Aussicht gestellte Spiel zu lösen ist: a) die wichtigsten Angaben über die Melone und b) die Orte der Handlung und die Schwerarbeit des Käufers beim Transport werden herausgesucht (auch als Aufgabe für zwei Gruppen möglich) und in etwa folgender Tafelskizze dargestellt :

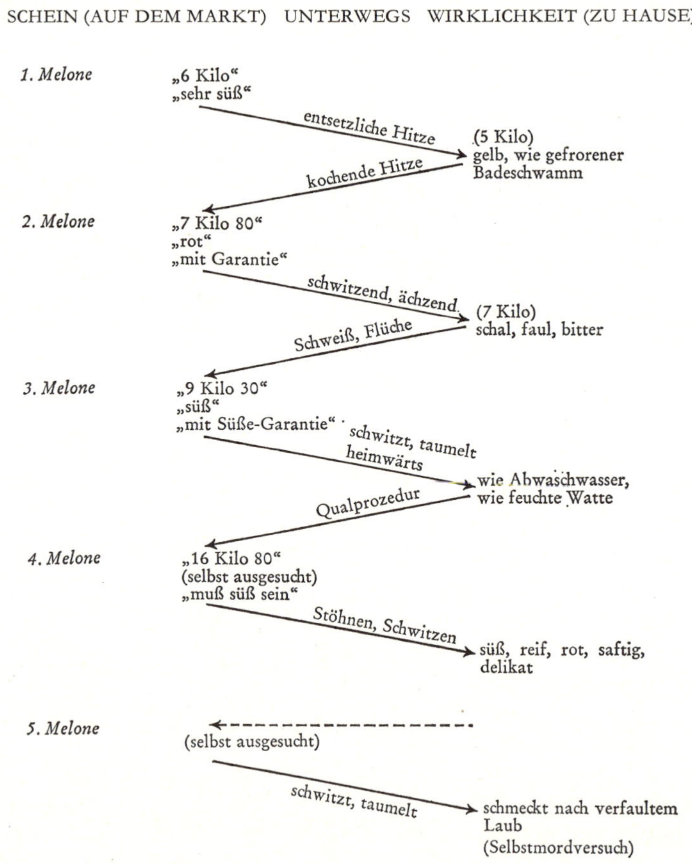

3. Im Unterrichtsgespräch wird der Unterschied zwischen der Situation beim vierten Melonenkauf und beim Kauf der übrigen Melonen erörtert. Die Schüler versuchen, in Pantomimen den immer größere Melonen schleppenden, schwitzenden Dr. Feinholz darzustellen; dies kann zunächst von der ganzen Klasse (auf der Stelle tretend!) geübt werden; dann versuchen einige Schüler es vorzuspielen und als Kontrast den siegesbewußten, leicht beschwingt zum Kauf der 5. Melone schreitenden Dr. Feinholz darzustellen.

4. Ehe einer dieser Melonenkäufe szenisch dargestellt wird, sollte das Verhalten Zuriels in einer Art Rollenbiografie stichwortartig festgehalten werden. (Aussehen, Standort, unberührtes Mienenspiel trotz der Proteste, akrobatische Kunststücke beim Melonentesten, Wiegen mit dem Rücken zum Käufer). Erst wenn es gelingt, Zuriel pantomimisch darzustellen, sollte eine ganze Szene und dann vielleicht die Folge von zwei Kaufszenen gespielt werden. Es kann der Genauigkeit der Arbeit am Text nur nützen, wenn dabei mehr auf die Gestik und Mimik als auf den Dialog geachtet wird.

Berg

FERNSEHMAGAZIN

Werner Simon: Redaktionsbüro Kollacs und Co.

1. *Lernziele*

Die Schüler lernen:

a) Machart und Absichten eines Fernsehmagazins für Kinder zu erschließen und die darin gestellten Probleme zu erfassen und zu erörtern;

b) den Aufbau des Textes zu durchschauen, indem sie die konstitutiven Textteile von einander unterscheiden und näher bezeichnen;

c) die Funktion dieser Textteile zu bestimmen, indem sie feststellen, für wen die sprachlichen Textteile geschrieben sind;

d) den Bildern Teile des Worttextes zuzuordnen und dabei diese als Wiedergabe von Fernsehsendungen (Rückübersetzung in die Vorstellung) zu erschließen;

e) die in den Filmen „Krieg der Generäle“ und „Dreimädchenfilm“ gegebenen Meinungen und Informationen auf Grund eigener Kenntnisse und Vorstellungen zu überprüfen und zu beurteilen;

f) mit Hilfe von Stichwörtern oder selbständig Situationen zum Thema „Miteinander auskommen“ zu erfinden.

2. *Sachanalyse*

2.1. Das Thema der hier ausgewählten dritten und vierten Sendefolge „Miteinander auskommen“ wird auf drei Ebenen dargestellt: Als Kriegsspiel zweier Generäle an einer Landkarte (Film); als Streitgespräch zwischen den Redakteuren über diesen Film; am Problem einer Freundschaft und einer Außenseiterrolle in einem weiteren Film.

2.2. Der Text besteht daher aus verschiedenen Teilen: einer allgemeinen Einleitung nach Art eines Kontextes, der für den Leser einiges von dem ersetzt, was dem Zuschauer bekannt ist bzw. während der Sendungen deutlich wird; einer Regieanweisung mit Bild; einer Bilderfolge über „Die Generäle und der Krieg“ mit einem Bericht über den Verlauf des Films; einem Dialog der Redakteure (Streitgespräch); einer Bilderfolge mit dem Monolog des alleingelassenen Mädchens und szenischen Anweisungen zu diesem Film; endlich der Zuschrift einer Zuschauerin zu diesem Film.

2.3. Von der Struktur her ist der Gesamttext also recht komplex, von der Thematik her aber geschlossen und durch die Nähe zur Umwelt der Zuschauer leicht faßlich: was dargestellt wird, stammt aus der Vorstellungswelt der Zuschauer oder wird auf sie zugeschnitten, für sie kommentiert.

2.4. Das Thema „Miteinander auskommen“ wird nicht, wie die Formulierung nahezulegen scheint, harmonisierend behandelt. Durch die „Wunderpille“ werden harmonisierende Lösungen vielmehr in Frage gestellt; im „Dreimädchenfilm“ werden Lösungen zwar als möglich sichtbar gemacht, bleiben aber offen. Die Sendung ist also weder konfliktflüchtig noch konfliktsüchtig, so daß ihre Absicht, Problembewußtsein zu entwickeln und zur Diskussion anzuregen (siehe Schluß des „Dreimädchenfilms“) erreichbar zu sein scheint.

3. *Didaktische Hinweise*

3.1. Von den Redeabsichten und Strukturen her gesehen stellt der Text eine Verknüpfung dar zwischen den informativen und den dramatischen Texten. Da die Erschließung auch zum Ziel haben sollte, Einsichten in die Machart und Entstehung von Fernsehsendungen zu vermitteln, ist es zweckmäßig, wenn die anderen Textsorten vorher erarbeitet worden sind.

3.2. Auch im Unterricht sollte das Thema der Sendungen selbst, „Miteinander auskommen", eines der Ziele sein, und zwar auf verschiedenen Ebenen: Fortsetzung der in der Sendung angefangenen Diskussion, Erschließen der dargestellten Situationen und Erfinden weiterer Situationen zu diesem Thema.

3.3. Daneben aber muß die Machart des Textes (mit seinen Wort- und Bildkonstituenten) im Blick auf die Möglichkeiten des Mediums Fernsehen erörtert werden. Der Schüler sollte die Absichten und Möglichkeiten eines solchen Magazins erfassen und den ihm wohl bekannteren Fernsehserien gegenüberstellen. Die Rolle des mitdenkenden und mitproduzierenden Zuschauers, in die das Magazin „Redaktionsbüro Kollacz und Co." den Jugendlichen stellen will, sollte der Schüler im Unterricht mit der Rolle des bloß konsumierenden vergleichen.

4. *Methodische Hinweise*

4.1. Die in den didaktischen Hinweisen gestellten Forderungen nach „Sollen" und „Müssen" des Schülers sind insofern zu relativieren, als es nicht darum gehen kann, den Text in seiner Totalität sowohl strukturell wie vom Problem her und im Blick auf das Medium Fernsehen aufschlüsseln zu wollen.
Die Arbeit mit dieser Gruppe von Texten sollte etwa folgende Phasen haben: Sichern des Vorverständnisses durch Erschließen des Gesamtaufbaus; „Rückübersetzen" in eine vorstellbare Fernsehsendung mit Hilfe der Bilder; genaues Erarbeiten eines der Texte; selbständiges Kommentieren des dort vorgestellten Problems; Vorschläge für einen Kurzfilm zu einem Stichwort; Vergleich mit einer Unterhaltungsserie für Kinder.

4.2. In diesem Falle geht die strukturelle der inhaltlichen Erschließung voraus, weil sie ein Vorverständnis des Textes ermöglicht und die Arbeit erleichtert. Die Schüler suchen für die jeweiligen Textteile Bezeichnungen zur Erklärung der Funktionen:

Kursivtext Seite 141: Vorbericht für den Leser (aus der Programmvorschau, Beschreibung, Erklärung, Vorinformation: der Lehrer sollte die Schüler nicht auf bestimmte Begriffe festlegen wollen!);

Z 1 bis 15 (S. 142) Regieanweisung etc.

4.3. Die Schüler untersuchen, welche Textteile für a) den Leser, b) Leser und Zuschauer, c) den Regisseur (Spielleiter) bestimmt sind, also nicht gesprochen werden. Sie beschreiben anschließend, welche Textelemente in den Bildern wiedergegeben werden. Hier kann auch eine Art ‚Kritik' geübt werden: Welche Textteile hätte man unbedingt im Bild sehen müssen, auf welche Bilder hätte man verzichten können?

4.4. Schon dieser Vergleich dürfte deutlich machen, welche Texteile die Schüler am stärksten interessieren. Diesem Interesse sollte der Unterricht folgen. In jedem Fall aber sollte die Erfindung der „Wunderpillen" und ihre Funktion mit den Schülern erarbeitet werden; eine Aufgabe könnte etwa sein, Werbetexte mit Bildern und Slogans für diese friedenstiftenden Kapseln zu erfinden.

Hinweise für die Behandlung der beiden Filme:

a) Wird der Film „Die Generäle und der Krieg“ in den Mittelpunkt der Arbeit gestellt, so kann zunächst der Worttext zu ‚Bildunterschriften‘ zu den Fotos umgestaltet werden, um in etwa das inhaltliche Verständnis zu sichern (mündlich oder schriftlich). Die Schüler diskutieren, warum dieser Film sich *nicht* für ein Schulspiel eignet, und nehmen dabei den Dialog der beiden Redakteure zu Hilfe (ein Schulspiel wäre zu ‚lustig‘, könnte die Grausamkeit des Krieges nicht deutlich genug machen). In jedem Falle sollte dieser Dialog im Zentrum der Arbeit stehen. Die Schüler versuchen, von ihren im Fernsehen gewonnenen Kenntnissen her die Frage der Redakteure zu beantworten: Wie muß man den Krieg zeigen, damit den Leuten deutlich wird, wie grausam er ist? Die Hinführung der Schüler zum Problem ist dabei wichtiger als etwa mögliche Antworten, die ohnehin keine Lösung sein könnten.

b) Wird der „Dreimädchenfilm“ genauer erarbeitet, so können folgende Anregungen gegeben werden: Die hier skizzierten Situationen lassen sich ausgestalten. Was könnte Daniela mit Marion sprechen? Welche Schimpfwörter gebrauchen Carolin und Daniela bei ihrem Streit? Wie bringt es Carolin fertig, Marion von Daniela fernzuhalten? Was redet sie über Daniela? Sind die Träume Danielas echt? Welche Träume könnte sie haben? Die Schüler suchen nach Lösungen des Problems, wie sie im Brief der Zuschauerin angeboten werden. Dabei sollte darauf geachtet werden, daß nicht durch die Situation des Unterrichtes und die Persönlichkeit des Lehrers allzu billige, nur harmonisierende Lösungen ‚angeboten‘ werden. Auch die Übertragung auf die Situation in der Klasse und Beispiele aus der Klasse sollte nicht angestrebt werden. Besser ist die Erfindung neuer, außerschulischer Situationen wie Ferien, Sport- und Spielplatz, Kinder im Haus, Geburtstagsfeier etc.

4.5. Damit ist die Überleitung geschaffen zur Erfindung neuer Situationen zum Thema ‚Miteinander auskommen‘. Die Schüler können dabei von dem im Text genannten Stichwort ausgehen (Kinderspielplatz) oder aber — am besten in Gruppenarbeit, die stichwortartig zusammengefaßt und anschließend diskutiert wird — neue Situationen mit anderen Personen erfinden. (Jungenfilm: Foul und Versagen beim Fußball; verratenes Geschenk zum Muttertag, verschwundene Briefmarken, Schulstrafe aufgrund eines Verschuldens von Kameraden etc.)

Dabei sollten folgende Regeln beachtet werden:

a) Spiel in der eigenen Umgebung, nicht in einer imaginären Welt;

b) wenig Requisiten;

c) kurze Szene mit Dialog, der leicht vom ‚Zuschauer‘ verstanden werden kann.

d) Schlußszene vielleicht mit der ‚Wunderpille‘, die einen Krach ‚löst‘, ohne ihn wirklich zu lösen.

Berg

GRUNDKURS LIEDHAFTE LYRIK

1. Textfolge

A	B
1. Clemens Brentano: Wiegenlied Volkslied: Kindlein mein	1. Sidney Carter: Die Krähe an der Wiege
2. Paul Gerhardt: Geh aus, mein Herz	2. Joseph von Eichendorff: Der wandernde Musikant
3. Matthias Claudius: Ein Lied, hinter dem Ofen zu singen	3. Heinrich Seidel: November
4. Unbekannter Verfasser: gospel train	4. Solano Trinidade: 's gibt hungrige Leute

2. Lernziele

a) die Schüler lernen die Kurz- und die Langform als zwei Grundtypen des Lieds zu unterscheiden und nach folgenden Merkmalen zu beschreiben:
   — knapp angedeutete Situation
   suggestiv wirkende „Melodie“ und Stimmung
   Einheit von Laut und Bedeutung als Merkmale für die Kurzform,
   — differenzierte Ausgangssituation
   Verknüpfung von Bildern zu Bildsequenzen
   Zurücktreten der suggestiv wirkenden Melodie als Merkmale für die Langform;

b) sie lernen, daß
   — durch das Überwiegen der rhythmischen Elemente in der Kurzform Laut und Bedeutung zu einer Einheit verschmelzen und der ‚Mitteilungswert‘ dadurch abnimmt
   — durch das Überwiegen der Bildzeichen in der Langform der Mitteilungswert, die Nachricht des Lieds zunimmt;

d) durch den Vergleich der verschiedenen Situationen in den Liedern den jahreszeitlichen, gesellschaftlichen und religiösen Bezug des Lieds zu erfassen und daraus seinen Verwendungszusammenhang zu erschließen;

e) die genannten Strukturmerkmale auf traditionelle Naturlyrik anzuwenden.

3. Didaktische Begründung

3.1. Der Aufbau der Lerneinheit erfolgt nach folgenden lerntheoretischen und sachbezogenen Gesichtspunkten:
Die Ausbildung des Verstehens geschieht zuerst an der suggestiv wirkenden Kurzform des Lieds und führt danach die episch-beschreibende Langform des Lieds ein, die eine distanzierte Betrachtung erfordert. Die Arbeitsformen sind dadurch so gewählt, daß die Schüler zunächst vorwiegend *hörend* (hermeneutische Differenzierung des Verstehens) Texte erschließen, wie sie dies aus dem Textumgang mit Lyrik in der Primarstufe gelernt haben. Die bewußte Anknüpfung an Arbeitsformen der Primarstufe (Hören — Sprechen — gestisches

Sprechen — Übersetzung des Gehörten in graphisch darstellbare Klangschemata) dienen dem Verfügbarmachen schon bekannter inhaltlicher (Kinderlied, Spottlied) und formtypischer Liedelemente (Rhythmus, Reim, Satzmelodie). Dabei werden elementare Unterscheidungen wie Singen und Sprechen durch Vergleich (Volkslied/Kunstlied) eingeübt sowie verschiedene Liedfunktionen in Tradition und Moderne (A 2 und A 4) durch Kontrastierung bewußt gemacht.
Der Übergang vom spielerischen Umgang mit Texten (Primarstufe) zum bewußten Erschließen von Textstrukturen erfolgt stufenweise. Das vorausgehende Unterrichtsgespräch wird durch die Einführung eines Arbeitsblattes an Wendepunkten des Lernprozesses abgelöst. Das Arbeitsblatt erlaubt es, die wichtigsten Ergebnisse des Unterrichtsgesprächs auf analoge Textstellen zu übertragen (Anwendung des Erkannten) oder durch modifizierte Aufgabenstellung zu erweitern. Der gezielte Wechsel zwischen Gespräch und Kleingruppenarbeit ermöglicht den Aufbau einer gemeinsamen Informationsbasis, die gerade im 5. Schuljahr aufgrund der neuen Klassenzusammensetzung (inhomogene Gruppen) notwendig ist, und läßt darüber hinaus eine ausreichende Kontrolle der Lernergebnisse zu. Diese Kontrolle ist hier um so wichtiger, da der Grundkurs liedhafte Lyrik die Voraussetzung für den Zusatzkurs (Vom Volkslied zum Kunstlied) im 6. Schuljahr und die Grundkurse (Bänkelsang — Moritat — Küchenlied/Protestlied — Chanson — Schlager) im 7. und 8. Schuljahr bildet.

3.2. Die Lerneinheiten A und B sind so weit wie möglich parallelisiert. Sie enthalten die dieser Altersstufe gemäßen Liedtypen des Schlaflieds (A 1 Brentano/ B 1 Carter), des Sommer- und Wanderlieds (A 2 Gerhardt/B 2 Eichendorff), des Winterlieds (A 3 Claudius/B 3 Seidel) sowie zwei moderne Liedformen (A 4 gospel train/B 4 Protestlied). Die jeder Liedform zugrunde liegende typische Situation, die zugleich die Funktion des Lieds für den Sprecher oder die Hörergemeinschaft bestimmt, kann also von A 1 nach B 1 usw. übertragen werden, wobei der Schwierigkeitsgrad der Erschließung steigt (z. B. Übergang von traditioneller zu moderner Lyrik). Darüber hinaus sind, wie die didaktischen und methodischen Überlegungen zeigen, auch innerhalb der Lieder der einzelnen Gruppen (A und B) eine Reihe von Vergleichsmöglichkeiten eingeplant, so z. B. Vergleiche zwischen A 1 und A 2, A 2 und A 4, A 3 und A 4. Indem derart Lieder verschiedener historischer Stufen miteinander verglichen werden (z. B. A 2 und C 1) wird schon von Beginn an die reine werkimmanente Betrachtung von Texten überschritten. Die Schüler erkennen die geschichtliche und gesellschaftliche Bedingtheit von Liedern und können sie daher auch distanziert — kritisch untersuchen.

3.2.1. Es ist das Gemeinsame aller Texte, daß die von den Schülern zu erschließende liedtypische Situation, aus der dann die Funktion des jeweiligen Lieds bestimmt werden kann, in jedem Text ausreichend angedeutet oder sehr differenziert entwickelt wird und von den Schülern an jahreszeitlichen, tageszeitlichen oder gesellschaftlichen Bezügen erkannt werden kann (z. B. Wandern, Unterwegssein, Abend, Geborgensein, Lob, Kritik). Die liedtypische Situation kann darüber hinaus in jedem Text an dem jeweils auftretenden Sprecher/ Sänger abgelesen werden. Leitfrage: wer spricht/singt? Was wird gesprochen oder gesungen? Für wen oder zu wem spricht der Vortragende? Der Sprecherbezug ist hier überall appellierend oder demonstrativ: z. B. „Singet leise" (A 1), „Steigt ein, meine Kinder" (A 4), „Das Schaf ist auf der Wiese, ..." (B 1), „Wandern lieb' ich" (B 2), „Solchen Monat muß ich loben" (B 3), „Schmutziger Zug auch Leopoldina" (B 4).

3.2.2. Die Texte A 4, B 1 und B 4 sind Protestlieder. Zur thematischen Verdeutlichung wurde A 4 ein Kontext beigegeben.

4. Einzelanalysen

4.1. Clemens Brentano: Wiegenlied (A 1)
Ungenannter Verfasser: Kindlein mein

4.1.1. *Lernziele*

Die Schüler lernen:

a) Die dem Lied zugrunde liegende Situation (Mutter—Kind—Wiege) zu erschließen und daraus die Funktion des Schlaflieds zu erkennen;

b) die besondere Sprechweise des Textes zu erfassen, indem sie das Lied als einen suggestiv wirkenden Klangkörper erschließen;

c) die Elemente Rhythmus, Satzmelodie, Reim, Wortwiederholung und Vokalkorrespondenzen (Repetition gleichlautender Stammsilben) zu isolieren und ihre Funktion zum Aufbau eines einheitlichen Stimmungszusammenhangs erkennen.

d) durch einen Vergleich mit einem motivgleichen Volkslied zu erkennen, wie hier durch Worte die „Melodie" erzeugt wird.

4.1.2. *Sachanalyse*

Brentanos Wiegenlied nimmt schon im Titel den aus der Tradition des Volkslieds vertrauten Typ des Schlaf- oder Wiegenlieds (Zentraler Bezug: Mutter—Kind), auf, wandelt ihn aber auf kunstvolle Weise ab. Wird im Volkslied die Situation Mutter—Kind—Wiege in zeichenhafter Verkürzung, d. h. archetypisch dargestellt („Auf dem Berg, da wehet der Wind / da wieget Maria ihr Kind" — vgl. auch das zum Vergleich herangezogene Volkslied „Kindlein, mein"), so wird dieser Bezug schon mit der Nennung der Vokabel „Wiegenlied" als Titel vorausgesetzt. Brentanos Wiegenlied beginnt nicht mit dem Titel, sondern schon in der ersten Zeile mit der Melodie: „Singet leise, leise, leise, singt . . ." Die erste Zeile weist damit schon die Einheit von Laut und Bedeutung auf, die für dieses Lied typisch ist:

1. Die Laute, hörbar in der wiederholten und daher suggestiv wirkenden Klanggestalt (z. B. leise, leise, leise) und dem vierhebigen Rhythmus (die Hebungen fallen auf die volltönenden Stammsilben), erzeugen so die sonst gesungene Melodie jetzt als Sprachmelodie.

2. Die in der Klanggestalt enthaltene Bedeutung kann aus der Aufforderung „leise" zu singen abgelesen werden. Die dreimalige Aufforderung verweist auf die Situation (Abend — einkehrende Stille) und auf die Funktion des Lieds: Einwiegen des Kindes.

Diese Einheit von Laut und Bedeutung bestimmt die gesamte Komposition des Lieds:

1. Die Lautstruktur wird neben dem Konsonantismus (weiche Reibelaute) vor allem im wohltönenden Vokalismus hörbar, der in der Klangdominante des gedehnten „ie" (7 mal) erscheint und in der raffinierten Modulation zu anderen Lauten („ei" → „ie" in der ersten Strophe und „ie" → „u" in der zweiten Strophe) die Klanggestalt der gesamten Komposition ausmacht. Die genannten Klangdominanten bewirken schließlich das Verdrängen der Bedeutung und erzeugen so wortwörtlich den Effekt des Schlaflieds: suggestive, d. h. einschläfernde Wirkung (Verlust des Tagesbewußtseins).

2. Die Bedeutungsstruktur des Liedes ist daher sekundär: die Aufforderung so leise zu singen wie Quelle, Wasser, Biene, Mond muß als topos (poetisches Klischee) verstanden werden. Die Laute des Wiegenlieds orientieren sich an diesen Naturlauten, geben sie wieder.

4.1.3. *Didaktische Überlegungen*

Der vorliegende Typ des Wiegenlieds ist zur Einführung in liedhafte Lyrik besonders geeignet, weil er durch das Zurücktreten der Inhalte (Semantik) die vorschnellen Bedeutungsfragen (Was wollte der Dichter damit sagen?) zurückdrängt, die Aktivierung des Wahrnehmungsvermögens begünstigt, hier vor allem die Sensibilierung des Gehörs, die eine unerläßliche Voraussetzung für den Umgang mit liedhafter Lyrik bildet. Entscheidend für die Schulung des Gehörs ist jedoch die didaktische Überlegung, daß die Sensibilisierung keineswegs zur passiven Rezeption und damit zum kulinarischen Kunstgenuß führt. Da die wesentlichen Liedelemente (Rhythmus, Reim, Satzmelodie, Modulation) direkt einwirkende Stimuli (Signale, die sofort eine Reaktion auslösen) sind, also im affektiven Bereich emotional verankert werden, können diese dem Schüler unmittelbar nach der Rezeption des Lieds bewußt gemacht werden. (Diese Bewußtmachung ist die erste Aufgabe dieser Lerneinheit, zumal später eine kritische Auseinandersetzung mit nur emotional wirkenden Liedformen, z. B. dem Schlager, erfolgen soll.)

Die Schüler sollen erkennen, daß in allen Liedformen dieses Kurses die direkt einwirkenden Signale Laut- und Bildzeichen sind, die eine tiefere Bedeutung enthalten und eine Funktion in der Komposition besitzen. Diese direkt einwirkenden Stimuli können gerade im vorliegenden Lied durch eine Übersetzung in andere Ausdrucksformen bewußtgemacht werden. Deshalb wird hier der zunächst nur gehörte Rhythmus (regelmäßiger Wechsel von Hebung und Senkung) in Gestik (Gestik = Gebärde mit Bedeutung) übersetzt werden. Dieses gestische Sprechen kann wiederum in optisch darstellbare Bewegungskurven überführt werden (vgl. Arbeitsblatt) und diese wiederum mit begrifflicher Bedeutung (z. B. Hebung/Senkung) versehen werden. Dieses Bewußtmachen ist um so notwendiger, da die so erworbenen Vorstellungen und Begriffe von den Schülern auf andere Texte mit analoger Struktur übertragen werden können. Wichtig ist: das „Elementarisieren" der Liedelemente führt nicht zu ihrer Inventarisierung, sondern zum Verstehen der gesamten Komposition und ihrer Funktion. Im vorliegenden Text sind daher zwei prinzipielle Verstehensoperationen zu vollziehen:

1. Hörend die Grundelemente der Lautstruktur (Rhythmus, Satzmelodie) zu erschließen und durch Umsetzung in Gestik und Graphik auch begrifflich verfügbar zu machen.

2. Die erarbeitete Lautstruktur auf die spezifische Funktion dieses Lieds zu beziehen: seine Bedeutung als Wiegenlied, dem eine besondere Situation (Mutter—Kind—Wiege—Singende) zugrunde liegt und von der auch eine besondere Wirkung (Beruhigung, Einschläfern) ausgeht.

4.1.4. *Methodische Hinweise*

Um die Schüler zum aktiven Textumgang zu führen, ist eine stufenweise Vorbereitung notwendig. Die methodische Durchführung, die in engem Zusammenhang mit dem Arbeitsblatt erfolgt, setzt folgende Lernschritte voraus:

1. Lernschritt: Zur Mobilisierung des Vorwissens und dem Aufbau einer gemeinsamen Informationsbasis kann folgende Hausaufgabe dienlich sein. Die Schüler sammeln Titel von Liedern, die sie kennen und singen. Titel und Liedtexte, die auch über Schallplatten eingeführt werden können, sollten im Unterrichtsgespräch unter zwei Gesichtspunkten ausgewertet werden:

a) Welche Lieder kennt ihr? Einsammeln der Liedtitel, die an der Tafel festgehalten werden, z. B.

Ein Vogel wollte Hochzeit machen
Maikäfer flieg
Der Mond ist aufgegangen
Der Mai ist gekommen
Auf, du junger Wandersmann
Es ist ein Schnee gefallen

b) Wie könnte man die verschiedenartigen Lieder ordnen? (Welche gehören zusammen?) Ordnen der Lieder nach ihrer Funktion, z. B.

Wander-
Tanz-
Sommer- } lieder
Winter-
Schlaf-
Liebes-

Ergebnis: Lieder beziehen sich auf völlig verschiedene Situationen (z. B. Abend- und Wanderlied). Sie drücken diese unterschiedlichen Situationen im Text und auch in der Melodie aus, z. B.

1	2
Der Mai ist gekommen Auf, du junger Wandersmann Tempo/Melodie schnell, bewegt, Marschrhythmus	Der Mond ist aufgegangen Tempo/Melodie langsam, weich

c) Um die entscheidende Funktion der Melodie im Volkslied zu verdeutlichen und zur Vorbereitung von Brentanos Wiegenlied, das durch sein spezifisches Wortarrangement die fehlende Melodie ersetzt, sollte folgendes Schlaflied „Kindlein mein . . .“ (A 1/1) erschlossen werden.
Leitfragen zur Erschließung:

1. Welche Situation stellt uns das Schlaflied vor und welche „Stimmung“ besitzt es?
Stimmung: Abend—Sterne—Mond (Bilder)
Situation: Mutter → Kind (Anrede: Kindlein mein)

2. Wie spricht die Mutter das Kind an?

a) Wortwiederholungen am Anfang und Ende des Texts: Kindlein mein, schlaf doch . . . / schlaf doch, Kindlein, schlafe ein.

b) Die sanft wiederholte Du-Anrede verrät zugleich die Absicht des Sprechers (Mutter), das Kind „einzuwiegen“.

3. Welche anderen „Klangmittel“ verwendet das Lied, um eine einschläfernde Wirkung hervorzurufen?

a) Reime und Binnenreime

b) Klangschaffende Laute ohne Bedeutung („Eia“) und Wortwiederholungen (Wieglein, Wieglein)

c) Vierheber, die jedoch keinen regelmäßigen Wechsel von Hebung und Senkung aufweisen und daher „holprig“ klingen:

Un´d der Mo´nd ko´mmt auch scho´n

4. Daher: Einführung der Melodie, die den „holprigen“ Textrhythmus aufhebt und glättet. Die Schüler erkennen, „daß die alten Wiegenlieder erst im Gesang ihre volle Gestalt erhalten, die Melodie den Text im eigentlichen Sinne zum Wiegenlied macht, während bei Brentano im Wort selbst die Musik liegt“ (Handbuch zu „schwarz auf weiß“, Bd. 5—6, S. 30).

2. *Lernschritt:* Wir wollen ein Wiegenlied von Brentano betrachten und uns fragen, worin es sich vom vorausgegangenen Volkslied unterscheidet. Die Einführung in den Textumgang erfolgt über das Lesen des Kontextes (vgl. S. 147).

Die Information verfolgt den Zweck, die der Erschließung zugrunde liegende Unterscheidung von Volkslied und Kunstlied vorzubereiten. Informationsentnahme: Welche Einstellung hat Brentano zu Volksliedern? 1. Sammeln (Wert der Volkslieder). 2. Nachdichten (Vorbildcharakter der Volkslieder).

Nach dem Stillesen kann die Erschließung unter folgenden Leitfragen erfolgen:

1. *Wie sollen wir das Lied laut sprechen (vortragen)?*
(Kategorien: schnell/langsam, laut/leise. Einsammeln der Schülerantworten, die stichwortartig an der Tafel festgehalten werden. Begründung der Antworten durch die Schüler selbst.)

2. Wir versuchen die ersten beiden Zeilen laut zu sprechen und begleiten die Lautbewegung, die wir hören, mit einer Handbewegung (gestisches Sprechen). (Lautes Lesen einzelner Schüler mit begleitender Gestik und Korrektur durch die Klasse)

Si´nget lei´se, lei´se, lei´se,
si´ngt ei´n flü´sternd Wie´genlie´d

3. Können wir die begleitende Handbewegung (Gestik) in eine *Linie* übersetzen und an die Tafel zeichnen?

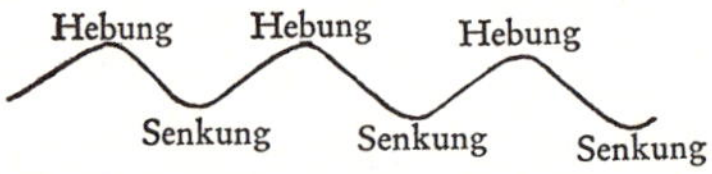

4. Verbindet die Hebung der Wellenlinie (Rhythmus) mit den betonten Lauten in den Wörtern? Welche werden in der ersten Zeile besonders betont?

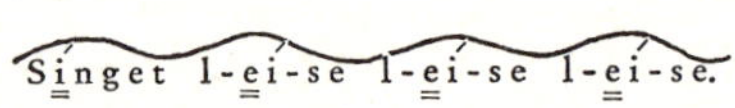

Zusammenfassung im Lehrer-Schülergespräch: Die volltönenden Stammsilben werden hier besonders betont (Wechsel von i zu ei: diese Modulation ergibt eine Satzmelodie[1]). Bestimmte Worte werden wiederholt. Dadurch entsteht ein *Gleichklang* mit beruhigender Wirkung.

An dieser Stelle erfolgt der Einsatz des Arbeitsblattes (1. Teil).

[1] Daß hier nicht alle Hebungen vollbetont sind (z. B. 3. Zeile: „von“ erhält eine halbe Betonung im Vergleich zur nachfolgenden Hebung „Monde“), ist für eine erste Erfassung des Metrums nicht von Bedeutung.

Antworten zu den Fragen für den Lehrer:

1. Aufgabe	Sіngt ein flüsternd Wiegenlied, von dem Monde lernt die Weise, der so still am Himmel zieht.	
2. Aufgabe	Singt ein flüsternd Wiegenlied, von dem Monde lernt die Weise, der so still am Himmel zieht.	i — ü — ie — ie o — o — e — ei e — i — i — ie
3. Aufgabe	Singet leise, leise, leise summen, murmeln, flüstern, rieseln	
4. Aufgabe	Zeile 1: helle Laute herrschen vor; Zeile 8: dunkle Laute.	

Zusammenfassung und Auswertung der Fragen im Unterrichtsgespräch:

1. Brentanos Wiegenlied besitzt eine wohltönende, rhythmische Klanggestalt, die sich von Zeile zu Zeile ändert.
2. Am Anfang herrschen helle, am Ende dunklere und beruhigende Laute vor.
3. Dieses Wiegenlied braucht keine begleitende Musik (vgl. dagegen das Volkslied). Es bringt eine Melodie durch Sprachlaute hervor (Wortmelodie).

3. Lernschritt: Folgende Leitfragen können zur Erschließung der Bedeutung verwendet werden. Die Fragen können entweder im Unterrichtsgespräch oder von begabten Kleingruppen über das Arbeitsblatt (2. Teil) beantwortet werden.

Wir fragen nach der Bedeutung des Liedes. Warum hat dieses Lied gerade diese Klanggestalt und für wen ist es geschrieben? Um dies herauszufinden, betrachten wir den Titel und die erste Strophe des Lieds genau und beantworten dabei folgende Fragen (Hier kann der Einsatz des Arbeitsblattes, 2. Teil, erfolgen).

1. Setze den Titel und die erste Strophe miteinander in Beziehung. Welches könnte der Ort sein, an dem das Lied gesungen wird? Wiege — Schlafzimmer — Haus.
2. Welche Tageszeit und Stimmung kann man im Lied erkennen?
   Abend — friedliche Stimmung — Stille.
3. Wer könnte der Sprechende („Singet leise ... singt ein flüsternd Wiegenlied“) sein? Die Mutter, die das Kind hütet.
4. Wer wird angeredet? Andere Familienmitglieder (Vater, ältere Kinder usw.).
5. Um die besondere „Weise“ (Melodie) des Wiegenlieds zu verdeutlichen, nennt Brentano drei Vergleiche. Wir schreiben sie auf:
   a) Die Melodie des Wiegenlieds ist ... (still wie der Mond),
   b) Die Melodie des Wiegenlieds ist ... (wie die Quellen auf Kieseln),
   c) Die Melodie des Wiegenlieds ist ... (wie das Summen der Bienen).
6. Welche Wirkung geht von diesen Bildern aus? Einschläfernd, beruhigende Wirkung auf das Kind und die Zuhörer des Lieds.

Zusammenfassung im Unterrichtsgespräch: Brentanos Wiegenlied ist wie ein „Naturlied“. Beruhigende Naturlaute („murmeln“, „summen“, „flüstern“, „rieseln“) werden in der menschlichen Sprache wiederholt und schläfern das Kind ein (Schlaflied). Laut und Bedeutung verschmelzen zu einer Einheit.

4.2. Paul Gerhardt: Geh aus, mein Herz (A 2)

4.2.1. *Lernziele*

Die Schüler lernen:

a) den Liedtyp des Sommerlieds zu bestimmen, das in diesem Fall auch Preislied ist;

b) daß Gott der Empfänger dieses Lieds ist, da durch die Darstellung des Naturzustandes (Sommer = Blühen = Reifen) der „Schöpfer" gepriesen wird;

c) die besondere Bildlichkeit des Lieds zu erfassen:
   — die Bilder sind konkret und abstrakt zugleich,
   — sie vermitteln zwischen Irdischem und Überirdischem,
   — sie sind Zeichen, die auf ein Absolutes (Gott) verweisen;

d) die epische Struktur des Lieds zu erkennen, das in Bildstationen aufgebaut ist.

e) Die religiöse Funktion des traditionellen Lieds zu begreifen.

f) Die religiöse Funktion dieses Lieds mit der religiösen Funktion eines modernen Gospel Songs zu vergleichen (A 4).

4.2.2. *Sachanalyse*

Paul Gerhards Lied steht inhaltlich und formal in einem deutlich sichtbaren Traditionszusammenhang. Das zweiteilige christliche Weltbild des Mittelalters (Diesseits/Jenseits) wird im Lied fortgesetzt und zugleich modifiziert. Diesseits und Jenseits stehen sich hier nicht in schroffer Antithetik entgegen, sondern korrespondieren miteinander. Das Diesseits, die hier dargestellte Sommerlandschaft, ist Spiegelbild des Jenseits. Die Zweiteiligkeit ist hier dementsprechend auch ein strukturelles Prinzip der Liedkomposition. Sie zeigt sich:

1. In der Zweigliedrigkeit des lyrischen Prozesses. Die Strophen 1—7 fügen ein Sommerbild (Diesseits) zusammen. Die Strophen 8—10 beziehen dieses Sommerbild auf ein Jenseits (Gott).

2. In der besonderen Art der Bilder. Diese sind topoi, d. h. aus der traditionellen Poetik des Lieds überlieferte Bildzeichen, die in verschiedenen Verwendungszusammenhängen erscheinen können. Hier stiften die Bildzeichen einen semantischen Bezug. Sie verknüpfen zwei normalerweise getrennte Inhalte miteinander: „Gartenzier" (Diesseits) und „Paradiesesgarten" (Jenseits), „Erdreich" und „Himmelreich" usw.

Aus dem gekennzeichneten semantischen Bezug muß auch die Funktion der gehäuften Einzelbilder (insgesamt 20) erklärt werden. Sie beschreiben die gegenwärtige Liedsituation, indem sie in stereotypen Satzmustern (Abfolge: Subjekt, Prädikat) eingeführt werden und Aussage an Aussage reihen:

Die Bäume stehen voller Laub
das Erdreich decket seinen Staub
die Lerche schwingt sich in die Luft
das Täublein fliegt aus seiner Kluft
die hochbegabte Nachtigall . . . ergötzt
die Glucke führt . . .
der Storch baut . . .
das Schwälblein speist . . .
die Bächlein rauschen . . .
der Weizen wächset . . .   usw.

Die doppelte Funktion dieser Bildzeichen ist leicht erkennbar:

a) Alle Bildzeichen werden durch einen gemeinsamen semantischen Bezug miteinander verbunden: Aktivität und Lebensfreude bei Ding, Pflanze, Tier und Mensch, in die der Sprechende (Singende) selbst vorbehaltlos einstimmt, wie die Selbstanrede der ersten Strophe zeigt: „Geh aus", „schau an", „sieh".

b) Alle Bildzeichen werden durch das Prinzip des Summierens (Aufzählen) zur Summe des Gesamtzustandes zusammengefaßt (Sommer = Aktivität = Blühen = Verwirklichung des Lebens) und drücken diesen Gesamtzustand wiederum stellvertretend *für sich* aus. Das Einzelne ist derart Teil des Ganzen, das Ganze (die Summe) wird wiederum im Einzelnen (Teil) sichtbar.

In solch lebendiger (organischer) Verbindung von Teilen und Ganzem können schließlich Teile und Ganzes auf ein verursachendes, schöpferisches Prinzip zurückgeführt werden, das selbst nicht mehr in Frage gestellt wird, weil sich der Sprechende von ihm selbst abhängig weiß. Diese Abhängigkeitsbeziehung von Einzelnem (Geschöpf) und Ganzem (Schöpfer) ist hier *personal* und führt zu einer Dankes- und Dienstbeziehung, die die letzte Strophe ausdrückt: So will ich dir und deiner Ehr . . . hier und dort ewig dienen". Das Preislied, das der Formel ad majorem gloriam dei folgt, vollzieht also einen Dreischritt: Zustimmung zur Schöpfung — Lob des Irdischen — Lob des Schöpfers.

4.2.3. *Didaktische Überlegungen*

Im Gegensatz zum traditionellen literarischen Unterricht dient Gerhardts Lied hier weder der religiösen Unterweisung (Einführung in ein christliches Weltbild) noch der erbaulichen Betrachtung (Kirchenlied), da beides (Weltbild und religiöse Erfahrung) im Unterricht nicht vorausgesetzt werden kann und vom Lehrer nicht gefordert werden darf. Das religiöse Lied sucht sich heute oft andere Ausdrucksformen, z. B. in Verbindung mit gesellschaftskritischen Motiven, wie dies der später durchgeführte Vergleich mit dem amerikanischen „gospel train" zeigt. Im Verwendungszusammenhang der vorliegenden Lerneinheit erhält das Lied folgende didaktische Funktionen: Es erlaubt,

1. eine Abgrenzung gegenüber der suggestiv wirkenden Kurzform des Lieds (A 1 Brentano) und damit die Einsicht in einen anderen Liedtypus, der eine zugrunde liegende Situation (Sommerbild) auf episch-darstellende Weise differenziert. Die Schüler erkennen, daß hier im Vergleich zu A 1 das Melodische zugunsten eines klar formulierbaren Aussagewerts zurücktritt. Dieser Aussagewert kann anhand der formalen Elemente erschlossen werden:

a) Zweigliedrigkeit des Lieds (Strophe 1—7 und 8—10) im Gegensatz zur „Eingliedrigkeit" (geschlossene Komposition) des Wiegenlieds.

b) Zugehörigkeit bestimmter Bilder zum ersten und zweiten Teil des Lieds: Diesseits: Sommerbilder, Jenseits: Paradiesgarten (Gott).

c) Die hierarchische Verknüpfung der beiden Bildbereiche (Diesseits/Jenseits) anhand eines Schemas (vgl. dazu auch das Arbeitsblatt und die methodischen Überlegungen):

Gott	} Schöpfer	} Hierarchie der Schöpfung
Mensch Tier Pflanze Ding	} Geschöpf	

2. Die Einsicht in die religiöse Funktion dieses Sommerlieds erlaubt einen Vergleich mit neuen Ausdrucksformen des modernen religiösen Lieds. Im Vergleich mit dem Gospel Song (A 4) lernen die Schüler sowohl die Fortsetzung des traditionellen Lieds als auch neu hinzugefügte Elemente erkennen:

a) Die Beibehaltung einer zweigeteilten Welt. Auch der „gospel train" (Heilszug) ist unterwegs zu einer anderen Welt und besitzt appellativen Charakter (A 2: „Geh aus", A 4: „Steiget ein"), verbindet aber

b) Religiosität mit der Kritik an der diesseitigen Klassengesellschaft und der in ihr herrschenden rassischen Diskriminierung:

> Die Fahrt ist billig, jeder kann mit,
> wer arm ist und wer reich,
> keine zweite Klasse hat der Zug,
> der Preis ist für alle gleich.

Der Vergleich der beiden Lieder zeigt also die Bewußtseinsveränderung in ein und demselben Weltbild und bringt über die nur immanente Betrachtung hinaus eine geschichtliche und gesellschaftskritische Dimension in die Lerneinheit, die später von anderen Lerneinheiten im 7. und 8. Schuljahr wieder aufgenommen und fortgesetzt wird (Bänkelsang — Moritat — Protestlied — Chanson — Schlager).

4.2.4. *Methodische Überlegungen:*

Die Erschließung des Lieds sollte gemäß den didaktischen Überlegungen in einem Dreischritt erfolgen, wobei die Arbeitsformen wechseln: Lehrer-Schülergespräch, Arbeitsblatt (Stillarbeit) und Rückkehr zum Lehrer-Schülergespräch (Zusammenfassung der Ergebnisse).

1. Lernschritt (Lehrer-Schülergespräch): Wir vergleichen Gerhardts Sommerlied mit Brentanos Wiegenlied. Was hat sich geändert? Was ist neu hinzugekommen? Nach einem lauten und stillen Lesen der beiden Texte können erste elementare Unterschiede im Gespräch erarbeitet und an der Tafel etwa so festgehalten werden:

Brentano	*Gerhardt*
2 Strophen	10 Strophen
Singen: 3 Bilder	Erzählen/Beschreiben: 20 Bilder
vierhebig mit starker Klangwirkung: Sínget leíse, leíse, leíse singt ...	vierhebig mit schwacher Klangwirkung: Geh aús, mein Hérz und súche Freúd ...
Liedsituation undeutlich	Liedsituation deutlich ausgeprägt

2. Lernschritt: Übergang zum Arbeitsblatt (Stillarbeit). Nachdem die erarbeiteten Unterschiede zu einer gemeinsamen Informationsbasis geführt haben, sollten die Schüler die Zweigliedrigkeit des Lieds und damit die verbundenen unterschiedlichen Bildbereiche (Diesseits/Jenseits) selbst entdecken. Die Leitfragen sind im Arbeitsblatt unter 1.1.—1.4. und 2.1.—2.4. vorgegeben.

3. Lernschritt: Übergang zum Unterrichtsgespräch. Zusammenfassung der Arbeitsergebnisse: Wir haben zwei Teile, in die das Lied gegliedert ist:

1. Teil: Sprecher und Gott (8, 9, 10)
2. Teil: Sprecher und Natur (2—7)

Wie verbindet der Sprecher die beiden Teile (Naturbild und Gott) des Lieds zu einem Ganzen? Beachtet dabei die früher genannten Einzelbilder und ihre Reihenfolge. Erarbeitung eines elementaren Schemas und das daraus folgende hierarchisch geordnete Weltbild:

Gott („der Höchste“) ↑ „Himmelszelt“	Schöpfer	Abhängigkeit und Lob der Schöpfung: Funktion des Sommerlieds als eines Preislieds.
Mensch („rühmt“) | Tiere (schwingen) | fliegen | bauen ... Pflanzen (wachsen) | grünen Dinge (das Erdreich) decket seinen Staub	Geschöpf	

4. Lernschritt: Ein vierter Verstehensschritt ist möglich, wenn A 4 zum Vergleich herangezogen wird. Im Vergleich zum „gospel train“ wird die Gemeinsamkeit des Weltbildes sichtbar, zugleich aber auch der wesentliche Unterschied: der gospel Song verbindet die religiöse Funktion des Lieds mit einer Kritik an der Klassengesellschaft (vgl. die Sachanalyse dort).

Matthias Claudius: Ein Lied, hinterm Ofen zu singen (A 3)

4.3.1. *Lernziele*

Die Schüler lernen:

a) den Typ des Winterlieds zu bestimmen und dessen Merkmale mit einem Sommerlied (A 2) zu vergleichen;
b) im Unterschied zu A 2 die Antithetik (Gegensatz von Mensch und Natur) als Strukturelement dieses Liedes zu erfassen;
c) die Personifikation des Winters zum handelnden Menschen als ein rhetorisches Mittel zu bestimmen und ihre Funktion in diesem Lied zu beschreiben;
d) im Vergleich mit anderen Texten des Kurses entweder ähnliche (B 3) oder entgegengesetzte Formen (A 4 und B 4) der Verbildlichung zu erschließen.

4.3.2. *Sachanalyse*

Claudius' Winterlied ist antisuggestiv, d. h. es verzichtet bewußt auf die Erzeugung von Einklang und Stimmung beim Hörer. Der mitteilende, erzählende Charakter tritt stark hervor, das Melodische dagegen zurück. Die zum Aufbau eines geschlossenen (bruchlosen) Stimmungszusammenhanges notwendigen Liedelemente (Rhythmus, Reim, Satzmelodie) werden nur formal eingesetzt: Vierheber wechseln regelmäßig mit Dreihebern, sodaß ein fortlaufendes Fließen der Satzmelodie verhindert wird. Vokalkorrespondenzen, wie sie in der Kurzform des Liedes (vgl. Brentano) dominieren, kommen daher, von Ausnahmen abgesehen (II, 4: „Haßt warmen Drang und warmen Klang“) nicht zur Wirkung. Dagegen herrschen Stabreime vor, die bestimmte Worte aus dem Gleichklang herausreißen: „er krankt und kränkelt“, „nichts von Nachtschweiß“, „nicht Süß noch Sauer“. Dazu mindern die zahlreichen „stumpfen“ männlichen Reime (Mann - an, an - Zahn, sehr - Herr, zerbricht - nicht, hier - wir) den Klangcharakter des Lieds. Die Intention dieses Lieds ist daher nicht die Erzeugung einer Stimmung, sondern das bewußte Zerbrechen der Stimmung. Dies kann auch „thematisch“ gerechtfertigt werden. Im Gegensatz zum Sommerlied, in dem zwischen Sprecher und Natur vollkommene Übereinstimmung herrschen (vgl. die Formel der Zu-stimmung bei Gerhardt „Geh aus, mein Herz“)

dominiert im Winterlied die Antithetik von Natur und Sprecher. Diese Antithetik wird hier auf dopelte Weise zum Vorschein gebracht:

1. Durch die schon im Liedtitel enthaltene Opposition von innen und außen, menschlichem Bereich und Naturzustand: „hinter dem Ofen“ und „um den Ofen“ im Gegensatz zur Außenwelt („Stein und Bein vor Frost zerbricht“, „Teich und Seen krachen“).

2. Diese Antithetik wird hier durch das Mittel der Personifikation noch einmal gesteigert. Indem der herrschende Naturzustand (Winter) in menschlicher Gestalt verbildlicht wird, erhält der Winter alle Attribute eines belebten, handelnden Subjekts: „er zieht sein Hemd im Freien an“, „er spottet über Fluß im Zahn“, er „haßt“, „führt Regiment“, „zieht durch“ (das Land) usw. Diese Personifikation, die von Strophe zu Strophe durchgeführt wird und den Winter zur Mittelpunktsgestalt des Lieds macht, bringt weder eine Verharmlosung noch eine Dämonisierung des Winters, sondern eine ironische Übertreibung hervor. Der personifizierte Winter enthält alle Attribute der Virilität („ist ein rechter Mann“), die der Mensch nicht hat und haben kann: nicht krank, nicht schwächlich, nicht der Zivilisation unterworfen und daher „kernfest und auf die Dauer“. Die Personifikation zum Über-mann (Supermann) enthüllt seine übermenschlichen Eigenschaften und erlaubt einen ironischen Vergleich mit der schwachen menschlichen Natur: „Und wenn er durchzieht, stehen wir und sehn ihn an und frieren“.

4.3.3. *Didaktische Überlegungen*

Die Schüler lernen in diesem Lied ein neues rhetorisches Mittel kennen, das erlaubt, eine Liedsituation auf andere Weise als bisher zu differenzieren. Die Einsicht in die Funktion der Personifikation ist hier besonders wichtig, weil Personifikationen auch in anderen poetischen Formen gebräuchliche Stilmittel sind und daher im jeweiligen Verwendungszusammenhang decodiert werden müssen: so z. B. in Märchen und Legenden, in denen Jahreszeiten allegorisiert werden (z. B. Das Märchen von den 12 Monaten), in Fabeln und Versfabeln (Personifikation von Tieren und Dingen), in Lehrstücken und Bildgeschichten (Comics), aber auch in den publizistischen Formen der Literatur als Mittel der Veranschaulichung (vgl. hier z. B. „Birne im Müll“). Die Schüler sollen erkennen, daß jede Personifikation eine Beziehung zum Menschen herstellt, indem durch sie unbelebte Objekte (Dinge), belebte Objekte (Tiere) oder Abstrakta (Geiz, Tod, Liebe usw.) der menschlichen Einfühlung oder Reflexion zugänglich gemacht werden. Die bewußt gehandhabte und logisch durchgeführte Personifikation im vorliegenden Lied kann über Fragen in einem Arbeitsblatt erschlossen werden. Die Funktion dieser Verbildlichung, der Aufbau einer Antithetik zwischen Natur und Mensch, kann dann zum Vergleich zweier anderer Verbildlichungen herangezogen werden:

1. Vergleich zu A 3. Dort führt die Verbildlichung der Natur zur Identifikation (Übereinstimmung) des Menschen mit ihr.

2. Vergleich zu A 4 und B 4. Dort führt die Verbildlichung zum Sinnbild, d. h. Symbol als Gegensatz zur Allegorie.

4.3.4. *Methodische Hinweise*

Die Erschließung des Textes kann in zwei Lernschritten und -formen erfolgen:

a) In einem Unterrichtsgespräch mit der Fragestellung der Unterschiede zu A 2. Zwei Leitfragen dienen zur Erarbeitung der elementaren Unterschiede:

1. Vergleicht die verschiedenen Liedsituationen miteinander

2. Welche Auswirkungen haben die verschiedenen Liedsituationen auf den Sprecher?

Die Ergebnisse können in einer Tafelskizze etwa so festgehalten werden:

Gerhardt		Claudius
Liedsituation: Sommer	←→	Winterlied
Sprecher: Übereinstimmung mit der Natur: „Geh aus, mein Herz" Zustimmung	←→	Gegensatz von Mensch und Natur: „und wenn er durchzieht stehen wir und sehn ihn an und frieren"

b) Der erarbeitete Gegensatz zwischen Mensch und Natur im Winterlied wird über die Erkenntnis der Personifikation weiter differenziert. Dazu wird das Arbeitsblatt verwendet.
Übergang zum Unterrichtsgespräch. Auswertung des Arbeitsblattes und Erarbeitung des doppelten Gegensatzes:

1. Der Winter besitzt hier menschliche und übermenschliche Eigenschaften („Superman") zugleich.

2. Der Autor benutzt diesen Gegensatz, um eine komische Wirkung zu erzielen (Situationskomik). Autorintention: Spottlied auf die schwache menschliche Natur.

(Als Vergleich können jetzt die zuvor angegebenen Texte herangezogen werden.)

Sidney Carter: Die Krähe an der Wiege (B 1)

4.4.1. *Lernziele*

Die Schüler lernen:

a) Die Verwandtschaft eines zeitgenössischen Wiegenlieds mit dem traditionellen Schlaflied A 1 zu erfassen, indem sie die typische Liedsituation (Eltern — Kind) und formelhafte Redewendungen („Schlaf, mein Kind") erarbeiten;

b) den bewußten Abweichungen vom traditionellen Schlaflied (Reflexion, Sarkasmus) die neue Funktion des Wiegenlieds als eines Antikriegslieds zu erschließen;

c) das Bild der Krähe als Symbol des Totenvogels zu erfassen und seinen zentralen Stellenwert im Text zu bestimmen.

4.4.2. *Sachanalyse*

Das vorliegende Lied, 1960 in England entstanden, muß aus dem Zusammenhang der internationalen Protestbewegung der sechziger Jahre verstanden werden. Das Lied ist ein früher Ausdruck dieser Bewegung, die 1961 unter der Führung des „Committee of Hundred" erste Großkampagnen zur nuklearen Abrüstung („Kampf dem Atomtod") organisierte und sehr bald von England auf die USA, dann Frankreich, Skandinavien und die Bundesrepublik übergriff. Ihr Resultat ist, neben der politischen Aufklärungsarbeit (z. B. in der Civil-Rights-Bewegung), eine umfassende Produktion von Protestsongs, die inzwischen jedoch von der Schallplattenindustrie zu einem modischen Konsumgut umfunktioniert und entschärft wurden. Die bekanntesten Vertreter des politischen Lieds, z. B. B. Dylan, Joan Baez, Biermann, Degenhardt, lehnen daher die Bezeichnung „Protestsong" heute als zu eng ab (Vgl. dazu: Protest-Lieder aus aller Welt, Fischer Bücherei 830/1967, S. 9). Degenhardt: „Unpolitische Lieder gibt es überhaupt nicht. Jedes Lied hat, sobald es öffentlich vorgetragen wird, auch eine politische Bedeutung" (vgl. R. U. Kaiser, Damokles Songbuch 1, Damokles Verlag, 1970, S. 71).

Dies zeigt auch das vorliegende Lied. Zwei Merkmale zeichnen es aus:

1. Im Gegensatz zum modischen Protestsong und zum hochreflektierten politischen Gedicht knüpft es an traditionelle und populäre Liedformen (Wiegenlied) an. Diese im angelsächsischen Bereich beliebte Anknüpfung am folksong sorgt für die leichtere Verständlichkeit des neuen politischen Inhalts.

2. Das an traditionelle Muster anknüpfende politische Lied ist nicht an Originalität, Stars usw. gebunden und daher von der Person des Sängers ablösbar.

Aus dem Gesagten ergibt sich folgende Struktur des Textes:

1. Die ersten drei Zeilen bauen auf der Ausgangssituation des traditionellen Wiegenlieds auf, indem sie einen idyllischen Naturzustand zeichenhaft verkürzen. Situationszeichen: Schaf auf der Wiese, Kuh im Korn, Ankündigung der Geburt des Kindes und seine Einbettung in den natürlichen Rhythmus (Sonne/Mond) der Zeit. Die beiden folgenden Schlußzeilen der ersten Strophe führen eine für das gesamte Lied typische Opposition ein: der geborene Junge, so sagt es die Krähe an der Wiege voraus, wird später „ein Gewehr tragen müssen". Damit werden Geburt und bedrohende Zukunft miteinander konfrontiert.

2. Die angedeutete Opposition zwischen Kindheit und drohender Zukunft, Geborgenheit und Kampf wird in jeder Strophe noch deutlicher akzentuiert:

1. Strophe:	Junge	⟷	Gewehr
2. Strophe:	Mädchen	⟷	Bomber
3. Strophe:	Kind	⟷	Kampf
	Kind	⟷	Tod
4. Strophe:	Eltern	⟷	Sarg des Kindes
5. Strophe:	Eltern	⟷	Krähe = Totenvogel

3. Die konsequent durchgehaltene Opposition bringt auch die Autorintention zum Vorschein. Indem der Autor zwei im traditionellen Wiegenlied miteinander unvereinbare Bereiche (Kindheit/Tod, Geborgenheit/Bedrohung) schroff kontrastiert, zeigt er, daß — entgegen dem Harmoniemodell des populären Schlaflieds (Mutter — Kind — Natur sind eine Einheit) — die Zukunft die Welt des Kindes drohend umstellt und diese determiniert. Da die Chiffren dieser Zukunft aus dem militärischen Bereich stammen (Gewehr, Bomber, Krieg), diese Zukunft also von Menschen für Menschen gemacht wird, ist das Lied als Protest gegen die sinnlose Massenvernichtung im Krieg zu lesen. Symbol dieser sinnlosen Zerstörung ist hier die Krähe, die am Ende jeder Strophe die tödliche Zukunft vorwegnimmt: „Wir haben ein Spielzeug, das dir ewigen Schlaf bringt, das sang die Krähe an der Wiege." Von hier aus wird auch der vergebliche Versuch der Eltern, „diesen Vogel abzuknallen", verstehbar sowie die ratlose Frage an die Krähe in der letzten Strophe: „Krähe, was soll ich nur tun?" Die Antwort der Krähe („Das ist etwas, was dir überlassen bleibt.") soll beim Leser/Hörer Reflexion und Verhalten zugleich provozieren. Der Krieg ist kein unentrinnbares Schicksal. Von Menschen gegen Menschen gemacht, kann er auch durch aktives Eintreten gegen ihn beseitigt werden. Die Krähe an der Wiege, Symbol des Todes, muß daher selbst getötet werden.

4.4.3. *Didaktische Überlegungen*

Die Schüler lernen, wie hier im politischen Lied die ästhetische Komponente zugunsten der zu erzielenden Wirkung auf den Leser/Hörer zurücktritt. Diese Autorintention kann am vorliegenden Text besonders deutlich aufgezeigt werden:

1. Durch einen Vergleich mit dem traditionellen Wiegenlied (A 1) und einem zum Arbeitsblatt hinzugefügten Gegentext (Krolow: Schlaflied im Sommer) kann der Schüler erkennen, wie und wozu der zeitgenössische Autor traditionelle Lieder „umfunktioniert“: Sein Schlaflied will nicht einschläfern, sondern wachrütteln.

4.4.4. *Methodische Hinweise*

Die oben genannten Lernziele können in einem Dreischritt erreicht werden, wobei die Arbeitsformen wechseln:

1. Unterrichtsgespräch: Aufbau einer gemeinsamen Informationsbasis, indem die Elemente des traditionellen Wiegenlieds (A 1) wiederholt und bewußt gemacht werden. Wiedererkennen dieser Elemente im vorliegenden Text.
2. Einführung eines Arbeitsblattes, dessen Fragen vor allem auf die Abweichung dieses Textes vom überlieferten Wiegenlied abzielen.
3. Gemeinsame Auswertung und Erarbeitung der Autorintention: Warnung und Protest. Vergleich dieser Autorintention mit einem Gegentext: Krolow, Schlaflied im Sommer. Vgl. dazu die abschließende Kurzanalyse dieses Liedes.

Zu 1: Klare Lernzielangabe: Wir wollen ein zeitgenössisches Wiegenlied betrachten. Um die Unterschiede zu den uns bekannten Wiegenliedern besser zu verstehen, wiederholen wir die uns schon bekannten Merkmale. Dazu werden das Volkslied und Brentanos Wiegenlied (A 1) herangezogen. Die Ergebnisse können stichwortartig so festgehalten werden:

1. Liedsituation: Abend — Mutter — Kind — Wiege
2. Anrede: Kindlein mein, schlafe ein; Singet leise ...
3. Melodie: Rhythmus, Reim; Funktion des Lieds: einschläfern.

Lautes Sprechen des neuen Textes und Erarbeiten der gleichen Elemente:

1. Liedsituation (1. Strophe): Verwandtschaft mit dem traditionellen Lied
2. Anrede (3. und 4. Strophe): Schlaf, mein Kind ...
3. Melodie: Fehlen des akzentuierten Rhythmus’, Langform: Erweiterung von zwei auf fünf Strophen.

Zusammenfassung: Das Lied besitzt einige Gemeinsamkeiten mit dem traditionellen Wiegenlied, wirkt aber trotzdem fremd und ungewöhnlich. Wir wollen die Ursachen dazu herausfinden. Beantworte dazu die Fragen auf dem Arbeitsblatt.

Zu 2: Vergleiche dazu die Fragen auf dem Arbeitsblatt. Um die Antwort zu erleichtern, werden Vorgaben miteingebaut. Bei der Auswertung sollte darauf geachtet werden, daß die angekreuzten oder stichwortartig gegebenen Antworten von den Schülern mündlich begründet und im Zusammenhang mit dem Text erläutert werden müssen. Abweichende Antworten sind nicht als „falsch“ zu deklarieren, da sie schon reflektierte Wahrnehmungen oder neue Interpretationsansätze enthalten können.

Zu 3: Die Auswertung des Arbeitsblattes sollte in 2 Phasen erfolgen:

a) Einsammeln der am Text wahrgenommenen Gegensätze und ihre grobe Fixierung an der Tafel, etwa so:

Kind in der Wiege ⟷ Kampf in der Welt
Zeichen: Wiese, Kuh, Schaf ⟷ Zeichen: Gewehr, Bomber, Sarg, Grab
Korn, Mond, Sonne
↓ ↓
Natur/Gegenwart ⟷ Geschichte/Zukunft
Vater und Mutter ⟷ Krähe = Totenvogel

b) Reflexion über die wahrgenommenen Gegensätze, indem vor allem die Rolle der Krähe in diesem Text erschlossen wird. Sie sagt am Ende jeder Strophe die Zukunft vorher, diese Zukunft ist tödlich. Erkenntnis der Autorintention aus der Frage und Antwort der Schlußstrophe.

Zusatzaufgabe: Eine weitere didaktische Möglichkeit, die gewonnenen Einsichten zu vertiefen, ergibt sich aus einem Vergleich des eben erschlossenen Textes mit Krolows „Schlaflied im Sommer" (Vgl. dazu den Text S. 158). Während „Die Krähe an der Wiege" durch die Kontrastierung miteinander unvereinbarer Bilder eine kritische, desillusionierende Wirkung erzielt, setzt Krolows Schlaflied die bekannte Tradition der Illusionserzeugung (Aufbau einer heilen Welt) fort. Das kann von den Schülern an folgenden Merkmalen abgelesen werden:

1. Wohllautende Satzmelodie, die sich aus dem regelmäßigen Wechsel von Hebung und Senkung (3 Heber, jambisch) ergibt, wobei die volltönenden Laute hervorgehoben und zahlreiche Vokalkorrespondenzen hörbar werden, z. B. die durchgehenden U-Laute: „dunkel duftet", „es rufen die Uhren die Stunde".
2. Durchgängige Anthropomorphisierung von Pflanzen und Tieren, sodaß die Natur selbst als „beseelt" erscheint: redender Walnußbaum, atmende Birne und Pflaume (!), rufende Uhren, träumende Hasen.
3. Korrespondenz von beseelter Natur und Mensch, die sich in der völligen Übereinstimmung im Schlaf und Traum ausdrückt: schlafendes Kind, schlafende Hasen.
4. Das zum sentimentalen Postkartenklischee gewordene Bild des Kindes: „Mein Kind ruht, die Fäuste im Munde". Im Vergleich zu Carters unheiler Welt können die Schüler erkennen, wie hier die Idylle durch den Preis der verdrängten Zivilisation (Technik, Lärm, Wohnblöcke) entsteht.

4.5. Joseph Eichendorff: Der wandernde Musikant (B 2)

4.5.1. *Lernziele*

Die Schüler lernen:

a) einen neuen Typ des Wanderlieds zu bestimmen, indem sie aus der dem gesamten Text zugrundeliegenden Situation (Unterwegssein) zwei einander entgegengesetzte Lebensbereiche (Welt des Vaganten — Welt der Bürger) erschließen;
b) die Sprecherintention zu erfassen und daraus die Lebenseinstellung und Wertung des Vaganten abzuleiten;
c) im Vergleich zu Gerhardts Sommerlied (A 2) das veränderte Verhältnis des Sprechers zur Welt zu bestimmen;
d) die gewonnenen Ergebnisse auf ein zeitgenössisches Vagantenlied zu übertragen und Gemeinsamkeiten und Unterschiede zu erfassen.

4.5.2. *Sachanalyse*

Der vorliegende Text gehört in die Reihe der für Eichendorff typischen Wanderlieder, wie z. B. „Der Wanderer", „Der frohe Wandersmann". Unmittelbar von der Vorliebe der Romantik für das Volkslied beeinflußt, knüpfen diese Texte an traditionelle Liedformen und Inhalte an. Drei Elemente konstituieren den Typ des romantischen Wanderlieds:

a) Die Situation des Unterwegsseins zwischen Heimat und Fremde, Fremde und Heimat.

b) Der Typ des Wanderers, der als Fahrender, Student, Geselle, Spielmann, Vagabund und Landstreicher erscheinen kann.

c) Die spezifisch romantische Stimmung des Unterwegsseins, die sich als Heimweh, Fernweh, aber auch als Spott auf alles Seßhafte, Bürgerliche zeigen kann.

Die genannten Merkmale treffen auch auf das vorliegende Lied zu. Seine Besonderheit besteht jedoch darin, daß es das Lebensgefühl des Vaganten nicht nur verbildlicht, sondern *programmatisch* ausspricht. Der wandernde Musikant tritt selbst auf (Ich-Rolle) und spricht in vier Strophen Lebenseinstellung und Wertvorstellung der Fahrenden stellvertretend aus:

1. Strophe: Bekenntnis zum Wandern als einer Lebensform, die individuell ist („lebe eben wie *ich* kann") und über allen anderen Lebensformen steht. Zugleich wird auch in den beiden Schlußzeilen der Gegensatz zur bürgerlichen Lebensform ausgesprochen: „Mühe", d. h. Anstrengung und geregelte Arbeit passen nicht zur Lebenseinstellung des Vaganten.

2. Strophe: Zeichenhaft verkürzte Darstellung der Lebensform des Vaganten: „Draußen", „in der Kälte", „ohne Schuh" bedeutet Unterwegssein ohne Ankunft („weiß nicht, wo ich abends ruh"). Trotzdem: diese Situation wird nicht beklagt, sondern anerkannt und begrüßt. „Schöne alte Lieder" begleiten den Vaganten und erfüllen sein Leben (vgl. 3. Strophe).

3. Strophe: Zeichenhaft verkürzte Darstellung des Gegensatzes zwischen flirtendem Bürgermädchen und Sänger. Der Sänger hätte durch Heirat Zugang zur Geborgenheit des Bürgertums, wenn er „nur wollte taugen" und ein „armer Lump" (bürgerliche Wertung) nicht wäre.

4. Strophe: Spöttische Absage an das Bürgertum und dessen Wertungen („Haus und Hof" stehen hier für Besitz): Ehe und Wohlstand und Singen und Unterwegssein schließen sich aus.

Der thematische Zusammenhang mit Eichendorffs berühmter Erzählung „Aus dem Leben eines Taugenichts" (1826) ist offensichtlich. Dieselben Oppositionen (Bürgertum/Vagantentum) werden bis in die Nennung des Namens hinein sichtbar.

4.5.3. *Didaktische Überlegungen*

Die vorgetragene Sachanalyse läßt im wesentlichen drei Lernziele zu:

a) Die Schüler lernen den Typ des Wanderlieds kennen, der für eine lange Tradition repräsentativ ist, die von den Balladen und Vagantenliedern Villons bis zu den Songs und Chansons der Gegenwart führt und in zahlreichen Variationen den Gegensatz von Vagabundentum und bürgerlicher Lebensnorm wiederholt. Daher wird nach der Erschließung dieses Liedtyps ein Übertrag auf einen zeitgenössischen Chanson versucht: Antoine, Europa-Autobahn No. 4. Die Schüler erkennen, daß dort nur die Inhalte ausgewechselt worden sind, die entscheidende Opposition von Vagabund und Besitzbürgertum aber beibehalten worden ist. An Stelle des wandernden Musikanten tritt im modernen Chanson der auf „Schusters Rappen" reisende Tramp, an die Stelle des damaligen Besitzbürgertums („Haus und Hof") tritt jetzt das Automobil als Zeichen für einen genormten Lebensvollzug.

b) Die Schüler sollen darüberhinaus erkennen, daß hier eine programmatische Äußerung des Sprechers vorliegt. Sein „Lebensprogramm" ist ein Bekenntnis zum dauernden Unterwegssein in der Welt. Wandern führt nicht, wie im Sommerlied Paul Gerhardts (A 2), durch die Welt hindurch und zu Gott hin. Der Vagant erkennt keine hierarchische Ordnung und kein Dienstverhältnis an.

4.5.4. *Methodische Hinweise*

Die methodische Erschließung des Textes kann in drei Lernschritten erfolgen:

a) *1. Lernschritt:* Vorbereitung auf die Besonderheit des Textes als eines Rollenlieds (Vagantenrolle): Der Lehrer gibt nur den Titel „Der wandernde Musikant" ohne den Text vor und läßt die Schüler schriftlich oder mündlich formulieren, welche Situation sich hinter der Überschrift verbergen könnte. Wie die Erfahrung gezeigt hat, geben die meisten Schüler eine Beschreibung oder Schilderung des herumziehenden Musikanten. Sie erwarten eine Erzählung oder Märchen. Der anschließende Vergleich der eigenen Darstellung mit dem Text Eichendorffs zeigt ihnen die Abweichung: Der Sänger selbst tritt auf und spricht sich aus (Rolle).

b) *2. Lernschritt:* Erschließung der Rolle des Sängers, indem wir fragen, wie der Musikant spricht, d. h. Selbstdarstellung durch Mimik, Gestik, Tonfall, wobei jede Strophe von einem Schüler laut vorgetragen werden sollte.

1. Strophe: Erkenntnis der Gestik. Der Sänger weist auf sich selbst hin: „Lebe eben wie *ich* kann". Ablehnung eines anderen Lebens: „Paßt es *mir* doch gar nicht an." Die Schüler erkennen: Der Sänger weist nur auf sich selbst hin und grenzt sich damit gegen andere ab.

2. Strophe: Der Gestus wird demonstrierend. Eine objektiv erkennbare Situation wird gezeigt: „In der Kälte" (Mimik), „ohne Schuh" (Gestik), „Draußen in die Saiten reiß ich" (Gestik), „Weiß nicht, wo ich abends ruh" (Gestik, Mimik).

3. Strophe: Gestik und Mimik drücken Ironie („Manche Schöne macht mir Augen") und Selbstironie („Nur ein solcher Lump nicht wär") aus.

4. Strophe: Begleitende Gestik und Mimik drücken Spott („Mag dir Gott ein'n Mann bescheren") und Verachtung über andere aus: „Wenn wir zwei zusammen wären, möcht mein Singen mir vergehen".
Zusammenfassung: Der Vagant spielt eine Rolle. Er ist in jeder Strophe Mittelpunktsfigur.

c) *3. Lernschritt:* Erschließung der Funktion dieses Rollenspiels, indem seine Beziehung zur Umwelt erarbeitet wird. Der dabei zu erschließende Gegensatz und die gegensätzlichen Wertungen können grob etwa so skizziert werden:

Gegensätze:

Vagant (wand. Musikant)		⟵⟶	Umwelt
1. Strophe: „Lebe eben wie ich kann"; „paßt es mir doch gar nicht an"	Bekenntnis zur Freiheit	⟵⟶	„Mühe" = Anstrengung = Arbeit = Zwang
2. Strophe: „in der Kälte", „ohne Schuh", „draußen"	Situation: Unterwegssein, Armut	⟵⟶	zu Hause sein / Besitz
3. Strophe: „armer Lump" untauglich	Wertung	⟵⟶	Bürgermädchen
4. Strophe: Ablehnung der Gemeinschaft Freiheit		⟵⟶	Ehe, Haus, Hof Bindung durch Besitz

Die schematisierten Gegensätze, die auch nur mündlich festgehalten werden können, haben hier nur eine Funktion: Den Sinn des Rollenpiels des Vaganten zu verdeutlichen. Der Vagant spricht in diesen Gegensätzen seine Lebenseinstellung aus und bekennt sich zu ihr.
Als eine weitere didaktische Möglichkeit könnte ein Vergleich mit einem zeitgenössischen Chanson von Antoine: Europa-Autobahn Nr. 4 durchgeführt werden.

Lernziele

a) Die Schüler erarbeiten den Gegensatz von Tramp und motorisiertem Bürger;
b) sie erschließen die Parallele zu Eichendorff (dauerndes Unterwegssein des Tramp);
c) sie beurteilen die Wirkung, die von der Melodie ausgeht.

Text [1]

Europa-Autobahn Nr. 4

Der Abend fällt auf diese Straße
und lächelnd fahrt ihr an mir vorbei,
ganz sicher lacht ihr über mich,
weil ich auf Schusters Rappen reise.
Dies scheint euch gänzlich unerklärlich,
der ist beschränkt oder gar verrückt,
und ihr geht zurück in eure Städte.
Doch ich bin überall zu Haus.

Sicher könnte ich an diesem Abend
schon viel weiter sein auf meiner Reise.
Aber als sich schwärzte euer Himmel,
nahm mich der Horizont in seine Arme auf.
Alle eure Automobile,
die mir zuliebe angehalten hätten,
sie erschienen mir plötzlich zwecklos.
Doch ich bin überall zu Haus.

Hinter den Bäumen die Sonne steht
und scheint auf den Knien zu kriechen.
Die Straße wird plötzlich zu Marmor,
und ich bin überall zu Haus.
Sobald nur noch rosafarbene Bilder
zieren den abendlichen Himmel,
werd' ich mich aufraffen müssen,
die Liebe, die mich erwartet, zu treffen.

4.6. Heinrich Seidel: November (B 3)

4.6.1. *Lernziele*

Die Schüler lernen:

a) den Liedtyp des Winterlieds in einer neuen Form zu erschließen und den Unterschied zu Matthias Claudius' „Lied hinter dem Ofen ...“ (A 3) zu bestimmen;
b) die Autorintention aus der Darstellungsweise abzuleiten.

4.6.2. *Sachanalyse*

Seidels „November“ fällt aus der bekannten Reihe der melancholischen Herbst- und Winterlieder durch seine Heiterkeit heraus. Während die meisten November- und Winterdarstellungen der liedhaften Lyrik den Naturzustand des Verfalls und der Erstarrung durch Monotonie der menschlichen Stimmung widerspiegeln, ist die vorliegende Darstellung durch rasche Bewegung und Zustimmung des Autors zu dieser Bewegung gekennzeichnet. Die Zustimmung des Autors zeigt sich in zahlreichen Ausrufen: „Solchen Monat muß man loben!“, „Seht das schöne Schlackerwetter!“, „Ja, es ist 'ne Pracht!“, „Ja, das ist

[1] Aus: Protest-Lieder aus aller Welt, Frankfurt 1967. Fischer-Bücherei 830, S. 205.

Novemberspaß!“. Zustimmung und Übereinstimmung mit dem dargestellten Zustand ergibt sich aus der sicheren Autorposition: er sieht aus dem Haus (von innen) dem bewegten Naturzustand (draußen) „mit stillvergnügtem Grausen“ zu. Das faszinierte Zusehen, Kennzeichen der epischen Distanz, erklärt auch, warum der vorliegende Text eher als ein Erzählgedicht als unter der Bezeichnung „liedhafte Lyrik“ zu bestimmen ist. Das Zurücktreten der Stimmung wird hier durch ein starkes Hervortreten von Aktion und Bewegung ersetzt.
Die sprachlichen Mittel hierfür sind:

a) Die Personifikation einer Jahreszeit, d. h. des Monats November. Der November, abstrakter Zeitbegriff im Kalender, wird zuerst vermenschlicht (er mault, tobt, jagt, zwirbelt usw.) und kann in solcher Vermenschlichung handeln.

b) Die Handlungen des personifizierten Novembers zeigen sich in zahlreichen zielgerichteten Einzelaktionen, deren Wirkung wiederum an den Objekten abgelesen werden kann: Blätter tanzen, Scheiben rinnen, Wolken spinnen usw. Dieser Aktionismus zielt auf Verbildlichung einer Jahreszeit ab, die Verbildlichung erreicht aber nicht, wie im motivähnlichen Gedicht von M. Claudius (A 3), den Grad einer geschlossenen Allegorie. Die Personifikationen dienen hier nicht der *Verkörperung* der Jahreszeit, sondern der *Veranschaulichung* eines Zustandes, der sich aus der Summierung vieler Einzelbilder ergibt.

4.6.3. *Didaktische Überlegungen*

Der vorliegende Text ist, was seine poetische Qualität anbetrifft, anspruchslos. Bau- und Sinngefüge sind sofort durchschaubar und verraten eine handwerkliche Einstellung des Autors gegenüber der Sprache. Der Adressatenbezug (Kinder; Lesebuchgedicht!) ist an der Verwendung zahlreicher lesesteuernder Elemente erkennbar: Anruf, Zustimmung, Ausruf; Aktionismus und die durchgehende Anwendung des „klappernden“ Paarreims zielen auf eine starke Beeinflussung des Lesers ab. Er soll sich identifizieren. Von hier aus gesehen, dient der Text überwiegend der Ausbildung der Lesekompetenz, d. h. der Fähigkeit nach der primären (hier sehr suggestiven) Rezeption, die intuitiv erfaßten Eindrücke zu objektivieren. Die Schüler tun dies, indem sie elementare Fragen an den Text stellen: Welche Absicht verfolgt der Autor (Intention und Wirkung), welche sprachlichen Mittel verwendet er dazu (Personifikation), wie unterscheidet sich seine Darstellung von der eines motivähnlichen Textes (Vergleich mit A 3).

4.6.4. *Methodische Hinweise*

Für die Texterschließung könnten folgende Lernschritte vorgesehen werden:

1. Um das Lernziel „Autorintention“ und „Darstellungsweise“ zu erreichen, kann folgender Zugang zum Text gewählt werden:

a) Wetterbericht eines Novembertags und Vergleich dieses Berichts mit dem vorliegenden Text; oder

b) Lesen des Gedichts mit der Aufgabe der Reduktion des Inhalts der 3 Strophen auf drei Sätze. Etwa so: „Im November regnet es oft. Die Blätter fallen von den Bäumen. Die Menschen bleiben in ihrer Freizeit zu Hause“. Vergleich der Beschreibung oder eigenen Zusammenfassung mit dem Text des Autors. Ergebnis: Der Autor will uns keine Informationen über das Wetter liefern, sondern er stellt einen Zustand dar, wie er ihn sieht.

2. Wie stellt der Autor den Zustand dar? Wie verhält er sich zu diesem Zustand?

1. Strophe: Betrachte alle Aussagen (Sätze), die sich auf den Monat November beziehen und beobachte dabei die Prädikate (Satzaussagen):

Der November … tobt
… ist verdrießlich
… mault
… grault
… macht naß
… jagt und zwirbelt
… hetzt
} Vermenschlichung (Personifikation)

2. und 3. Strophe: Der November wird wie eine handelnde Person dargestellt. Worin zeigt sich die Wirkung seiner Handlung?

Der November bewirkt, daß
1. Blätter tanzen
2. Blätter jagen
3. Scheiben rinnen
4. Wolken spinnen
5. Regentropfen klopfen, pochen

Ergebnis: Die Wirkung des personifizierten Novembers zeigt sich in zahlreichen Einzelhandlungen und kann an den Objekten abgelesen werden. Dabei werden auch die Objekte teilweise personifiziert: Blätter tanzen, sind verloren, Wolken spinnen usw. Der Autor stellt also eine Jahreszeit so dar, daß ihre Wirkung an „Einzelbildern" sichtbar wird.

4. Strophe: Versuch, den Standpunkt des Autors aus der dritten Strophe zu bestimmen.

Standpunkt: Haus ←→ „Wetter"
Geborgenheit ←→ „Greuel"
Ruhe ←→ „unvernünftiges Toben"

Beziehung: „stillvergnügtes Grausen"

Zum Abschluß kann der Standpunkt des Autors im Sinne von „Wertung" und „Einstellung" aus dem ganzen Text erarbeitet werden:

1. Strophe: Solchen Monat muß man loben.
Ja, es ist 'ne wahre Pracht!

2. Strophe: Seht, das schöne Schlackerwetter.
Ja, das ist Novemberspaß!

3. Strophe: Und die Scheiben, wie sie rinnen!

4. Strophe: O wie ist der Mann zu loben …!

Ergebnis: Ausrufe und Zustimmung zeigen das Verhältnis des Autors zu seiner Darstellung. Er „lebt mit" und möchte, wie die Anrede „seht" zeigt, auch andere zur Teilnahme überreden.

Zusatz: Als eine weitere Möglichkeit, die vorausgegangene Texterschließung wesentlich zu vertiefen, bietet sich der Vergleich mit Claudius' „Lied, hinter dem Ofen zu singen" an. Folgende Lernziele könnten durch eine Kontrastierung beider Texte erarbeitet werden:

a) Gemeinsamkeit beider Texte: 1. Gleicher Liedtyp: Herbst- und Winterlied mit ähnlicher Ausgangssituation. 2. Ein Naturzustand wird mit Hilfe der Personifikation verbildlicht.

b) Unterschied beider Texte: 1. Die Personifikation führt bei M. Claudius zur Allegorie, d. h. der Naturzustand wird in einer menschlichen Gestalt ohne Einschränkung verkörpert (Winter = handelnder Mann). Sie ist Mittelpunktsfigur jeder Strophe. Ziel der Darstellung: Die Antithetik von Winter und Mensch ironisch darzustellen. 2. Die Personifikation in Seidels Gedicht wird nur teilweise durchgeführt, so daß der Zustand nur veranschaulicht wird. Ziel der Darstellung ist nicht die Antithetik zwischen Mensch und Natur (Claudius), sondern die Zustimmung, wie die Ausrufe am Ende jeder Strophe zeigen.

4.7. Unbekannter Verfasser: gospel train (A 4)

4.7.1. *Lernziele*

Die Schüler lernen:

a) Heilserwartung und Gesellschaftskritik als die beiden Funktionen des gospel songs zu erfassen;

b) die besondere Bildlichkeit dieses gospel songs zu bestimmen, indem sie die Einbettung von Bildern aus der Technik (Bild des Zuges, Räder, Dampf) in eine archaische Situation beschreiben;

c) durch einen Vergleich mit Paul Gerhards „Sommerlied" (A 2) die zusätzliche Funktion eines religiösen Lieds (hier: die Gesellschaftskritik) zu erschließen;

d) durch einen Vergleich des englischen Originaltextes mit der deutschen Fassung die Schwierigkeiten einer Übersetzung auf elementare Weise zu erkennen.

4.7.2. *Sachanalyse*

Der vorliegende gospel song hat im Rahmen der gesellschaftlichen Situation (vgl. Kontext) eine doppelte Funktion: Er drückt Heilserwartung und Gesellschaftskritik zugleich aus. Die gleichgebaute Anfangs- und Schlußstrophe bildet gleichsam den „Rahmen" des Lieds und enthält die Liedsituation. Der Sänger fordert die Kinder (gemeint sind „die Kinder Gottes") auf „einzusteigen". Die dreimals wiederholte Aufforderung ist nicht nur ein rhythmisches Element (Refrain), sondern ein Vorverweis auf den ankommenden Heilszug, der in den nachfolgenden drei Strophen beschrieben wird. Im Bild des ankommenden Heilszugs überlagern und vereinigen sich zwei Bildebenen auf glückliche Weise:

1. Im Bild des ankommenden Heilszugs muß die archaische Situation des Unterwegssein zum Heil, wie sie in vielen gospel songs erscheint („I just go to heaven and I can't sit down"), mitgedacht werden. Zugleich wird diese archaische Situation aktualisiert:

2. Im Bild des ankommenden Heilszugs wird die technische Welt in den gospel integriert. Der rollende, ungebremste und auf Volldampf laufende Zug ist irdisch und überirdisch zugleich. Irdisch, insofern er von jedem betreten werden kann („Jeder kann mit"), überirdisch, insofern der Heilszug keine Klassen mehr kennt: „Keine zweite Klasse hat der Zug, der Preis ist für alle gleich". Die so gewonnene Differenzierung erlaubt eine Kritik an der bestehenden Klassen- und Rassengesellschaft, die den Neger als „zweitklassig" abstempelt. Der Heilzug kennt, wie der Originaltext sagt, „no difference".

4.7.3. *Didaktische Überlegungen*

Da der vorliegende gospel wie ein Kinderlied beginnt und endet, ist der unmittelbare Zugang zum Text einfach. Ebenso einfach ist das Liedschema und der dargestellte Handlungsablauf: Ankündigung des Zuges — Einsteigen — Mitfahren. Schwieriger dürfte es sein, die konkrete und symbolische Bedeutung des

Heilszuges und den damit verbundenen spezifischen amerikanischen Kontext zu verstehen. Dazu hilft die dem Text vorangesetzte Kontexteinbettung. Aus ihr können die wichtigsten Informationen vor dem Lesen abgerufen werden:

1. Inhalt und Funktion des gospel songs,
2. Sänger und Zielgruppe (Hörergemeinde) des gospel songs,
3. ihre besondere Lage in der amerikanischen Gesellschaft.

Mit Hilfe dieser Informationen, die durch weitere Informationen aus diesem Lesebuch ergänzt werden sollten (vgl. dazu die hier abgedruckten Lebenserinnerungen von M. L. King), können aus der dritten und vierten Strophe die symbolische Bedeutung des Heilszugs, aus der vierten Strophe die gesellschaftskritische Funktion des gospel songs erschlossen werden. Ein Vergleich mit dem Sommerlied P. Gerhardts (A 2) kann die neue kritische Funktion des religiösen Lieds nochmals verdeutlichen. Ein abschließender Vergleich zwischen Originaltext und deutscher Übersetzung kann die Bedeutung des Lieds noch vertiefen.

4.7.4. *Methodische Hinweise*

Das Lied sollte gemäß den didaktischen Überlegungen in 3 Lernschritten erschlossen werden:

1. Lernschritt: Lehrer-Schülergespräch. Gemeinsames Erschließen des Kontextes unter drei Gesichtspunkten:

a) Herkunft und Funktion des gospel songs.

b) Zielgruppe (Hörergemeinschaft) des gospel songs (Neger).

c) Unterschiede zur christlichen Gemeinde der Weissen (vgl. dazu auch M. L. Kings Jugenderinnerungen).

2. Lernschritt: Stilles und lautes Lesen des Textes. Betrachtung des Aufbaus:

a) Isolierung des „Rahmens“. Das Lied besitzt eine gleichgebaute Anfangs- und Endstrophe. Wir wollen daraus die Liedsituation erschließen. Gestisches Sprechen: „Steigt ein, meine Kinder“. Liedsituation: Sprecher und wartende Kinder. Die Liedsituation ist konkret: Bahnhof oder Haltestelle. Ankündigung

b) Wie kündigt der Sprecher den Zug an? Der Zug wird nicht gesehen, sondern *gehört:* viermalige, beschwörende Ankündigung: ich höre ihn, ich höre wie, ich höre ihn, ich höre wie. Ergebnis: der Zug wird nicht dar-, sondern *vorgestellt.*

c) Wie müssen wir uns den Zug vorstellen? Nur Geräusche (rollen, rumpeln) und die Geschwindigkeit des Zuges (Dampf ist auf, Bremse los, unter dem Zug *bebt* das Land) werden wahrnehmbar, nicht seine Gestalt (Erscheinung).

d) Welche Besonderheit kennzeichnet diesen Zug weiter? Der Zug kennt keine Gegensätze (arm und reich), keine zweite Klasse.

3. Lernschritt: Anwendung der Informationen aus dem Kontext auf die besondere Darstellung dieses Zugs:

a) Der gospel song verkündet die frohe Botschaft, Ankunft des Heils. Der gospel train bringt schon im Namen (Heil und Zug werden miteinander verbunden), dann im Bild des ankommenden Zugs die Ankunft des Heils zum Ausdruck. Der gospel train ist ein leicht begreifbares Sinnbild (Symbol: Ding und Sinn, Zug und Heil fallen zusammen).

b) Der gospel train kennt keine Klassen- und Rassengegensätze, wie sie im „wirklichen“ Zug (white people only) und im gesellschaftlichen Leben erscheinen. Der gospel train kritisiert damit die bestehende Gesellschaft.

Zusatz: 1. Vergleich mit Gerhardts Sommerlied (vgl. die Analyse dort).
2. Vergleich mit dem englischen Originaltext.

4.8. Solano Trinidade: 's gibt hungrige Leute (B 4)

4.8.1. *Lernziele*

Die Schüler lernen:

a) ein Protestlied aus der lateinamerikanischen Welt zu erschließen, indem sie die Autorenintention (soziale Anklage und Identifikation mit den Hungernden) erfassen und mit einem Zeitungsbericht vergleichen;

b) die besondere Darstellungstechnik des Autors zu bestimmen: mit Hilfe der Personifikation eines technischen Gegenstandes (des Zuges) und onomatopoetischer Mittel (Lautmalerei) wird ein hohes Maß an Teilnahme des Hörers erreicht.

c) aus dem Vergleich zu A 4 (gospel train) zu erfassen, wie ein und dasselbe sprachliche Zeichen (der Zug) in verschiedener Bedeutung verwendet werden kann:

— der „gospel train" kennt als Heilszug keine Klassengemeinschaft an, ist also Symbol der Gleichheit der Menschen vor Gott,

— hier dagegen ist der Zug Symbol der hungernden Klasse, Zeichen der sozialen Ungleichheit.

4.8.2. *Sachanalyse*

Der vorliegende Text ist dem Band „Schwarzer Orpheus" (Frankfurt a. M. 1963) entnommen, der die Situation der negro-afrikanischen Dichtung in der weißen Zivilisation widerspiegelt. Das Lied von Solano Trinidade, eines brasilianischen Autors und Schauspielers, ist in doppelter Hinsicht ein Zeugnis dieser Bewußtseinslage:

1. Durch seine Parteinahme für die Hungernden und Unterdrückten kann das Lied als Nachricht aus einer bestimmten sozialen Konfliktsituation verstanden werden. Die Absicht des Lieddichters ist es, diese Konfliktsituation denen bewußt zu machen, die in ihr leben und unter ihr leiden: die Hungernden selbst, die „vielen traurigen Gesichter" (vierte Strophe) der farbigen Bevölkerung, die in ihrer Traurigkeit sich selbst entfremdet ist und so weder Ursache noch Herkunft ihrer Entfremdung begreifen kann.

2. Um dies bewußt zu machen, verwendet der Autor elementarste Kommunikationstechniken, die seinem „einfachen" Publikum gemäß sind. Solche Kommunikationstechniken sind:

a) Die von den Hungernden täglich erfahrene Lebenssituation wird verbildlicht. Ein aus den Vororten (von Rio de Janeiro?) in das Stadtzentrum einfahrender „schmutziger Zug", der sich von Station zu Station quält, wird dargestellt. Dieser konkreten Lebenssituation entspricht die epische Technik der Bildreihung, die vom Autor durch eingefügte Kommentare verstärkt wird: „Wieviel traurige Gesichter, traurige Gesichter viel, wollen zu irgendeinem Schicksal, wollen zu einem Ziel".

b) Das Mittel der Personifikation, das dem naiven, in der Regel nicht reflektierenden Zuhörer affektive und zugleich kognitive Kommunikation mit der dargestellten Welt ermöglicht. Indem der einfahrende Zug hier personifiziert, d. h. vermenschlicht wird, vermag er zu sprechen; er sagt: „'s gibt hungrige Leute". Und: „Langsam, langsam beginnt er zu sagen: wenn Leute hungern, gebt ihnen Essen". Der personifizierte technische Gegenstand, der Zug, wird damit seiner rationalen Objektivität entkleidet und zur *Stimme* der leidenden Menschen. Er drückt das aus, was der naive Zuhörer denkt, bzw. denken soll.

c) Zur Erzeugung dieser symbolischen Bedeutung verwendet der Liedautor neben der einhämmernden Rhythmik (vgl. den Refrain und die stabilisierenden Wortwiederholungen: z. B. „fährt, fährt, fährt“) onomatopoetische (lautmalerische) Wendungen, wie sie in der europäischen Lieddichtung nur noch selten erscheinen, aber aus den Comics wohlbekannt sind. So wird hier z. B. die Signalpfeife des Zugs durch das Zeichen „Piiiiiiiiii“, die Luftdruckbremse durch das Zeichen „Psiuuuuuuuu“ wiedergegeben. Diese *Lautzeichen* erzeugen die Qualität des dargestellten Gegenstandes sinnlich. Dies bedeutet: der vorliegende Text muß laut gesprochen und von Mimik und Gestik begleitet werden. Er ist für das angesprochene Publikum keine autonome ästhetische Komposition, sondern lebt allein von der „Exekution“, d. h. dem Prozeß des Vortragens. Dies um so mehr, da der größte Teil des hier angesprochenen Publikums nicht lesen kann oder ihm durch das herrschende Bildungssystem für privilegierte Schichten der Zugang zum Buch verwehrt ist. Um diesen Zusammenhang von Text und sozialem Kontext, der auch bei den methodischen Überlegungen eine wichtige Rolle spielt, deutlich zu machen, sei hier ein Auszug aus einem Bericht der Stuttgarter Zeitung („Brasiliens wachsendes Sozialprodukt ungerecht verteilt“ von H. Gebhardt) vom 4. 7. 1972 angeführt: „... Dabei darf man freilich nicht übersehen, daß die alarmierende Spannung zwischen arm und reich und die im Namen von „Sicherheit und Ordnung“ durchgeführte politische Entmündigung des brasilianischen Volkes auf die Dauer zu ernsten Konflikten führen muß ... Die unterste Schicht der Bevölkerung (40 Prozent), die vor zehn Jahren zehn Prozent des Volkseinkommens bezog, erhält jetzt nur noch acht Prozent, während die Beteiligung der obersten Gruppe (der Reichen: 5 Prozent) von 29 Prozent auf 38 Prozent gestiegen ist ... Freilich sind die Leidtragenden vor allem die analphabetischen Landbewohner und ungelernten Arbeiter. ... die Zuspitzung des Gegensatzes von arm und reich ... führt aber nicht zu einer akuten revolutionären Ungeduld der Masse. Sie steht der politischen Entwicklung apathisch gegenüber. Das beruht vor allem auf der fehlenden Bewußtseinsbildung der Analphabeten, zum anderen auf dem harten Kampf um das tägliche Brot“.

4.8.3. *Didaktische Überlegungen*

Der vorliegende Text ist bewußt als Abschluß der Lerneinheit „Lied und liedhafte Lyrik“ gewählt worden. In seiner ausdrücklich gesellschaftskritischen Funktion bildet er, zusammen mit A 4 und B 1, zugleich den Anschluß an die kritische Lyrik im 6. Schuljahr und die Formen des Bänkelsangs, Moritatenlieds, Protestsongs im 7. und 8. Schuljahr. Die Schüler können aus dem Text erkennen, daß Lieder nicht nur in einem naturhaften Kontext stehen, sondern heute vor allem auch als Nachrichten aus einer sozialen Konfliktsituation zu begreifen sind. Das Lied ist nicht primär Genußmittel (Schlager), sondern Mittel der Bewußtwerdung dieser Konfliktsituation. Obwohl im Unterricht nicht alle Einsichten aus der Sachanalyse realisiert werden können, gewährt der Text auf Grund seines einfachen Baugefüges unmittelbaren Zugang zu der Autorenintention: mit Hilfe des Bildes vom „schmutzigen Zug“, das in jeder Strophe erscheint, will der Autor auf schwerwiegende soziale Mißstände aufmerksam machen. Dies und der fremdartige soziale Kontext (vgl. die Ortsnamen) zeigen dem Schüler, daß er selbst nicht der primäre Adressat des Liedes sein kann. Adressaten sind die Hungernden, denen ihre Lage bewußt gemacht werden soll. Durch wiederholtes Sprechen können dann die sprachlichen Mittel (Personifikation, Refrain, Wortwiederholungen und Lautmalerei) erarbeitet werden, mit denen der Autor die Bewußtmachung erreichen will. Der Schüler sollte erkennen: die Sprache des Protestlieds muß so einfach sein, daß sie von denen verstanden wird, an die sie gerichtet ist.

4.8.4. *Methodische Überlegungen*

Die methodische Erschließung des Textes könnte in drei Lernschritten erfolgen:

1. Lernschritt: Aufbau einer gemeinsamen Informationsbasis für die gesamte Klasse. Die in der Sachanalyse zitierten Berichtteile können dem Schüler dabei vermittelt werden.

Es folgt die Worterklärung des Lehrers (wirtschaftlich aktive Bevölkerung = arbeitende Bevölkerung; Analphabet: einer, der das Alphabet nicht beherrscht und damit nicht lesen und schreiben kann; fehlende Bewußtseinsbildung: jemand, der seine eigene Lage nicht durchschauen kann) und gemeinsame Rückführung der obigen Informationen auf drei Aussagen:

a) Es besteht in Brasilien ein großer Gegensatz zwischen Armut und Reichtum. Dies wird kritisiert.

b) Der „Kampf um das tägliche Brot" und die mangelnde Schulbildung in der Unterschicht der Bevölkerung führt zur Gleichgültigkeit.

2. Lernschritt: Können wir einen Zusammenhang zwischen den drei Aussagen (Nachrichten) des Zeitungsberichts über Brasilien und dem brasilianischen Lied finden?

Lehrervortrag und stilles Lesen des Textes. Einsammeln der Primäraussagen unter der obigen Fragestellung. Ordnen der Primäraussagen und Tafelanschrieb.

Zeitungsbericht		Gedicht
a) „Kampf um das tägliche Brot"	⟶	„'s gibt hungrige Leute" (Dreimalige Wiederholung in Strophe 1, 2, 3, 5)
b) Gleichgültigkeit der Unterschicht	⟶	„Wieviel traurige Gesichter, traurige Gesichter viel" (4. Strophe)
c) Kritik am Gegensatz von arm und reich	⟶	„Wenn Leute hungern, gebt ihnen Essen" (6. Strophe)

Zusammenfassung im Unterrichtsgespräch: es gibt einen unmittelbaren Zusammenhang zwischen Zeitungsbericht (Kontext) und Lied (Text). Das Lied spricht von den gleichen Zuständen, aber stellt diese Zustände nicht so dar wie im Zeitungsbericht. Der Zeitungsbericht enthält mehr *Informationen* (z. B. Zahlen, Daten, Namen, Tatsache des Analphabetentums usw.) und *erklärt,* warum dieser Zustand so ist (Ursache). Das Lied gibt weniger Informationen und begründet den Zustand der Armut nicht. Dagegen wiederholt es mehrmals schon bekannte Sachverhalte, z. B. im Refrain (Redundanz).

3. Lernschritt: Wie stellt der Autor den Zustand dar und was möchte er mit seiner Darstellung erreichen (Frage nach der Autorintention)? Erneutes Sprechen des Textes und Erschließen der Darstellungstechnik in der angegebenen Reihenfolge:

a) Zugrunde liegende Situation des Textes: in 6 von 7 Strophen steht der Zug im Mittelpunkt; nur in einer Strophe (4) erscheinen die mitfahrenden Menschen („Wieviel traurige Gesichter ..."). Rhythmus der Zugfahrt: fahren, halten, fahren, halten usw. Einsicht: dieser Rhythmus kann endlos fortgesetzt werden. Der Zug ist dauernd unterwegs: „fährt, fährt, fährt", „Und wieder fährt er". Man könnte aus der Schlußzeile in die Anfangszeile „hinüberlesen" (Kreisstruktur). Dahinter liegender Gegensatz: Sich bewegender Zug und unbewegte (gleichgültige) Mitreisende.

b) Wie wird der Zug dargestellt? Einsammeln der Attribute (Eigenschaften):

der Zug → 1. fährt, hält
→ 2. pfeift (Piiiii), bremst (Psiuuuu)
→ 3. spricht, sagt, schweigt

Erkenntnis: Der Zug ist hier ein „Doppelwesen“: 1. Er erfüllt eine technische Funktion (Transport). 2. Er erfüllt eine menschliche Funktion: er spricht. Durch die Personifikation (vgl. dazu A 3, B 3, A 4) wird ein Vergleich eines toten Gegenstandes mit einer menschlichen Eigenschaft hergestellt: Sprache, Stimme.

c) Wozu dient diese Personifikation? Der Zug spricht das aus, was die stummen Menschen fühlen und denken. Der Zug spricht *für* sie, ist also *Für-sprecher* des Menschen. Diese Fürsprache zeigt sich:

a) in der dreimaligen Wiederholung im Refrain: „'s gibt hungrige Leute“. (In den Wiederholungen, laut gesprochen, kann der Schlagrhythmus, Takt der Schwellen, mitgehört werden.)

b) „Wenn Leute hungern, gebt ihnen Essen“ (zweimalige Wiederholung). Dieser Satz enthält die „Nachricht“ des Lieds. Anklage und Kritik an den herrschenden Zuständen (Autorenintention).

d) Warum hat der Autor seine Aussageabsicht nicht anders verdeutlicht, etwa in Form eines Plakats (Aufrufs):

DIE LEUTE HUNGERN!
WENN LEUTE HUNGERN,
GEBT IHNEN ESSEN!

Erkenntnis des Adressatenbezugs: Viele der Angesprochenen können nicht lesen (vgl. Kontext). Das Lied muß daher laut vorgetragen werden. Beispiele dafür, daß dieses Lied bewußt für den Zuhörer konzipiert ist, sind: Wortwiederholungen („fährt, fährt, fährt“, „wieder fährt er“, „wieder sagt er“, „wieviel traurige Gesichter, traurige Gesichter viel“, „langsam“), Refrain und lautmalerische Mittel: Piiiiii!, Psiuuuuu! Erneutes Sprechen des Textes, begleitet von Mimik und Gestik. Denkbar wäre auch: das Lied kann in Rollen gesprochen werden. Rollen: 1 Kommentator, 1 Ausrufer, der die Namen der Bahnhöfe (3. Strophe) spricht, der Zug: Refrain und Lautsignale.

Ein abschließender Vergleich mit dem Lied „gospel train“ (C 1) wäre angebracht. Folgende Lernziele könnten erarbeitet werden:

1. Gemeinsamkeit der beiden Texte:

a) Situation des Unterwegsseins, dargestellt am Bild des fahrenden Zugs.

b) Appellierender und kritischer Charakter beider Texte (Autorintention). Gleiche Darstellungstechnik: Wortwiederholungen, Refrain.

c) Gleiche oder ähnliche Adressatengruppe: Unterdrückte, Diskriminierte.

2. Unterschiede der beiden Texte:

a) Im „gospel train“ ist der Zug ein Symbol für die aufgehobenen Klassengegensätze („Keine erste und zweite Klasse kennt der Zug“).

b) Im brasilianischen Lied ist der Zug ein Zeichen für die konkret herrschenden Klassengegensätze. In der Personifikation des Zuges wird dieser Klassengegensatz ausgesprochen.

Kügler

ZUSATZTEXTE LIEDHAFTE LYRIK

1. Joseph von Eichendorff: Winternacht

Eduard Mörike: Er ist's

1.1. *Lerziele*

Die Schüler lernen:

a) thematisch verschiedene Naturgedichte miteinander zu vergleichen;

b) daß die unterschiedliche Naturdarstellung ein unterschiedliches Verhalten des Sprechers bedingt;

c) die folgenden Gesichtspunkte bei der vergleichenden Analyse zu berücksichtigen: Sprechsituation (Zeit), Personifikation, Verhalten des lyrischen Sprechers.

Sachanalyse, didaktische und methodische Hinweise für eine Einzelanalyse zu E. Mörike „Er ist's“ vgl. Handbuch zu schwarz auf weiß, 5. und 6. Schuljahr, S. 17.

2. Federico García Lorca: Reiterlied

2.1. *Lernziele*

Die Schüler lernen:

a) die Bauform eines modernen Gedichtes erfassen, indem sie dessen spezifische Zeichensprache und das Sprecherverhalten erschließen;

b) die unmittelbare Verwandtschaft dieses Gedichts mit dem Volkslied abzuleiten, indem sie bestimmte Informationen aus dem beigegebenen Kontext abrufen und auf den Text anwenden.

2.2. *Zum Text*

Lorcas berühmtes Reiterlied zeigt, wie es der Kontext ausspricht, den ungebrochenen Einfluß der Volksliedddichtung auf die moderne spanische Lyrik. Während in Deutschland die Elemente des Volkslieds von den zeitgenössischen Autoren oft nur noch parodistisch verwendet werden (z. B. bei Brecht, Biermann, Degenhardt, I. Bachmann), bleiben sie hier in glücklicher Einheit mit dem modernen Symbolismus verschmolzen. Die Elemente der Volksliedddichtung zeigen sich hier:

1. In der archaischen Situation des Unterwegsseins: Reiter, schwarzes Pferd, Ebene, ferne Stadt (= Tod). Diese Liedsituation wirkt hier um so suggestiver, da sie sich nicht ändert und am Anfang und Ende von einem gleichlautenden Zweizeiler („Córdoba, einsam und fern“) eingerahmt ist. Der Ritt erscheint dadurch endlos.

2. Die verwendeten Chiffren (nachtschwarze Stute, Diskus des Mondes, purpurner Mond, Córdobas Türme = Tod) sind den Bildzeichen des Volksliedes verwandt. Sie verweisen durch ihre Farbsymbolik (schwarz, rot) auf einen Bezugspunkt: den Tod. Dieser wird auch mehrmals vom Sprecher direkt genannt: „Von Córdobas Türmen starrt mich stechend der Tod an.“

3. Volksliedhaft sind die zahlreichen Wiederholungen (nachtschwarze Stute, Mond, Weg) und der dreimal wiederholte Ausruf:

> Ach, welch ein endloser Weg!
> Ach, meine wackere Stute!
> Ach, mich erwartet der Tod!

Mit dieser unverhüllten Sprechweise des Reiters kann und soll sich der Leser identifizieren. Das Lied wirkt suggestiv, wie es der Autor im Kontext ausspricht. Gedichte sollen „das Herz durchdringen wie ein Degen". In dieser Metapher sind auch die Grundmotive des vorliegenden Textes nochmals vereint: „Herz" = Leben, „Degen" = Tod. Beide Grundmotive kehren bei Lorca immer wieder, wie es auch das nachfolgende Gedicht „Jäger" zeigt.

2.3. *Didaktische und methodische Überlegungen*

Der vorliegende Text kann unter zwei Aspekten erschlossen werden:

1. Aspekt: Das Reiterlied kann im Zusammenhang mit der Lerneinheit „Liedhafte Lyrik" erschlossen werden. Die Schüler können dann die Gemeinsamkeit mit der traditionellen Lieddichtung sofort erkennen: a) Einfache Liedsituation, b) gemeinsame Zeichensprache (Vgl. A 1, B 1), c) gemeinsames Sprecherverhalten: Sprecher und Umwelt antworten sich. Diese Verwandtschaft mit der traditionellen Lieddichtung kann durch Anwendung des beigefügten Kontextes auf den Text nochmals bestätigt werden:

a) Lorca sammelt und vertont Volkslieder. Vgl. dazu den gleichen Vorgang bei Brentano (A 1 und Kontext).
b) Volkslieder sind für Lorca nicht vergangen, überholt, sondern er läßt sich durch sie zu neuen Gedichten anregen: z. B. die Übernahme alter Bilder aus dem Volksglauben: „purpurner Mond" (luna roja) = Unheil.

2. Aspekt: Lorcas Reiterlied kann auch mit seinem nachfolgenden Gedicht „Jäger" zu einem Vergleich zusammen geschlossen werden. Die Schüler erkennen dann: auch hier ist die entscheidende Opposition Leben/Tod das Thema des Gedichts (vgl. die Interpretation).

3. Federico García Lorca: Jäger

3.1. *Lernziele*

Die Schüler lernen:

a) daß hier der Gegensatz von Leben und Tod das Baugesetz des Gedichts bestimmt;
b) wie dieser Gegensatz sprachlich gestaltet wird, indem sie die Bildzeichen Jäger/Taube und die Bewegungszeichen fliegen/fallen erschließen.

3.2. *Zum Text*

Lorcas kleines Gedicht ist von größter Eindringlichkeit und zugleich von klarer lateinischer Rationalität. Die in sich abgeschlossene, autonome Komposition bedarf keines Kontextes und keiner Zusatzinformationen. Die autonome Struktur des Gedichts erklärt sich selbst, weil sie auf einer elementaren „Grammatik" aufgebaut ist. Die Grundelemente dieser Grammatik sind die rhetorischen Figuren der Parallelität und der Opposition. Die Parallelität zeigt sich in dem Bild der vier Tauben. Sie erscheinen in jedem Zweizeiler: 1. Vier Tauben ziehen; 2. Vier Tauben fliegen; 3. Vier Schatten (der Tauben) zittern; 4. Vier Tauben fallen.
Diese Parallelismen, aus der Volkslieddichtung bekannt, haben hier eine doppelte Funktion: a) sie stabilisieren und steuern die Wahrnehmung des Rezipienten. Dessen Blick wird in jeder Sequenz auf das Bild der Tauben gelenkt. b) Das Bild der Tauben ist ein Bewegungszeichen. An ihm wird der Prozeß der Bewegung vom Leben zum Tod sichtbar: Vier Tauben ... *fliegen, zittern, fallen.*

Dieser Gegensatz von Leben/Tod zeigt sich erneut in den Raumoppositionen *Hoch* in den Pinien ziehen vier Tauben/*Tief* in die Pinien fallen vier Tauben (Anfang und Schluß des Gedichts). In dieser Opposition von Leben und Tod, wiederholt in den Zeichen weiße Tauben/schwarzer Schatten, fliegen/fallen, zeigt sich die Darstellungsabsicht des Autors: dieser wählt aus einem Prozeß zwei signifikante Augenblicke, konfrontiert sie und erzeugt so eine „Nachricht" für den Leser, die in ihrer eindringlichen Bildhaftigkeit keines weiteren Kommentars bedarf. Wie die Jäger, Verursacher des Todes, nur im Titel genannt werden, so bleibt auch der Autor völlig distanziert (keine Ich-Aussage). Die gesetzten Bildzeichen „sprechen" für sich.

3.3. *Didaktische und methodische Überlegungen*

Das kleine Gedicht ist geeignet, den Schülern elementare Gesetze der Liedpoesie bewußt zu machen und so ihre Wahrnehmung für die Zeichensprache des Gedichts und die Funktion dieser Zeichensprache auszubilden. Das übliche Gerede über die „eigentliche Bedeutung" (Semantik), den „Publikumsbezug", die „soziologische Relevanz" eines Textes kann hier zugunsten der reinen Perzeption unterbleiben. Richtiges Perzipieren (Auffassen und Ordnen der Wahrnehmungen zu einem Bild) ist hier wichtiger als die mögliche symbolische Auslegung (Taube = Leben, Frieden; Jäger = Tod, Zerstörung). Dementsprechend sollte der Lehrer den Text zuerst nur sprechen und durch stilles Lesen vermitteln. Das Bewußtmachen der eigenen Wahrnehmung kann dann durch einfache Leitfragen erfolgen:

a) Welches Bild kehrt im Gedicht immer wieder? Erkenntnis des Parallelismus, der auch graphisch so verdeutlicht werden kann:

1. *Vier Tauben* .... ziehen }
2. *Vier Tauben* .... fliegen } Anfang

↕

3. *Vier Schatten* ... zittern }
4. *Vier Tauben* .... fallen } Ende

Die Schüler können erkennen, daß in den Parallelismen bereits Gegensätze angelegt sind. Diese zeigen sich auf der Ebene der Prädikate am deutlichsten: ziehen, fliegen ⟷ zittern, fallen.

b) Von hier aus kann die zweite Leitfrage gestellt werden. Wo treten die Gegensätze am schärfsten hervor? Dazu werden die vier Zeilen des Mittelstückes eliminiert. Die verbleibenden Anfangs- und Schlußzeilen enthalten die „reine" Opposition:

Hoch in den Pinien *ziehen* vier Tauben her
↕ ↕
Tief in die Pinien *fallen* vier Tauben schwer

Die Schüler erfassen derart, daß auch bei der Gestaltung der Gegensätze die Tauben in der Mitte der Darstellung bleiben.

b) Von hier aus kann die dritte Leitfrage gestellt werden. Warum trägt das Gedicht nicht den Titel „Vier Tauben", sondern „Jäger"? Die Reflexion darüber zeigt, daß die hier nicht beschriebenen Jäger die eigentlich Handelnden sind. Die Tauben, obwohl in Bewegung, sind für die Jäger nur „Gegenstände". Sie entgehen dem Tod nicht. Von hier aus gesehen, wäre ein Vergleich mit dem vorausgegangenen Reiterlied Lorcas möglich. Auch der Reiter ist, wie hier die Tauben, in ununterbrochener Bewegung dargestellt und kann doch dem Tod nicht entkommen: „Ach, mich erwartet der Tod, eh ich nach Córdoba komme!"

Auch hier bleiben die Verursacher des Todes im Hintergrund. Sie werden nicht genannt. (Ist es Zufall, daß sich Lorcas Schicksal in derselben Weise erfüllte? 1936, von einer Reise aus Madrid nach Granada, seiner Heimat, zurückkehrend, wird er kurz vor seiner Ankunft in den Wirren des Bürgerkriegs ermordet. Die Mörder blieben bis heute unbekannt.)

4. Georg Britting: Raubritter

4.1. *Lernziele*

a) Die Schüler lernen die besondere Darstellungstechnik eines modernen Naturgedichts zu erfassen, indem sie die zugrundeliegende Metaphorik (Hecht = Raubritter) erschließen;

b) sie vergleichen diese Darstellungstechnik mit einem Sachprosatext (Biologiebuch) und beschreiben dabei die unterschiedlichen Darstellungsabsichten der beiden Autoren.

Sachanalyse, didaktische und methodische Hinweise dazu vgl. Handbuch zu schwarz auf weiß, 5. und 6. Schuljahr, S. 33.

5. Günter Bruno Fuchs: Lied des Mannes im Wasserwagen

5.1. *Lernziele*

Die Schüler lernen:

a) am Beispiel eines zeitgenössischen Gedichts zu erfassen, wie die traditionelle Liedform als „Arbeitslied" in der technischen Umwelt weiterlebt;

b) wie hier mit den Mitteln der Personifikation ein Arbeitsverhältnis in eine persönliche Situation verwandelt wird.

5.2. *Zum Text*

Der vorliegende Text kann als Versuch verstanden werden, in einer technisierten Umwelt liedhaft-einfach zu sprechen. Dies verrät schon der Titel des Textes „Lied des Mannes im Wasserwagen". Zwei Bildbereiche werden in dieser Liedsituation miteinander verbunden: Singen („Lied") und Arbeiten (Mann auf dem Wasserwagen). In dieser Verbindung wird, wie es der nachfolgende Text zeigt, die konkrete und in der Wirklichkeit eintönige Arbeitssituation (Sprengen der Straße) poetisiert. Diese Poetisierung erfolgt hier mit dem traditionellen Mittel der Personifikation. Für den Arbeiter auf dem Wasserwagen ist die Straße kein totes Objekt, sondern belebt. Sie besitzt eine „Stimme" („heißer und trocken"), „Worte" („müde und abgehetzt"), ihre Teile sind wie die Glieder eines lebenden Organismus': „bucklige Pflastersteine ... haben Durst", „Platten des Gehsteigs ... rütteln sich wach". Das Ergebnis dieser Personifikation ist die Verwandlung des unpersönlichen Arbeitsverhältnisses in eine persönliche Situation. Sie erlaubt es dem Mann auf dem Wasserwagen, die Straße anzureden („Guten Tag, Straße"), die Straße wie einen lebenden Organismus zu betreuen („Geb ich dir frisches Wasser zu trinken") und sich damit — über seine untergeordnete Stellung als Arbeiter hinaus — als „Lebensspender" zu fühlen. Dieses imaginierte Rollenspiel des Mannes auf dem Wasserwagen hat natürlich die von ihm erwünschte Konsequenz: Die toten Objekte antworten: „und sagen Dankeschön ... und wünschen dem Wasserwagen viel Glück und ein langes Leben". Die erträumte Antwort ist psychologisch interessant. Sie enthält alle affektiven Elemente die in einem apersonalen Arbeitsverhältnis heute fehlen: Zuneigung, Dank für geleistete Arbeit, affektives Verhältnis zur Objektwelt, Rückbezug der Arbeit auf den Arbeitenden selbst („Glück und langes Leben").

5.3. *Didaktische und methodische Überlegungen*

Das Lied sollte im Zusammenhang mit dem Liedkurs C (gospel train — 's gibt hungrige Leute) erschlossen werden. Auch dort wird der Versuch sichtbar, tote Objekte der technischen Umwelt (die Lokomotive, der Zug) zu personifizieren und mit einer neuen Bedeutung zu versehen. Während in den genannten Liedern durch die Personifikation der Protest einer unterdrückten Minderheit ausgesprochen wird, also ein gestörtes Verhältnis zur Umwelt zum Ausdruck kommt, drückt hier die Personifikation die Übereinstimmung des Sprechers mit seiner Umwelt aus. Im Vergleich zu diesen Liedern können also anhand der Personifikation verschiedene Autorenintentionen erarbeitet werden. Für die Schüler ist die Einsicht in die Funktion der Personifikation um so leichter, da der Sprechablauf hier ein logisches Prinzip einhält und die methodische Erschließung im voraus auf drei Lernschritte festlegt: 1. Reflexion über die Liedsituation (singender Mann auf dem Wasserwagen), 2. Anrede des Mannes und Einsicht in die dadurch entstehende Personifikation der Straße, 3. Rückkopplung: Dank der Straße an den Mann im Wasserwagen.

Kügler

6. Peter Huchel: Unter der Kiefer

6.1. *Lernziele*

Die Schüler lernen:

a) die Bilder des Gedichts zu entschlüsseln und in eine Aussage umzugestalten;

b) die mythenhafte Erweiterung der Bilder zu erkennen;

c) daß nicht nur Metrik und Reimbindung, sondern auch die folgenden Strukturelemente zur Geschlossenheit des Gedichtes beitragen
   — ausdruckstarke, aufeinander bezogene Bilder
   — straffe, in sich fugenlose Sprachgestaltung
   — rhythmische Dynamik

d) den Text als Beispiel moderner Naturlyrik von Naturgedichten anderer Epochen zu unterscheiden.

Keller

ERZÄHLENDE UND LEHRHAFTE GEDICHTE

1. Johann Wolfgang v. Goethe: Legende

1.1. *Lernziele*

Die Schüler lernen:

a) die lehrhafte Absicht des Gedichtes von der Handlung her zu erfassen und zu beschreiben;

b) das Humorvolle des Textes in der Handlung und der Art der Sprachverwendung zu entdecken;

c) altertümliche Wendungen im Text zu benennen, durch die die Nähe zur Legende deutlich wird.

1.2. *Sachanalyse* [1]

Die Ballade entstand 1797 und wurde zusammen mit dem „Zauberlehrling", dem „Schatzgräber", der „Braut von Korinth" u. a. 1798 veröffentlicht. Der Titel „Legende" weist auf eine Gemeinsamkeit dieser Balladen des klassischen Balladenjahres hin: es entsprach dem gegenständlich-bildhaften Denken Goethes, große Gestalten der Vergangenheit und überlieferte, sinnträchtige Stoffe — „werte Bilder" und „uraltgeschichtlich Überliefertes" nennt es Goethe — sich anzueignen und so umzugestalten, daß sie zu Trägern eigener Vorstellungen werden konnten.

Das gilt auch für die Gestalten der christlichen Legende. Wie sie, zog Goethe daneben andere legendäre Stoffe der gesamten Weltliteratur zur Versinnbildlichung seiner Grundgedanken heran. Das gilt vor allem für die Ideenballaden wie „Die Braut von Korinth", die „Legende" in dem Gedicht „Paria" oder die „Indische Legende" mit dem Titel „Der Gott und die Bajadere". Die hier abgedruckte „Legende" gehört dagegen — mit Gedankengut weniger schwer befrachtet — zu den der Geselligkeit dienenden Liedern (ähnlich wie das „Hochzeitslied", „Die wandelnde Glocke" usw.), die eine einfach zu fassende, ganz auf das irdische Dasein bezogene Lehre an eine heitere, diesmal von Goethe selbst erfundene Begebenheit anknüpfen. — Was das Gedicht zur Legende macht, ist also lediglich die Gestalt Christi und die Form des Gedichtes. Denn die Verbindung von Lehrhaftem und Heiterem liegt durchaus in der Tradition dieser Gattung: auch mittelalterliche Legenden zeigen heitere, unterhaltsam-belehrende Züge; auch sie waren z. T. gereimt.

Unterstützt wird die humorvolle Wirkung der Goetheschen Ballade durch archaisierende Sprachelemente, die ihr einen altertümlichen, ehrwürdigen Anstrich geben. Dazu gehören die Konjugationsformen (was statt war), Weglassen (Elision) des „e" bei Endungen (Kron', sollt'), Wörter mit historischer Patina (Stätt', Gaum', Wornach, Langmut usw.), hierher gehört schließlich auch der altertümelnde Knittelvers (vierhebig, freie Zahl der unbetonten Silben, paarweise gereimt). Erheiternd wirkt ferner die Aufhebung der Distanz zu den Heiligengestalten: das Geschehen wird in den Raum des Alltags und der menschlichalltäglichen Bedürfnisse gerückt. Für diesen Bereich gültig ist dann auch die Lehre, um derentwillen die Begebenheit erzählt wird.

1.3. *Didaktisch-methodische Hinweise.* Die Art und Weise, wie St. Peter hier belehrt wird, spricht den Schüler dieser Altersstufe unmittelbar an, denn auch

[1] Die nachfolgenden Ausführungen wurden mit geringfügigen Änderungen übernommen aus Handbuch zu schwarz auf weiß 5./6. Schuljahr, Hannover-Bühl 1968, S. 78—79.

er hat sehr viel Sinn für Humor. Die Lehrabsicht wird — das bewies ein Unterrichtsversuch — vom 5.-Kläßler leicht erkannt. (Die Schüler versuchten sofort, das Gedicht auf seine Lehre hin zu deuten.) Das schließt aber nicht aus, daß die Folgerung („Wer geringe Ding' wenig acht't, / Sich um geringere Mühe macht.") in ihrer Allgemeinheit, Abstraktheit und in ihrer nicht leicht zu durchschauenden Formulierung Schwierigkeiten macht. Man wird gut daran tun, sich zunächst an das Geschehen zu halten, um an diesem konkreten „Exempel" die Lehre zu veranschaulichen. („Die geringen Dinge = das Hufeisen achtet St. Peter nicht, darum muß er sich viel Mühe machen, um zu den geringeren = Kirschen zu kommen.") — Im übrigen kann es nicht allein darum gehen, die moralische Quintessenz herauszuarbeiten. (Deren Reiz liegt für die Kinder darin, daß man sie entdeckt, nicht darin, daß man sie befolgt!) Der Vorgang selbst in seiner lebendigen Vergegenwärtigung der Gestalten und ihres Verhaltens, die humorvolle Art, wie die Belehrung verabreicht wird, sind gleichwertige Unterrichtsziele. — Schwierigkeiten bereiten auch die altertümlichen Wendungen, auf die einzugehen um des Verstehens willen notwendig ist. Zugleich aber kann dem Schüler dabei einsichtig werden, wie der Dichter den Eindruck einer alten Legende entstehen läßt.
Die sprachliche Diktion legt den Lehrervortrag nahe. Falls die Schüler bereits zu Beginn auf die Lehre zusteuern, kann man versuchen, von ihr aus das Ganze zu erfassen: Bereits am Anfang ist vom Lehren die Rede. (Die Vorfrage, wer eigentlich der „Herr" ist, woran man ihn erkennt, müßte vorweggenommen werden.) — Die Jünger verstehen ihn oft nicht (Vers 4). — Wieder kommt eine Situation, in der Christus durch ein „Exempel" einen seiner Jünger so belehrt, daß er es versteht. (Die Situation aus dem Text erarbeiten! Warum hebt St. Peter das Eisen nicht auf? Kontrast zwischen dem Hufeisen und den Träumen vom Weltregiment!) — Das Verhalten Christi (Verbindung zum Eingang: er will St. Peter eine Lehre erteilen). — Was ist mit dem geringen Ding, was mit dem geringeren gemeint? — Geschehen und Lehre am Schluß zueinander in Beziehung setzen! —

Lauterwasser

2. Erich Kästner: Monolog eines Blinden

2.1. *Lernziele*

Die Schüler lernen:

a) die Doppeldeutigkeit der sprachlichen Wendungen „vorübergehen" und „blind sein" von der im Text dargestellten Situation her zu erfassen;
b) durch Vergleich mit einer konträren Situation (Neugier, Sensationslust einer Menschenmenge) die Lage des Blinden zu erfassen.

Sachanalyse, didaktische und methodische Hinweise vgl. Handbuch zu schwarz auf weiß 5. und 6. Schuljahr, Hannover-Bühl 1968, S. 42—43.

Bauer

3. Bertolt Brecht: Es war einmal ein Hund
Es war einmal ein Huhn
Der Pflaumenbaum

3.1. *Lernziele*

Die Schüler lernen:

a) „Hund" und „Huhn" als symbolische Figuren zu erfassen, an denen menschliche Situationen deutlich gemacht werden;
b) durch die Frage nach dem Nutzen von „einem zu kleinen Mund" und „neuen Zähnen" die Fremdbestimmung der beiden Figuren zu erschließen;

c) durch Ersetzen einzelner Textelemente Darstellungsmittel dieser ‚Kindergedichte' zu erfassen;

d) mit Hilfe des Kontextes eine Möglichkeit der Übertragung auf menschliche Situationen zu erschließen;

3.2. *Sachanalyse*

3.2.1. Die Bilder und Situationen, die Brecht in diesen Kindergedichten darstellt, sind sehr einfach (siehe auch: Der Pflaumenbaum): er wählt Tiere und Pflanzen, die jedes Kind kennt. Sie stehen jeweils in einer für sie ungünstigen Situation oder es geschieht etwas Befremdliches mit ihnen (zu kleine Zähne, Huhn bekommt Zähne, sonnenloser Hof). Nutzen und Schaden dieser veränderten Lage für sie selbst und für andere werden abschließend kurz angegeben.

3.2.2. In dieser Spannung zwischen Nutzen für die anderen und Schaden bzw. Nutzlosigkeit für sie selbst (Huhn) ist die lehrhafte Absicht dieser Kindergedichte erkennbar: in der Verfremdung der Situation zeigt sich die Entfremdung gegenüber den eigenen Anlagen, die aufgezwungen wird von den anderen (Herr, Auslachen, die Erbauer von Hof und Gitter). In diesem Licht besehen wird auch die Hilfe, die von den anderen gegeben wird, fragwürdig, weil sie nur eine Scheinhilfe darstellt und nur denen nützt, die sie gewähren: die Zähne des Huhns allenfalls dem Zahnarzt, das Gitter des Baumes nur denen, die ab und zu einen Baum sehen wollen, ohne ihm wirklich helfen zu können, ein richtiger Pflaumenbaum zu werden.

3.2.3. In diesen einfachen Bildern wird also ein Widerspruch sichtbar gemacht zwischen der eigenen Entwicklung des Individuums von seinen Anlagen her und der Gesellschaft, die es entgegen diesen Anlagen braucht und mißbraucht. Ein historischer Bezug zur Hitlerzeit ist trotz der Entstehung dieser Gedichte in der Emigration (1934) für das Verständnis nicht erforderlich: Hitler ist nur e i n Herr, für den ein Hund mit zu kleinen Zähnen, der also weder fressen noch sich wehren kann, ein guter Fund ist.

3.3. *Didaktische Hinweise*

3.3.1. Wichtiger als die Analyse ist — sieht man vom Gedicht „Der Pflaumenbaum" einmal ab —, daß diese Kindergedichte in ihrer Anschaulichkeit und damit ihrem ungelösten Widerspruch erfaßt werden. Man kann davon ausgehen, daß solche symbolkräftigen Bilder sozusagen von sich aus zu dem Transfer anregen, wenn die Situation jeweils zum Vergleich herausfordert.
Bei der Behandlung von Fabeln zeigt sich immer wieder, daß sie dann wirkungslos werden, wenn zu schnell auf die augenblickliche Lebenssituation des Schülers übertragen wird.

3.3.2. Die beiden Texte „Es war einmal ein Hund" und „Es war einmal ein Huhn" sollten miteinander erarbeitet werden, weil sie von Machart, Symbolik und Absicht her sich gegenseitig sozusagen Kontext geben und von daher das Verständnis leichter wird.

3.4. *Methodische Hinweise*

3.4.1. Man kann durchaus mit der Frage beginnen: Wer hat den Nutzen, wer hat den Schaden von den Zähnen: der Hund? das Huhn? der Zahnarzt? der Herr?

3.4.2. Das Gedicht: „Es war einmal ein Huhn" kann auch durch eine Ersatzprobe erschlossen werden: Der Vers „Nun kann es ruhig gähnen" wird verfremdet zu „Nun kann es ruhig Knochen fressen", „Nun kann es ruhig beißen".

Die Schüler erfassen, daß damit

— das Gleichbleiben der Anfangs- und Schlußsituation nicht mehr gegeben ist;
— das Huhn nicht mehr ein Huhn wäre. Es wird deutlicher, daß die neuen Zähne für das Huhn nur ein Scheingeschenk sind.

Anschließend kann der Text „Es war einmal ein Hund“ ähnlich umgebaut werden: Er bekommt vom Zahnarzt neue Zähne. Wie reagiert er selbst? sein Herr?

3.4.3. Bei Erschließung des Gedichtes ‚Der Pflaumenbaum‘ sollte der im Text gegebene Prozeß des Bewußtwerdens methodisch eingeholt werden:
„Hof“ und „Gitter“ werden zunächst nur von der ersten Strophe aus im Unterrichtsgespräch erschlossen. (Tafelanschrieb der ersten Strophe).
Mit Hilfe der zweiten Strophe wird erschlossen, wie der Baum „denkt“ und „handelt“. Dadurch wird der Widerspruch zwischen seinen Anlagen und seinen tatsächlichen Möglichkeiten deutlich. Rückblickend wird jetzt vom Vers 4 der Strophe 2 her erarbeitet, was es mit „Hof“ und „Gitter“ wirklich auf sich hat.
Erst nach diesem Erkenntnisschritt wird die dritte und damit die schlußfolgernde Strophe erarbeitet: Für den Betrachter ist der Pflaumenbaum kaum als solcher erkennbar; das „man glaubt es kaum“ der ersten Strophe (bezogen auf die Kleinheit) wird dem der letzten (bezogen auf das Wesen des Pflaumenbaums) gegenübergestellt.

Berg

4. Josef Guggenmoos: Aus Glas

4.1. *Lernziele*

a) die Schüler verbalisieren die lehrhafte Absicht des Textes, indem sie die Bewußtseinsänderung des sprechenden Ich der Strophe 1 und des Schlußverses bestimmen;
b) sie erfassen den Aufbau des Textes, indem sie die drei Textteile: einleitende Strophe, das Gedankenspiel der Strophen 2 bis 4 und den Schlußvers unterscheiden und miteinander in Beziehung setzen;
c) sie überprüfen diese Textgliederung, indem sie das Reimschema beschreiben und durch sprecherische Wiedergabe die damit beabsichtigte Wirkung feststellen.

4.2. *Sachanalyse*

Bei diesem Gedicht handelt es sich um einen lehrhaften Text, der in humorvoller Weise in der Form eines Gedankenspiels eine Lebenserfahrung mitteilen will. Diese Darstellungsabsicht bestimmt den Textaufbau und die eingesetzten sprachlichen und rhetorischen Mittel.
Thematisiert wird das Verhältnis des lyrischen Sprechers zu Wunsch und Realität. Dieses Thema wird in einem dreiteiligen Textaufbau durchgespielt, wobei Textumfang, Reimspiel und Gedankenverlauf miteinander korrespondieren:
Textteil 1 (Z 1—3) enthält den Einfall
Textteil 2 (Z 4—12) erzählt den Verlauf des Gedankenspiels
Textteil 3 (Z 13) gibt das Resultat der im Durchspielen des Einfalls enthaltenen Erfahrung wider. Kennzeichnend für den Gedankenaufbau insgesamt und die Beziehung der Textteile untereinander ist Verwendung eines gemischten Reimschemas. Die Z 1—9 sind durch die dreimalige Verwendung des sogenannten identischen Reims miteinander verknüpft. Einfall und das Durchspielen des Einfalls an einem Modell werden dadurch zusammengefaßt. In den Z 10—14 wird entgegen der Lesererwartung das Reimschema dede verwendet. Auf Grund der optischen Ausgliederung des Schlußverses wird zudem der Eindruck vermittelt, als falle die Z 11 aus dem Reim. Daß dieses Ausdemreimfallen nur

scheinbar ist, das Zerbrechen des gläsernen Ich und die Zustimmung des lyrischen Sprechers zur Realität vielmehr eine Einheit darstellen, das erfährt der Leser bei einer genauen Textanalyse. Zwar bringt das „ach" am Satzeingang Resignation zum Ausdruck, aber der in den abschließenden Vers eingebaute Vergleich der beiden Realitäten — der tatsächlichen und der im Modell vom gläsernen Ich imaginierten — hebt das Ja zur begrenzten Wirklichkeit als die bestmögliche Verhaltensweise der Welt gegenüber doch wiederum hervor. Das Traum- und Gedankenspiel vom gläsernen Ich verhilft dem sprechenden Ich zur Anerkennung der Wirklichkeit.

4.3. *Didaktische und methodische Überlegungen*

Lyrische Texte mit humorvoll-komischer Pointierung motivieren Schüler dieser Altersstufe unmittelbar, so daß bereits nach einmaligem Vorlesen des Textes durch den Lehrer Schüleräußerungen mit Textbeobachtungen und wertenden Stellungnahmen zu erwarten sind. Im Verlauf des Unterrichtsgesprächs sollte ihre Aufmerksamkeit auf drei Aspekte gelenkt werden: den Aufbau des Textes, die Symbolik des Glases und die Funktion des Reims.

a) Aufbau: Die Schüler sollen erkennen, daß mit dem Ich der ersten Strophe und dem der Z 13 eine Veränderung vor sich gegangen ist. Diese wurde durch die Erzählung vom gläsernen Ich und seinem Mißgeschick bewirkt. Während des Unterrichtsgesprächs sollte ein Diagramm diese Vorerkenntnisse verdeutlichen helfen. Die schon im Strophenbild isolierte Schlußzeile werden die Schüler als sinntragende Aussage erkennen, so daß die Einsicht in die Funktion des erzählten „Märchens" leicht fällt. Entscheidend ist, daß sie die Wendung erkennen, die durch das Zerbrechen des gläsernen Ichs in der Einstellung zur Wirklichkeit bewirkt wird. Die Strophe 4 hat also die Funktion des Wendepunktes.

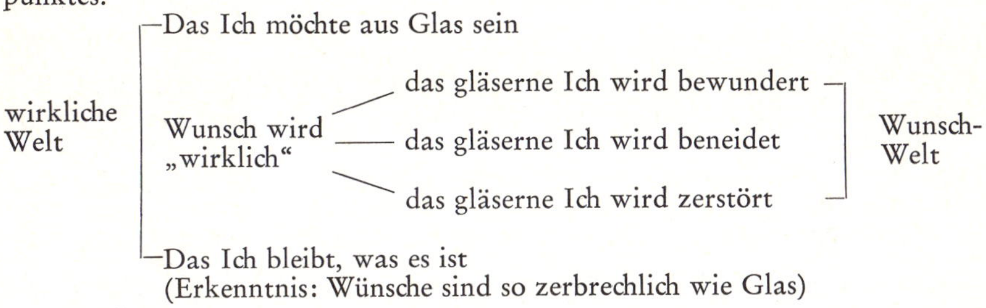

b) Symbolik des Glases: die Frage danach, warum das Zerbrechen des Glases zur Erkenntnis führt, läßt die Schüler erfassen, daß das Dasein als gläsernes Ich mit dem Nachteil der Zerbrechlichkeit erkauft werden muß. Wünsche sind nur solange verlockend, solange nicht deren Kehrseite mit gesehen wird. Indem einige Wünsche auf diese Schattenseite hin bedacht werden, kommen die Schüler zur Erkenntnis, daß es kein Licht ohne Schatten gibt.

Jetzt sprechen wir darüber, warum Guggenmoos gerade im Bild des gläsernen Ich ein Gegen-Modell von Wirklichkeit vorführt. Wichtig ist, daß die Andersartigkeit und die mit ihr gesetzten Nachteile beschrieben werden. Das Glas bringt zwei Dinge zum Ausdruck: das Schillernde einer Wunschwelt, aber auch das Zerbrechliche und damit die Parallele zur tatsächlichen Welt.

c) Funktion des Reims: Die Schüler erhalten den Auftrag, das Reimschema zunächst für die Strophen 1—3 festzustellen; wir sprechen über die Bezeichnung identischer Reim. In einem zweiten Schritt wird das Reimschema der Strophe 4 untersucht. Folgende Erkenntnisse sollten erstrebt werden: 1. Z 11 fällt nur

scheinbar aus dem Reim, 2. die Abweichung liegt in der vierzeiligen Strophe und 3. in der optischen Ausgliederung des Schlußverses, 4. durch das veränderte Reimschema und die neue Strophenform werden der Wendepunkt in der Geschichte vom gläsernen Ich und die Schlußfolgerung zu einer Einheit verbunden und dadurch aussagekräftig.
Diese Ergebnisse könnten folgendermaßen systematisiert an der Tafel dargestellt werden:

Textteil 1 (Z 1—3):	Einfall	identischer Reim: aaa, bbb, ccc 3zeilige Strophe
Textteil 2 (Z 4—9):	Einfall wird durchgespielt: Das gläserne Ich als Mittelpunkt	
Textteil 3 (Z 9—13):	Einfall wird durchgespielt: Das gläserne Ich wird zerstört, — Schlußfolgerung des lyrischen Sprechers	Reimschema dede 4zeilige Strophe

Durch Sprechversuche werden die Analyseergebnisse erprobt und überprüft.

Bauer

5. Christian Morgenstern: Das Huhn

5.1. *Lernziele*

Die Schüler lernen:

a) durch Gegenüberstellen des Wort-Bild-Textes „Ein Expreßpaket in Richtung Kassel“ (S. 29) die beiden dargestellten Situationen zu unterscheiden;

b) Äußerungen von Menschen in der Bahnhofshalle (Reisende, Beamte der Bundesbahn) zu dem unvorgesehenen Ereignis zu notieren oder mündlich wiederzugeben;

c) das Ereignis in den Packraum für Expreßpakete zu verlegen und die Reaktionen der dort Arbeitenden zu beschreiben;

d) die Textstellen anzugeben, in denen die Meinung des Dichters deutlich wird;

e) durch einen Vergleich mit Brecht „Es war einmal ein Huhn“ die Funktion der Figur in beiden Gedichten zu erfassen.

Berg

6. Bertolt Brecht: Der Pflaumenbaum

Vgl. dazu die Ausführungen unter 2.3.

7. Fred Endrikat: Löwe hat Zahnschmerzen

7.1. *Lernziele*

Die Schüler lernen:

a) sprachliche Mittel zu erfassen, durch die der Löwe in diesem Text ironisiert wird;

b) das Mißverhältnis zwischen Zahnschmerzen und „Wüstenkönig“ an einzelnen Stationen zu beschreiben;

c) durch einen Vergleich des Textes mit der Fabel „Der Löwe, und die Maus“ (vgl. dazu die Ausführungen S. 131 f.) die ironisch-lehrhafte Absicht dieses Textes zu erfassen.

Berg

8. Adelbert von Chamisso: Der rechte Barbier
Johann Peter Hebel: Der Barbierjunge von Segringen

8.1. *Lernziele*

a) die Schüler erfassen den Aufbau des Textes und verbalisieren den Inhalt der szenenartig aufgebauten Handlung;
b) sie erfassen die Elemente der Dramatik;
c) durch eine vergleichende Analyse der beiden Hauptfiguren bestimmen sie die mit dem Rollentausch beabsichtigte Umwertung der Figuren;
d) durch das Sprechen des Textes und Wortanalysen werden sie auf die Übertreibungen und damit die parodistischen Elemente aufmerksam;
e) sie gestalten den Rollentausch in einem Stegreifspiel.

8.2. *Didaktische und methodische Hinweise*

Unterhaltende Texte dürfen aus dem Unterricht nicht ausgeklammert werden, soll der Literaturgebrauch auf allen Textebenen transparent gemacht und reflektiert werden. Wie man den gleichen Stoff zu einer literarisch wertvollen Kalendergeschichte mit lehrhaften Absichten und zu einem ironisch-parodistisch verfaßten unterhaltenden Text ausgestalten kann, ließe sich unschwer durch eine Analyse von Chamissos und Hebels Text verdeutlichen. Zwei Unterrichtsmodelle sind demnach denkbar: die Einzeltextanalyse oder die vergleichende Betrachtung der beiden Texte. Für die vergleichende Betrachtung der beiden Texte sollte bedacht werden, daß sowohl die gattungsbedingten Unterschiede wie die Differenzen in den Darstellungsabsichten auf dieser Altersstufe nur in groben Umrissen bestimmt werden können.

Bauer

9. Theodor Fontane: Herr von Ribbeck auf Ribbeck im Havelland

9.1. *Sachanalyse*

Im Vordergrund steht die Gestalt des Herrn von Ribbeck, durch die erste Zeile gleichsam sich vorstellend. Jede der vier Strophen zeigt ihn in seiner Güte, die von Strophe zu Strophe entfaltet und vertieft wird. Fontane gibt in dieser schlichten Ballade geradezu eine Phänomenologie dieser Tugend: zu ihr gehört eine Kenntnis des Menschen, die nicht ohne eine Spur von Pessimismus ist (vgl. „Und voll Mißtrauen gegen den eigenen Sohn"), sie bedarf des Humors, der sie gegen die Erfahrung wappnet, daß sich Güte vielleicht nicht auszahlt und daß selbst sie gegen den Widerstand der Welt sich durchsetzen muß (Geiz des Sohnes). Dieses Durchsetzen geschieht hier mit Humor und einer gewissen Verschmitztheit, die der Ballade ihren heiteren Charakter geben. Gezeigt wird endlich, daß Güte den Tod des Gütigen überlebt und in der Gabe (Birne — Birnbaum) segenspendend weiterlebt. (Herbst — Zeit des Sterbens und der Aussaat zugleich!). Der Herr von Ribbeck wird zu einer echten spät-fontaneschen Gestalt, die durch den Zug der *Schlichtheit* ergänzt wird. Sie kommt inhaltlich und auch formal zum Ausdruck: inhaltlich in seinem Tun, seinem Gebrauch der Mundart usw., formal durch die einfache Strophenform, den Satzbau (die Verse 1 bis 4 der 1. Strophe sind umgangssprachlich gebaut, Vers 4 bewußt unkorrekt), durch einfache Und-Und-Reihung, Wiederholung (Strophe 1 und 4) usw.

9.2. *Didaktische und methodische Hinweise*

Die Ballade setzt die Vielschichtigkeit dessen, was wir Güte nennen, in anschauliche Geschehnisse um. Werden diese in ihrem Sinn verstanden, bedarf es einer

fruchtlosen abstrakten Erörterung nicht. — Weisheit, Menschenkenntnis und Humor des Sterbenden konzentrieren sich vor allem in der merkwürdigen Anordnung, ihm eine Birne mit ins Grab zu geben. Diese Bitte muß der Schüler als das Mittel begreifen, mit dessen Hilfe Herr von Ribbeck den Kindern auch gegen den Geiz des Sohnes das Ihre zukommen läßt. Sie ist letzter Ausdruck seiner Güte.
Die angewandte List und der dahinterstehende Humor sprechen die Fünftkläßler an. (Ähnlich wirkt Goethes „Legende".) Sie werden auf die Pointe u. U. sofort eingehen. In diesem Fall kann man, von der Frage nach dem Sinn dieser Zeile (Str. 2 V. 6) ausgehend, die Ballade von hier aus aufrollen. Die Güte erscheint auch sogleich im Kampf mit dem Geiz (Konfrontation mit dem Knausern des Sohnes). — Die letzte Strophe wirft möglicherweise die Frage auf, was es mit dem flüsternden Birnbaum auf sich hat (Gespenst, Einbildung!). Das Gespräch sollte darauf hinführen, daß der Dichter die Güte des Verstorbenen auf diese Weise weiterleben läßt.
Eine vertiefende Betrachtung der Sätze in der 1. Strophe (vor allem V. 1—5), der Und-Sätze usw. führt auf die Schlichtheit der Form, die der des Herrn von Ribbeck im Formalen entspricht (vgl. oben).

Sprechplatte: Chr. Winkler, Deutscher Sprachspiegel, Heft 2/0611.

Lauterwasser

10. Werner Bergengruen: Kaschubisches Weihnachtslied

10.1. *Sachanalyse*

So kindlich-naiv dieses liebenswerte „Weihnachtslied" auf den ersten Blick erscheint, so kunstvoll ist es doch angelegt. Inhaltlich lehnt es sich stark an die Weihnachtsgeschichte aus Lukas 2 an: auch hier würde das Kind, wenn es „bei uns" geboren wäre, angebetet und beschenkt. — Der Wunsch, mit dem das Gedicht beginnt, wiederholt die Anrede und erhält dadurch besonderen Nachdruck. Diese beiden Eingangszeilen kehren am Schluß wieder, runden ab und betonen den Wunschcharakter. Wie Eingang und Schluß, ist auch das übrige streng spiegelbildlich aufgebaut: Zu Strophe 1 und 2 (Anrede — Versprechen — Verehrung durch den „Herrn Pfarrer") bilden die Strophen 7 und 8 (Verehrung — Versprechen — Anrede) das Pendant. Die Strophen 3 und 4 zählen die Kleidungsstücke auf, die dem Christkind geschenkt würden; der Anruf „Kindchen, wie wir dich gekleidet hätten!" leitet ein und schließt ab. Ihnen steht die Gruppe der Strophen 5 und 6 gegenüber, wiederum durch eine gleichlautende Anrede eingerahmt („Kindchen, wie wir dich gefüttert hätten!"). Wir haben also folgende Anordnung:

Strophe 1 und 2—3 und 4   5 und 6—7 und 8

Der Eindruck des Kindlich-Naiven läßt sich sowohl auf die Sprache des Gedichts als auch auf die Aussagen und Vorstellungen zurückführen: Kindliches Mitleid will dem Neugeborenen alle Annehmlichkeiten verschaffen, auch solche, die ihm schwerlich bekämen („Kuttelfleck mit Ingwer", „das starke Bier aus Putzig"); der „Herr Pfarrer", der das Kind und seine Mutter verehrt, ist ein Anachronismus; unbefangen wird versichert, auch die schlimmsten Kaschuben würden fromm werden, wenn sie das Christkind sähen. Im Sprachlichen ist es die freudig-sehnsüchtige Anrede, die sich ständig wiederholt, sind es die Verkleinerungsformen und das Aufzählen der Geschenke, worin sich das Kind nicht genug tun kann. — Den Reiz dieses Gedichts macht nicht zuletzt auch die fremdartige Welt des Kaschubenlandes aus.

10.2. *Methodische Hinweise*

Im allgemeinen dürfte die Behandlung nicht schwierig sein. Es seien daher lediglich einige Anregungen mitgeteilt.

a) Zunächst könnte man feststellen, wer hier eigentlich spricht. Woran kann man erkennen, daß es ein Kind ist? Aufzeigen der kindlichen Vorstellungen (nägelbeschlagene Schuhe, Kuttelfleck und Bier für einen Säugling, die Anbetung des Herrn Pfarrer, die prompte Bekehrung aller Brandstifter und Trunkenbolde im ganzen Kaschubenlande!).

b) Wo wohnt dieses Kind? Was erfahren wir z. B. aus den Geschenken über seine Heimat?

c) Der Dichter lehnt sich an das Weihnachtsevangelium an. Parallelen (Anbetung, Geschenke)! Dabei kann man versuchen, den Aufbau des Gedichts im groben sichtbar zu machen: es beginnt mit einem Wunsch und mit der Anbetung und endet auch damit; dazwischen liegt das Ausmalen der Geschenke (jeweils zwei Strophen für Essen und Kleidung; getrennt werden beide Gruppen durch die verschiedene Anrede).

d) Das Kind verspricht immer mehr: zuerst ein Bett, zuletzt die Umkehr und Besserung aller Menschen im Kaschubenlande. In der Annahme, die leibliche Gegenwart des Gotteskindes würde bewirken, was die Botschaft des Evangeliums nicht erreichte, liegt das eigentlich Kindliche des Bergengruenschen Liedes. In der Besinnung und in einer vergleichenden Lektüre des Textes „Die Herberge" (Seite 175), die sich anschließen sollte, läßt sich die Fragwürigkeit dieses Versprechens zeigen. (Auch der Bub vom „Badischen Hof" verspricht etwas, was er dann in einer Situation, die der in Bethlehem ähnlich ist, nicht halten will.) Doch sollte darunter der Eindruck nicht leiden, daß das Kind in unserem Weihnachtslied aus einer tiefen kindlichen Frömmigkeit spricht.

Sprechplatte: W. Bergengruen, Telefunken 6219 Lauterwasser

ZUSATZKURS LYRISCHE SPRACHSPIELE

1. Textfolge

A	B
1. Joachim Ringelnatz: Die Ameisen	1. Christian Morgenstern: Der Schaukelstuhl
2. Joachim Ringelnatz: Im Park	2. Fred Endrikat: Die Wühlmaus
3. Christian Morgenstern: Der Schnupfen	3. Günter B. Fuchs: Vor den Zeugnissen

2. Lernziele

Die Schüler lernen:

a) daß die Autoren den Leser mit ihren kurzen Gedichten unterhalten und erheitern wollen;

b) daß sie das Komische in alltäglichen Vorgängen und Situationen aufzeigen;

c) daß sie die komische Wirkung der Gedichte erzielen durch das Unverhältnis von Absicht und Möglichkeit der Verwirklichung, die überraschende Schlußwendung, Personifizierung, witziges Spiel mit der Sprache.

3. *Didaktische Begründung*

3.1. Die Schüler des 5. Schuljahres haben noch die unbekümmerte Fähigkeit, Komisches in alltäglichen Begebenheiten und Situationen zu entdecken. Ihre Freude an der Entdeckung des Komischen ist die motivierende Voraussetzung für den Zusatzkurs „Lyrische Sprachspiele“. Sie wird in diesem Fall auf die Feinstruktur der verwendeten sprachlichen Mittel bezogen. Bei der Interpretation und beim Sprechen der kurzen Texte erkennen die Schüler die Techniken, mit denen die komischen Wirkungen erzielt werden, und damit die Möglichkeit des heiteren Spiels mit der Sprache.

Der Kurs „Lyrische Sprachspiele“ hat demnach nicht die Funktion der Entlastung oder Entspannung nach der „ernsthaften“ Arbeit bei der Interpretation lyrischer Texte. Er macht den Schülern die Eigenständigkeit und Wertigkeit des Spiels mit der Sprache bewußt. Bei allem Bemühen, die Thematik und strukturelle Anlage der Texte im Blick auf die intendierte Wirkung zu untersuchen, darf „der Witz“ der kleinen Gedichte nicht verloren gehen.

3.2. *Abfolge der Texte*

Im Unterschied zum Kurs „Liedhafte Gedichte“ ist die Reihenfolge der Texte in dem vorliegenden Kurs nicht starr festgelegt. Sie stellt in den beiden Gruppen A 1 bis A 3 und B 1 bis B 3 eine mögliche sequenzielle Ordnung dar. Der Lehrer kann demnach die vorgegebene Reihe verändern und die Texte nach eigenen Gesichtspunkten kombinieren.

4. Einzelanalysen

4.1. Joachim Ringelnatz: Die Ameisen (A 1)

4.1.1. *Lernziele*

a) Die Schüler isolieren die Nachrichten, die der Text vermittelt, und benennen ihre Abfolge;
b) sie bestimmen die Wörter, mit denen der Autor den Realitätsbezug herstellt;
c) sie entdecken die Konstituenten des Komischen:
   — das Unverhältnis: Kleine Tiere — Absicht einer großen Reise
   — menschliche Reaktionen und Verhaltensweisen der Tiere;
d) sie schreiben eine Fortsetzung des Gedichtes nach einer Prosavorlage (Kreativitätstraining).

4.1.2. *Sachanalyse*

4.1.2.1. Der Autor vermittelt dem Leser Nachrichten, deren lineare Abfolge den Bauplan des Textes bestimmt:

Ausgangsposition — handelnde Figuren
Absicht, eine große Reise anzutreten
Schwierigkeiten im ersten, kurzen Abschnitt der Reise
Frühzeitiger Abbruch der Reise

4.1.2.2. Im Kontext der Nachrichten stellen benennende Wörter den Realitätsbezug her: Hamburg, Ameisen, Australien, Altona, Chaussée. Sie zeigen zugleich an, daß der Autor einen alltäglichen Vorgang aus einem besonderen Blickwinkel sieht und dadurch die Komik dieses Vorgangs erfaßt. Zwei Ameisen, die bei Hamburg-Altona auf einer Chaussée entlanglaufen, reizen nicht zum Lachen. Erst die Relation von Ausgangspunkt und Ziel der Ameisenwanderung (Hamburg — Australien) macht das komische Unverhältnis sichtbar, das der Leser als grotesk-inhaltliche Nachricht aufschlüsselt: kleine Tiere — Absicht einer großen Reise.

Das komische Unverhältnis ist noch deutlicher zu erkennen, wenn wir die semantischen Merkmale des Wortes „reisen" bestimmen. Das Verb bezeichnet im gegenwärtigen Sprachgebrauch nicht nur „eine längere Entfernung vom Wohnort", es hat auch das semantische Merkmal „Benützen von Verkehrsmitteln — z. B. Auto, Eisenbahn, Flugzeug — bei diesem Ortswechsel". Da die beiden Ameisen ihre große Reise zu Fuß antreten (vgl. „. . . Da taten ihnen die Beine weh"), kann der Leser die Komik des Unverhältnisses in vollem Umfang wahrnehmen.

4.1.2.3. Das kleine Erzählgedicht erinnert durch die Anthropomorphisierung der Ameisen an eine Tierfabel. Der Autor spricht den Insekten menschliche Verhaltensweisen und Reaktionen zu. Die wirklichkeitsbezogenen Ortsnamen zeigen jedoch eine Abweichung von dem Texttypus Fabel an. Sie schaffen zugleich die Voraussetzung für die komische Wirkung des Gedichtes, die gerade durch die menschlichen Verhaltensweisen und Reaktionen der Ameisen in einem durch Benennungen markierten Realitätsbezirk zustande kommt. Diese Wirkung deutet sich in der Fügung „lebten zwei Ameisen" an. Die subtile Darstellung der Komik erreicht in den beiden letzten Verszeilen den Höhepunkt. Die Wörter „verzichten und weise" haben die signifikanten Merkmale „menschliche Verhaltensweise — menschliches Entscheidungsvermögen". Sie werden auf die ironische Fügung „letzter Teil der Reise" bezogen.

4.1.3. *Didaktische und methodische Hinweise*

Die Phasen des Unterrichtsablaufes sind im wesentlichen bereits durch den Lernzielkatalog vorgezeichnet:

4.1.3.1. *Lernschritt 1*

Wir empfehlen, die Interpretation des Gedichts mit dem Lehrervortrag einzuleiten. Die Schüler können dadurch am besten die komische Wirkung des Gesamttextes wahrnehmen. Dies motiviert sie, die Details zu bestimmen, mit denen der Autor die intendierte Wirkung erreicht.
In dem Kurs „Liedhafte Gedichte“ haben die Schüler gelernt, daß auch lyrische Texte Nachrichten vermitteln. Der Lehrer erinnert zu Beginn der Detailanalyse an diese Tatsache und stellt den Schülern die Aufgabe: Schreibt die Nachrichten, die ihr in dem Gedicht vorfindet, stichwortartig untereinander.
Im anschließenden Unterrichtsgespräch entsteht an der Tafel der Bauplan des Textes, der sich aus der inhaltlichen Abfolge der Nachrichten ergibt (siehe dazu 4.1.2.1.).

4.1.3.2. *Lernschritt 2*

Die Schüler haben in ihre Hefteinträge sicher die Wörter aufgenommen, mit denen der Autor den Realitätsbezug herstellt. Die folgende Aufgabe heißt: Unterstreicht in eurem Heft alle Wörter, mit denen der Autor die Wirklichkeit benennt.
Im anschließenden Unterrichtsgespräch sollen die Schüler das komisch wirkende Unverhältnis erfassen: Kleine Tiere — Absicht, eine große Reise anzutreten. Der Lehrer läßt anhand der unterstrichenen Wörter Ausgangsort und Ziel der Reise bestimmen und dann die Entfernung Hamburg—Australien schätzen. Nun erarbeiten die Schüler die semantischen Merkmale des Wortes „reisen“ (= längere Entfernung vom Heimatort — benützen von Verkehrsmitteln, z. B. Auto, Eisenbahn, Flugzeug). Durch die Frage: Welches Verkehrsmittel benutzen die Ameisen? werden die Schüler auf die Details des Unverhältnisses aufmerksam. Sie entdecken die Diskrepanz zwischen dem anspruchsvollen Plan und der Unzulänglichkeit, ihn durch einen Fußmarsch verwirklichen zu wollen.
Die Ironie der Fügung „letzter Teil der Reise“ erfassen die Schüler bei der Antwort auf die Frage: Wie lang ist der letzte Teil der Reise?
Den Abschluß dieser Phase bildet das Unterrichtsgespräch über die menschlichen Reaktionen und Verhaltensweisen, die der Autor den beiden Insekten zuschreibt. Die Schüler untersuchen in diesem Zusammenhang die Wörter „verzichten“ und „weise“.

4.1.3.3. *Lernschritt 3*

Die Schüler lösen die Aufgabe 1.2.—2.0. im Arbeitsheft. Unterrichtsversuche haben ergeben, daß dies ohne besondere Schwierigkeiten möglich ist. Die Schüler achteten dabei mehr auf die Reimbindung und weniger auf Metrum und Rhythmus. Der Lehrer sollte deshalb auch „holprige“ Verse als gültiges Ergebnis dieser Art von kreativem Umgang mit Sprache ohne Korrekturen akzeptieren.
Lösung:
So standen sie dort
und sagten kein Wort.
Der Wind wehte kühler.
Sie putzten die Fühler,
bis die eine den Ausweg entdeckte!
Jetzt lesen sie Reiseprospekte.

4.2. Joachim Ringelnatz: Im Park (A 2)

4.2.1. *Lernziele*

a) Die Schüler erkennen, daß der Autor Situation und Vorgang aus der Perspektive des Ich-Erzählers darstellt;
b) sie erfassen den Realitätsbezug des Textes, indem sie Orts- und Zeitangaben sowie die exakte Beschreibung des Anschleichens registrieren;
c) sie isolieren die Wörter und Fügungen, mit denen der Autor den Eindruck einer idyllischen Situation schafft;
d) sie analysieren die Pointe und erkennen, daß der Autor die Idyllik mit Hilfe witziger Reime als kitschige Impression entlarvt.

4.2.2. *Sachanalyse*

4.2.2.1. Hauptmerkmal des Textes ist die situative Vergegenwärtigung eines beobachteten Zustandes (ganz kleines Reh stand ... da träumte noch immer das Tier), die mit der Beschreibung von Vorgängen verbunden wird (... dann kam ich ... vorbei ... Nun schlich ich mich ...). Der Autor stellt die situativen Gegebenheiten und die Vorgänge aus der einheitlichen Perspektive des Ich-Erzählers dar.

4.2.2.2. Das Gedicht beginnt mit der Wiedergabe des beobachteten Zustandes. Ringelnatz verwendet dabei Wörter und Fügungen, die beim Leser den Eindruck eines Idylls hervorrufen. In diesem Zusammenhang ist die Verstärkung des Adjektivs „klein" besonders auffällig. Die Fügungen „ganz kleines Reh ... ganz kleiner Baum" konstituieren die Idyllik der Situation nicht allein durch die Wiederholung, sondern durch die mit den Wörtern aktualisierten semantischen Merkmalen „niedlich, zart, ungeschützt".
Trotz der idyllisierenden Wirkung weist die erste Zeile des Gedichtes die Merkmale einer benennenden Beschreibung auf. In der zweiten Zeile deutet der Ich-Erzähler die situativen Gegebenheiten. Die Fügung „still und verklärt", vor allem aber der Vergleich „wie im Traum" lassen den Eindruck der Idyllik zum geschlossenen Bild werden. Ihre wichtigsten, semantischen Merkmale beziehen sich unmittelbar auf die der Fügungen „ganz klein". Zusammengefaßt ergeben sie die Reihe „niedlich, zart, ungeschützt, in sich versunken, unwirklich anmutend, traumhaft schön".
Die gleiche funktional ästhetische Wirkung geht von Zeile 6 des Gedichtes aus. Der Leser aktualisiert bei der Decodierung des Textteiles „Und da träumte noch immer das Tier" die entsprechenden semantischen Merkmale „kreatürlich-idyllischer Zustand".

4.2.2.3. Die präzisen Zeitangaben „... des Nachts elf Uhr zwei ... um vier morgens" signalisieren den strikten Ablauf des Vorgangs: der Erzähler beobachtet das Tier zum ersten Mal. Er kommt wieder vorbei und nimmt die gleichen Gegebenheiten wahr. Die nüchterne Exaktheit der Zeitangaben steht in auffallend - einprägsamem Kontrast zur Idyllik der Situation. Dadurch wird jedoch die intendierte Wirkung des geschlossenen Bildes nicht beeinträchtigt. Die Realitätssignale verstärken vielmehr den Eindruck der Dauer, ja der Zeitenthobenheit, den die Fügung „still und verklärt wie im Traum" beim Leser hervorrufen soll.
Präzis - realistische Nachrichten vermitteln auch die Verse 7 bis 11. Ringelnatz beschreibt exakt den Vorgang des Anschleichens. Die Aussagenreihe „Nun schlich ich mich leise — ich atmete kaum — gegen den Wind ..." geben alle Details wieder, die ein Jäger beachten muß, wenn er sich dem Wild nähert.

Da der Leser bei der Rezeption des Gedichtes die situative Idyllik und die detaillierten Vorgangsbeschreibungen aufeinander beziehen muß, fungiert der Textteil in den Zeilen 7 und 8 als spannungserzeugende Mitteilung. Die Spannung löst sich in der überraschenden Schlußwendung. Die realitätsbezogenen Reimwörter „Stips - Gips" zerstören die idyllische Geschlossenheit des Bildes. Ringelnatz entlarvt sie durch die witzige Kombination dieser Sprachzeichen als kitschige Impression. Er signalisiert diese Mitteilungsabsicht auch mit der Wiederaufnahme der Fügung „ganz klein", die in der syntaktischen Verbindung mit dem Reimwort „Stips" vom Leser als ironische Aussage decodiert wird.

4.2.2.4. Die Schlüssigkeit der Beziehungen von situativer Vergegenwärtigung und Vorgangsbeschreibung erreicht der Autor durch die syntaktische Verkettung der Textteile. Temporale Bestimmungen zeigen die konsequente Abfolge der narrativen Mitteilungen an:

Zeile 1 und 2	— ohne präzise Temporalbestimmung
Zeile 3	— das war des Nachts
Zeile 4 und 5	— und dann ... um vier / Morgens wieder
Zeile 6	— und da
Zeile 7	— Nun
Zeile 11	— und da

4.2.3. *Didaktische und methodische Hinweise*

4.2.3.1. *Lernschritt 1*

Stilles Lesen des Textes. Im Anschluß daran beschreiben die Schüler ihre Primäreindrücke und Wahrnehmungen. Es ist zu erwarten, daß sie in diesem Zusammenhang bereits die Pointe als überraschende Schlußwendung identifizieren und die komische Wirkung der Reimwörter erkennen. Die entsprechenden Hinweise der Schüler sollten jedoch nicht Anlaß sein, die Pointe im Detail analysieren zu lassen. Der Lehrer lenkt das Unterrichtsgespräch so, daß die Beiträge präzisierend zusammengefaßt werden können.

4.2.3.2. *Lernschritt 2*

Die Schüler wenden die in A 1 gelernten Techniken an und bestimmen die Wörter, mit denen der Autor den Realitätsbezug herstellt.

Ortsbestimmung	— Überschrift „Im Park"
Genaue Zeitangaben	— des Nachts elf Uhr zwei vier Uhr morgens

Nach dem gleichen Muster untersuchen sie die detailliert-realistische Beschreibung des Anschleichens. Der Lehrer gibt die Anregung: Ringelnatz nähert sich dem Reh wie ein Jäger. Sucht die Wörter, mit denen er uns in genauen Einzelheiten anzeigt, was er tut.

Ich schlich mich leise }	Das Tier soll kein verdächtiges Geräusch hören
ich atmete kaum }	
gegen den Wind }	Das Tier soll den Jäger nicht wittern

Zu Beginn des Unterrichtsgesprächs, das dem Lernziel c) zugeordnet ist, lösen die Schüler die Aufgabe: Notiert in eurem Heft, wie der Erzähler seine Beobachtungen im Park beschreibt.

Nun bestimmen die Schüler die semantischen Merkmale der Fügungen „ganz klein ... still und verklärt" und die des Vergleichs „wie im Traum" in Verbindung mit dem Verb „träumen", indem sie die Aussagen paraphrasieren. Da

diese Aufgabe für die Schüler des 5. Schuljahres nicht ganz einfach ist, muß der Lehrer Assoziationshilfen geben, z. B. „wir können uns das ganz kleine Reh am ganz kleinen Baum recht gut vorstellen. Jetzt suchen wir Wörter, die unsere Vorstellung wiedergeben.
Das Reh ist ...". Die semantischen Merkmale des Wortes „verklärt" können die Schüler mit Hilfe eines Nachschlagwerkes herausfinden (Duden, Wahrig: Deutsches Wörterbuch). In gleicher Weise verfahren sie bei der Paraphrasierung der Wörter „Traum und träumte".
Die Paraphrasen werden an der Tafel geordnet:
niedliches, zartes Tier, liebes Tier, so schön wie im Traum, wie ein geträumtes Bild.

4.2.3.3. *Lernschritt 3*

Die Schüler analysieren die Pointe. Da sie in Lernschritt 1 bereits die überraschende Schlußwendung des Textes erkannt haben, braucht hier nur noch die Funktion der witzigen Reime beschrieben zu werden.
Im Hauptteil des Unterrichtsgesprächs sollen die Schüler erkennen, daß der Autor das idyllische Bild als kitschige Impression entlarvt. Der Lehrer verweist deshalb auf die Ergebnisse des Lernschritts 2 (Paraphrasierungen) und läßt die Gleichung erarbeiten:

ganz kleines Reh — niedliches Tier ein Bild wie im Traum	=	Gipsfigur. Kitschiges, kleines Tier, wie wir es manchmal neben Gartenzwergen sehen können.

Nach dem Abschluß der Analyse sollten die Schüler Gelegenheit haben, das Gedicht angemessen vorzutragen.

4.3. Christian Morgenstern: Der Schnupfen (A 3)

4.3.1. *Lernziele*

Die Schüler erkennen:
a) daß der Autor die Anfälligkeit des Menschen für eine alltägliche Infektionskrankheit darstellt;
b) daß er die komische Wirkung des Textes erreicht, indem er den Schnupfen personifiziert und grotesk gefährlich zeichnet.

4.3.2. *Sachanalyse*

4.3.2.1. Der Text ist einfach strukturiert. Eine grobe Inhaltsanalyse ergibt folgende Reihe. Sie entspricht genau der Sequenz der drei Verspaare: Die Infektionskrankheit als latente Gefahr, Unabwendbarkeit der Infizierung, Ausbruch und Dauer der Infektionskrankheit.

4.3.2.2. Die komische Wirkung des Textes erreicht Morgenstern mit den Stilmitteln der Personifizierung und der grotesken Verzerrung. Er schafft damit ein Unverhältnis: alltägliche Infektionskrankheit — überzeichnete Gefahr für den betroffenen Menschen.

4.3.2.3. Die Analyse der sprachlichen Details bestätigt diesen Befund.

1. Verspaar: Morgenstern zeigt die lauernde Gefährlichkeit des personifizierten Schnupfens mit dem Verb „hockt" und dem Nomen „Opfer" an. Durch die syntaktische Beziehung in dem Satzgefüge, die finale Subordination „auf daß er sich ein Opfer fasse", aktualisiert der Leser assoziativ die semantischen Merk-

male der Sprachzeichen „hocken“ (= auf den Fersen kauern, bereit aufzuspringen) und „Opfer“ (= ausgeliefert sein, wehrloses Objekt).

2. Verspaar: Aus der lauernden Gefährlichkeit des Schnupfens entwickelt sich die grotesk überzeichnete Aktion. Morgenstern verdeutlicht den Vorgang mit der Fügung „stürzt mit großem Grimm“. Die Relation der semantischen Merkmale ergibt eine intensivierende Steigerung: stürzen = heftig fallen, nach unten stoßen, angreifen; Grimm = tiefer Zorn, verhaltene Wut. Der Mensch namens Schrimm ist dem Angriff wehrlos ausgesetzt. Ausgangssituation (1. Verspaar) und Aktion (2. Verspaar) verkettet Morgenstern syntaktisch durch die Temporalbestimmung „alsbald“.

3. Verspaar: Der Autor faßt das Ergebnis der Aktion in einer lakonischen Nachricht zusammen. Er signalisiert es mit dem lautmalenden Sprachzeichen „Pitschü!“ und den Temporalbestimmungen „prompt“ sowie „hat ihn drauf bis ...“. Der nüchterne Hinweis auf die Dauer der Krankheit „bis Montag früh“ steht in komischem Kontrast zu der grotesken Überzeichnung des personifizierten Schnupfens in den Verspaaren 1 und 2.

4.3.3. *Didaktische und methodische Hinweise*

Den beiden Lernzielen entsprechend schlagen wir zwei Lernschritte vor.

4.3.3.1. *Lernschritt 1*

Nach dem Vortrag des Gedichtes (Lehrer oder entsprechend vorbereiteter Schüler) bestimmen die Schüler im Unterichtsgespräch das Hauptmerkmal des Textes: die personifizierende Darstellung des Schnupfens. In diesem Zusammenhang sollte der Lehrer den Terminus „personifizieren“ einführen und erklären. Vorschlag: Wir haben herausgefunden, daß Christian Morgenstern den Schnupfen wie einen Menschen handeln läßt. Wir können auch sagen, er stellt ihn wie eine Person dar. Der Fachausdruck dafür heißt „personifizieren“.

4.3.3.2. *Lernschritt 2*

Die Schüler analysieren das erste Verspaar. Sie erfassen die semantischen Merkmale des Verbs „hocken“ und des Nomens „Opfer“, die durch die syntaktischen Beziehungen aktualisiert oder determiniert werden. Sie wenden die Technik des Paraphrasierens an, die sie in A 2 gelernt und erprobt haben. Vorschlag für den zusammenfassenden Tafelanschrieb:

Der Schnupfen hockt auf der Terrasse	—	er kauert auf den Fersen, bereit aufzuspringen
er will ein Opfer fassen	—	das Opfer ist ihm ausgeliefert, es ist wehrlos. Der Schnupfen ist gefährlich.

Die semantische Analyse des zweiten Verspaares bestätigt die Ergebnisse des vorhergehenden Arbeitsschrittes.
Vorschlag für die Ergänzung des Tafelanschriebes: Der Schnupfen greift sein Opfer an.
In Anschluß an diese Arbeitsschritte erschließen die Schüler, wie die komische Wirkung in den untersuchten Kontextteilen erzielt wird. Der Lehrer läßt sie zunächst aus eigener Erfahrung Art und Wirkung der alltäglichen Erkältungskrankheit beschreiben. Die Schülerbeiträge werden in einer Rubrik an der Tafel kurz zusammengefaßt:

Schnupfen in der Wirklichkeit:
unangenehme aber harmlose Erkältungskrankheit.

Nun stellen die Schüler Beziehungen zwischen dieser Tafelnotiz und den Ergebnissen aus der Analyse der Verspaare 1 und 2 her. Sie erfassen dadurch die groteske Überzeichnung der Infektionskrankheit. Gleichzeitig entdecken sie die komische Wirkung des Unverhältnisses, das in der ergänzenden Tafelnotiz verdeutlicht wird.

Schnupfen in der Wirklichkeit	Schnupfen im Gedicht
.....	gefährliche Krankheit lauert auf ein Opfer greift unerbittlich an.

Zum Schluß des Lernschritts 2 stellen die Schüler fest, daß in dem letzten Verspaar eine nüchterne Nachricht mitgeteilt wird. Sie erkennen den komischen Kontrast zu den Nachrichten über die grotesk überzeichnete Gefährlichkeit des personifizierten Schnupfens.

4.4. Christian Morgenstern: Der Schaukelstuhl auf der verlassenen Terrasse (B 1)

4.4.1. *Lernziele*

a) die Schüler erkennen das Stilmittel der Personifikation und stellen fest, daß der Autor den Schaukelstuhl in der Ich-Form sprechen läßt;

b) sie erfassen die Geschlossenheit der Situationsbeschreibung;

c) sie entdecken, daß die komische Wirkung durch die semantischen Beziehungen in der Fügung „einsamer Schaukelstuhl" und durch die spielerische Veränderungen von Sprachzeichen zustandekommt.

d) die Schüler schreiben einen Paralleltext nach dem Vorbild des Morgenstern-Gedichtes anhand von kurzen Prosaformulierungen.

4.4.2. *Sachanalyse*

4.4.2.1. Der Titel des Gedichtes deutet auf eine Situationsbeschreibung hin. Er lenkt die Sinnerwartung des Lesers in der entsprechenden Richtung: Schaukelstuhl — verlassene Terrasse. Diese Erwartung wird jedoch bereits in der ersten Zeile des Gedichts durch eine überraschende Wendung aufgefangen. Sie entsteht

a) aufgrund der Personifikation des Schaukelstuhls und die Ich-Form der Aussage,

b) aufgrund der semantischen Relationen in der Fügung „einsamer Schaukelstuhl".

Die Kontexteinheit der ersten Zeile wirkt durch die Verbindung dieser Fakten komisch. Das Sprachzeichen „einsam" hat für sich genommen — also ohne die vorliegende Kontextrelation — die semantischen Merkmale „allein, abgelegen". Da das Adjektiv hier jedoch auf ein personifiziertes Sitzmöbel bezogen wird, kommt das Merkmal „verlassen, ohne Kontaktmöglichkeiten" hinzu. Dadurch entsteht die Begleitvorstellung „trauriger Zustand eines Menschen". Fazit: Ein verlassen vor sich hintrauernder Schaukelstuhl, ohne die Möglichkeit der Kontaktaufnahme, ist komisch.

4.4.2.2. Morgenstern beschreibt in dem Gedicht die situativen Gegebenheiten aus der Perspektive des personifizierten Schaukelstuhls. Er stellt den Realitätsbezug durch benennende Hinweise auf den Ort, den Wind und die Linde her. Der Schaukelstuhl kann — seiner realen Funktion entsprechend — nur wackeln, das heißt hier, sich vom Wind bewegen lassen. Die Darstellung der Schaukelbewegung bestimmt die strukturierte Abfolge der Mitteilungen. Jeder Hinweis auf den Situationszusammenhang wird auf die Wiederholung oder die Variation der Aussage „und wackel im Winde, im Winde" bezogen. Dadurch ergibt sich die rhythmische Reihung.

4.4.2.3. Außer der bereits beschriebenen Komik in der ersten Zeile, löst die Reimbindung „Schaukelstuhl — kuhl" und vor allem die spielerische Variation des Verbs „wackeln" Lachen oder zumindest Lächeln des Lesers aus (vgl. „Und es nackelt und rackelt die Linde").

4.4.3. *Methodische Hinweise*

4.4.3.1. Der Lehrer liest zunächst nur den Titel des Gedichtes vor. Er läßt die Schüler Vermutungen anstellen, wovon der folgende Text handeln könnte. Sollten einige von ihnen das Gedicht bereits gelesen haben, wird dieser methodische Ansatz keinesfalls unwirksam, da die Schüler sicher nur Pauschalvorstellungen von dem Inhalt im Gedächtnis behalten haben. Die Sinnerwartung, die sich aus den Beiträgen entnehmen läßt, konfrontiert der Lehrer mit der ersten Zeile des Textes. Die Schüler erkennen den Überraschungseffekt und untersuchen die Details, die ihn konstituieren. Sie wenden das in A 3 Gelernte an und identifizieren zunächst das Stilmittel der Personifizierung.
Dann bestimmen sie die semantischen Merkmale, die durch die syntaktische Verbindung des Adjektivs „einsam" mit dem Nomen „Schaukelstuhl" aktualisiert werden. Sie paraphrasieren die Fügung etwa so, wie sie in der Sachanalyse beschrieben ist (vgl. dazu 4.4.2.1., S. 249).
Vorschlag für den Tafelanschrieb, der das Ergebnis der Gegenüberstellung von Titel und erster Zeile des Textes festhält

Der Schaukelstuhl auf der verlassenen Terrasse	Der verlassene, einsame, traurig wirkende Schaukelstuhl
nicht komisch	komisch

4.4.3.2. Die Schüler notieren im Heft stichwortartig die Nachrichten, die ihnen der sprechende Schaukelstuhl vermittelt:

Ich bin einsam, wackel im Winde
auf der Terrasse ist es kuhl, . . .

Sie stellen fest, welche Textteile wörtlich oder variiert wiederholt vorkommen und beschreiben die Wirkung.
Zum Abschluß der Textanalyse untersuchen die Schüler noch die komische Wirkung der Reime „Schaukelstuhl — kuhl" und die spielerische Variation des Wortes „wackeln" (vgl. „Und es nackelt und rackelt die Linde").

4.4.3.3. Die Schüler tragen das Gedicht vor. Sie korrigieren die Versuche der rezitatorischen Interpretation, um die reizvolle Wirkung des Gesamttextes voll wiedergeben zu können.

4.4.3.4. Die Schüler lösen die Aufgabe 1.1.—3.0. im Arbeitsheft. Im Unterschied zu der Vorlage zu A 1 wird ihnen nur eine kurze Prosafassung angeboten. Sie müssen das „Fischerboot" personifizieren und die Wiederholungen in den entsprechenden Zeilen selbständig einfügen.

Lösungsvorschlag:

Ich bin ein einsames Fischerboot
und schaukel im Hafen, im Hafen.
Von oben bekleckern mich Möwen mit Kot,
und ich schaukel im Hafen, im Hafen.

Und ich schaukel und schaukel den ganzen Tag,
und ich kann auch des nachts nicht schlafen.
Wer weiß, wer sonst noch bekleckert sein mag
von Möwen im Hafen, im Hafen.

4.5. Fred Endrikat: Die Wühlmaus (B 2)

4.5.1. *Lernziele*

a) die Schüler erkennen, daß der Autor mit der Sprache spielt;

b) sie erfassen die „Regeln“ seines Sprachspiels, indem sie die Gleichsetzung von Wort und Umweltreferent feststellen,

c) sie entdecken den sprachlichen Witz in der Reimbindung.

4.5.2. *Sachanalyse*

4.5.2.1. Endrikat beschreibt in dem Text konsequent *einen* Vorgang. Er zeigt dies durch die fast streotyp wirkende Verwendung der Vokabel „nagen“ an.

4.5.2.2. Hauptmerkmal des Gedichtes ist jedoch die Tatsache, daß der Autor mit der Sprache spielt. Er setzt Wort und Ding gleich und „überspielt“ auf diese Weise den fundamentalen Unterschied zwischen Sprachzeichen und Wirklichkeit. Ein Wort kann seine Funktion im Kommunikationsakt nur aufgrund der unabdingbaren Verbindung von Lautkörper (Abfolge von Phonemen) und Bedeutung erfüllen. Der Lautkörper allein bezeichnet nur über die mit ihm verbundene Bedeutung eine Sache, den Umweltreferenten. Dies läßt sich durch das sogenannte semiotische Dreieck schematisch darstellen:

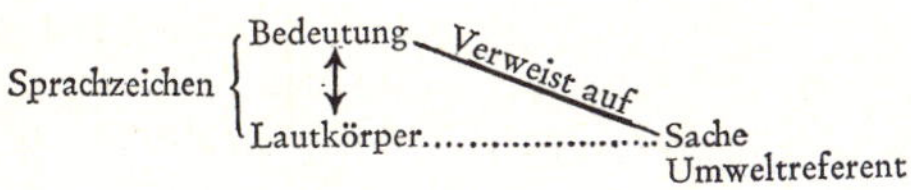

Verändert sich der Umweltreferent, wie in dem vorliegenden Fall die Wurzel, dann steht dieser Vorgang in keiner Beziehung zu Lautkörper und Bedeutung des Sprachzeichens. Verändert man hingegen willkürlich den Lautkörper, dann kann das Wort seine Funktion als Sprachzeichen nicht mehr erfüllen. Es verliert, wie in diesem Text, seine Bedeutung.

Endrikat nutzt die zuletzt genannte Möglichkeit im spielerischen Umgang mit dem Sprachzeichen „Wurzel“. Er setzt den Vorgang der Zerstörung des Umweltreferenten ins Visuelle um und zeigt dies durch die Zerstörung des Lautkörpers an.

4.5.2.3. Die durch sukzessive Reduktion entstehenden Lautreihen (Buchstabenreihen) als bedeutungslose Gebilde erscheinen in der ersten, der zweiten und dritten Strophe nur einmal an der Reimstelle (vgl. 1/ 2. Zeile „-urzel“, 2/ 4. Zeile „-urz“ und 3/ 4. Zeile „- - rz - -“). Sonst sind sie in die Kontextteile einbezogen. In beiden Positionen konstituieren sie den witzigen Nonsens — Charakter des Textes. Der Höhepunkt der Nonsens-Aussagen wird in der vorletzten Zeile des Gedichtes erreicht: „Nun steht dies - - rz - - im Wald allein“. Die eingeschobene Reflexion „Der Rest ist schwer zu reimen jetzt“ pointiert diese Schlußwendung. Sie steht in witzigem Kontrast zu der ironischen Aussage der letzten Zeile „Die Wühlmäuse sind so gemein“.

4.5.3. *Methodische Hinweise*

4.5.3.1. Die Schüler können die komisch-witzige Wirkung des Spiels mit der Sprache am besten und zugleich spontan erfassen, wenn sie den Text in einer Reihe von Versuchen angemessen vortragen. Erst nach diesem rezitatorischen Umgang mit dem Gedicht untersuchen sie die „Spielregeln" des Autors. Der Lehrer läßt feststellen, welche Buchstaben (Phoneme) in der ersten Strophe von dem Wort „Wurzel" abgenagt wurden. Die Schüler vergleichen das „unbeschädigte" Sprachzeichen mit den Reduktionen „urzel" und „urze". Sie erkennen, daß die Zerstörung des Lautkörpers (der Begriff kann in diesem Zusammenhang eingeführt werden) mit dem Vorgang in der Wirklichkeit identisch ist. Sie erfassen zugleich — ohne begriffliche Fixierung — die Bedeutungslosigkeit der entsprechenden Lautreihen.

4.6. Günter Bruno Fuchs: Vor Zeugnissen (B 3)

4.6.1. *Lernziele*

a) Die Schüler identifizieren den Text als Monolog eines Lehrers,

b) sie isolieren und bestimmen die Redeteile: zwei Aussagesätze und sechs Fragesätze und stellen dadurch das Übergewicht der Fragesätze (= W-Fragen) als Hauptmerkmal des Textes fest;

c) sie erkennen die Banalität der Nachricht in den Aussagesätzen und den inhaltsleeren Formalismus in der Fragekette, indem sie die Beziehungen zwischen diesen Redeteilen analysieren;

d) sie erschließen die komische Wirkung des Textes, indem sie die Häufung stereotyper Frageformeln als Parodie auf die Lehrersprache erfassen.

4.6.2. *Sachanalyse*

4.6.2.1. Der Titel und die Abfolge der Mitteilungen des Textes sind nach dem Modell „Sinnerwartung — Sinnerfüllung" aufeinander bezogen. Der Leser aktualisiert die Bedeutung des Nomens „Zeugnisse = Schulzeugnisse" aufgrund der folgenden Nachricht „Der Lehrer sagt". Das heißt: die durch den Titel induzierte Sinnerwartung wird bereits im ersten Satz erfüllt und durch die übrigen Aussagen vordergründig bestätigt.

Die den Text einleitende formelhafte Wendung (Inquitformel) zeigt dem Leser zugleich an, daß der Autor den Monolog eines Lehrers wiedergeben will. In den Redeteilen, aus denen sich der Monolog zusammensetzt, überwiegen stereotyp gebildete Fragen. Diese Häufung stereotyper Formeln macht nicht nur das Hauptmerkmal des Textes aus, sie verändert zugleich die von Titel und erstem Satz gesteuerte Sinnerfüllung. Der Leser erkennt, daß der Autor den Monolog des Lehrers mit dem Stilmittel der parodistischen Übertreibung lächerlich macht.

4.6.2.2. Die formale, syntaktische Analyse des Textes läßt zunächst die Aufgliederung des Gedichtes in zwei Kontextteile erkennen.

1. Teil: Inquit-Formel und Aussagesatz: „... Die Blätter fallen zur Erde" — zwei Fragesätze „Wer fällt ...? Wer oder was ...?" — appellativer Aussagesatz verbunden mit der konditional eingeleiteten Wiederholung der zweiten Frage „Ah, das gefällt euch ... wenn ich frage ...".

2. Teil: Einleitende Konjunktion ohne Satzgliedwert „Also" bezogen auf die Wiederholung des 1. Aussagesatzes in der passivischen Umkehrung „... Die Erde wird zugedeckt von den Blättern" — Kette von drei Fragesätzen — appellativer Aufforderungssatz „So, nun schreibt ...".

4.6.2.3. Beide Teile beginnen mit einer banalen Mitteilung. Sie ist Bezugspunkt für die jeweils folgenden Fragen. Da diese Fragen ausschließlich der Bestimmung syntaktisch — grammatikalischer Funktionen von Subjekt und Objekt dienen, bleibt die Banalität der Nachricht „Die Blätter fallen zur Erde“ bestehen. Sie wird durch die formalistische Fragekette eher noch verstärkt.

Die Reihe der W-Fragen im zweiten Teil „Die Erde und außerdem wer oder was? Und wann? Und wie oft?“ setzt das parodistische Spiel mit den Formalismen bis zur Unsinnigkeit fort. Die Anweisung „So, nun schreibt euren Aufsatz ...“ hebt die parodistisch-komische Wirkung der sinnleeren Fragen besonders hervor. Der vom Lehrer geforderte Aufsatz verweist durch das Signalwort „Herbst“ auf eine komplexe Wirklichkeit und steht in groteskem Unverhältnis zu den Redeteilen, deren Merkmale „Banalität und sinnleerer Formalismus“ sind.

4.6.3. *Methodische Hinweise*

4.6.3.1. Die komische Wirkung des Gedichtes entfaltet sich besonders reizvoll bei einem bewußt nüchternen Vortrag. Deshalb empfehlen wir dem Lehrer, damit zu beginnen. Die Schüler werden den Monolog u. U. spontan auf ihren Lehrer beziehen und leicht schadenfroh lachen. Der „Betroffene“ sollte jedoch über soviel Selbstironie verfügen, daß er diese Identifizierung gelassen hinnimmt. Er hat auf diese Weise außerdem die Gewähr, daß die Schüler den situativen Kontext unmittelbar erfassen konnten.

4.6.3.2. *Lernschritt 1*

Anhand der Inquitformel „Der Lehrer sagt“ stellen die Schüler ohne große Schwierigkeit fest, daß der Text die wörtliche Rede eines Lehrers wiedergibt. Durch den Hinweis: „Ich habe den Eindruck, daß die Schüler in dieser Klasse nicht zu Wort kommen können“, werden die 5.-Kläßler auf die pausenlose Abfolge der Mitteilungen (Aussagesätze und Fragenketten) aufmerksam gemacht. Sie versuchen den Hinweis durch entsprechendes Lesen des Textes zu verifizieren.

4.6.3.3. *Lernschritt 2*

Die Schüler isolieren die Redeteile. Sie bestimmen die Aussage- bzw. Fragesätze und lassen das Ergebnis der Einzel- oder Gruppenarbeit an der Tafel festhalten:

Aussagesätze	*Fragesätze*
Die Erde wird zugedeckt von den Blättern	Wer fällt
Die Blätter fallen zur Erde	Wer oder was
	wen oder was
	wen oder was
	wer oder was
	wann
	wie oft

Der Vergleich der Aussagesätze ergibt, daß sie inhaltlich identisch sind. Die Reihe der W-Fragen zeigt bereits die stereotypisierende Formelsprache an. Die Schüler können durch ihre Erkenntnisse den Tafelanschrieb ergänzen:

Der Lehrer in dem Gedicht wiederholt sich.	Der Lehrer in dem Gedicht stellt immer die gleichen Fragen.

4.6.3.4. *Lernschritt 3*

Die Schüler bestimmen nun, welche Beziehungen zwischen den Fragesätzen und den Aussagesätzen bestehen. Mit den Fragen will der Lehrer im Gedicht nur Subjekt (Satzgegenstand) oder Objekt (Ergänzung im Wemfall) feststellen lassen.

Im Unterrichtsgespräch umschreiben die Schüler den Mitteilungswert der Aussagesätze mit dem Ziel, die Banalität der „Nachricht" zu durchschauen. Sie beziehen schließlich noch die Fragen „Und wann? Und wie oft? auf die banale Nachricht und stellen fest, daß sie so gut wie keinen Sinn mehr haben.

Den Abschluß des Unterrichtsgespräches steuert die Frage: Was will Günter Bruno Fuchs mit dem Gedicht erreichen?

Ergebnis: Er will die Sprache eines Lehrers durch die übertriebene Häufung von Fragen und durch die selbstverständliche Nachricht in den Aussagesätzen lächerlich machen.

Er will, daß wir über eine Schule, in der es so zugeht, lachen.

Schaaf

III. *Vorschläge für den Medienverbund*

Abkürzungen: T = Stummfilm; FT = Tonfilm; R = Diareihe; TBR = Tonbildschau; Sp = Sprechplatte; F = Folie; KV = kostenloser Verleih bei der Kreisbildstelle

Verfasser und Text	*Kombination 1*	*Kombination 2*
Hans Chr. Andersen: Des Kaisers neue Kleider 5/ 115	M 64 009 Die Prinzessin auf der Erbse, 7 B käuflich bei V-Dia-Verlag Heidelberg	
Frisch, Karl von: Bienen und Blumen 5/ 20	F 352 Tänze der Bienen (24 Minuten - KV); Beobachtungen von Frisch filmisch festgehalten: u. a. Rundtanz, Schwänzeltanz, Bestimmung von Entfernung und Richtung des Futterplatzes nach dem Tanz	
Krammer, Hanns: Im Hubschrauber über die Wasserwüste 5/ 12	FT 860 Gezeiten und Sturmflut (18 Minuten - KV); Real- und Trickaufnahmen erklären das Phänomen. Kurzbericht von der Sturmflut in Hamburg	FT 1608 Die Rettungstat von Latrabja (50 Minuten - KV); Dokumentarbericht von der Rettung einer Fischkutterbesatzung an der Küste Irlands; unten den gleichen Lernzielen wie beim Texte zu erarbeiten
tom: Startabbruch 5/ 6	TBR Zwischen Start und Landung (sw. Minuten - kostenloser Verleih: Deutsches Filmzentrum, 53 Bonn, Kronprinzenstr. 19); Wartung und Kontrolle, Vorbereitung und Beladung eines Flugzeuges vor einem Start	
Valentin, Karl: Geräusche 5/ 134	FT Unsterblicher Valentin (84 Minuten - Verleih: Meteor-Schmalfilm GmbH., Frankfurt/M., Mainzerstr. 127a); Eine Zusammenstellung der besten Kurzfilme von Karl Valentin und Lisl Karlstadt	

Ungenannter Verfasser: Tausend Wege führen zum Leser 5/ 23	TBR 17 Überall Zeitungen - Zeitungen für alle (13 Minuten — 46 B.-KV)	
Werbetexte: Durst macht Spaß mit Fanta 5/ 30 Rickis Bericht Nr. 9 Kreuzer Malfixstifte 5/ 31 Reiss-der Schnellste der Welt 5 /32 Der Grüne von Geha — ein super 5/ 33	R 622 Werbung durch Bilder: Appell an den jugendlichen Verbraucher (10 B.-KV); in Auswahl benutzbar. R 621 Werbung durch Bilder (15 B.-KV); Verborgene Wünsche werden mobilisiert; in Auswahl benutzbar.	

IV. ALPHABETISCHES INHALTSVERZEICHNIS

(Alphabetische Reihenfolge der Texte nach dem Namen des Verfassers)

		Textband 5. Schulj.	Arbeitsheft 5. Schulj.	Handbuch Seite	Bearbeiter
plauen, e. o. (Pseudonym für Ohser, Erich)	Die Gegenmaßnahme	94	—	124	Berg
Press, Hans Jürgen	Schloßgespenst	15	6	44	Berg
Raspe, Rudolf Erich	Siehe: Bürger, Gottfried August	48	19	93	Esch
Ringelnatz, Joachim (Pseudonym für Bötticher, Hans)	Im Park	175	—	245	Schaaf
	Die Ameisen	175	54	243	Schaaf
Sachs, Hans	Die Hasen fangen und braten den Jäger	88	—	119	Esch
	Der Krämerskorb	129	46	182	Bauer
Schnurre, Wolfdietrich	Die Leihgabe	77	—	116	Bauer
	Gottes schwierige Position	108	—	150	Schlingmann
Seidel, Heinrich	November	155	—	219	Kügler
Sempé, Jean Jacques	(Hinein ins Wasser)	93	—	123	Berg
	(Die Henkelvase)	101	—	126	Berg
Simon, Werner	Redaktionsbüro Kollacs und Co.	141	—	198	Berg
Sostschenko, Michail	Grischka, der Schelm	61	27	108	Esch
	Der Rettungsanker	85	—	118	Schlingmann
Thurber, James	Die ziemlich intelligente Fliege	108	—	151	Schlingmann
tom (Chiffre für Thomsen, Peter)	Startabbruch	6	—	31	Berg
Trinidade, Solano	s'gibt hungrige Leute	156	—	224	Kügler
Ungenannte Verfasser	Auch Tiere machen Toilette	16	—	47	Berg
	Tausend Wege führen zum Leser	23	—	57	Berg
	Eine Autobücherei für die Stadtrandgebiete	30	10	63	Berg
	Stadtbüchereien München	30	10	63	Berg
	Durst macht Spaß mit Fanta	34	12	67	Schaaf
	Rickis Bericht Nr. 9 Kreuzer				
	Malfix-Stifte	35	13	70	Schaaf
	Reißer — der Schnellste der Welt	36	15	74	Schaaf
	Der Grüne von Geha — einfach super	37	16	76	Schaaf
	Wer nicht mag, muß nicht zuhören	59	25	104	Esch
	Die Schildbürger	68	—	111	Schlingmann
	Chelmer Geschichten	75	—	114	Schlingmann
	Die kleinen Schuhe (Irisches Elfenmärchen)	110	34	154	Bauer
	Das kluge Mädchen (Russisches Volksmärchen)	111	35	159	Bauer

		Textband 5. Schulj.	Arbeitsheft 5. Schulj.	Handbuch Seite	Bearbeiter
Ungenannte Verfasser	Kindlein mein	147	—	203	Kügler
	Gospel train	151	—	222	Kügler
	Das Riesenspielzeug	120	—	173	Schaaf
	Die Steingretel	123	—	173	Schaaf
	Der Teufelsstein bei Zerbst	122	—	173	Schaaf
	Die Heilingszwerge	120	—	173	Schaaf
Valentin, Karl	Geräusche	134	48	189	Bauer
Wright, Orville	Der erste Motorflug	9	—	35	Berg

Kontexte im Textband zu	Verfasser
Werner von Braun, Martin L. King, Hans Krammer	Berg
Rudolf E. Raspe, Johann P. Hebel, Äsop, Gotthold E. Lessing, Jean de la Fontaine	Schlingmann
Hans Sachs, Karl Valentin	Schaaf
Clemens Brentano, Bertolt Brecht, Federico García Lorca	Kügler
Gospel train	Nothardt

Die Wort- und Sacherklärungen wurden von Oskar Keller und Bernhard Wolk erarbeitet.